经济法

（第十一版）

主 编 ○ 鞠 齐
副主编 ○ 米德超

四川大学出版社

项目策划：徐丹红
责任编辑：徐丹红
责任校对：周　颖
封面设计：何东琳
责任印制：王　炜

图书在版编目（CIP）数据

经济法 / 鞠齐主编． — 11 版． — 成都：四川大学出版社，2020.10
ISBN 978-7-5690-3914-6

Ⅰ．①经… Ⅱ．①鞠… Ⅲ．①经济法－中国－高等学校－教材 Ⅳ．① D922.29

中国版本图书馆 CIP 数据核字（2020）第 203308 号

书　名	经济法
主　编	鞠　齐
出　版	四川大学出版社
地　址	成都市一环路南一段 24 号（610065）
发　行	四川大学出版社
书　号	ISBN 978-7-5690-3914-6
印前制作	四川胜翔数码印务设计有限公司
印　刷	郫县犀浦印刷厂
成品尺寸	185mm×260mm
印　张	18.75
字　数	444 千字
版　次	2020 年 12 月第 11 版
印　次	2020 年 12 月第 1 次印刷
定　价	55.00 元

◆ 版权所有 ◆ 侵权必究

◆ 读者邮购本书，请与本社发行科联系。
电话：(028)85408408/(028)85401670/
(028)86408023　邮政编码：610065
◆ 本社图书如有印装质量问题，请寄回出版社调换。
◆ 网址：http://press.scu.edu.cn

四川大学出版社
微信公众号

前　言

经济法是建立在行政法、民法、商法等学科基础上的一门新兴的、综合性的应用学科。

经济法对主体的生存和发展具有十分重要的意义，而且对于整个社会法制建设的完善，推动社会的进步和促进经济繁荣，明确主体间形成的权利义务关系，追究违法行为等起着十分重要的作用。特别是置身于激烈变动的市场环境下，所有的主体都在努力于寻求新的定位，探索在经济法规范范围内的生存与发展问题；主体们越来越深切地感到对经济法的认识和掌握，在一定范围内能够帮助自己寻求到更好的生存与发展空间。因此，经济法的基本原理、构成的方法制度和实务已成为主体普遍关注的重点之一。

本书在撰写过程中力求结合国内外经济法的发展理论、调整关系、立法技巧，特别是我国的实际情况阐述经济法的科学原理，力求深刻、精练、准确地介绍经济法的基本理论、基础知识，反映当前经济法理论研究的新方法和面临的新问题，突出经济法的实用性和可操作性。

本书既能作为大专院校非法律类专业本科学生的教材，又能作为法律工作者以及其他各行各业不同层次人员自学的参考书。

本教材在编写过程中得到了四川大学工商管理学院、四川大学网络学院的大力支持和帮助。同时，在编写过程中我们采纳吸收了国内外同行的最新研究成果和观点，在此一并表示深深的感谢！

本教材前言、第五章、第十一章、第十三章由鞠齐执笔；第一章、第三章由徐丹红执笔；第二章、第四章由米德超执笔；第六章由徐丹红执笔；第七章由张熙婷执笔;第八章由杜正武执笔;第九章由徐冰洁执笔;第十章由徐冰洁、鞠齐执笔;第十二章由徐冰洁、徐丹红执笔;第十四章由徐冰洁、鞠齐执笔;第十五章由官钊敏执笔;第十六章由徐丹红执笔;第十七章由唐丽蓉执笔;第十八章由吕建平执笔。主编鞠齐负责拟订全书的大纲以及修改和统稿工作,副主编米德超协助主编进行了大纲的拟订和组织协调工作。

尽管我们在写作过程中不敢有丝毫懈怠,但由于资料及研究范围的局限,书中难免有欠妥之处,敬请读者批评指正。

编 者

2020 年 8 月

目　　录

第一章　经济法概述 …………………………………………………………（ 1 ）
　第一节　经济法的产生与发展 ……………………………………………（ 1 ）
　第二节　经济法的概念和调整对象 ………………………………………（ 3 ）
　　一、经济法的概念 …………………………………………………………（ 3 ）
　　二、经济法的调整对象 ……………………………………………………（ 3 ）
　第三节　经济法的原则和构成体系 ………………………………………（ 5 ）
　　一、经济法的基本原则 ……………………………………………………（ 5 ）
　　二、经济法的体系 …………………………………………………………（ 7 ）

第二章　经济法律关系 ………………………………………………………（ 9 ）
　第一节　经济法律关系的概念及其构成要素 ……………………………（ 9 ）
　　一、经济法律关系的概念 …………………………………………………（ 9 ）
　　二、经济法律关系的分类 …………………………………………………（ 10 ）
　　三、经济法律关系的构成要素 ……………………………………………（ 11 ）
　第二节　经济法律关系的发生、变更和终止 ……………………………（ 16 ）
　　一、经济法律关系的发生、变更和终止的概念 …………………………（ 16 ）
　　二、经济法律事实 …………………………………………………………（ 17 ）

第三章　经济法律行为 ………………………………………………………（ 18 ）
　第一节　经济法律行为概述 ………………………………………………（ 18 ）
　　一、经济法律行为的概念 …………………………………………………（ 18 ）
　　二、经济法律行为的特征 …………………………………………………（ 18 ）
　　三、经济法律行为的分类 …………………………………………………（ 20 ）
　第二节　经济法律行为的构成要件 ………………………………………（ 22 ）
　　一、行为人合格 ……………………………………………………………（ 22 ）
　　二、行为人意思表示真实 …………………………………………………（ 22 ）
　　三、行为内容合法 …………………………………………………………（ 22 ）
　　四、行为形式合法 …………………………………………………………（ 23 ）
　第三节　无效经济行为及其责任 …………………………………………（ 23 ）
　　一、无效经济行为的概念和特点 …………………………………………（ 23 ）
　　二、无效经济行为的认定 …………………………………………………（ 23 ）
　　三、经济行为被确认无效的后果 …………………………………………（ 26 ）

第四章 代理制度 (28)
第一节 代理的一般原理 (28)
一、代理的概念 (28)
二、代理的特征 (29)
第二节 代理的种类及其产生与终止 (31)
一、委托代理 (31)
二、法定代理 (33)
三、指定代理 (34)
四、复代理 (35)
第三节 无权代理、表见代理和滥用代理权 (36)
一、无权代理 (36)
二、表见代理 (37)
三、滥用代理权 (38)

第五章 时效制度 (40)
第一节 概述 (40)
一、时效的概念及构成要件 (40)
二、诉讼时效的概念和法律特征 (40)
三、诉讼时效的适用范围 (41)
四、诉讼时效与取得时效物的区别 (42)
五、诉讼时效与除斥期间的区别 (42)
六、诉讼时效的意义 (42)
第二节 诉讼时效的种类、计算及效力 (43)
一、诉讼时效的种类 (43)
二、诉讼时效的计算 (44)
三、诉讼时效的效力 (45)
第三节 诉讼时效的中止、中断及延长 (46)
一、诉讼时效的中止 (46)
二、诉讼时效的中断 (47)
三、诉讼时效的延长 (48)
四、诉讼时效中止、中断和延长的适用 (48)

第六章 债权制度 (50)
第一节 债权制度的概述 (50)
一、债的概念 (50)
二、债权的法律特征 (51)
三、债的种类 (52)
第二节 债的发生 (54)
一、合同之债 (54)
二、侵权行为之债 (54)
三、不当得利之债 (56)
四、无因管理之债 (57)
第三节 债的履行、变更和消灭 (59)
一、债的履行 (59)

二、债的变更 ……………………………………………………（59）
　　三、债的消灭 ……………………………………………………（61）

第七章　物权法 …………………………………………………（65）
第一节　物权制度概述 …………………………………………（65）
　　一、物权的概念、特征 …………………………………………（65）
　　二、物权的分类 …………………………………………………（66）
　　三、物权的效力 …………………………………………………（66）
　　四、物权的变动 …………………………………………………（67）
第二节　物权法的基本原则 ……………………………………（68）
　　一、平等保护原则 ………………………………………………（68）
　　二、物权法定原则 ………………………………………………（68）
　　三、公示、公信原则 ……………………………………………（69）
　　四、一物一权原则 ………………………………………………（70）
第三节　所有权 …………………………………………………（71）
　　一、所有权概述 …………………………………………………（71）
　　二、所有权的内容和限制 ………………………………………（73）
　　三、所有权的取得和消灭 ………………………………………（75）
第四节　用益物权 ………………………………………………（80）
　　一、用益物权概述 ………………………………………………（80）
　　二、土地承包经营权 ……………………………………………（81）
　　三、建设用地使用权 ……………………………………………（83）
　　四、宅基地使用权 ………………………………………………（85）
　　五、地役权 ………………………………………………………（86）
第五节　担保物权 ………………………………………………（88）
　　一、担保物权概述 ………………………………………………（88）
　　二、抵押权 ………………………………………………………（89）
　　三、质权 …………………………………………………………（95）
　　四、留置权 ………………………………………………………（99）
第六节　占有 ……………………………………………………（102）
　　一、占有的概念 …………………………………………………（102）
　　二、占有的类型 …………………………………………………（103）
　　三、占有的保护 …………………………………………………（104）

第八章　公司法 …………………………………………………（106）
第一节　公司法概述 ……………………………………………（106）
　　一、公司的定义和特征 …………………………………………（106）
　　二、公司的分类 …………………………………………………（107）
　　三、我国公司法规定的公司类型 ………………………………（108）
第二节　公司法 …………………………………………………（109）
　　一、公司法的概念及特点 ………………………………………（109）
　　二、我国公司法的历史 …………………………………………（109）
　　三、公司法的作用 ………………………………………………（110）
第三节　有限责任公司 …………………………………………（110）

一、有限责任公司的概念和特征 …………………………………………（110）
　　二、有限责任公司的设立 …………………………………………………（111）
　　三、有限责任公司的合并与分立 …………………………………………（112）
　　四、有限责任公司的终止 …………………………………………………（113）
　　五、有限责任公司股东的权利和义务 ……………………………………（113）
　　六、有限责任公司的组织机构 ……………………………………………（113）
　　七、国有独资公司 …………………………………………………………（116）
　　八、一人公司 ………………………………………………………………（117）
  第四节　股份有限公司 …………………………………………………………（117）
　　一、股份有限公司的定义和特征 …………………………………………（117）
　　二、股份有限公司的设立 …………………………………………………（118）
　　三、股份发行和转让 ………………………………………………………（120）
　　四、股东的权利和义务 ……………………………………………………（121）
　　五、股份有限公司的组织机构 ……………………………………………（122）
　　六、公司债券 ………………………………………………………………（124）
  第五节　违反公司法的法律责任 ………………………………………………（125）
　　一、违反公司法的民事责任 ………………………………………………（125）
　　二、违反公司法的行政责任 ………………………………………………（125）
　　三、违反公司法的刑事责任 ………………………………………………（126）

第九章　合伙企业法 ………………………………………………………………（128）
  第一节　合伙企业概述 …………………………………………………………（128）
　　一、合伙企业定义 …………………………………………………………（128）
　　二、合伙企业特征 …………………………………………………………（128）
　　三、合伙企业的类型 ………………………………………………………（129）
　　四、合伙企业法 ……………………………………………………………（130）
  第二节　普通合伙企业 …………………………………………………………（130）
　　一、普通合伙企业的概念 …………………………………………………（130）
　　二、普通合伙企业的设立与财产关系 ……………………………………（130）
　　三、合伙事务的执行及与第三人的关系 …………………………………（134）
　　四、入伙、退伙的规定 ……………………………………………………（136）
　　五、特殊的普通合伙企业 …………………………………………………（137）
  第三节　有限合伙企业 …………………………………………………………（138）
　　一、有限合伙企业的概念 …………………………………………………（138）
　　二、有限合伙人与普通合伙人的转换 ……………………………………（138）
　　三、有限合伙企业合伙协议与出资 ………………………………………（138）
　　四、有限合伙企业的事务执行 ……………………………………………（139）
　　五、有限合伙人的利润分配与责任承担 …………………………………（139）
　　六、有限合伙人的退伙 ……………………………………………………（139）
  第四节　合伙企业的解散、清算及法律责任 …………………………………（140）
　　一、合伙企业的解散 ………………………………………………………（140）
　　二、清算 ……………………………………………………………………（140）
　　三、企业注销和破产后普通合伙人的法律责任 …………………………（141）

第十章 个人独资企业法 (142)
第一节 个人独资企业概述 (142)
一、个人独资企业的定义 (142)
二、个人独资企业的特征 (142)
三、个人独资企业与其他组织形式的异同 (143)
四、个人独资企业法 (144)
第二节 个人独资企业的设立及变更 (144)
一、个人独资企业成立条件 (144)
二、个人独资企业法定登记程序及手续 (145)
第三节 个人独资企业的事务管理 (147)
一、个人独资企业事务管理模式 (147)
二、个人独资企业经营和事务管理的具体规定 (148)
第四节 个人独资企业的解散和清算 (148)
一、个人独资企业的解散 (148)
二、个人独资企业的清算 (149)

第十一章 合同法 (150)
第一节 概述 (150)
一、合同的概念和法律特征 (150)
二、合同法的概念和基本原则 (151)
第二节 合同的订立与履行 (152)
一、合同的订立 (152)
二、合同的履行 (154)
第三节 合同的变更和终止 (155)
一、合同的变更 (155)
二、合同的终止 (156)
第四节 合同的担保 (157)
一、保证 (158)
二、定金 (159)
第五节 违约责任 (159)
一、违约责任的概念 (159)
二、违约责任的归责原则 (159)
三、承担违约责任的方式 (160)

第十二章 证券法 (162)
第一节 证券概述 (162)
一、证券定义及特征 (162)
二、证券的种类 (163)
第二节 证券法 (165)
一、证券法概念 (165)
二、证券法立法宗旨和原则 (165)
三、证券法调整的对象 (165)
第三节 证券发行、交易与上市 (166)
一、证券发行 (166)

二、证券上市 (169)
　　三、证券交易 (170)
第四节　禁止交易、收购与信息披露 (172)
　　一、禁止的交易行为 (172)
　　二、上市公司收购 (175)
　　三、信息披露 (177)
第五节　投资者保护、场所与公司 (178)
　　一、证券投资者保护 (178)
　　二、证券交易场所 (180)
　　三、证券公司 (183)
第六节　证券登记结算、服务机构与协会 (186)
　　一、证券登记结算机构 (186)
　　二、证券服务机构 (188)
　　三、证券业协会 (189)
第七节　证券监督与法律责任 (189)
　　一、证券监督管理机构 (189)
　　二、证券法律责任 (191)

第十三章　票据法 (198)
第一节　票据法概述 (198)
　　一、票据法的概念和特点 (198)
　　二、有关票据的法律关系 (199)
第二节　票据行为 (202)
　　一、概述 (202)
　　二、出票 (204)
　　三、背书 (207)
　　四、承兑 (209)
　　五、保证 (210)
第三节　票据的种类 (211)
　　一、汇票 (211)
　　二、本票（又叫期票） (211)
　　三、支票 (212)
第四节　票据权利 (212)
　　一、概述 (212)
　　二、票据权利的取得 (213)
　　三、票据权利的行使、保全和保护 (213)
　　四、票据权利的限制和消灭 (214)

第十四章　知识产权法 (217)
第一节　知识产权的概念和范围 (217)
　　一、知识产权的概念、范围、特征 (217)
　　二、知识产权法及我国的立法概况 (218)
　　三、知识产权国际公约 (218)
第二节　专利法 (219)

一、概述 …………………………………………………………………（219）
　　二、专利权的法律关系 …………………………………………………（219）
　　三、专利的申请、审查、审批和无效 …………………………………（222）
　　四、专利权的限制与法律责任 …………………………………………（224）
　第三节　商标法 ………………………………………………………………（227）
　　一、概述 …………………………………………………………………（227）
　　二、商标权的法律关系 …………………………………………………（227）
　　三、授予商标权的条件和注册制度 ……………………………………（228）
　　四、商标使用的管理 ……………………………………………………（233）
　　五、注册商标专用权的法律责任 ………………………………………（234）
　　六、驰名商标制度和地理标志制度 ……………………………………（235）
　第四节　著作权法 ……………………………………………………………（236）
　　一、概述 …………………………………………………………………（236）
　　二、著作权的法律关系 …………………………………………………（237）
　　三、著作权的限制与法律责任 …………………………………………（241）
　　四、著作权的其他管理 …………………………………………………（244）
　　五、邻接权 ………………………………………………………………（244）

第十五章　竞争法 ……………………………………………………………（245）
　第一节　竞争法概述 …………………………………………………………（245）
　第二节　反不正当竞争法 ……………………………………………………（246）
　　一、反不正当竞争法的定义和调整对象 ………………………………（246）
　　二、不正当竞争行为的表现形式 ………………………………………（246）
　　三、不正当竞争的适用除外 ……………………………………………（250）
　　四、违反反不正当竞争法的法律责任 …………………………………（250）
　第三节　反垄断法 ……………………………………………………………（251）
　　一、中国反垄断立法的宗旨和意义 ……………………………………（252）
　　二、反垄断法在我国法律体系中的地位 ………………………………（252）
　　三、反垄断法的基本内容 ………………………………………………（253）
　　四、我国反垄断法的特色 ………………………………………………（255）
　第四节　反倾销和反补贴法 …………………………………………………（256）
　　一、反倾销与反补贴法概述 ……………………………………………（256）
　　二、倾销与损害确认 ……………………………………………………（257）
　　三、反倾销调查 …………………………………………………………（258）
　　四、反倾销措施 …………………………………………………………（259）
　　五、反补贴及相关法律规定 ……………………………………………（260）

第十六章　破产法 ……………………………………………………………（262）
　第一节　破产法的适用范围 …………………………………………………（262）
　第二节　破产清算程序 ………………………………………………………（263）
　　一、破产债权的申报 ……………………………………………………（263）
　　二、确定破产财产的范围 ………………………………………………（263）
　　三、破产宣告 ……………………………………………………………（264）
　第三节　重整程序 ……………………………………………………………（265）

一、破产重整的原因 …………………………………………………（265）
　　二、破产重整的申请人 ………………………………………………（265）
　　三、重整期间 …………………………………………………………（265）
　　四、重整计划的制作和批准 …………………………………………（266）
　　五、重整失败 …………………………………………………………（266）
　第四节　和解程序 …………………………………………………………（267）
　　一、和解是独立于重整和破产清算程序的一种再建型破产制度 …（267）
　　二、和解的申请主体仅限于债务人 …………………………………（267）
　　三、和解程序更加尊重当事人的私权利 ……………………………（267）
　　四、别除权人不享有对和解协议进行表决的权利 …………………（267）
　第五节　破产管理人制度 …………………………………………………（268）
　　一、管理人的资格 ……………………………………………………（268）
　　二、管理人的指定及其报酬的确定 …………………………………（268）
　　三、管理人的职责、权利及义务 ……………………………………（269）
　　四、管理人的法律地位及其与人民法院、债权人的关系 …………（270）
　第六节　职工债权在破产程序中的地位 …………………………………（270）
第十七章　经济纠纷的解决 ……………………………………………………（272）
　第一节　经济纠纷的解决概述 ……………………………………………（272）
　　一、经济纠纷的概念及其产生的原因 ………………………………（272）
　　二、经济纠纷的分类 …………………………………………………（272）
　第二节　经济纠纷协商与调解 ……………………………………………（273）
　　一、经济纠纷协商 ……………………………………………………（273）
　　二、经济纠纷调解 ……………………………………………………（273）
　第三节　经济纠纷仲裁 ……………………………………………………（274）
　　一、概述 ………………………………………………………………（274）
　　二、仲裁协议 …………………………………………………………（275）
　　三、仲裁程序 …………………………………………………………（277）
　　四、仲裁裁决的撤销与执行 …………………………………………（279）
　第四节　经济纠纷诉讼 ……………………………………………………（279）
　　一、诉讼管辖 …………………………………………………………（280）
　　二、诉讼时效（见第五章时效制度） ………………………………（281）
　　三、诉讼中当事人的权利 ……………………………………………（281）
　　四、经济诉讼程序 ……………………………………………………（282）
参考书目 …………………………………………………………………………（286）

第一章 经济法概述

本章学习要点

通过本章学习，了解和掌握经济法的概念及特征；理解经济法的调整对象；经济法的原则；经济法的构成体系。

第一节 经济法的产生与发展

经济法是最年轻的一个"法种"，经济法学是新兴的一门法律学科。它们的产生和形成，是社会经济生活历史发展的客观要求，也是法律、法学自身逻辑发展的必然结果。

经济法所调整的经济关系是和人类社会一起产生的。经济关系是人类社会最基本、最广泛的一类社会关系，它是在一定生产方式基础上所形成的，存在于生产、交换、分配、消费各个经济环节和领域内的社会关系。它是人类社会存在的条件，发展的基础。所以，自有法之日起，它便是各个社会和各种历史类型的法律规定和调整的一个主要方面和重要内容。

以自然经济为主的奴隶制社会、封建社会的法律中已经有相当数量的调整经济关系的法律规范，诸如关于土地、手工业、环境、税捐等方面的法律规定。不过，这些法律规范往往都被规定在一些综合法典之中，而且"刑民不分、以刑为主"，调整财产关系的民法尚未形成，许多经济关系都采用刑罚手段处理。这与我们要讲的经济法相距甚远，我们不能把古代历史上的那些有关经济内容的法律规范认为是经济法。

资本主义社会里，商品经济广泛发展，经济关系大量发生，而且复杂多变，是以往任何社会所无法比拟的，法律调整的重点开始向经济领域转移；再加上资产阶级民主思想的影响，法律、法学已进入多向分化和空前繁荣时期，调整财产关系的大法——民法终于分化出来，进而又出现了商法。

民法的本质、原则和主要制度、调整方法，都是最适应自由资本主义的个体本位、意思自治、平等交换、自由竞争等客观要求的。所以，民法成了自由资本主义时期调整财产关系的基本大法，这是民法史上最辉煌、最充分发挥作用的时期。

进入垄断资本主义阶段后，由于垄断集团各自为政、各行其是，资本主义的平等、民主、自由竞争等原则和机制手段被削弱、被扭曲，保持资本主义经济活力生机的基础在动摇，各种矛盾激化，经济危机频繁发生，这些都从根本上危及资本主义制度的生存。在这种情况下，完全靠自发的市场调节已不可能，放任横向经济关系盲目运行实际上是容许垄断资本家为所欲为，而广大中小企业家却实际上享受不到资产阶级的经济民主，不能独立地生存和发展。在危机面前，资产阶级政府不得不改变"干预越少的政府是越好的政府"的信条，改变不干预经济的政策方针。资本主义各国在恢复和保持无形的市场调节之手的同时，伸出有形的国家调节之手，通过设置各种纵向经济关系，对经济生活进行了直接、具体的干预和参与，大力限制垄断，力图恢复自由竞争机制，保持资本主义稳定协调发展。其具体表现如下：①实行资产阶级国有化。将有关国计民生的和为所有资本家企业供应物资或服务的重要产业部门、重要企业收归国有，以避免垄断集团的操纵和垄断。②通过国家计划引导经济。一些资本主义国家连续制定了中长期计划，指导经济发展，虽为意向性计划，但确实起到了一定的积极作用。③制定"标准合同"，限制扭曲的"契约自由"。④通过公司法规，规定资本家企业公司的内部构成，使"后院变前院"，避免垄断集团控制。⑤以通过立法手段和行政措施，直接干预经济生活进程。例如，日本通过各种"振兴法""促进法""助长法"，促进薄弱行业的发展和短缺产品的生产。⑥在国际上设立组织，实行联合干预。例如，巴黎统筹委员会，即是发达资本主义国家针对社会主义国家而设立的一种共同联合干预的组织。⑦通过双边、多边国际协定，设立贸易区，以保护本区经济，并共同一致地调控国际经济技术交流，等等。

这些政策措施主要是通过立法手段来实现的。一大批以经济内容为主，并直接体现着国家干预、参与经济生活意志的法律、法规的出现，标志着现代资本主义经济法的产生。

由此可见，现代资本主义经济法是在生产力进一步社会化、商品经济进一步发展成为现代市场经济的条件下，由国家以自己的意志和力量，直接参与和强力干预经济生活的产物。

经济法这一特定概念的提出，以及作为一个法律部门、一种法律科学而进行的独立、系统的研究，开始于20世纪初的德国。最初的经济法是与战备、战争等特殊经济政治需要相连而生，并谓之经济统制法。20世纪30年代发生了席卷资本主义世界的经济大危机，美国根据凯恩斯经济思想，推行新政，国家运用经济立法手段，克服危机，恢复经济，其他国家也有相同举措，这类经济法规可称之为危机对策法。第二次世界大战后，日本为消除战时经济危机，采取解散垄断财团、扶助中小企业发展等措施恢复国民经济，并大力运用经济立法扶持经济发展。由此，一个独立的经济法规群形成，形成了更加科学、成熟的，可称之为复兴经济法的现代资本主义经济法。

社会主义经济法是与社会主义公有制经济的确立，与社会主义国家组织经济职能的实施相连而产生的。但是，由于社会主义长期实行高度集中的计划经济体制，所以，在那种体制下所施行的经济法规，其性质多属经济行政法。严格地说，科学意义上的经济法只是在进行经济体制改革、转轨，大力发展商品经济后才开始形成的。现代经济法本是社会化大生产和商品经济充分发展的产物。但是，由于经济法所特有的国家的直接意志和宏观调控机能，使经济法在我们这些虽然经济落后，但正在尽快建立市场经济的发展中国家，也完全有必要、有可能形成和发展起来。在我国，发展商品经济是社会经济发展不可逾越的阶段，建立现代市场经济体制是我们的基本目标和建成社会主义的必由之路。但是，在建立市场经济时，我们又不能重复资本主义发展的老路。我们必须走一条既具有时代特色，又具有中国特色的建立新型的现代市场经济的道路。这就是要从我国国情出发，在坚持社会主义公有制主体地位的条件下，在保持必要的宏观管理情况下，大力发展商品生产和商品交换，大力推进横向经济关系，充分发挥市场的基础性调节功能，培育和完善社会主义市场体系。在这一改革过程中，我们必须将宏观调控与微观搞活结合起来，必须将国家的意志、利益与企业的意志、利益协调结合起来，才能既调动企业的积极性、主动性、创造性，焕发我们社会、经济的生机活力，又避免和减少资本主义商品经济在其发展过程中所付出的社会动荡、经济危机、严重两极分化的代价，保证我国能够尽快地建立和完善社会主义市场经济体制。在这一历史发展过程中，能够兼顾各方经济利益，协调各方经济行为的经济法必然产生。

第二节 经济法的概念和调整对象

一、经济法的概念

我国的经济法是指国家为了保证社会主义市场经济建立、完善和稳定协调发展而制定的有关调整经济管理关系和经营协调关系的法律规范的总称。经济法有如下特征：①立法主体的唯一性。这里的立法主体是指在我国有权制定法律、法规、规章等规范性文件的各类机构。②以管理与被管理为手段的国家干预，这一特征是经济法与民法、商法等区别的重要标志。③以管理与被管理为补充的协调运行，这一特征表明作为经济法除国家干预经济运行之外，还存在着对平等主体间形成的经济运行的协调。

二、经济法的调整对象

我国经济法是对我国经济关系进行整体、系统、全面、综合调整的法律部门。在现行立法体制中，它只调整一定范围的经济关系，即主要调整社会生产和再生产领域中及市场经济运行过程中，以各种组织为基本主体所参加的经济管理关系和经营协调关系。其具体包括以下五个方面的内容。

（一）经济管理关系

经济管理关系主要是指国民经济管理关系，即国家在实施组织管理职能过程中所发生的各类关系。它包括：①综合机关对社会组织的经济管理关系；②专业机关对企业组织的经济管理关系；③行业经济管理关系；④区域经济管理关系；⑤经济监督关系。

国家都有着一定的组织经济的职能。社会主义国家由于它掌握着主要的生产资料以及它与绝大多数企业组织和劳动者的根本利益一致的性质，决定了它能够在全社会范围内有效地动员和组织人力、物力、财力，合理部署生产建设，实现经济战略目标。但是，在旧体制下，我们对政府组织经济的职能，从性质、范围到方式、手段都缺乏科学的认识，因此逐渐形成了一种依靠行政体制和行政手段管理经济的模式。在这种体制下，国家与企业等社会组织之间的关系实际上是一种行政管理关系，政企职责不分，即国家的国有资产所有权同企业的经营权、政府的经济管理权同行政管理权都没有明确划分，宏观经济管理和微观经济管理也没有分开。其结果造成企业缺乏活力，经济效益不高。经济体制改革的重要任务就是要改革，理顺国家与企业组织的关系。经济法不是调整以往的那种行政管理关系，而是调整经过经济体制改革所形成的新型管理关系，即在国家与企业等组织之间形成的以物质利益为核心的、责权利效相统一的经济管理关系。

随着经济体制改革的深化、市场经济发育的完善以及现代企业体制的建立，上述各类经济管理关系还会继续变化。

（二）经营协调关系

经营协调关系是指市场运行过程中发生的应由经济法调整的一定范围内的横向经济关系。它包括：①经济联合关系。经济法主要调整各组织体在联合过程中发生的经济关系。其重点是调整根据国家总体规划和长远部署而组织设立的全国性的公司、企业，以及跨地区、跨部门组织联合体时发生的经济关系。②经济协作关系。经济法与民法都调整这类关系，两相交错，很难绝对分清。经济法主要调整全国范围内的，跨地区、跨部门的，以及涉及经济全局和社会整体利益的经济关系。③经济竞争关系。它包括有关保护竞争和反对不正当竞争过程中发生的关系。

民法所调整的财产关系是一种主要的横向经济关系，因此可以说，民法是调整横向经济关系的大法，但它不可能调整所有的横向经济关系。基于社会利益需要，经济法不可能不调整一定的横向经济关系，或对之施加影响。那种仍然将经济关系分为行政关系和民事关系的主张是不符合我国经济体制改革要求和法制现实的。

（三）组织内部经济关系

组织内部经济关系主要是指企业、公司等生产经营性组织内部的一些重要经济关系，如有关内部承包、内部经济合同等方面发生的关系。它包括企业内部领导机构与内部组织、分支机构、职工之间的经济管理关系，也包括企业内部领导机构之间、各内部组织之间的经济协调关系。

在法的历史上，任何一个法律部门都只是调整社会关系的，即只调整组织之间、组织与公民之间、公民与公民之间的外部关系。资本主义国家的工厂法仍然是将劳资关系作为社会关系对待的。社会主义国家的劳动法在一定意义上可说是调整内部关系的，真正对传统理论造成突破的是经济法。经济法不仅调整组织的外部关系，而且还调整其内部一些重要的经济关系。经济法包括了一系列有关内部经营管理的经济法规，如全民所有制工业企业的三个有关内部领导体制的条例，有关财务、成本、经济核算制、技术规程、安全规程等方面的法规和规范性文件。

（四）涉外经济关系

涉外经济关系指涉外经济领域内的具有涉外因素的经济管理关系和经营协调关系。它们也应属上述第（一）、（二）类关系，但因其发生领域特殊，且多由国家专门的涉外经济法律、法规调整，故单列之。

此类关系包括企业组织与涉外经济管理机关之间的经济管理关系，以及外贸组织、企业组织、外国投资者等相互之间的经营协调关系。现阶段，我国是将涉外经济领域内的关系作为特殊的经济关系，以专门的涉外法律、法规调整的。

（五）其他应由经济法调整的经济关系

调整上述各类经济关系的法律规范分别组成了各个部门经济法，并进而组合成为一个有层次、有序列的统一体系，这就是经济法。中国的经济法是宪法之下的一个重要的、独立的法律部门。

第三节　经济法的原则和构成体系

一、经济法的基本原则

经济法的基本原则是在经济法的立法和具体适用中所应遵循的准则。它是经济法精神和价值的反映，是经济法宗旨和本质的具体体现。

（一）国情原则

经济法的制定应充分考虑的我国的具体国情，这样才能充分发挥经济法应有的作用。我国的基本国情是人口多、人口素质差异较大、不同民族存在不同的风俗习惯、地区经济的发展不平衡和城乡发展不平衡等。因此，在制定经济法的时候应充分考虑到我国的基本国情。

（二）资源优化配置原则

资源优化配置原则是体现市场经济体制要求的最一般的原则。从有计划的商品经济向社会主义市场经济的转变，是我国经济体制的一个根本性转变，集中表现为资源配置方式的转变。在现代社会中，社会经济的发展，从根本上说，要取决于资源的配置状态。综观当今世界，资源配置的方式大体上有两种：一种是以计划为主的资源配置方式。其显著特点是权力因素在资源配置中起着主导作用。它的典型形式就是通过国家计划特别是指令性计划配置资源。其主要出发点是企图通过国家的计划干预，解决经济短缺问题。另一种是以市场为主的资源配置方式。其显著特点是价值规律在资源配置中起主导作用。它的典型形式是运用经济杠杆促进经济的发展。其主要出发点是企图通过价值规律的自发作用，解决供需矛盾。中外历史都已经证明，以市场为主的资源配置方式优于以计划为主的资源配置方式。而我国现在所要建立的社会主义市场经济体制，是要使市场在国家宏观调控下对资源配置起基础性作用。在这种体制下，我们不能在计划和市场这两者之间走极端。这就是说，我们在强调市场在配置资源中的基础性作用的时候，也不能忽视国家在资源配置中的作用。国家在资源配置中的作用可以表现在三个方面：一是通过科学化的计划，引导资源的合理配置；二是通过建立和执行市场规则，规范市场行为；三是通过政府的职能行为，协调竞争性市场可能带来的市场矛盾。这就决定了我们一方面要通过制定经济法律法规促进市场基础性作用的发挥，另一方面也必须把计划的制订、市场的各种行为以及政府的职能行为纳入经济法制的轨道。

（三）国家适度干预原则

国家适度干预原则是体现经济法本质特征的原则。经济法是为了适应国家对社会经济生活的干预而产生的一种法律形式。国家对社会经济生活的干预，是伴随着国家的产生而产生的。但是，国家在多大程度上用什么手段对社会经济生活进行干预，各国有各国的政策和法律。就是在一个国家的不同的历史发展阶段，国家干预经济生活的范围和方法也是不相同的。概括说来有三种情况：一是"过多"干预，就通常来讲，国家经济状况比较紧缩的时候，容易出现这种势头；二是"过少"干预，一般来讲，国家经济状况比较宽松的时候，容易出现这种情况；三是国家从过多或过少干预的教训中走出来，寻求国家对经济生活的"适度"干预。我国大体上也经过了相似的历程，但总的趋势仍然没有走出过多干预的轨迹。在我国，社会主义市场经济体制的确立，一方面表明国家不能再像过去那样对经济生活进行过多的干预；另一方面也表明国家不能完全放弃对经济生活的干预，同样也要寻求一种适度干预。这里所指的适度，既包括干预范围的适度，又包括干预手段的适度。前者是指国家干预所涉及的领域，后者是指干预的方法。这两种情况在实践中又表现为两种集中的形式，一是以行政手段的方式为之，二是以法律手段的方法为之。对这两种方法，我们都不能采取绝对肯定或绝对否定的态度，而应当从静态和动态两个方面进行考虑。所谓静态考虑，是指国家要从总的政策上确立国家干预经济的范围；所谓动态考虑，是指国家通过法律赋予政府官员在特定的时候和特定的情况下，可以运用行政的办法确立国家干预经济的范围。但是，从主导方面来讲，应当强调干预范围和方法的法制化。这就决定了经济法必须首先把适度干预作为自己的一个原则，只有这样才能有效避免干预的随意性。

（四）社会本位原则

这一原则实际上是对经济法干预经济生活范围的定位，或者说，经济法对社会经济生活的干预是有限的。我们考虑任何一个法律部门，它在确定自己的调整对象的时候，都应当有一个基本出发点，或者说"本位思想"，正是这种本位思想构成了一个法律部门区别于另外一个法律部门的主要标志。就法律调整的本位思想而言，我们认为有三种情况：一是"国家本位"。一般来讲，这是以国家利益为主导的行政法所要解决的问题。二是"个体本位"。一般来讲，这是以当事人利益为指向的民法所要解决的问题。三是"社会本位"。一般来讲，这是以调整社会公共利益为出发点的经济法所要解决的问题。社会公共利益、国家利益和个体利益是三个既有联系又有严格区别的不同范畴，它们彼此相辅相成，但又不能相互代替。社会公共利益，顾名思义就是能够为广大人民群众所能享受的利益。这部分利益关系，显然不适合用以命令和服从为特征的行政法进行调整，更不适合用以保护当事人利益为出发点的民法对其调整，而最为适当的是由以国家适度干预为己任的经济法对其调整。然而，社会公共利益的满足程度是与国家的宏观调控、经济个体的行为以及市场的运行紧密相关的，这就决定了经济法对社会公共利益关系的调整又主要是通过对宏观经济调控关系、市场主体调控关系、市场运行调控关系、社会分配调控关系的调整而实现的。

（五）经济效益原则

经济效益是国家干预、社会本位、经济民主、经济公平所要达到的终极目的，同时也是检验上述原则是否有效的客观尺度。提高经济效益是我国全部经济工作的重点和归宿，同时也是国家加强经济立法所要追求的最终价值目标。经济效益包括企业经济效益和社会经济效益。企业经济效益应当符合社会经济效益，而社会经济效益又是企业经济效益的总和。党的十一届三中全会以来，国家为提高经济效益已采取了许多措施，并取得了一定的成效。但是，由于多年积累的一些深层次的矛盾和近几年出现的一些新情况未能得到很好的解决，致使我国许多企业特别是国有大中型企业的经济效益下降，亏损成倍增加。影响企业经济效益的因素很多，既有外部的原因，又有内部的原因。就前者来讲，主要是指客观环境不利于提高企业的经济效益；就后者来讲，是企业自我运行机制不健全。面对这两个方面的问题，经济法是大有作为的。首先，经济法要通过建立宏观调控法律体系，指导和促进企业提高经济效益，使企业的生产符合社会的需要；否则，宏观失控，不仅会影响企业的经济效益，更重要的是要影响社会经济效益。其次，企业要在国家宏观指导下，转换企业经营机制，充分发挥自己的主动性和积极性，为社会生产更多更好的产品。总之，无论是宏观经济法、经济个体法、还是市场干预法，都要把促进、保障、提高企业经济效益和社会经济效益摆在首位。

（六）制裁经济违法犯罪原则

随着市场经济的发展和深入，社会经济的繁荣和公民收入的增加，以及存在结构上的某些缺陷，导致经济领域内违法犯罪数量的膨胀、犯罪手段的多样化等，需要通过制定切实有效的经济法及相关法规来制裁经济领域的犯罪行为。

二、经济法的体系

经济法的体系，是指在我国社会主义市场经济条件下，按照宪法原则所形成的经济法理论体系、经济立法体系、经济法规体系和经济法实施体系的有机整体。它是我国整个社会主义法学体系的重要组成部分。完备的经济法学体系应当具备以下基本内容。

（一）经济法的理论体系

经济法的理论体系是指阐明经济法的最一般的原理及其相互联系的体系。它包括经济法产生和发展的一般规律、经济法律思想、经济法与经济规律和经济政策的关系、经济法的定义和调整对象、经济法的地位、经济法的基本原则、经济法的调整方法、经济法律关系等一系列范畴。

（二）经济法的立法体系

经济法的立法体系是指由经济立法权限和经济立法等级层次所构成的体系。根据我国宪法的规定，经济立法权限划分为两级，即中央的经济立法和地方的经济立法。前者是指最高国家权力机关和最高国家行政机关的立法；后者是指省、自治区、直辖市和国家特别授权的特区的权力机关的立法。一般认为，我国经济立法等级应当分为三个层次：第一层次是基本经济法。它是处于最高层次，并统帅其他经济法律和法规的法律，由全国人民代表大会制定。第二层次是经济法律。它既可以是调整宏观经济关系的法律，又可以是调整部门和行业经济和企业经济关系的法律。它可以由全国人民代表大会制定，也可以由全国人民代表大会常务委员会制定。第三层次是行政法和地方性法规。它可以是条例、细则，也可以是规定。前者由国务院制定，后者由省一级的人民代表大会及其常务委员会及授权的权力机关制定。

（三）经济法律法规体系

经济法律法规体系是指由体现国家干预经济的法律和法规所构成的有内在联系的有机整体。一般认为，这是由经济组织法、市场秩序法、宏观经济调控法以及社会分配法所组成。

（四）经济法的实施体系

经济法的实施体系是指为保证经济法律和法规的贯彻执行而建立的体系。经济法学是以研究经济实体法为己任的。因此，这里所说的经济法实施体系，并不着眼于解决经济法律和法规实施中的程序问题，而是着眼于研究如何建立一套能保证有法可依、有法必依、执法必严、违法必究的经济执法体系。它包括经济行政执法体系和经济司法执法体系。经济法的实施体系可以切实保障经济法主体依法干预经济事务和从事经济活动的权利，保证我国各项经济事业在社会主义法制轨道上健康发展。

思考题

1. 什么是经济法的概念？
2. 什么是经济法的调整对象？
3. 什么是市场主体调控关系？
4. 什么是经济法的基本原则？
5. 什么是资源优化配置原则？
6. 什么是经济法的构成体系？

第二章 经济法律关系

本章学习要点

通过本章的学习，了解和掌握经济法律关系的概念及其特征；理解经济法律关系的构成要素及其内容；理解经济法律事实及其分类。

第一节 经济法律关系的概念及其构成要素

一、经济法律关系的概念

人类生活在地球上，除了要与自然界发生关系外，人与人之间也要发生关系。人与人之间的关系即社会关系。社会关系包括政治关系、经济关系、家庭关系以及法律关系等。

所谓法律关系，是指法律规范在调整人的行为过程中所形成的权利和义务关系。这是一种意志关系，属上层建筑范畴。在法律关系中，由于各自反映的物质社会关系的不同，又分为民事法律关系、经济法律关系、行政法律关系、刑事法律关系等。本章所要讲述的只是经济法律关系。所谓经济法律关系，就是经济法律规范在调整人们的经济管理活动以及与其密切联系的经营协作活动中所形成的以经济权利和经济义务为内容的社会关系。或者说，经济法律关系是指国民经济协调运行过程中，根据经济法律规范的规定所发生的权利和义务关系。

经济法律关系是一种特定的法律关系，与其他法律关系相比较，其特点如下：

（一）对社会经济活动的干预

经济法律关系直接或间接地体现了国家权力对社会经济活动的干预。市场经济的发展，必然产生复杂的经济关系，这就要求代表统治阶级意志的国家制定一系列的法律准则以规范社会经济活动。这其中包括用经济法把各个当事人在经济管理以及与其密切联系的经济活动中所形成的社会关系以法律关系的形式确定下来，保证国民经济的顺利、协调发展。由此可见，经济法律关系是经济法律规范对经济管理关系以及与其密切联系的经济活动予以调整的结果,因而这种关系着重表现为一种纵向的经济关系,直接或间接地体现了国家权力对社会经济活动的干预。经济法律关系的这一特征是区别于民事法律关系的最本质的特征。

(二) 体现国家意志

经济法律关系中的经济权利和经济义务,体现了国家意志,不得随意转让或放弃,具有稳定性。在经济法律关系中,其主体一方一般是国家机关,特别是国家经济管理机关。国家机关依法在经济管理活动中产生的权利和义务关系,直接体现了国家领导、组织、协调和管理经济的职能,因而这种权利或义务不能随意转让,也不能随意放弃,具有一定的稳定性。

(三) 具有较严格的要求

经济法律关系在表现形式上具有较严格的要求。由于经济法律关系与国民经济协调运行有着直接或间接的联系,因此,为了维护经济法律的严肃性,保证国民经济的顺利发展,法律多要求采用书面形式将经济法律关系当事人之间的权利和义务关系明确地记载下来,并履行相应的法定程序,如签章、审批、备案等。只有这样,才能保证经济法律关系的稳定性和严肃性。

(四) 具有强制性

经济法律关系的保障措施具有强制性。从严格意义上讲,经济法体现了国家对经济生活的干预,体现了国家的意志。因此,这种法律关系在实践中必须以相应的强制力作为它的保障措施,从而约束当事人之间的法律行为。否则,国家对经济生活的干预就落不到实处,就是一句空话。所以,经济法律关系的保障措施具有强制性。

二、经济法律关系的分类

按照不同的标准,对经济法律关系可以做出不同的分类。

(一) 纵向经济法律关系与横向经济法律关系

以参与经济法律关系主体的法律地位以及经济权利和经济义务的性质为标准,可将经济法律关系划分为纵向经济法律关系和横向经济法律关系。所谓纵向经济法律关系是指国家在实现经济管理活动中依法而形成的权利、义务关系;所谓横向经济法律关系是指平等主体之间在经济活动中依法所形成的权利、义务关系。一般而言,行政法律关系是一种单纯的纵向法律关系,民事法律关系是一种单纯的横向法律关系,而经济法律关系具有纵向和横向法律关系相统一的特征。

(二) 外部经济法律关系与内部经济法律关系

以经济法律关系发生在独立的主体之间或是在独立的主体内部为标准,可将经济法律关系划分为外部经济法律关系和内部经济法律关系。所谓外部经济法律关系,是指两个或两个以上具有法人资格或授权资格的主体之间所形成的经济法律关系；所谓内部经济法律关系，则是指法人组织内部因经济管理或生产活动所形成的权利、义务关系。这两方面的经济法律关系在一定程度上都可纳入经济法的调整对象范围。

（三）单一经济法律关系与复合经济法律关系

以经济法律关系内容的不同为标准，经济法律关系可分为单一经济法律关系与复合经济法律关系。所谓单一经济法律关系，是指一方仅享有权利，而另一方只负有义务的经济法律关系；而所谓复合的经济法律关系，则是指当事人之间互为权利主体和义务主体的经济法律关系。

三、经济法律关系的构成要素

经济法律关系的构成要素，是指构成经济法律关系不可缺少的组成部分。任何法律关系的构成，都必须同时具有主体、内容和客体三个部分，缺一不可。因而，经济法律关系也是由经济法律关系的主体、内容和客体三个要素构成的。

（一）经济法律关系的主体

1. 经济法律关系主体的定义

经济法律关系的主体，也称为经济法主体，指能以自己的名义独立地参加经济法律关系、依法享有经济权利和承担经济义务的当事人。其中，享有经济权利的一方称为权利主体，承担经济义务的一方称为义务主体。

2. 经济法律关系主体的特征

（1）主导性（通常是指政府及其经济管理机关）。

（2）独立性（通常是指经济组织和公民）。

（3）法定性（通常是指在法律上取得参与经济法律关系的资格）。

3. 经济法律关系主体的分类

以主体的法律性质为标准划分，经济法律关系的主体包括法人、其他组织、个人和代理人。

就经济法律关系主体的具体表现形式和承担的角色又可以分为经济管理主体和经济活动主体。其中经济管理主体主要指有权进行经济管理的国家机关。经济活动主体主要有企业法人、事业单位、社会团体、农村承包经营户、个体工商户和公民个人，以及代理人、代表人、经济组织的内部机构。国家机关除作为经济管理的主体外，在一定条件下也是经济活动关系的主体。

4. 经济法律关系主体的产生方式

经济法律关系的主体必须具备一定的主体资格。主体资格是指当事人参加经济法律关系、享受经济权利和承担经济义务的资格或能力。未取得经济法律主体资格的组织不能参与经济法律关系，不能从中享有权利和承担义务，不受法律保护。一般而言，经济法律关系的主体必须具备以下三方面的资格条件：

（1）经济法法律关系的主体应当有进行经济管理及其相应经济活动的法定资格。

经济法对经济法主体资格的认可,一般采用法律规定一定条件或规定一定程序成立的方式予以确认。确认的方式一般有三：①以法律设立,并因国家权力机关的决定或上级政府的批准成立。②依照法定程序,经国际有关部门审核批准成立。③向国家机关申请并经核准登记,领取执照,取得经济法律关系的主体资格。

(2) 经济法律关系的主体应当有进行经济管理及其相应经济活动的物质基础。这里的物质基础,指经济法律关系的主体在进行经济管理活动及其相应经济活动是,应具备相应的经济权利以及从事生产、交换和参与流通所必需的,属于自己的,并能依据自己的意志加以支配的财产。

(3) 经济法律关系的主体应当有进行经济管理及其相应经济活动的权利能力和行为能力。经济权利能力是当事人能够依法行使权利和承担义务的能力和资格；经济行为能力则是当事人根据自己的独立意志,以自己的行为依法取得权利和承担义务的资格。

(二) 经济法律关系主体具体类型

经济法律关系主体是经济法律关系的当事人。我国经济法律关系的主体主要有以下四种。

1. 法人

法人是指具有民事权利能力和民事行为能力,依法享有民事权利和承担民事义务的组织。成为法人必须具备四个条件,一是依法成立；二是有必要的财产和经费；三是有自己的名称、组织机构和场所；四是满足法律规定的其他条件。英美法系国家将法人分为社团法人与财团法人、营利法人与公益法人、公法人与私法人、本国法人与外国法人。《中华人民共和国民法通则》(简称民法通则)则将法人分为机关法人、企业法人、事业单位法人、社会团体法人。经济法律关系主体中的法人主要包括担任经济管理职能的机关法人、参与经济活动的企业法人、事业单位法人、社会团体法人。

机关法人指国家机关,是行使国家职能的各种机关的总称。它包括国家权力机关、国家行政机关、国家审判机关、国家检察机关等。经济法律关系主体的国家机关主要指国家行政机关中的经济管理机关。经济管理机关包括行业性经济管理机关,如信息产业部等,也包括职能性经济管理机关,如财务部、中国人民银行等；以及国务院直属机构,如国家工商行政管理局等。

企业法人是指从事生产经营活动,依法自主经营、自负盈亏并实行独立核算的经济组织；如有限责任公司、股份有限公司。

事业单位法人又称事业单位法人、事业单位,指国家为了社会公益目的,由国家机关举办或者其他组织利用国有资产举办的,从事教育、科技、文化和卫生等活动而具备法人条件的社会服务组织。

社会团体法人又称社会团体。由中国公民自愿组成,为实现会员共同意愿,按照其章程开展活动的具备法人条件的非营利性社会组织。国家机关以外的组织可以作为单位会员加入社会团体。它包括社会公益团体(如基金会),行业协会(如科协、商会、书画社)等。

2. 其他组织

其他组织是指依法成立并不具备法人资格条件而不以自己的名义从事生产经营活动的经济组织。它包括非法人企业和非法人社会团体。根据《关于适用〈中华人民共和国民事诉讼法〉若干问题的意见》，其他组织具体包括如下类型：①依法登记领取营业执照的私营独资企业、合伙组织；②依法登记领取营业执照的合伙型联营企业；③依法登记领取我国营业执照的中外合作经营企业、外资企业；④经民政部门核准登记领取社会团体登记证的社会团体；⑤法人依法设立并领取营业执照的分支机构；⑥中国人民银行、各专业银行设在各地的分支机构；⑦中国人民保险公司设在各地的分支机构；⑧经核准登记领取营业执照的乡镇、街道、村办企业等。

3. 个人

个人包括个体工商户、农村承包经营户和公民。个体工商户是指以个人财产或者家庭财产作为经营资本，依法经核准登记，并在法定的范围内从事非农业的工商经营活动的个体经营者。农村承包经营户，是指农村集体经济组织的成员，在法律允许的范围内按照承包合同规定从事商品经营的经营主体。经济法律关系中的个人还包括依据法律规定参与经济法律活动的自然人，包括中国公民和外国公民等，如在知识产权法中的专利权人、商标权人；在税法中承担个人所得税缴纳义务的纳税义务人等。

4. 代理人

代理人是指代理人以被代理人（又称本人）的名义，在代理权限内与第三人（又称相对人）实施民事行为，其法律后果直接由被代理人承受的民事法律制度。具体详见第四章。

（三）经济法律关系的内容

经济法律关系的内容是指经济法律关系的主体所享有的经济权利和承担的经济义务。经济法律关系的内容直接反映了经济法主体的要求和利益，因而它是经济法律关系的核心。

1. 经济权利

经济权利是指经济法律关系的主体依法享有的为一定行为或不为一定行为，以及要求他人为一定行为或不为一定行为，进而保证实现自己的经济利益的资格。例如，国家经济管理机关有权运用利率、税率、汇率等经济杠杆和价格政策，调控和引导企业行为；审计机关有权要求被审计单位送交会计财务资料以接受审查等。经济权利不等于经济利益。经济权利只是获得经济利益的资格或可能性，而不是经济利益本身。然而，要获得一定的经济利益，则必须首先具备经济权利这一资格。经济权利的主要内容有以下几个方面：

（1）经济职权。经济职权是指国家机关在行使经济管理职能时依法享有的权利，如国民经济决策权、对国民经济各部门的调节权、对社会经济活动的监督权以及审批权等。

经济职权是国家管理经济、调控经济生活的主要形式，它有以下三个方面的特征：①经济职权的产生是基于国家的授权或法律的规定；②经济职权的行使具有命令与服从的隶属性质；③经济职权不得随意转让、放弃。正确行使经济职权，对于国家机关来说，既是一种权力，也是一种职责。所以，经济职权的随意转让、放弃，是一种失职和违法行为，是不允许的。

(2) 财产所有权。财产所有权是一种物权。它是指所有人对自己的财物享有的占有、使用、收益和处分的权利。这一概念包含两层意思：①所有权的本质是归属权，它归属于财产所有人；②所有权的内容有占有、使用、收益和处分四项权能。在实践中，财产所有权的各项权能都可与所有权分离，这种分离是所有权人行使所有权的结果。

(3) 经营管理权。经营管理权是指企业进行生产经营活动时依法享有的权利。这种经营管理权包括企业的人、财、物、产、供、运、销等方面的权利，如经营方式选择权、生产经营决策权、人事管理权、产品销售权等。

(4) 请求权。请求权是指经济法律关系的主体，在其合法权益受到侵害时依法享有的要求侵权人停止侵权行为和要求国家机关及其有关部门保护其合法权益的权利。经济法主体的请求权利主要包括请求停止侵权、请求赔偿权、请求调解权、申请仲裁权、经济诉讼权等等。

2. 经济义务

经济义务是指经济法律关系的主体必须为一定行为或不为一定行为，以满足权利主体的要求，实现权利主体合法利益的责任。可见，作为经济法律关系内容的经济义务的具体含义包括：①义务主体按照法律的规定，进行一定的经济行为或不进行一定的经济行为，以保证对方权利的实现，或不影响对方权利的实现；②义务主体不履行其义务时，要受到国家强制力的制裁；③义务主体应履行的义务只限于法定范围内或双方约定范围内的义务，对超出上述范围的要求，义务主体有权拒绝履行。

根据法律的规定，经济法律关系主体的经济义务主要包括：贯彻执行国家的法律、法规和政策，履行经济管理的职责，服从合法调控，履行合同义务，依法缴纳税款，不侵犯他人合法权益等。

(四) 经济法律关系的客体

经济法律关系的客体是指经济法律关系主体的经济权利和经济义务共同指向的对象。在经济法律关系的构成要素中，经济法律关系的客体是主体确立具体内容以及内容性质的依据，也是确定权利行使与否和义务是否履行的客观标准。没有客体，主体的经济权利和经济义务就无从体现和实现，所以，客体是经济法律关系不可缺少的要素之一。

能够成为经济法律关系客体的因素十分广泛，大致可归纳为以下几类：

1. 物

这里所讲的物不是自然科学意义上的物，而是法律上所称之物，即能够满足人们生产、生活需要的，为人类所控制，有一定经济价值的物质实体。所以，作为经济法律关系客体的物，是指由经济法律规范所确认的物。对这些物可进一步做出相应的分类：

(1) 流通物、限制流通物和禁止流通物。这是根据物在流通中是否受到法律的限制而做的分类。流通物是指法律允许在主体之间依照商品流转秩序而自由流转之物。在我国，大多数物属于流通物。限制流通物是指依法只能在特定主体之间流转之物，如外汇等。禁止流通物则是指法律禁止流转和交易之物，如非法出版物等。

将物区分为流通物、限制流通物和禁止流通物的法律意义在于确定主体行为的有效性。经济法主体的行为违反有关限制流通物、禁止流通物的规定，其行为无效。

（2）特定物和种类物。这是根据物是否具有特殊属性而做的分类。特定物是指具有特殊属性，不能为其他物所代替的物，如一幅字画、某一建筑物等。种类物是指具有共同属性，能够用度量加以确定，可用同品种或同数量的物进行直接替换的物，如同一型号的水泥、同一型号的钢材等。种类物可因当事人的特别指定而转化为特定物。

将物区分为特定物和种类物的法律意义表现在以下两个方面：第一，在债的履行中，特定物之债因特定物的意外灭失而发生履行不能，如其灭失由不可归责于债务人的事由发生，债务人可免除责任；但在种类物之债中，则不能因种类物的灭失而发生履行不能，无论什么原因造成种类物灭失，债务人均不得免除责任。第二，对标的物的返还要求不同。有些合同依其性质决定标的物只能是特定物，在这些合同中，债权人享有要求债务人返还原物的权利；而在有些合同中，依其性质决定标的物只能是种类物，在这些合同中，债权人不享有返还原物的权利，只能要求返还同类数量的种类物。

（3）主物和从物。以两物之间相互关系为标准，可将物分为主物和从物。凡两种以上的物配合使用，其中具有独立效用，起主要作用的物称之为主物；配合主物使用而在使用过程中起辅助作用之物称之为从物。例如，船为主物，船桨为从物。

将物区分为主物和从物的法律意义在于：当法律或合同无特殊规定时，从物的所有权随主物所有权的转移而转移。

（4）原物与孳息。以两物之间的相互关系为标准，可将物划分为原物和孳息。凡能产生收益的物，称之为原物；原物产生的收益就是孳息。根据孳息取得的方式不同，可将孳息分为天然孳息和法定孳息。前者如果树之果实，后者如存贷款之利息。

将物区分为原物和孳息的法律意义在于：除法律或合同另有规定外，原物的所有人对孳息享有同样的所有权，当原物转移所有权时，原则上孳息随之转移。

（5）动产和不动产。以物能否被移动为标准，可将物分为动产和不动产。动产是指能够自由移动而又不会改变该物的性质、形态和效用的物，如交通工具等。而不动产则是指不能够移动的物，或者说移动后会损害物原有的性质或效用的物，如建筑物等。

将物区分为动产与不动产的法律意义在于：确定所有权转移的时间和程序不同。在一般情况下，动产所有权的转移依其交付而生效；而不动产所有权的转移，除要求书面形式外，还必须办理相关登记手续才能生效。

（6）可分物和不可分物。以物的效用或价值是否因分割而变更作为标准，可将物分为可分物和不可分物。可分物是指经过分割后而不损害其经济效用的物，如粮食、布匹等。不可分物则是指经过分割后则要改变其性质和经济效用的物，如建筑物、汽车等。

将物区分为可分物与不可分物的法律意义在于：对于可分物，可进行实物分割；对于不可分物，则只能采用变价分割或作价补偿的办法。

2. 行为

行为是指主体为达到一定的目的所进行的活动。它主要包括国家机关行使国家管理经济职能的行为，如经济决策行为、经济命令行为、审查批准行为以及经济监督行为等；社会组织行使管理权的行为；经济组织行使经营权的行为，这种行为表现为一系列的具体的经济活动，如完成一定的工作或提供一定的劳务。

3. 智力成果

智力成果是指人们创造的能够带来经济价值的创造性脑力劳动成果。也就是说，智力成果是人们脑力劳动所创造的非物质财富。随着社会的进步和科学技术的发展，智力成果成为社会财富的重要组成部分。作为经济法律关系客体的智力成果包括专利、商标、著作权等。

第二节 经济法律关系的发生、变更和终止

一、经济法律关系的发生、变更和终止的概念

（一）经济法律关系的发生

经济法律关系的发生，是指经济法律关系主体之间经济权利和经济义务关系的形成。任何经济法律关系的发生，都必须具备一定的原因和条件。

经济法律关系的发生是以经济法律规范的存在为前提条件的。人们只有根据经济法律规范才能形成一定的经济权利和经济义务关系，因此在任何条件下发生的具体的经济法律关系都是以经济法律规范为转移的。但是，现存的经济法律规范并不能自然而然地产生出具体的经济法律关系，人们只有根据经济法律规范的规定，并通过一定的能够引起经济法律关系产生的客观事实，才能产生某种具体的经济法律关系。所以，经济法律关系的发生，是经济法律规范与经济法律事实相结合的结果。

（二）经济法律关系的变更

经济法律关系的变更，是指经济法律关系的主体、内容和客体三个构成要素中的一个或一个以上的要素单独或同时发生变更。经济法律关系的变更，有时只需要一个要素发生变化就能引起，有时则需要一个以上的要素发生变化才能引起。但是，经济法律关系的变更，并不是任意而为的，它仍然是以经济法律规范为前提，以经济法律事实为原因而实现的。

（三）经济法律关系的终止

经济法律关系的终止，是指经济法律关系主体之间的经济权利和经济义务关系的

消灭。如同经济法律关系的发生、变更,经济法律关系的终止,同样也是以经济法律规范为前提条件,以经济法律事实为原因的。在现实经济生活中,经济法律关系终止的原因主要有:双方当事人因实现经济权利和履行经济义务而终止;因法定程序而终止,如因国家经济管理机关的行政命令而终止;因经济权利主体与经济义务主体混同而终止;因主体之间相互协议而终止,等等。

二、经济法律事实

经济法律关系的发生、变更和终止是以经济法律规范为前提的,没有法律、法规的规定,就不可能引起经济法律关系的发生、变更和终止。但是,仅有经济法律规范的存在也不行。从上面的分析阐述中可以知道,经济法律事实是经济法律关系发生、变更、终止的原因。一个具体的经济法律关系的发生、变更和终止,是经济法律规范与经济法律事实两者相结合的结果。只有在既符合经济法律规范,又出现经济法律事实时,才能使经济法律关系发生、变更或终止。

所谓经济法律事实,就是指能够引起经济法律关系发生、变更和终止的客观现象或事实。在经济活动中,能够引起经济法律关系发生、变更或终止的客观现象很多,根据是否以当事人的主观意志为转移,可将经济法律事实分为法律事件和法律行为两类。

(一)法律事件

所谓法律事件,是指与人的主观意志无关联,而又能够引起经济法律关系发生、变更或终止的客观现象。这种客观现象,一种是由自然现象所引起的,如地震、水旱等自然灾害引起经济法律关系的发生、变更或终止;另一种是人们无法预料的某种社会现象所引起的,如动乱或战争引起经济法律关系的产生、变更或消灭。

(二)法律行为

所谓法律行为,是指以当事人的意志为转移并能够引起法律关系发生、变更和终止的客观事实。所以,法律行为是当事人的意志行为,与法律事件不同,法律行为是以人的意志为转移,是当事人有意识的自觉活动的结果。在法律行为中,经济法律行为是其最基本、最重要的一种表现形式(关于经济法律行为,详见第三章《经济法律行为》)。

思考题

1. 什么是经济法律关系?如何理解经济法律关系的特征?
2. 经济法律关系的构成要素有哪些?其基本内容如何理解?
3. 什么是法人?法人成立的条件有哪些?
4. 什么是经济权利和经济义务?其基本内容如何理解?
5. 物的主要分类有哪些?如何理解这些分类的法律意义?
6. 什么是经济法律事实?如何理解经济法律事实的分类?

第三章 经济法律行为

本章学习要点

经济法律行为的概念和特征；意思表示；经济法律行为的分类；诺成性经济法律行为和实践性经济法律行为的关系；经济法律行为的构成要件；无效经济行为的概念和特点；无效经济行为的认定；经济行为被确认无效的后果。

第一节 经济法律行为概述

一、经济法律行为的概念

经济法律行为，是指经济主体为了设立、变更或者终止经济法律关系而实施的行为，即经济法律行为是公民或者法人设立、变更、终止经济权利和经济义务的合法行为。由此可见，经济法律行为具有引起经济法律关系产生、变更或者消灭的作用，是法律事实中行为的组成部分。

二、经济法律行为的特征

经济法律行为作为经济法律事实中行为的一种，具有如下三项特征而区别于其他各类经济法律事实。

（一）经济法律行为是一种合法行为

经济法律行为必须具有合法性，因为它必须是合法行为，才能为国家法律所确认和保护，从而能够产生行为人预期的经济法律后果。在此，理解经济法律行为的合法性应着眼于其内容和形式均应符合法律规定；而且，合法性的范围是广义的，既要符合法律规定，又要符合社会公共利益和社会公德的要求。这是经济法律行为对社会经济生活进行调整的目的，也是经济法律行为的本质属性。

(二) 经济法律行为是以行为人的意思表示作为构成要素

1. 意思表示

意思表示是指行为人追求经济法律后果（经济法律关系的设立、变更或消灭）的内心意思用一定的方式表示于外部的活动。比如，顾客在商店将其要购买某一商品的想法用口头方式告诉售货员的表示就是意思表示。

也就是说，意思表示是经济主体借助一定的表现方式表达其设立、变更或者终止经济权利和经济义务关系的内部意志的过程。它是由经济主体主观上追求经济法律后果的内心意思和外部表示两部分所构成的，即行为人追求经济法律后果的内心意思必须通过一定的方式表达出来，才能为他人所知晓。两者缺少其一均不是意思表示。

2. 意思表示与经济法律行为

经济法律行为是人们有目的、有意识的行为，所以，意思表示是经济法律行为的必要组成部分。每种经济法律行为都必然存在意思表示。缺少法律所确认的意思表示的行为就不是经济法律行为。例如，邀请朋友吃饭也是人有意识的行为，但它所表达的意思并非追求经济法律后果，不属于意思表示，故不构成经济法律行为。从而，它有别于另一类经济法律事实——事件。后者是与人的意志无关的客观现象。

意思表示是经济法律行为的构成要素，但并不等于经济法律行为。因为，不同的经济法律行为，其意思表示构成是不一样的。它既可以是由一种意思表示所构成，也可以包含两种或多种意思表示。比如，赠与行为要有赠与人一方的意思表示才能成立；而签订买卖合同的行为则需有买方和卖方的两种意思表示并且一致才能成立。

(三) 经济法律行为能够实现行为人所预期的经济法律后果——设立、变更或消灭经济法律关系

经济法律行为是一种目的性行为，即以设立、变更或终止经济法律关系为目的。这一目的是行为人在实施经济法律行为之时所追求的预期后果。那么，基于经济法律行为具有的合法性，法律确认和保护经济法律行为的效力，故行为人所追求的预期后果必然可以实现。可见，经济法律行为的目的与实际产生的后果是一致的。这一特点使得经济法律行为有别于经济违法行为。因为，经济违法行为也含有依法产生的法律后果。但是，这种法律后果并不是行为人实施经济违法行为时所追求的后果，而是根据法律规定直接产生，并非以当事人的意思表示为根据的。

通过分析经济法律行为的特征，我们可以看到法律规定经济法律行为制度的意义在于为社会公众设置了从事经济活动的行为模式，具体表现为经济法律规范规定了经济主体在参与经济活动时所应当具备的有效条件。行为人应当按照法定条件实施相应的行为，即构成经济法律行为，其法律效力为法律所确认和保护；反之，则不产生合法的效力。如果广大社会公众均按照法律规定的有效条件从事经济活动，就可以将每个人的行为均纳入合法的范围，经济立法调整的目的也就达到了。

三、经济法律行为的分类

经济法律行为，按不同标准可以进行不同的分类。相应的，它们各自的构成要件、具体内容也是不同的。

（一）单方经济法律行为和双方经济法律行为

这一分类是以经济法律行为所需的意思表示构成作为划分标准进行划分的。

1. 单方经济法律行为

单方经济法律行为是基于一方当事人的意思表示即可成立的经济法律行为。比如，委托授权、追认无权代理等行为，都属于单方经济法律行为。只要有行为人的一方意思表示就依法成立，不需要征得他人的同意。

2. 双方经济法律行为

双方经济法律行为是基于双方当事人的意思表示一致而成立的经济法律行为。其特点是必须存在各方当事人的各自意思表示，而且要一致。仅有一方当事人的孤立意思表示，或者双方各自虽然都有意思表示，但彼此不能一致的，双方经济法律行为均不成立。例如，各种签约行为、联营行为都属于双方经济法律行为。

除了法律另有规定以外，单方经济法律行为自行为人独立表达其意思即可成立，也可因行为人独立表达意思而消灭；而双方经济法律行为则自双方当事人意思表示一致时成立。

（二）单务经济法律行为和双务经济法律行为

这一分类是当事人之间以经济权利和经济义务的构成作为划分标准进行划分的。

1. 单务经济法律行为

单务经济法律行为是指经济法律行为的一方当事人负有义务，而另一方当事人仅享有权利。比如，赠与行为中的赠与人负有交付赠与物的义务，而受赠人则享有请求赠与人给付赠与物的权利。

2. 双务经济法律行为

双务经济法律行为则是指经济法律行为的双方当事人均承担义务，也都享有权利；而且，彼此的权利和义务相互关联、互为条件，一方的义务就是另一方的权利。比如，买卖合同中出卖人和买受人的权利和义务就是对应的。

相比较而言，双务经济法律行为的当事人在行使权利和履行义务的过程中，适用同时履行抗辩权（《中华人民共和国合同法》简称合同法，第66条）、不安抗辩权（《合同法》第68条和第69条）等制度予以调整；而单务经济法律行为的履行则无须适用这些具体制度。

（三）有偿经济法律行为和无偿经济法律行为

这一分类是以经济法律行为的一方当事人承担义务是否要求对方给付对价作为划分标准进行划分的。

1. 有偿经济法律行为

有偿经济法律行为是一方当事人承担某项经济义务而要求对方当事人给予对价（报酬）的法律行为。比如，买卖合同就是典型的有偿经济法律行为。

2. 无偿经济法律行为

无偿经济法律行为则指一方当事人承担某项经济义务而不要求对方当事人给予对价的法律行为。它以赠与为代表。

在社会生活实践中，大多数经济法律行为都属于有偿经济法律行为，而存在于特定经济领域中的少数经济法律行为是无偿经济法律行为。相应的，经济立法对于有偿经济法律行为和无偿经济法律行为的调整规则就不尽相同，尤其是当事人在经济法律行为依法所应承担的法律责任是不同的。在一般意义上，有偿经济法律行为当事人的法律责任重于无偿经济法律行为的当事人。比如，对于标的物的质量和权利所承担的瑕疵担保责任是买卖合同的出卖人必须承担的，而赠与合同中的赠与人则一般不承担赠与物的瑕疵担保责任，除非是赠与人故意不告知瑕疵的，才承担经济赔偿责任。

（四）诺成性经济法律行为和实践性经济法律行为

这一分类是以经济法律行为的成立是否以交付实物为条件作为划分标准进行划分的。

1. 诺成性经济法律行为

诺成性经济法律行为是指仅以双方当事人意思表示一致即告成立的经济法律行为。大多数经济法律行为都是诺成性的，如买卖、承揽、租赁等。

2. 实践性经济法律行为

实践性经济法律行为则是指不仅要求双方当事人意思表示一致，而且要交付实物才能成立的法律行为，又称要物经济法律行为，如赠与、借贷等行为。其中，交付实物的行为是此类经济法律行为成立的条件。

由此可见，诺成性经济法律行为与实践性经济法律行为，各自成立的条件是不同的。前者自双方当事人意思表示一致时成立，而后者则必须是在双方当事人意思表示一致，并且依法或依约定交付实物时才成立。应当注意，交付实物的行为在这两类经济法律行为中具有不同的法律意义：它在诺成性经济法律行为中只是自经济法律行为成立之后的履行行为，而在实践性经济法律行为中则是经济法律行为成立所需的条件。

（五）要式经济法律行为和不要式经济法律行为

这一分类是以经济法律行为的成立是否必须采用特定形式作为划分标准进行划分的。

1. 要式经济法律行为

要式经济法律行为是指必须采用某种特定的形式才能成立的经济法律行为。正如《民法通则》第56条规定的："法律规定用特定形式的，应当依照法律规定。"比如，根据《中华人民共和国担保法》（简称担保法）的规定，保证合同、质押合同均应采用书面形式；而抵押合同则不仅要用书面形式，而且要向法定登记机关办理抵押登记手续。

2. 不要式经济法律行为

不要式经济法律行为是指法律没有规定特定形式而允许当事人选择约定形式的经济法律行为。

随着我国社会主义市场经济的发展，不要式经济法律行为的适用范围日益普遍，而要式的经济法律行为则只适用于特定的情况，从而只要法律没有对行为的形式直接规定必须采用特定形式的，就属于不要式经济法律行为。当事人可以协商确定采用书面形式（包括合同书、信件、数据电文等有形表现其行为内容的形式）、口头形式或者其他形式。

第二节　经济法律行为的构成要件

经济法律行为的构成要件也就是经济法律行为应当具备的条件，具体包括行为人合格、意思表示真实、内容合法和形式合法。前三者是经济法律行为的实质要件，第四个则是其形式要件。

一、行为人合格

它指的是行为人应当具备相应的行为能力。经济行为能力是经济主体参与经济活动的行为资格。因此，经济主体在实施具体的经济法律行为时必须具备相应的经济行为能力。经济行为是否成立，则要以法律对公民、法人的经济行为能力的具体规定为标准来衡量。它对于公民而言，完全行为能力人从事各种经济行为均为合格；限制行为能力人则在法律允许其独立进行经济活动的范围内，进行与其年龄、智力或者其精神健康状况相适应的经济活动为合格。而具体到法人，则必须具有独立的法人资格，并在法律批准的业务范围内从事经济活动，即为行为人合格。至于依法参与经济活动的其他组织，则必须是具有法律承认的资格或在其所属法人授权范围内从事经济活动为合格。违反上述规定的就是行为人不合格，其实施的经济行为不产生法律效力。

二、行为人意思表示真实

意思表示真实是指行为人表现于外部的表示与其内在的真实意志相一致。其要求有两点，一是内部意思与外部表示一致，二是出于行为人的自愿。只有行为人意思表示真实，才能保证其所实施的经济行为产生的经济法律后果符合行为人预期的目的，符合其切身利益，有利于建立正常的社会经济秩序。如果行为人的外在表示与其内心真实意志不一致，则为意思表示不真实，不为法律所确认和保护。

三、行为内容合法

行为内容合法表现为不违反法律和社会公共利益、社会公德。具体到实际生活中，行为内容合法首先不得与法律、行政法规的强制性或禁止性规范相抵触。而行为人的意思表示与任意性规范不一致时则不属于违法，因为任意性规范允许当事人协商确定。其次，行为内容合法还包括行为人实施的经济行为不得违背社会公德，不得损害社会公共利益。因为，社会公共利益和社会公德是对经济立法的重要补充，在法律没有明文规定时，就是衡量经济行为合法性的重要标准。

四、行为形式合法

经济法律行为的形式也就是行为人进行意思表示的形式。经济法律行为所采用形式的合法性因要式经济法律行为和不要式经济法律行为的不同而不同。凡属要式的经济法律行为，必须采用法律规定的特定形式才为合法；而不要式经济法律行为，只要当事人在法律允许的范围内选择口头形式、书面形式或其他形式作为经济法律行为的形式皆为合法。

第三节 无效经济行为及其责任

一、无效经济行为的概念和特点

无效经济行为是指因欠缺经济法律行为的有效条件而不产生法律效力的经济行为。法律理论又称其为"绝对无效的经济行为"。

无效经济行为具有以下特点。

（一）无效经济行为的本质具有违法性

其违法性是由于行为人实施的经济行为不具备法律规定的各项有效条件而违法。因此，判断无效经济行为的标准是法定的有效条件，故不同于因违反经济义务而构成的经济违法行为。

（二）无效经济行为是确定无效的

其无效性就是说，该无效经济行为依法肯定是不产生法律效力的。不论当事人是否知道经济行为无效和是否主张认定其无效，也不管该经济行为是否经过人民法院或者仲裁机关确认其无效，这一结果不因当事人的协商约定而改变。所以，它区别于因当事人行使变更权、撤销权而变更其内容或者撤销其法律效力的可变更、可撤销的经济行为。

（三）无效经济行为自始不发生法律效力

无效经济行为作为确定无效的经济行为，其无效结果是自行为实施起就形成的，从行为开始起就没有法律约束力。这也不同于可变更、可撤销的经济行为。

二、无效经济行为的认定

法律规定的经济法律行为的有效条件是认定无效经济行为的法律依据，所以，相应的构成了四类无效的经济行为，包括因主体不合格而无效的经济行为、因意思表示不真实而无效的经济行为、因内容违法而无效的经济行为和因形式违法而无效的经济行为。具体来讲，根据法律规定，无效经济行为表现为以下情形：

(一) 无行为能力人实施的经济行为

无行为能力的公民不能正确认识其行为的法律意义，依法不能独立进行经济活动，而只能由其法定代理人代为实施经济行为。因此，无经济行为能力的公民本人实施的经济行为，即构成因主体不合格而无效的经济行为。此外，按我国现行立法的要求，法人超越其法定业务活动范围，或者其他组织超越其业务范围或所属法人授权范围从事的经济活动也构成主体不合格的无效经济行为。但是，从效率理论、时间理论、机会理论等方面分析，"超越其业务范围"的经济活动构成无效经济行为，在理论上有待于进一步探讨。

(二) 限制行为能力人依法不能独立实施的经济行为

限制行为能力的公民只能在法律允许其独立进行活动的范围内独立实施经济行为，而在法律禁止其独立进行活动的范围内，如果未征得其法定代理人同意，即独立实施的与其年龄、智力或精神健康状况不适应的经济行为，属于无效的经济行为。但是，根据《中华人民共和国合同法》（简称合同法）第47条的规定，"限制民事行为能力人订立的合同，经法定代理人追认后，该合同有效，但纯获利益的合同或者与其年龄、智力、精神健康状况相适应而订立的合同，不必经法定代理人追认。"同时，与法定代理人的追认权相对应，善意第三人在法定代理人行使追认权之前，有权撤销与限制行为能力人订立的合同。

(三) 因欺诈而为的经济行为

因欺诈而为的经济行为是指因一方当事人故意告知对方虚假情况，或者故意隐瞒真实情况，诱使对方当事人做出错误意思表示的情况下而为的经济行为。显然，在实施该经济行为的过程中，被欺诈人所做的意思表示是不真实的，因为如果他知道真实情况就不会实施该经济行为。

认定该经济行为中的欺诈，应当具备以下条件：

(1) 欺诈方有欺诈的故意。

(2) 欺诈方实施了欺诈行为，包括故意告知对方虚假情况（作为）或者故意隐瞒真实情况（不作为）。

(3) 被欺诈方对于欺诈行为是未知的。

(4) 欺诈行为与被欺诈方实施的经济行为之间存在因果关系，即被欺诈方基于欺诈方所谓的欺诈行为产生了错误认识而与欺诈方实施经济行为。

应当注意的是，根据《合同法》第52条和第54条第2款的规定，一方以欺诈手段订立的合同，在损害国家利益前提下必然是确定无效的合同；而在未损害国家利益的情况下，则可经被欺诈方请求，由人民法院或者仲裁机关予以变更或者撤销。

(四) 因胁迫而为的经济行为

因胁迫而为的经济行为是指由于一方当事人以给公民及其亲友的生命健康、荣誉、名誉、财产等造成损害，或者以给法人的荣誉、名誉、财产等造成损害为要挟，迫使对方做出违背真实意志的意思表示所谓的经济行为。可见，因胁迫而为的经济行为是被胁迫方意思表示不真实时所谓的经济行为，故应当无效。

认定该经济行为中的胁迫，应当具备以下条件：

（1）胁迫方有胁迫的故意。

（2）胁迫方实施了胁迫行为，即正在发生或者在将来可能发生危害，并且足以使被胁迫方产生恐惧，害怕胁迫的发生。

（3）被胁迫方实施的经济行为与胁迫行为之间存在因果关系。就是说该被胁迫方因受施胁方威胁，产生恐惧，并害怕胁迫的发生。

应当注意的是，《合同法》第52条和第54条第2款亦规定，一方以胁迫手段订立的合同，在损害国家利益时，必然确定为无效合同；而在未损害国家利益的情况下，则可经被胁迫方请求，由人民法院或者仲裁机关予以变更或者撤销。

（五）因乘人之危使对方违背真实意思而为的经济行为

因乘人之危使对方违背真实意思而为的经济行为是指因一方当事人乘对方处于危难之机，为牟取不正当利益，迫使对方做出不真实的意思表示而为的经济行为，故该经济行为也属于因危难一方意思表示不真实而无效的经济行为。

认定该经济行为中的乘人之危，应当具备以下条件：

（1）一方当事人处于危难境地，如本人或其亲属突患危重病症。

（2）另一方当事人以牟取不正当利益为目的，利用对方的危难情况，提出苛刻的条件，严重损害对方的利益。例如，以超出法律允许的利率范围，订立高额利率的借款合同。

（3）乘人之危一方主观上是故意的。

（4）危难一方所为的经济行为与乘人之危行为之间存在因果关系，即危难一方因危难的存在而被迫接受对方提出的苛刻条件并实施相应的经济行为。

应当注意的是，按照《民法通则》第58条第1款第3项的规定，因乘人之危使对方违背真实意思而为的经济行为是确定无效的经济行为。但是，根据《合同法》第54条第2款的规定，一方乘人之危使对方在违背真实意思情况下订立的合同，也可以经受损害方的请求，由人民法院或者仲裁机构依法予以变更或者撤销。

（六）因恶意串通损害他人利益而为的经济行为

因恶意串通损害他人利益而为的经济行为是指当事人相互之间故意通谋实施的损害国家、集体或者第三人利益的经济行为。

认定该经济行为中的恶意串通应当具备以下条件：

（1）当事人之间存在恶意串通的共同故意，故不同于欺诈、胁迫和乘人之危而为的经济行为。

（2）当事人恶意串通的内容是损害国家、集体或第三人的利益的。

（3）该经济行为的实施造成了损害国家、集体或者第三人利益的结果。

（七）因违反法律或者社会公共利益而为的经济行为

这种经济行为是指行为人实施的违反法律或者社会公共利益的经济行为。在此，应从广义角度理解经济行为的违法性，即当事人实施的经济行为与法律、行政法规的强制性规范和禁止性规范相抵触，或者违反社会公共利益和社会公德。

（八）因以合法形式掩盖非法目的而为的经济行为

这种经济行为是指当事人为规避法律，实现其追求非法目的而在形式上采用另一种合法的经济行为加以掩盖的情况。从法律上讲，具有掩盖作用的经济行为，叫作伪装的经济行为，因其不代表当事人的真实意思，故应当无效。同时，被掩盖的经济行为，虽然代表当事人的真实意思，但因其违反法律也构成无效行为。例如，甲、乙两个企业（非银行）之间为了规避现行立法有关禁止企业间商业借贷的规定而签订一个联营合同作为经济行为来掩盖双方实际上的借款合同关系。

（九）因违反国家指令性计划而无效的经济行为

在我国社会主义市场经济条件下，国家为了对国民经济进行宏观调控，仍然要通过下达指令性计划来落实其宏观经济政策。从而，经济主体在相应经济领域内实施经济法律行为涉及国家指令性计划时，亦不得违反；否则，其所实施的经济行为也会因违反指令性计划而无效。

三、经济行为被确认无效的后果

无效经济行为被确认无效后，均自行为开始起无效。并且根据《合同法》第58条和第59条的规定，行为被确认无效或者被撤销后，还会产生下列法律后果。

（一）财产返还

由于经济行为无效，当事人从经济行为中取得的财产就失去了合法根据。所以，当事人应将其从该经济行为中取得的财产返还给对方。财产返还分为单方返还和双方返还。前者是有过错的一方将其从无效经济行为中所得财产返还给对方；而对方所得财产则不予以返还，依法另行处理。后者则是双方各自将其从无效经济行为中所得财产分别返还给对方。关于财产返还所作的法律规定，根据法律的性质不同，法律采用的管理方式也有不同，即有主动管理，也有被动管理。那么，在财产返还的方式上，法律对其管理方式也有不同，导致的法律结果也是不同的。因此，财产返还的某些方式在理论上可做进一步探讨。

（二）赔偿损失

无效经济行为给当事人造成损失的，还相应地产生损失赔偿的后果。该后果的承担是与当事人的过错相联系的，并应依据当事人的过错程度确认其赔偿责任。具体来讲，有过错的一方应当赔偿对方因此所受的损失；双方都有过错的，各方应当分别按其过错程度在全部损失范围内承担相应的赔偿责任。尤其应当注意《合同法》第 42 条所规定的缔约过错责任。所谓责任是指一方或双方当事人在缔结合同过程中，基于其主观过错而违反法定的缔约义务，致使所订立的合同未能成立或者无效，并给对方当事人造成损失所应依法承担的法律责任。由此可见，缔约过错责任是我国合同法对于无效经济行为的一般化后果的具体化规定。而且依我国合同法规定，适用于缔约过错责任的责任方法主要是赔偿损失，即当事人因其缔约过错给对方造成损失的，应当承担损害赔偿责任（《合同法》第 42 条）。不过，追究缔约当事人的缔约过错责任，依合同法规定应具备以下条件：

（1）缔约当事人有违反法定缔约义务的行为。这是承担缔约过错责任的客观前提，此类违反缔约义务的行为可以是作为，也可以是不作为。具体表现为：第一，假借订立合同，恶意进行磋商。第二，故意隐瞒与所订立合同有关的重要事实或者提供虚假情况。第三，其他违反诚实信用原则的行为。此外，当事人泄露或不正当使用在订立合同过程中知悉的商业秘密也属于违反缔约义务的行为。

（2）给对方当事人造成了损失。

（3）违反缔约义务的当事人主观上存在过错。这是当事人承担缔约过错责任的主观条件。依据合同法及有关法律的规定，当事人主观上的过错包括故意和过失两种。例如，《中华人民共和国保险法》（简称保险法）第 16 条规定的投保人违反如实告知义务的行为就存在着故意和过失的情况。

3. 追缴财产

在法律规定的情况下，执法机关将当事人因无效经济行为所取得的财产（已经取得和约定取得的财产）予以追缴，收归国家、集体所有或返还给第三人。比如，《民法通则》第 61 条第 2 款对于双方恶意串通实施的损害国家的、集体的或第三人利益的行为规定适用追缴财产的处理方法。

思考题

1. 经济法律行为的概念和特征。
2. 简述对意思表示的理解。
3. 经济法律行为的分类。
4. 诺成性经济法律行为和实践性经济法律行为的区别和联系。
5. 经济法律行为的构成要件。
6. 无效经济行为的概念和特点。
7. 无效经济行为的表现情形。
8. 无效经济行为的责任。
9. 无效法律行为的后果。
10. 赔偿损失与违约金的区别。

第四章 代理制度

本章学习要点

通过本章的学习,主要理解和掌握代理的概念及其特征;理解委托代理的基本内容以及无权代理、表见代理和滥用代理权的基本内容。

第一节 代理的一般原理

一、代理的概念

同民事法律行为一样,经济法律行为除了由当事人自己实施外,法律上还准许某些经济法律行为由非当事人代为实施。

公民或法人在不愿意或者不能自己实施民事、经济法律行为时,通过非当事人的其他人代为实施,这在当事人和对方当事人之间设定了具有民事、经济权利义务为内容的法律关系,这种权利义务关系直接由被代理的当事人享有或承担,这就是民事、经济法律中的代理制度。换言之,代理就是代理人根据代理权,以被代理人的名义,与对方当事人实施法律行为,由此产生的权利义务直接由被代理人享有或承担的法律制度。

代理制度是随着商品经济、市场经济的发展而产生和发展的重要的民事、经济法律制度,它充分地弥补和扩充了民事、经济主体的民事、经济行为能力。比如,一个经济法主体,虽然具有完全行为能力、能独立实施经济法律行为,但因为其在时间上、体力上、业务能力及地域上往往受到诸多限制,不可能事必躬亲,因此需要他人代为实施。代理制度的建立扩充了经济法主体的行为能力,满足了社会需要。

在代理关系中,代他人进行法律行为的人称为代理人;为其所代并承担法律行为后果的人称为被代理人,又称为本人;与代理人进行经济法律行为的人叫第三人,又称为相对人。

《民法通则》第63条规定:"代理人在代理权限内,以被代理人的名义实施民事法律行为。被代理人对代理人的代理行为,承担民事责任。"根据这一定义,代理人在代理权限范围内，以被代理人的名义，与相对人进行民事、经济行为，即产生了被代理人与相对人之间的法律关系，而基于代理行为所产生的权利、义务则直接归被代理人享有或承担。由此可见，代理关系的主体包括代理人、被代理人和相对人，而代理关系（制度）也就包括了这三方所构成的三种民事、经济法律关系：第一是被代理人与代理人之间的代理权关系，其决定着代理人代理权的有无及其范围；第二是代理人与第三人之间的代理行为关系，其决定着代理行为的效力；第三是被代理人与第三人之间的法律后果关系，其决定了代理后果的真正归属，如下图所示。

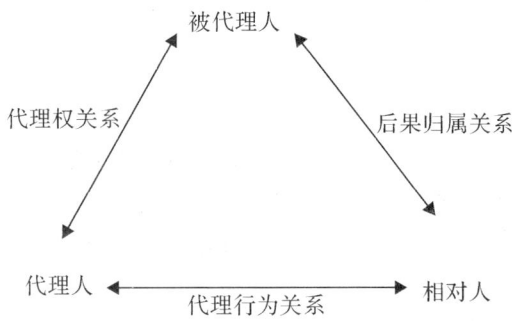

二、代理的特征

根据上面的阐述，我们可以看出代理具有不同于一般民事、经济法律关系的显著特征。

（一）代理人应以被代理人的名义实施代理行为

由于代理行为的法律后果最终应由被代理人承担，所以代理人实施代理行为通常应以被代理人的名义进行。如果代理人以自己的名义实施民事行为，那就不是代理行为而是行纪行为。行纪行为是指行纪人受委托人的委托，由委托人负担费用、付给报酬，为实现委托人的利益，以自己的名义实施的法律行为。例如，经营寄售业务的寄售商店、拍卖行就是一种行纪关系。在行纪活动中，委托人和受托人之间是一种法律关系，受托人与对方当事人是另一种法律关系。委托人与对方当事人没有直接产生权利义务关系，即双方都没有直接向对方行使权利或履行义务。代理则不然，虽然被代理人没有亲自与对方当事人实施法律行为，但通过代理人以被代理人名义实施法律行为，仍然使被代理人与对方当事人之间直接产生权利义务关系。

值得注意的是，在国际范围内，存在着对代理的不同理解。狭义的代理仅指直接代理，即以被代理人名义所进行的代理行为，大陆法系国家采用直接代理这种理解。广义代理不仅包括直接代理，而且还包括间接代理。所谓间接代理，就是受托人以自己的名义代他人为法律行为。英美法系国家采用间接代理的理解。

我国《民法通则》第63条采用直接代理概念，规定：代理人在代理权限内，以被代理人的名义实施法律行为。因此，我国民事生活中的代理，原则上均属于直接代理。而《合同法》第21章第402条和第403条对委托合同的规定，则根据国际商事代理的惯例规定：在特定情况下，代理人也可以自己的名义实施代理行为。因此，在商事代理中应依照合同法的规定处理。也就是说，在合同法中，我国采用了间接代理制度。由此可见，代理制度在各国的适用范围在不断扩大，代理人必须以被代理人的名义进行代理活动的这一特征也并非代理行为的基本特征。

（二）代理人在代理权限内独立实施法律行为

这一特点包括两层含义：一是代理人必须在代理权限内实施代理行为。委托代理应根据被代理人的授权进行代理；法定代理和指定代理也应在法律规定或指定的权限范围内进行代理行为，这是由代理关系的本质属性所决定的。代理人不能擅自变更或扩大代理权限。所以，这就要求代理人不仅应有代理权，而且实施代理行为时不能越权代理。二是代理人实施代理行为时应能独立进行意思表示。这是因为，代理人实施的行为属于法律行为，而意思表示又是法律行为的核心。为了更好地完成代理事务，代理人在代理的权限内可以根据代理活动的具体情况进行相应的意思表示，如决定如何向相对人进行意思表示或者决定是否接受相对人的意思表示。这样，代理人才能权衡利弊得失，争取在对被代理人最有利的情况下完成代理事务，以维护被代理人的利益。代理的这一特征，使得代理人与居间人、传达人相区别。

（三）代理人实施的行为是具有法律意义的行为

代理人可以代理被代理人实施民事法律行为，也可以代理其实施经济或行政法律行为，但被代理的行为必须是具有法律意义的行为。所谓具有法律意义的行为，是指涉及第三人，能给被代理人取得权利、设定义务的行为。如果代替他人实施的行为不具有法律意义，则是一般的代办行为，而非代理行为。

（四）代理的法律后果应直接归属于被代理人

代理人受被代理人委托实施法律行为，其目的并非为自己，而是为被代理人取得权利、设定义务。为此，代理人实施代理行为应以被代理人的名义进行，由此产生的法律后果应直接由被代理人承担。这充分体现了代理制度的价值所在，也是代理最重要的特征。

在这里应注意的是，在民事代理中，所有的民事主体都可以成为被代理人，其可以是自然人，也可以是法人或其他民事主体；可以是完全行为能力的人，也可以是无民事行为能力或限制行为能力的人。但对代理人而言，其必须有完全民事行为能力，无民事行为能力的人绝对不能作为代理人。限制行为能力的人能否作为代理人，我国法律尚无明文规定，但其即使作为代理人，也只能代理与其年龄、智力和精神状况相适应的民事行为。而在经济代理中，并非所有的经济法律关系的主体都能成为经济代理的主体，一般而言经济代理中的主体是指公民、法人或其他组织，国家机关一般不适用代理。

第二节 代理的种类及其产生与终止

代理关系是一种法律关系，其产生、终止必须依赖于一定的法律事实，包括事件和行为。依照代理关系产生、终止的法律事实的不同，法律上将代理分为委托代理、法定代理和指定代理三种。

一、委托代理

(一) 委托代理的产生

委托代理是根据被代理人的委托授权而产生的代理关系。委托授权与代理权是有所区别的，委托授权是代理权产生的前提，代理权是委托授权的结果。

委托代理是根据被代理人委托授权的意思表示而成立的，它属于单方法律行为，仅凭被代理人一方授权的意思表示，代理人就取得代理权，故委托代理，又称为意定代理或授权代理。在委托代理中，被代理人不仅应具备完全的行为能力，而且应直接对代理行为实施指导和监督，代理行为实际上是委托授权行为的延伸和发展。所以，代理人的代理行为必须在被代理人所授予的代理权限范围之内，必须体现被代理人的意志，不得超越代理权限范围。代理人只是相对独立地为意思表示。

需要注意的是，被代理人授予代理权的行为，代理人也有权拒绝。这种拒绝代理的意思表示也属于单方法律行为，仅凭代理人一方的意思表示即可发生效力。这是代理人与被代理人权利、义务相互对等原则的必然表现。

被代理人的授权行为，可以是口头方式，也可以是书面方式。口头授权虽然简便易行，但容易引起纠纷，难以分辨是非真伪；书面授权准确可靠，发生纠纷时也有据可查。所以，凡是重要的委托授权都要求用书面形式。同时，法律规定需用书面授权的必须采用书面形式。例如，原经济合同法规定，代订经济合同必须事先取得委托单位的委托证明。这个委托证明就是委托人授予代理权的书面文件，其又叫授权委托书或代理委托书，是代理人享有代理权的法律证明文件。授权书应当载明被代理人、代理人的姓名或名称，代理事项和代理期限，并由委托人签名或盖章。法律特别要求公证的，还必须经过公证。

被代理人的授权行为，可以针对代理人，也可以针对代理行为的相对人（对方当事人）。被代理人直接向相对人进行授予代理权的意思表示，也有法律效力。但在这种情况下，被代理人对代理人的撤销也必须通知相对人，才能发生撤销代理权的效力；否则，从维护正常的经济秩序及相对人的利益出发，其代理权仍应认为有效。

代理权可授予一人或数人。有数个代理人的，各个代理人的代理权限范围在授权时应予以明确。如果委托人未加以明确，则认为数个代理人共同代理、共同负责。

(二) 委托代理的终止

委托代理可因下列情形之一而终止。

1. 代理期间届满或者代理事项完成

被代理人授予代理权不可能是无限期的，代理期间届满之后，被代理人没有继续委托授权，委托代理关系终止。所以，期间届满作为一个法律事实，能引起法律关系终止。代理人按照代理权限去完成代理事项，为被代理人设定权利义务之后，被代理人便开始享有权利、承担义务。当代理事项完成，代理关系便得以终止。当然，作为代理人应当将代理事项完成的情况及时通知或报告被代理人。

2. 被代理人取消委托或代理人辞去委托

委托代理关系是建立在被代理人和代理人相互信赖和自愿基础上的，一旦失去信赖或者一方不愿意，被代理人有权取消委托，代理人也有权辞去委托。取消委托和辞去委托的行为都是单方的法律行为，但必须通知对方才发生解除委托代理的法律效力。取消或辞去委托，代理人都应当交回授权委托书。代理人对授权委托书没有留置权，以免造成无权代理，损害被代理人权益。一般而言，取消或辞去委托，应以代理权授予或接受的同样方式及时通知对方，以保护对方当事人的利益。如果因不通知或者未及时通知对方当事人而使对方当事人蒙受损失，则应由取消或辞去委托方承担法律责任。需要注意的是，取消或者辞去委托之前，代理人对对方当事人所谓的法律行为，被代理人不得因代理关系解除而拒不承担责任。

3. 代理人或被代理人死亡

委托代理关系是具有严格人身属性的法律关系，故代理人死亡，即不能行使代理行为，其代理权随其主体资格的消失而消失。同样，基于委托代理关系的人身属性的特征，被代理人死亡，其代理关系原则上也归于终止。

关于被代理人死亡是否引起委托代理关系的终止，我国民法通则对此未予规定。但是，根据《最高人民法院关于贯彻执行〈民法通则〉若干问题的意见》第82条规定，"被代理人死亡后有下列情形之一的，委托代理人实施的代理行为有效：①代理人不知道被代理人死亡的；②被代理人的继承人均予承认的；③被代理人与代理人约定到代理事项完成时代理权终止的；④在被代理人死亡前已经进行的，而在被代理人死亡后为了被代理人的继承人的利益继续完成的。"

4. 代理人丧失民事行为能力

设定委托代理，其目的就是通过代理人实施代理行为，也就是说代理人的任务就是代替被代理人为一定的法律行为。因此，代理人丧失民事行为的能力，就无法履行代理职责，其代理关系也随之消失。

5. 作为被代理人或代理人的法人终止

法人一经撤销和解散，便失去了作为经济、民事主体的资格。因此，它无论作为被代理人还是代理人，其代理关系均告终止。所以说，作为被代理人的法人终止，代理关系缺少了主体之一，丧失了委托代理的根据，代理关系消失；作为代理人的法人终止，无人代为实施法律行为，代理关系也终止。

二、法定代理

（一）法定代理的产生

法定代理是根据法律的直接规定而产生的代理关系。法定代理人就是根据法律的直接规定而享有代理权的代理人。

法定代理主要是为无民事行为能力人或限制行为能力人（如未成年人和精神病人）设置的。这是因为他们没有民事行为能力，不能为自己委托代理人，法律必须对他们的代理人作出规定，从而产生了法定代理这一制度。

我国民法通则规定，无行为能力人必须由其法定代理人代理民事活动；限制行为能力人除了进行与其年龄、智力、精神健康状况相适应的民事活动外，其他民事活动由其法定代理人代为进行。

《民法通则》第14条规定："无民事行为能力人，限制民事行为能力人的监护人是他们的法定代理人。"这一关于为未成年人和精神病患者设定监护人的规定，也就是为他们设立法定代理人的法律依据。法定代理主要是根据代理人与被代理人之间具有一定的亲属关系（血缘或配偶）而规定的。除此之外，法定代理还可根据一定的行政隶属关系而发生。例如，民法通则规定，对于没有法定的亲属担任监护人的情况，由无行为能力人或限制行为能力人的父母所在单位或本人所在单位或其住所地的居民委员会、村民委员会或者民政部门依法担任监护人，这些监护人也是被监护人的法定代理人。

由此可见，法定代理的被代理人主要是不能独立表达意思表示的无行为能力人和限制行为能力人，因此，法定代理是一种全权代理。代理人以被代理人名义实施代理行为，为被代理人设定权利义务并不受被代理人的意志支配。当然，代理人必须履行代理职责，以保护被代理人的人身、财产和其他合法权益，不得损害被代理人的利益。

（二）法定代理的终止

法定代理的产生与委托代理的产生情况不同，其终止的情形也不同，法定代理可因下列情形之一而终止。

1. 被代理人取得或者恢复民事行为能力

法定代理是法律上为尚无或丧失行为能力的未成年人或者精神病人设定的代理制度。因此，当被代理人取得或恢复行为能力时，就使法定代理成立的客观基础消失，法定代理关系即行终止。如果被代理人取得或恢复行为能力后，对法定代理人信任而愿意由其代为实施法律行为时，则由被代理人委托授权而转为委托代理。

2. 被代理人死亡

法定代理的被代理人限于未成年人和精神病人。被代理人死亡，法定代理关系则失去意义，不可能设定一个缺乏主体的法律关系，由此法定代理关系消失。

3. 代理人死亡或者丧失行为能力

法定代理是借助于代理人的代理行为来补救无行为能力人、限制行为能力人的行为能力的不足而设立的。因此，代理人死亡或丧失行为能力，就不可能实施代理行为，法定代理即告消失。依照法律规定，它还有可能产生新的法定代理人，而这则是另一个法定代理关系。

代理人丧失民事行为能力是法定代理终止的一个原因。因病无法进行代理活动的，不能成为代理关系终止的原因。因为，只要他们没有丧失民事行为能力，就还可以委托第三人进行代理活动。

4. 引起监护关系消失的其他原因

民法通则规定的法定代理是以监护关系为基础的。监护关系消失，法定代理随之消失，不再存在。除上述可导致监护关系消失，进而致使法定代理随之消失的情况之外，监护关系还会因其他原因而消失。例如，收养关系的解除，收养人与被收养人之间的监护关系也随之消失，因而其法定代理人资格也随之丧失；又如，监护人不履行监护职责，甚至侵害被监护人利益，人民法院可以根据有关单位或有关人员的申请，撤销监护人资格，其相应的法定代理人资格也随之消失。可见这一规定是对上述原因的一个必要补充。

三、指定代理

（一）指定代理的产生

指定代理是根据人民法院或者有关单位的指定而产生的代理关系。

指定代理也是为无行为能力人和限制行为能力人而设定的一项法律制度。在没有委托代理人和法定代理人的情况下，由人民法院在有关人员中指定代理人。这里所说的"有关人员"是指由《民法通则》第16条和第17条所列出的被监护人的一些亲属、朋友。当这些亲友因故对担任监护人发生争议时，则由无行为能力人或限制行为能力人的父母所在单位或本人所在单位或其住所地的居民委员会、村民委员会在其近亲属中指定。对指定不服提起诉讼的，由人民法院裁决。可见，指定代理实际上也是一种法定代理，是法定代理的补充形式。

我国《民事诉讼法》第57条规定："无诉讼行为能力的人由他的监护人作为法定代理人代为诉讼。"法定代理人之间相互推诿代理责任的，由人民法院指定其中一人代为诉讼。这些也属于指定代理的规定。

人民法院或指定单位指定的代理人，如无特殊原因不得拒绝担任。

指定代理也是一种全权代理。代理人以维护被代理人合法权益为目的，完全独立地为意思表示，不受被代理人的意思支配。只要是维护被代理人利益的行为，都在代理权限范围之内。

（二）指定代理的终止

指定代理实际上也是一种法定代理，是一种特殊的法定代理。所以，法定代理的终止情形也都适用于指定代理。除此之外，指定代理的人民法院或指定单位取消指定，也是指定代理终止的一种情形。在指定代理中，人民法院或者指定单位的指定是指定代理关系产生的法律依据。一旦取消指定，重新指定或不再指定，原有的指定代理关系即告终止。

四、复代理

复代理不是根据代理关系产生的法律事实的不同而划分的代理种类，它是一种特殊的代理。出于体例的考虑，放在本节来讲。

复代理亦称再代理、转委托，是指委托代理的代理人为了被代理人的利益，转委托他人为被代理人实施代理行为。在复代理中，复代理人是被代理人的代理人，不是原代理人的代理人，其权限亦不得超过原代理人的权限。

在我国，只是有条件地承认复代理。《民法通则》第68条规定："委托代理人为被代理人的利益需要转托他人代理的，应当事先取得被代理人的同意。事先没有取得被代理人同意的，应当在事后及时告诉被代理人，如果被代理人不同意，由代理人对自己所转托的人的行为负民事责任。"由此可见，复代理关系的成立，必须有被代理人的事先授权或事后对转委托表示追认。这是因为，被代理人授予代理人以代理权是建立在对代理人知识、技术、才能和信誉等方面信任的基础上的。所以，委托代理关系具有一定的人身属性，它要求代理人亲自完成代理行为。但在紧急情况下，如代理人患病或通信中断等，代理人自己不能办理代理事项，又不能与被代理人及时取得联系，若不及时委托他人复代理，就会给被代理人造成损失或扩大损失时，便可转委托他人复代理，其转托行为自始对被代理人发生法律效力。也就是说，在紧急情况下，为保护被代理人利益，代理人转委托复代理人实施代理行为，事先来不及征得被代理人同意，事后被代理人亦不得拒绝。

需要注意的是，代理人转委托复代理人进行代理行为，在代理人与复代理人之间便产生了复代理关系。复代理人实施代理行为，仍然必须以被代理人的名义。根据接受转委托的代理权限，建立起来的法律关系仍然是被代理人和对方当事人之间的法律关系，其权利义务仍由被代理人享受或承担。代理人转委托复代理人时，或者将全部代理权限转委托复代理人，或者将部分代理权限转委托复代理人，其无权擅自扩大代理权限。因此，复代理人的代理权限只能等于或小于代理人的代理权限，而不得超越代理人的代理权限。代理人对复代理人的代理行为向被代理人负责，并应指导、监督复代理人的代理行为。

代理人转委托不明给第三人造成损失的，第三人可直接要求被代理人赔偿损失；被代理人承担责任后，可向代理人追偿；复代理人有过错的，应与代理人共同承担连带责任。这样既可维护被代理人和第三人的合法权益，又可促使代理人谨慎从事，避免发生损害。

另外，由于复代理关系的产生是代理人的擅自行为，即违法行为（这里的违法行为是民事违法行为），因此，被代理人对这种违法行为有追认权，即一经追认就由违法行为转为合法行为。同时，代理人和复代理人对被代理人有催告权。

第三节 无权代理、表见代理和滥用代理权

一、无权代理

（一）无权代理的概念及其表现形式

无权代理是指没有取得代理权而以他人名义，为他人设立权利义务而为的"代理"行为。

行为人没有代理权，就不得以他人名义进行活动；否则，将破坏正常的经济秩序，损害他人的合法权益，这是法律所不允许的。因此，无权代理是经济、民事活动中的违法现象。

根据《民法通则》第66条第1款的规定，无权代理的常见形式表现为以下三种：

（1）没有代理权，即缺乏代理权产生的根据，既没有经过被代理人委托授权，也没有法律上的直接规定或人民法院和其他指定单位的指定。所以，没有代理权就是指没有取得代理权而以被代理人名义实施的"代理"行为。

（2）超越代理权，即代理人超越代理权限范围而为代理行为。代理人只有在代理权限范围内进行的代理行为，才受到法律的保护，超越代理权限所进行的代理，属无权代理。

（3）代理权终止，即代理权产生的根据已消失，代理关系已经解除。原来的代理人在代理权终止之后，仍然以原来的被代理人名义实施"代理"行为，这也是无权代理。

（二）无权代理转化为有权代理

无权代理是没有代理权而以"被代理人"名义，实施"代理"行为。无权代理行为对"被代理人"不发生法律效力。但是，无权代理在下列两种情况下即可转化为有权代理，而对"被代理人"发生法律效力：

（1）本人知道他人以本人名义实施法律行为而不作否认表示的。这在法律上视为同意他人以本人名义实施法律行为，是一种"默示授权"，与有权代理一样具有法律效力，被代理人对行为人的行为后果承担责任。法律上这样的规定，可以促使被代理人对行为人以其名义实施法律行为明确做出认可或否认的表示，以稳定经济法律关系。例如，有的法人明知其成员未经法人授权委托而以法人名义实施法律行为，既不做认可表示，也不作否认表示，有利时则承认，无利时则否认。这样，势必损害国家、社会或第三人利益。依据法律具有代理关系推定的规定，就可避免损害他人利益的现象发生。

（2）行为人无权代理，被代理人事后予以追认的。行为人虽然是无权代理，但被代理人事后予以追认，愿意承担无权代理的法律后果，无权代理则成为有权代理。可见，无权代理行为是效力未定的民事行为，其是否有效取决于被代理人是否予以追认。被代理人的追认具有溯及力，一经追认，其代理关系即被认为自始有效。当然，

若无权代理行为不被代理人所追认，其行为则无效，对被代理人不发生效力。

民法通则没有规定被代理人对代理行为进行追认的期限，即被代理人在无权代理行为发生之后多长的期限内有追认权。在实践中，确认这一期限不论对代理人还是相对人来说都是十分必要的。因为，这项代理行为是否有效取决于被代理人是否追认，如果不给被代理人的追认权以一定期限的约束，就有可能发生被代理人无限期拖延追认，影响尽快确定无权代理行为的法律效力，进而有可能使相对人长期处于不稳定的法律关系之中而蒙受损害。这是我国法律规范的一大不足。

被代理人对无权代理的追认与否，可以向无权代理人或者无权代理行为的当事人进行。与"被代理人"的追认权相适应，无权代理行为的相对人对"被代理人"有催告权，即法律赋予相对人有权催告被代理人在一定期限内做出是否追认的意思表示，而不是被动地等待被代理人追认。只有这样，才能维护善意第三人的合法权益。当然，如果相对人知道行为人是无权代理仍与其进行民事行为，则是另一回事了，相对人还应承担法律责任。

（三）无权代理的法律责任

无权代理的法律责任有两种情形：

1. 由行为人承担经济责任

没有代理权、超越代理权、代理权已终止还实施行为的，除非"被代理人"默示同意或追认，概由行为人承担法律责任。当然，超越代理权的行为若为部分有效、部分无效时，超越部分是无权代理，其行为后果由行为人承担，而未超越部分则是有效代理，应由被代理人承担责任。

2. 由行为人和相对人负连带责任

对方当事人知道行为人没有代理权、超越代理权或代理权已终止，仍然与行为人实施法律行为，而给被代理人造成损失的，相对人是有过错的，由行为人和相对人承担连带责任。

二、表见代理

（一）表见代理的概念

表见代理是指代理人虽无代理权，但善意第三人（相对人）在客观上有理由相信其有代理权，从而与其发生民事行为，该项法律行为的后果直接归属于被代理人的法律制度。

我国《民法通则》没有明文规定表见代理，但在第66条中规定："本人知道他人以本人名义实施民事行为而不作否认表示的，视为同意。"这实际上是对表见代理的承认，即在这种情况下，本人沉默的事实会使第三人相信代理人有代理权，故相对人可以向本人（被代理人）主张代理关系的法律效果。我国《合同法》第49条则明确规定了表见代理制度："行为人没有代理权、超越代理权或者代理权终止后以被代理人名义订立合同，相对人有理由相信行为人有代理权的，该代理行为有效。"

表见代理制度的建立，保护了交易安全和善意第三人的利益，促进了代理制度的发展。

（二）表见代理的构成要件

（1）代理人无代理权。代理人如果有代理权，属于有权代理，不会发生无权代理问题。

（2）客观上须有使第三人相信代理人有代理权的情形。无权代理人有被授予代理权的假象，或者说存在所谓的"外表授权"，在客观上使第三人相信其有代理权。存在"外表授权"是成立表见代理的根据，其主要有以下三种情况：一是本人以自己的行为向第三人表示，以代理权授予他人，但实际上并未授权，这称为授权事实表示的表见代理；二是无权代理人以前曾经被授予过代理权，但实施代理行为时已经终止，这是代理权消灭后的表见代理；三是代理人实施代理行为时有代理权，但所实施行为的范围超越代理权限，这称为越权的表见代理。

（3）第三人须为善意且无过失。所谓善意且无过失，是指第三人不知无权代理人的代理行为欠缺代理权，而且第三人的这种不知情不能归咎于他的疏忽或懈怠。这是表见代理的主观要求。如果相对人已知或应知代理人无权代理，或者由于自己的过失疏忽而不知代理人为无权代理的，则不构成表见代理，本人对此概不承担责任。

（4）无权代理人与善意第三人实施的民事行为，符合民事法律行为的一般有效要件和代理行为的表现特征。即是说，无权代理人实施的代理行为，除了欠缺代理权外，具备了民事法律行为的一般有效条件和代理的表现特征。

三、滥用代理权

（一）滥用代理权的概念及表现形式

滥用代理权是指代理人在代理行为中不履行代理责任而给被代理人造成损失的行为。代理人受被代理人的委托授权或法律直接规定或人民法院及指定单位的指定，以被代理人名义实施法律行为时，应当认真履行代理职责，保护被代理人的合法权益。代理人不履行代理职责，甚至利用代理人的合法身份侵害被代理人的利益，即构成滥用代理权。可见，滥用代理权必须是以代理人不履行代理职责且给被代理人造成损害为前提，这两个要件缺一不可。如果不是代理人不履行代理职责，而是正常实施代理行为，因代理人的知识、能力或其他客观原因而给被代理人造成损失的，则不构成滥用代理权，代理行为的法律后果仍由被代理人承担。如果代理人不履行代理职责，但客观上并没有给被代理人造成损失，不存在法律责任，也不构成滥用代理权。

滥用代理权的表现形式主要有三种。

1. 代理人与对方当事人恶意串通，损害被代理人的利益

代理人本应维护、实现被代理人利益，但代理人若与对方当事人串通，损害被代理人利益，这是与代理职责背道而驰的。这种滥用代理权的表现形式往往发生在法人的工作人员作为法人代理人对外进行的经济活动中，如业务员拿回扣而损害被代理

利益。

2. 代理人以被代理人名义为自己进行法律行为

代理人享有以被代理人名义，独立为意思表示的代理权。但代理人以被代理人名义而为自己的法律行为，极易造成代理人从中渔利。所以，为了保护被代理人利益，法律一般不允许代理人以被代理人名义而为自己为法律行为。

3. 代理人以被代理人名义同自己代理的另一被代理人实施法律行为

这种双方代理，权利义务决定于代理人一人的意志，难免对这一被代理人或另一被代理人造成不利的后果。因此，法律上也不允许双方代理。

(二) 滥用代理权的法律责任

1. 代理人承担法律责任

代理人不履行代理职责而给被代理人造成损失的，包括代理人以被代理人名义而为自己实施法律行为和代理人实施双方代理，均应由代理人自己承担法律责任。

2. 代理人与对方当事人负连带责任

代理人与对方当事人恶意串通，双方都以获得不正当利益而互相勾结，致使被代理人蒙受损失，双方都有过错和责任，因而双方负连带责任。

思考题

1. 什么是代理？如何理解代理的基本特征？
2. 什么是委托代理？委托代理终止的情形有哪些？
3. 什么是无权代理？无权代理的表现形式及其责任有哪些？
4. 什么是表见代理？表见代理的构成要件有哪些？
5. 什么是滥用代理权？滥用代理权的表现形式及其责任有哪些？
6. 什么是法定代理？法定代理的分类？
7. 什么是复代理及其责任？
8. 什么是代理人、被代理人、第三人？
9. 什么是独立实施法律行为？
10. 什么是指定代理及其终止？

第五章　时效制度

本章学习要点

诉讼时效的概念和法律特征；诉讼时效与取得时效物的区别；诉讼时效与除斥期间的区别；特殊诉讼时效的适用情形；诉讼时效的计算方法和效力；诉讼时效中止的适用条件；诉讼时效中断的适用条件和事由；诉讼时效延长的适用条件。

第一节　概　述

一、时效的概念及构成要件

时效制度体现出时间在法律上的效力，它为许多法律部门所适用。在民法领域中，时效分为两种：一是取得时效（又称占有时效），二是消灭时效（有些国家的民法称为诉讼时效）。前者表示为非所有人占有财产的法定时间未受所有人追索而取得该财产所有权。后者则是民事权利受到侵害的权利主体在法定时间内不行使请求权即丧失获得法律保护的权利。

时效是指在一定事实状态在法律规定的时间范围内发生的法律效力。时效作为一种法律事实，是由三个要件构成的：一是法定事实状态的存在；二是该事实状态连续存在达到法定时间的过程；三是依法产生相应的法律后果——权利的消灭或者取得，导致民事法律关系的变化。

二、诉讼时效的概念和法律特征

（一）诉讼时效的概念

诉讼时效是指民事权利受到侵害的权利人在法定的时效期间内不行使权利，当时效期间届满时，即丧失了请求人民法院依诉讼程序强制义务人履行义务之权利的制度。例如，债务人到期不偿还债务的，债权人在时效期间内向人民法院起诉的，人民法院依法强制债务人履行债务。而在时效期限届满后提起诉讼的，债权人请求人民法院强制债务人还债的，权利便不再受法律保护。举例说明：甲向乙借了2 000元人民币，约定1990年2月1日偿还。但是，甲到期未偿还，乙也未向甲催要。此状态一直保持下去。直到1992年2月10日，乙始向人民法院起诉，诉请人民法院强制甲偿还所借2 000元人民币。而人民法院经过调查，却以诉讼时效届满为由，驳回了乙的起诉，即人民法院不再强制甲履行偿还所欠款项的义务，乙败诉了。

通过上例可以看到，乙作为债权人、本应受到法律保护的债权，但人民法院不再予以强制性保护，原因就在于诉讼时效的影响。在法律规定的诉讼时效期间内，权利人提出请求的，人民法院就强制义务人履行所承担的义务。而在法定的诉讼时效期间届满之后，权利人行使请求权的，人民法院就不再予以保护。可见，诉讼时效是权利人行使请求权，获取人民法院保护其民事权利的法定时间界限。它包含两层意思：一是权利人在此时间内享有依诉讼程序请求人民法院予以保护的权利，二是这一权利在此时间内不行使即归于消灭。但是，如果诉讼时效届满，债务人依然履行义务的，债权人有权接受；如果债务人在不知道诉讼时效届满而已履行债务的，也不能在诉讼时效届满而收回履行。

（二）诉讼时效的法律特征

诉讼时效作为依法得以引起民事法律关系产生、变更或者消灭的民事法律事实，具有如下法律特点，区别于其他民事法律事实：

第一，诉讼时效具有严格的法律强制性，即有关诉讼时效的民事法律规范属于强制性法律规范。其内容（时效期间长度、适用条件和适用范围等）一经法律规定，当事人就必须遵守执行。当事人不得以其意思排除诉讼时效规定的适用，协议变更法定的诉讼时效制度的内容或者约定预先放弃时效利益等均为法律所禁止。

第二，诉讼时效属于民事法律事实中的事件，以法定的事实状态——权利人不行使权利的事实连续存在作为适用依据，也不为当事人意志所决定，故不同于民事法律事实中的行为。

第三，诉讼时效产生的法律后果是消灭了权利人的胜诉权，故区别于以当事人取得民事权利为后果的取得时效和以消灭实体权利为法律后果的除斥期间。

三、诉讼时效的适用范围

诉讼时效适用于债权关系——对违反合同约定的债务人或者侵权行为人享有的财产请求权。但是，根据最高人民法院《关于贯彻执行〈中华人民共和国民法通则〉若干问题的意见》的规定，未授权给公民、法人经营、管理的国家财产受到侵害时，不受诉讼时效期间的限制。法律、法规对于索赔时间和产品质量等提出异议的时间有特殊规定的，按特殊规定办理。此外，在人身关系范围内，对各种人身权的法律保护不受时效限制。例如，公民、法人请求人民法院保护其姓名权、荣誉权、知识产权中的署名权等不受时效限制。

四、诉讼时效与取得时效物的区别

诉讼时效在民事时效制度中，属于消灭时效的范畴，故区别于取得时效。

第一，两者所依据的事实状态不同。根据法律规定，取得时效是以非所有人占有他人所有物的事实状态为依据。而诉讼时效得以适用的依据则是民事权利受到侵害的权利人不行使请求权的事实状态。

第二，两者所产生的法律后果不同。取得时效的法律后果是特定权利的产生。而诉讼时效的届满则引起请求人民法院予以保护之权利的消灭，即胜诉权的消灭。

第三，两者所适用的范围不同。取得时效是对物权而言，适用于财产所有权的产生和丧失。诉讼时效则是对债权而言，适用于财产请求权的存在或丧失。

五、诉讼时效与除斥期间的区别

除斥期间是指法律规定某种民事实体权利存在的期间。权利人在此期间内不行使相应的民事权利，则在该法定期间届满时导致该民事权利的消灭。

诉讼时效与除斥期间的区别表现在诸多方面：

第一，两者的法律效力不同。虽然诉讼时效和除斥期间的法律后果都表现为某种权利的消灭，但是，诉讼时效所消灭的是权利人享有的胜诉权；而除斥期间消灭的则是权利人享有的实体民事权利本身，如追认权、撤销权、解除权等。

第二，两者的性质不同。虽然诉讼时效和除斥期间都以一定事实状态存续一定时间为内容，但是，诉讼时效是可变期间，适用中止、中断或延长的规定；而除斥期间则一般是不变期间，不因任何事由而中止、中断或者延长。

第三，两者的适用依据不同。诉讼时效规定的是权利受害人请求法律保护的期限，仅适用于权利受到侵害的权利人不行使请求权的情况；而除斥期间规定的是权利人行使某项权利的期限，以权利人不行使该实体民事权利作为适用依据。

第四，两者的适用条件不同。诉讼时效是在不被人主张时，人民法院予以援用；而除斥期间则是由人民法院依职权予以援用，不论当事人是否主张。

第五，两者的起算时间不同。诉讼时效的起算始自权利人能够行使请求权（请求权产生之时），我国民法通则从权利人知道或者应当知道其权利被侵害时起算；而除斥期间则是自相应的实体权利成立之时起算。

六、诉讼时效的意义

关于诉讼时效的意义，应该有正确、全面的认识。诉讼时效制度的目的不是处罚权利人不及时行使请求权的行为，更不是保护义务人不履行义务的行为，而是具有积极的法律意义。

第一，实施这一制度，有利于稳定社会经济秩序，促进社会主义市场经济的发展。因为诉讼时效可以促使当事人及时行使请求权，解除因义务人不履行义务所造成的不平等局面，维护正常的社会经济秩序。否则，当事人长期不行使请求权必然影响财产流转，造成经济关系的长期不稳定状态，不利于社会主义市场经济的正常发展。

第二,实施这一制度,有利于保护当事人的合法权益。诉讼时效可以促使权利人及时行使权利,也就是间接地督促义务人履行义务,以实现权利人的合法权益。即使义务人不履行义务,权利人也可以在诉讼时效期间内及时寻求国家的法律保护。

第三,实施这一制度,有利于人民法院及时正确地处理民事纠纷。诉讼时效促使权利人及时向人民法院起诉,则便于人民法院调查取证,分辨是非,正确、及时地解决纠纷。

第二节 诉讼时效的种类、计算及效力

一、诉讼时效的种类

诉讼时效,按其时效期间的长短和适用范围不同,有相应的分类。根据我国民法通则的规定,诉讼时效可分为普通诉讼时效、特殊诉讼时效和最长诉讼时效。

（一）普通诉讼时效

普通诉讼时效,又称一般诉讼时效,是指在一般情况下普遍适用的诉讼时效。

普通诉讼时效的特点包括:①适用范围广泛。它不是专门针对某一类民事法律关系的特殊情况规定的,而是根据整个民事活动领域中的一般民事法律关系的共同性加以规定和适用的。②诉讼时效期间是统一的,并且相对于大多数特殊诉讼时效而言,时效期间是较长的。根据我国《民法通则》第135条的规定,"向人民法院请求保护民事权利的诉讼时效期间为2年,法律另有规定的除外。"

（二）特殊诉讼时效

特殊诉讼时效是普通诉讼时效的对称。它是适用于法律规定的特定民事法律关系的诉讼时效。

特殊诉讼时效的主要特点包括:①适用范围特定化,不具有普遍适用的意义,即特殊诉讼时效只在法律直接规定的情况下,适用于相应的民事法律关系。②特殊诉讼时效的适用效力优先于普通诉讼时效。凡是有特殊诉讼时效规定的民事法律关系,均适用于特殊诉讼时效。在没有特殊诉讼时效规定的情况下,才适用普通诉讼时效。③特殊诉讼时效期间不同于普通诉讼时效。特殊诉讼时效针对具体民事活动的调整需要,分别规定了不同的诉讼时效期间。大多数特殊诉讼时效的期间都短于普通诉讼时效,故传统上又称其为短期诉讼时效。也有少数的特殊诉讼时效的期间长于普通诉讼时效。

第一,在我国现行法律上,诉讼时效期间在2年以下为短期诉讼时效。比如,依《民法通则》第136条的规定适用于以下四种情况的,诉讼时效期间为1年:

（1）身体受到伤害要求赔偿的;
（2）出售质量不合格的商品未声明的;
（3）延付或拒付租金的;
（4）寄存财物被丢失或者损毁的。

对这些民事活动适用短期诉讼时效的原因在于，这些纠纷可以在短时间内发现，并及时予以处理。此外，我国很多单行法律、法规也规定了短期诉讼时效。

第二，长期诉讼时效。有些法律对于特定的民事活动规定了长于2年（2年以上至20年以下）的诉讼时效期间，即为长期诉讼时效。比如，根据《合同法》第129条的规定，因国际货物买卖合同和技术进出口合同争议提起诉讼或者申请仲裁的期限为4年。

（三）最长诉讼时效

最长诉讼时效是指对于各类民事权利予以保护的最长时效期间，它不同于其他各种诉讼时效的特点表现在：

第一，适用范围广泛，涉及各类民事法律关系。

第二，时效期间是20年。

第三，适用前提是从权利被侵害之时开始计算，即使权利人不知道其权利被侵害，亦只有20年内获取法律保护。这不同于以权利人知道或应当知道权利被侵害作为适用前提的其他诉讼时效。

第四，时效期间可以适用有关延长的规定，而不适用中止、中断的规定。但是，其他各种诉讼时效则可以适用有关中止、中断或延长的规定。

二、诉讼时效的计算

由于诉讼时效的法律后果是消灭权利人请求人民法院保护的权利，故诉讼时效期间的开始时间就直接关系到权利人的切身权益。我国《民法通则》第137条明确规定了诉讼时效的起算是以请求人民法院保护其权利为前提的。一般来讲，权利人在侵权行为发生之时便得知或应当知道其民事权利遭受侵害的事实，则自此即能够行使请求权。但是，在某些情况下，权利人在侵权行为实施之后的一段时间才知道其民事权利遭受侵害，那么，权利人只能从这时才能够行使请求权。所以，诉讼时效期间应从权利人知道或应当知道权利被侵害时起算。

其具体根据包括：第一，权利人实际上已经知道其民事权利被侵害；第二，权利人应当知道其民事权利被侵害。

这是一种法律上的推定。根据客观情况，权利人有知道的条件和可能的，就是应当知道，而不管当事人是否实际知道。例如，甲公司与乙厂签订了购销合同，乙厂未交货，而甲公司工作人员因疏忽而忘记了合同的存在，故实际也就不知债权被侵害。但因其是应当知道权利被侵害，所以，诉讼时效期间从乙厂违约之时开始计算。

由此可见，在尚未发生侵犯民事权利的事实和权利人不知或不应当知道权利被侵害事实的情况下，诉讼时效不得开始计算。前者因为未产生请求人民法院强制义务人履行义务的请求权，如尚未到履行期的债权债务关系。后者因为权利人不能行使请求权，如出差在外的公民不知家中财产遭受他人破坏。

不过，为防止侵权行为发生时间与权利人知道受侵害的时间相隔过长，影响诉讼时效发挥作用，《民法通则》第137条同时也加以限制性规定："从权利被侵害之日起超过

20年的,人民法院不予保护。"从而,权利被侵害之日就成为最长诉讼时效的起算根据。

将上述的诉讼时效起算原则运用到具体的民事法律关系中,具体的诉讼时效的起算时间按下列方法计算:

第一,侵权行为所生之债的诉讼时效,自权利人知道或应当知道权利被侵害事实和加害人之时开始计算。其中,人身损害赔偿的诉讼时效期间,伤害明显的,从受伤害之日起算;伤害当时未曾发现,后经检查确诊并能证明是由侵害引起的,从伤害确诊之日起算。

第二,约定履行期限的债,自履行期限届满之次日开始计算。因为债务人到履行期限届满而不履行债务时才发生侵权事实,而且债权人依据债的内容应当知道这一侵害事实,故自此时起就能够行使请求权。

第三,未约定履行期限的债,自权利人提出履行要求的次日或优惠期结束的次日开始计算。因为在此类债权债务关系中,债权人可随时要求履行。债务人不依债权人的要求予以履行的,即构成侵权事实,债权人得以行使请求权。如果法律或合同规定了优惠期,则债权人请求履行只引起优惠期的起算,则当优惠期结束,债务人仍不履行时,才产生请求权。

第四,以不作为义务内容的债,诉讼时效自债权人得知或应当知道债务人作为之时开始计算。因为相应行为是债务人的义务,则侵权事实自债务人实施相应行为之时构成,债权人一旦知道或应当知道债务人违反不作为义务时即能行使请求权。

三、诉讼时效的效力

诉讼时效的效力就是指诉讼时效届满所产生的法律后果。根据《民法通则》第135条、第138条的规定,这种法律后果表现在:

第一,诉讼时效属于消灭时效。在诉讼时效期间届满之后,所产生的法律后果是消灭了权利人享有的胜诉权,即权利人丧失了获得法律强制保护的权利。

第二,诉讼时效消灭胜诉权,而不消灭起诉权。根据最高人民法院《关于适用〈中华人民共和国民事诉讼法〉若干问题的意见》第153条的规定,"当事人在超过诉讼时效期间后起诉的,人民法院应予以受理,受理后查明无中止、中断、延长事由的,判决驳回其诉讼请求。"因为人民法院在受理起诉之后才能查明诉讼时效是否届满。当然,如果人民法院受理后查明没有中止、中断、延长事由的,则依法判决驳回其诉讼请求。如果人民法院查明权利人确有正当理由的,则依法认定诉讼时效中止、中断或予以延长,以便保护权利人的权利。

第三,诉讼时效届满并不消灭实体权利。这就是说,诉讼时效届满,导致权利人的胜诉权消失,人民法院不再予以强制保护。但是,权利人基于民事法律关系所享有的民事权利(实体权利)仍然存在。所以,义务人在诉讼时效届满之后自愿向权利人履行义务的,权利人仍然有权接受,不受诉讼时效限制。而且,基于当事人之间实体权利义务的存在,义务人在自愿履行义务后,又以超过诉讼时效为由反悔的,人民法院也不予以支持。但是,如果有证据证明实体权利本身已因其他原因而消灭,则履行义务的义务人可以以不当得利为由要求返还。

第三节 诉讼时效的中止、中断及延长

诉讼时效一经开始，便向着完成的方向进行。但是，出于各种主、客观因素的影响，诉讼时效在进行过程中会发生某些特殊情况。其中，诉讼时效的中止和中断表现为阻碍诉讼时效在法定期间完成的情况，民法学上称其为时效完成的障碍。而诉讼时效的延长则是基于某种情况，将已完成的时效期间依法加以适当延长。

一、诉讼时效的中止

（一）诉讼时效中止的概念

诉讼时效中止是指在诉讼时效进行期间，因发生法定事由阻碍权利人行使请求权，诉讼时效依法暂时停止进行，并在法定事由消失之日起继续进行的情况，又称为时效的暂停。对此，我国《民法通则》第139条予以规定："在诉讼时效期间的最后6个月内，因不可抗力或者其他障碍不能行使请求权的，诉讼时效中止。从中止时效的原因消除之日起，诉讼时效期间继续计算。"

（二）诉讼时效中止的适用条件

第一，诉讼时效的中止必须是因法定事由而发生。引起诉讼时效中止的事实是由法律直接规定的。这些法定事由包括两大类：一是不可抗力，如自然灾害、军事行动等，都是当事人无法预见和克服的客观情况；二是其他阻碍权利人行使请求权的情况。根据最高人民法院《关于贯彻执行〈中华人民共和国民法通则〉若干问题的意见（试行）》第172条的规定，"在诉讼时效期间的最后6个月内，权利被侵害的无民事行为能力人、限制民事行为能力人没有法定代理人，或者法定代理人死亡、丧失代理权，或者法定代理人丧失民事行为能力的，可以认定为其他障碍不能行使请求权，适用诉讼时效的中止。"可见，上述两类中止诉讼时效以法定事由的共同属性在于不可预见、不能避免并不能克服的客观情况。它们的发生都是不以当事人的意志为转移的，并且因此使得权利人无法行使请求权。如果正常计算时效期间无异于缩短了时效期间，致使权利人处于不利的地位。为此，应暂时停止时效的进行。

第二，法定事由发生在诉讼时效期间的最后6个月内，始产生中止诉讼时效的效力。可见，即使是上述法定事由也并不是发生在诉讼时效的任何阶段都能中止诉讼时效的。之所以如此定，是因为法定事由发生在时效期间最后6个月内，待其消失后，诉讼时效期间或者临近届满，或者已经届满，从而中止诉讼时效成为保护权利人的请求权的必要手段。反之，这些事由发生在诉讼时效的其他阶段，在其消失后，权利人仍有充足的时间行使请求权，故无中止时效的必要。

第三，诉讼时效中止之前已经过的期间与中止时效的事由消失之后继续进行的期间合并计算，而中止的时间过程则不计入时效期间。为此，民法把时效中止视为诉讼

时效完成的暂时性障碍。

二、诉讼时效的中断

（一）诉讼时效中断的概念

诉讼时效中断是指已开始的诉讼时效因发生法定事由不再进行，并使已经经过的时效期间丧失效力。我国《民法通则》第140条确认了诉讼时效中断的情况和事由："诉讼时效因提起诉讼，当事人一方提出要求或者同意履行义务而中断。从中断时起，诉讼时效期间重新计算。"

（二）诉讼时效中断的适用条件

第一，引起诉讼时效中断的事实是由法律直接规定的，其特点在于均是当事人有意识的行为，包括起诉、权利人主张权利或者义务人同意履行义务的行为。这些法定事由只要在诉讼时效进行中出现即引起时效的中断（具体事由后述）。

第二，中断诉讼时效的法定事由发生在诉讼时效期间的任何阶段均产生中断的法律效力，而且诉讼时效中断的次数不受法律限制。也就是说，诉讼时效因权利人主张权利或者义务人同意履行义务而中断后，权利人在新的诉讼时效期间内，再次主张权利或者义务人再次同意履行义务的，可以认定为诉讼时效的再次中断。

第三，从诉讼时效中断时起，诉讼时效期间重新起算。从而，法定事由发生之前已经过的时效期间归于无效，与重新计算的时效期间没有关系。在此类意义上，民法学将诉讼时效中断视为根本性障碍。

（三）诉讼时效中断的法定事由

根据《民法通则》第140条的规定，中断诉讼时效的事由包括提起诉讼（起诉）当事人一方提出要求（请求）或者同意履行义务（认诺）。这些事由区别于中止诉讼时效的事由，都是依当事人主观意志而实施的行为。诉讼时效的目的是促使权利人行使请求权，消除权利义务关系的不稳定状态，从而诉讼时效进行的条件是权利人不行使权利。如果当事人通过实施这些行为，使权利义务关系重新明确，则诉讼时效已无继续计算的意义，当然应予以中断。

1. 起诉

起诉即权利人依诉讼程序主张权利，请求人民法院强制义务人履行义务。起诉行为是权利人通过人民法院向义务人行使权利的方式，故诉讼时效因此而中断，并从人民法院裁判生效之时重新起算。但是，对权利人的起诉，人民法院不予以受理或予以驳回，以及权利人起诉后自动撤回的，均不中断诉讼时效。根据最高人民法院《关于贯彻执行〈中华人民共和国民法通则〉若干问题的意见（试行）》第174条的规定，人民调解也属于起诉的范畴，具有中断诉讼时效的作用。即是说，"权利人向人民调解委员会或者有关单位提出保护民事权利的请求，从提出请求时起，诉讼时效中断。经调解达不成协议的，诉讼时效期间即重新起算；如果调解达成协议，义务人未按协议所定期限履行义务的，诉讼时效期间应从期限届满时重新起算。"此外，提请仲裁视同起诉，也引起诉讼时效中断。

2. 请求

请求在这里指权利人直接向义务人做出请求履行义务的意思表示。这一行为是权利人在诉讼程序外向义务人行使请求权，改变了不行使请求权的状态，故应中断诉讼时效。不论权利人的请求采用何种方式，只要到达对方义务人本人或向债务保证人、债务人的代理人或者财产代管人主张权利的，均可以认定诉讼时效中断。

3. 认诺

认诺即义务人在诉讼时效进行中直接向权利人做出同意履行义务的意思表示。基于义务人认诺所承担的义务，使双方当事人之间的权利义务关系重新得以明确，诉讼时效自此中断，并即时重新起算。认诺的方式多种多样，包括部分清偿、请求延期给付、支付利息、提供履行担保等。但是，在诉讼时效完成之后的认诺、义务人向第三人表示的认诺等则不能中断诉讼时效。

三、诉讼时效的延长

（一）诉讼时效延长的概念

诉讼时效延长是指人民法院查明权利人在诉讼时效期间确有法律规定之外的正当理由而未行使请求权的，适当延长已完成的诉讼时效期间。我国民法通则对于诉讼时效的延长也有明文规定。诉讼时效延长具有不同于诉讼时效中止和中断的特点，具体表现在：它是发生在诉讼时效届满之后，而不是在诉讼时效过程中；而且能够引起诉讼时效延长的事由是由人民法院认定的。延长的期间，也是由人民法院依客观情况予以掌握。

（二）诉讼时效延长的适用条件

第一，延长诉讼时效所依据的正当理由（事由）是由人民法院依法律确认的。因为，社会生活的复杂性决定了法律不可能将阻碍诉讼时效进行的情况全部地加以规定。当出现中止和中断诉讼时效的法定事由之外的事实即特殊情况，造成权利人逾期行使请求权时，有必要授权人民法院审查是否作为延长时效的事由，以弥补法律规定的不足。而所谓特殊情况则是指权利人由于某种障碍在法定诉讼时效期间不能行使请求权的情况。

第二，诉讼时效的延长适用于届满的诉讼时效。已完成的诉讼时效期间仍然有效力，而由人民法院决定适当延长一定的期间。

四、诉讼时效中止、中断和延长的适用

根据民法通则的立法精神和司法机关的有关规定，普通诉讼时效和特殊诉讼时效，均适用中止、中断和延长。而最长诉讼时效则仅适用延长的规定，却不适用中止和中断。

思考题

1. 诉讼时效的法律特征。
2. 诉讼时效与取得时效物的区别。
3. 诉讼时效与除斥期间的区别。
4. 特殊诉讼时效的几种适用情形。
5. 诉讼时效的中断和诉讼时效的中止的区别。
6. 普通诉讼时效。
7. 特殊诉讼时效。
8. 诉讼时效的效力。
9. 诉讼时效的计算。
10. 诉讼时效延长的条件。

第六章 债权制度

本章学习要点

债的概念；债权的法律特征；债的种类；债的客体给付的条件；特定物之债和种类物之债的关系；按份之债和连带之债；连带债务的情形；债的内容变更的条件；法定抵消的条件；债消灭的原因；不当得利的概念和构成要件；无因管理的概念和构成要件。

第一节 债权制度的概述

一、债的概念

一般而言，债是特定当事人之间请求为特定行为的民事法律关系。我国民法通则规定："债是按照合同约定或者法律规定，在特定的当事人之间产生的特定的权利义务关系。"债的关系又可称为债权债务关系，具有主体、内容和客体三个要素。

（一）债的主体

债的主体指参与债的法律关系的当事人。其中，有权请求他人为某种特定行为者是权利主体，称为债权人；而有义务实施此特定行为以满足债权人利益的是义务主体，称为债务人。债是发生在债权人与债务人之间的民事法律关系。

在一个债的关系中，债权人或债务人既可以是单一主体，即双方均为一人，也可以是多数主体，即双方或任何一方为多人。但不论是单一主体还是多数主体，债权人和债务人都必须是特定的。双方主体特定，是债的一个基本特征。基于这一特征，债原则上只对特定的当事人有效，对于债权人、债务人以外的第三人不发生效力。债权人只能要求债务人履行义务，债务人也只对债权人负有义务。这是债的相对性。只有在法律有规定的情况下，债才对第三人发生效力，如合同法中有关代位权行使的规定。

（二）债的内容

债的内容是债权、债务。债权是债权人请求债务人为特定行为的权利。债权为请求权，而非支配权。在债的关系中，债权人有权要求债务人做出一定行为或不做出一定行为，但不能直接支配债务人应给付的标的物，更不能支配债务人的行为。债权人只能通过要求债务人履行一定的义务、交付标的物或完成一定工作，才能实现自己的权利。债务是债务人根据债的关系的规定为特定行为的义务。债务人依其所负义务，必须做出或不得做出一定行为。债务对债务人具有法律拘束力，债务人如不履行义务，债权人有权请求法院强制其履行，债务人则应承担不履行债务的法律责任。

在债的关系中，债权与债务总是相对应的。比如，就交付标的物而言，对于债权人来说是债权，即债权人有权请示债务人交付标的物；对债务人而言则是债务，债务人负有交付标的物给债权人的义务。在简单的债的关系中，只是一方享有债权，另一方承担债务，如借贷；但在复杂的债的关系中，双方当事人往往互有债权、互负债务，如买卖合同等。

（三）债的客体

债的客体是债权、债务共同指向的对象，习惯上又可称为债的标的。对于债的客体，学术界有不同的主张，一般认为债的客体是债权、债务所指向的特定行为，又称给付，包括作为和不作为。因为，债权人享有请求债务人为特定行为的权利，债务人则负有承担特定行为的义务。债权和债务共同指向的对象即是特定行为。例如，在买卖关系中，买方有请求卖方交付标的物的权利，卖方则负有相应的交付货物的义务，交付货物的特定行为即是买卖关系的客体。在这里，货物是交付的对象，在民法学上称为标的物。

作为债的客体的给付，应具备三个条件：一是标的合法，即不为法律所禁止，以违法行为为客体者无效；二是具有履行的可能，给付行为须为可能，以不可能履行的行为为给付者不发生效力；三是行为须确定，给付行为须确定，以不确定之行为为债的标的，债权、债务的内容就无法确定。

二、债权的法律特征

债权主权作为民事权利的一种，与其他民事权利相比，具有以下法律特征。

（一）债权是一种相对权

在债权关系中，债权人只能向负有义务的特定人主张其权利，债务人也只需向享有该项权利的特定人尽其义务。当然，债权的效力只及于特定的当事人，但并不等于第三人可以侵犯债权。

（二）债权是一种请求权

因为债权是针对特定当事人的一种民事权利，所以债权只有通过特定的义务主体为一定行为或不为一定行为才得以实现。债权是一种请求权,这正是债权区别于物权的根本所在。

（三）债权的客体具有多样性

不像物权的客体只有物那样单一,债权的客体具有多样性。债权的客体可能是物,也可能是行为,还可能是智力成果。

（四）债权在同一客体上可以数个并存

在同一债权客体上,可以先后或同时设定数个债权,它们都具有债的效力。

三、债的种类

债可以按不同的标准划分为不同的种类,常见的债的种类有以下几种。

（一）合同之债和非合同之债

根据债的发生的原因不同,债可以分为合同之债和非合同之债。由当事人双方或多方因订立的合同而发生的债,称为合同之债。合同之债是最常见和最重要的一种债。其特点在于：第一,它是由双方或多方当事人的法律行为引起的；第二,它依双方或多方当事人的意思表示一致而成立；第三,合同之债中的债权、债务相互对应；第四,合同之债具有合意性。

非合同之债又可称为法定之债,是指由法律直接规定的非因合同而在特定当事人之间产生的债权、债务关系。非合同之债包括侵权损害之债、不当得利之债和无因管理之债,以及因遗赠、拾遗所发生的债等。

债的这种分类有着实际的意义,即根据债的法律特征不同,法律调整也会有所不同。合同之债适用合同法,侵权之债适用侵权法；不当得利之债、无因管理之债等只能适用相关的法律。

（二）特定物之债和种类物之债

根据债的标的物属性的不同,可以将债分为特定物之债和种类物之债。特定物之债,是指以特定物为标的物的债。这种债的标的物在债发生时就已存在,并已经特定化,独具特征而不能为他物所代替。种类物之债,是指以某一种类物为标的物的债。种类物具有可替代性,但种类物可经当事人的约定或指定而成为特定物。种类物之债即因此特定化,成为特定物之债。

这种分类的法律意义在于：对于特定物之债,除非债权人同意,债务人不得以其他标的物代为特定物履行债务。如果特定物在交付前毁损灭失,债务人可以免负交付原物的义务,但如有过错,应负赔偿责任。对于种类物之债,债务人应以交付符合债所要求的同一种类物履行义务,一般不发生履行不能；物的所有权自标的物交付时转移；若种类物在交付前毁损灭失,除特殊情况外,债务人不能免除交付实物的义务。

（三）单一之债和多数人之债

根据债的主体数量多少的不同，可将债划分为单一之债和多数人之债。单一之债是指债权人、债务人各为一人的债。多数人之债是指债权人、债务人一方或双方是多数人的债。单一之债与多数人之债的复杂程度不同：前者债的关系单纯而明确；后者债的关系一般比较复杂，不仅有债权人和债务人双方之间的权利义务关系，而且多数债权人或多数债务人内部也存在着权利义务关系。正确地确定单一之债和多数人之债，有利于确定参加债的关系的每一个当事人的具体权利义务。

（四）按份之债和连带之债

这是对多数人之债的进一步分类。根据多数债权人或多数债务人之间各自权利义务范围的不同，可将债分为按份之债和连带之债。

按份之债，按《民法通则》第86条的规定为："债权人为2人以上的，按照确定的份额分享权利，债务人为2人以上的，按照确定的份额分担义务。"不难看出，按份之债是指债的主体各自按一定的份额享有权利或承担义务的债。如果债权人为多数，每个债权人只就自己的债权份额享有请求清偿的权利，是按份债权。按份债权人无权就整个债权受偿。如果债务人为多数，每个债务人仅对自己的债务份额承担清偿的义务，是按份债务。按份债务不负清偿全部债务的义务。在按份之债中，各按份债权人在其享有的份额债权得到实现时，即可单独退出债的关系。按份债权人之间，按份债务人之间均无牵连。

连带之债，是指债的多数主体之间负有连带权利义务关系的债。连带关系是指债的多数主体之间互相牵连，任何一个债权人或债务人不得单独退出债的关系，只有全部债得到实现时，全体债权人或债务人才一并退出债的关系。多数债权人中的任何一人均得请求债务人履行全部债务的，称为连带债权；若债务人之间有连带关系，即多数债务人中的任何一人均负有全部给付的债务，称为连带债务。

在连带之债中，既有债权人和债务人之间的关系，又有连带债权人或连带债务人之间的关系。前者为连带之债的外部效力，后者为连带之债的内部效力。当一个或部分债务人履行了全部债务，或者一个或部分债权人受领了全部债务时，原债即消灭，新的权利义务关系随之在多数人之间发生。若属连带债权，接受履行的原债权人成为新的债务人，负有偿付其他连带债权人（新的债权人）各自应得份额的义务。若属连带债务，履行全部债务的债务人成为新的债权人，享有请求其他连带债务人（新的债务人）偿付各自应承担份额的权利。上述过程表明，连带之债因履行而消灭的同时，可转变为一方内部的按份之债。

（五）简单之债和选择之债

根据债的给付是否可由当事人选择，债可以分为简单之债和选择之债。债的给付只有一种，当事人无可选择的债，是简单之债。在数种给付中，当事人可以从中选择一种的债，是选择之债。选择权属于债权人的，是选择债权；选择权属于债务人的，是选择债务。有选择的规定而未指明选择权归属的，一般认定选择权归债务人。

选择之债的发生，可以由当事人约定，也可以为法律规定。作为选择之债的数种给付标的，可以为特定物，也可以是不特定物，也可以是作为或不作为，并可任意组合。除给付标的外，给付的时间、地点、方式以及不适当履行的补偿方式也可经选择而确定。

选择之债既然存在数种给付，便须经确定后才能履行。选择之债一经选择确定，便转化为简单之债。由于不可归责于双方当事人的事由使供选择的给付只有一种可以履行时，选择之债也因此转化为简单之债。如果选择之债规定的数种给付都成为不能履行，选择之债因此消灭或转化为损害赔偿之债。

除上述分类外，债还可以按其他标准分为主债和从债、可分之债和不可分之债、货币之债和劳务之债等。

第二节 债的发生

债是存在于债的当事人之间的债权、债务关系，基于一定的法律事实而发生。根据引起债的发生方式不同，债的发生方式可分为以下几种。

一、合同之债

合同，也称契约，是指民事主体之间关于设立、变更、终止民事法律关系的协议。因为合同是人们获得物质资料和精神产品，以满足生产、生活需要的必不可少的手段，所以合同行为是引起债权、债务关系发生的最主要、最重要的根据。任何一个民事合同的有效成立，都在当事人之间发生债的关系。合同中规定的当事人的权利义务，就是债的关系中的债权和债务（详见第十一章合同法）。

二、侵权行为之债

（一）侵权行为的概念

侵权行为是指行为人不法侵害他人的财产权和人身权的违法行为。实施侵权行为的不法行为人负有赔偿给被侵权人造成的财产或人身的损害的义务，受害人有请求侵害人赔偿的权利。因此，侵权行为是引起债的发生的根据之一。侵权行为发生的债称为侵权行为之债，受损害的受害人称为债权人，实施侵害的人称为债务人。

（二）侵权行为的分类

不同的侵权行为引起的责任是不同的，根据不同的标准，侵权行为有不同的分类。

1. 一般侵权行为和特殊侵权行为

根据侵权行为的构成要件不同，侵权行为可分为一般侵权行为和特殊侵权行为。一般侵权行为也称为普通侵权行为，是指行为人基于过错导致他人人身或财产损害的行为。这种侵权行为适用民法上的一般责任条款。特殊侵权行为也称特种侵权行为，是指行为人虽然主观上无过错，但其行为构成的事件或其他特别原因与行为人有关系。这种侵权行为适用民法上的特别责任条款。

2. 侵害财产所有权、知识产权、人身权的行为

根据侵权行为涉及的对象不同，侵权行为可分为侵害财产所有权、侵害知识产权、侵害人身权等。①侵害财产所有权的行为，是指侵害国家、集体或公民个人财产所有权的行为。②侵害知识产权的行为，是指以剽窃、篡改、假冒等方式侵害他人具有的商标权、专利权、著作权以及其他科技成果的行为。③侵害人身权的行为，是指侵害他人的肖像权、生命健康权、名誉权、姓名权等与人身不可分割的权利的行为。

3. 积极侵权行为和消极侵权行为

根据侵权行为的性质不同，侵权行为可分为积极侵权行为和消极侵权行为。①积极侵权行为是指侵权人以一定的作为致使他人人身或财产损害的侵权行为。②消极侵权行为是指侵权人以一定的不作为致使他人人身或财产损害的侵权行为。

4. 单独侵权行为和共同侵权行为

根据侵权人的人数多少不同，侵权行为可分为单独侵权行为和共同侵权行为。①单独侵权行为，是指侵权人仅为一人实施的侵权行为。②共同侵权行为，是指侵权人为两人以上实施的侵权行为。

（三）侵权行为的构成要件

侵权行为的构成要件有以下六个方面：①实施侵权的人须有加害受害人的行为出现；②实施侵权的人的行为须违法；③实施侵权的人的行为侵害了受害人的人身或财产权利；④实施侵害的人的行为导致被害人的人身或财产损害；⑤实施侵害的人与受害人的损害之间存在因果关系；⑥实施侵害的人须有法律上的责任能力以及一定的经济能力。

（四）侵权行为的法律责任

构成侵权行为的种类较多。侵权人实施的行为程度、主观态度等差异较大，因此引起的责任方式也是不同的，以下着重从民事责任进行分析。

第一，国家机关或者国家机关工作人员在执行职务中，侵犯公民、法人的合法权益，给其造成损害的，应当承担民事责任。

第二，因产品质量不合格造成他人财产、人身损害的，产品制造者、销售者应当依法承担民事责任。

第三，从事高空、高压、易燃、易爆、剧毒、放射性、高速运输工具等对周围环境有高度危险的行业造成他人损害的，应当依法承担民事责任。

第四，违反国家保护环境防止污染的规定，污染环境造成他人损害的，应当依法承担民事责任。

第五，无民事行为能力人、限制行为能力人造成他人损害的，由其监护人承担民事责任。

第六，建筑物或者其他设施以及建筑物上的搁置物、悬挂物发生倒塌、脱落、坠落造成他人损害的，其所有人或者管理人应当承担民事责任，但能够证明自己没有过错的除外。

第七，饲养的动物造成他人损害的，动物饲养人或管理人应当承担民事责任。

三、不当得利之债

（一）不当得利的概念

不当得利，是指没有法律或当事人约定上的根据，有损于他人而取得的利益。

不当得利的产生没有合法的根据，所以虽属事实，也不能受到法律的保护，并随这一事实的出现在当事人之间形成民事权利义务关系，为不当得利之债。因不当得利而使财产受到损害的一方是债权人，有权请求对方返还利益；因不当得利而获得财产利益的一方是债务人，负有返还所得利益的义务。

（二）不当得利的构成要件

1. 须一方获得利益

一方确定获得利益是不当得利成立的一个要件。如果一方使他方的财产利益受到损害，而自己未从中获得任何利益，则应依法承担损害赔偿的责任，不构成不当得利之债。因此，一方受益是不当得利之债区别于其他债的标志之一。

一方获得利益，一般是受益人不正当地取得一定的财产。但是，有时也可能是受益人应履行的义务被不正当地免除而从中受益。上述两种情况，若当事人一方所获利益均为不当得利。

2. 须他方受到损害

他方确实受到损害是不当得利成立的另一要件。如果一方虽然获得利益，但他方并不因此而受到损失，则不构成不当得利。

他方受到损害，包括积极的损失和消极的损失。前者是指一方受益使他方现有财产减少，后者指他方应得利益没有得到。

3. 获得利益与受到损害之间须有直接因果关系

不当得利的一方之所以得利正是由于他方受到损害，也就是同一事实引起两方面的结果，即一方受益，他方受损。一方得以受益的原因是由于他方受到了损害，两者之间有直接因果关系。一方受益和他方受损害之间的这种直接因果关系是不当得利之债的一个要件。

4. 获得利益没有法律上的根据

不当得利，获利一方受益没有合法的原因和根据，这是不当得利之债成立的又一个要件。如果一方受益，他方受损害有法律上的根据，当事人的权利和义务受到法律的认可和保护，而不归为不当得利。

所谓无合法的原因，包括无法律上的根据和无合同上的原因。这有两种情况：一般是受益人获得利益的当时没有合法原因，如债务人对已经清偿的债务再次付款，原债务人在受领时就产生不当得利；但是，有时也可能是受益的当时有法律上的根据。例如，一方以抵押物提交对方作为履行合同的担保，当合同完全履行后抵押权便不存在，如果原抵押权人仍继续占有该物，就产生了不当得利。无论是自始无法律上的根据，或者是以后丧失了法律上的根据，都可以构成不当得利。

（三）对不当得利之债的处理

《民法通则》第 92 条规定："没有合法根据，取得不当利益，造成他人损失的，应当将取得的不当利益返还受损失的人。"不当得利一经成立，当事人之间即发生债权、债务关系，受损害一方享有请求返还其利益的权利，受益人负有返还其所受利益的义务。返还利益，包括返还原物、原物所生的孳息和利用原物所取得的其他利益，这是对不当得利之债的处理原则。

但是，不当得利之债与侵权行为之债不同。从性质看，不当得利法律事实的出现，往往是由受损害一方自己的过错造成的，而不是由于不当得利人的违法行为。在某些情况下，得利人主观上也不一定有过错，甚至根本没有过错。因此，对不当得利之债的处理，除规定受益人应返还其所得利益以保护受损害人的合法权益原则外，还可以根据具体情况，特别是受益人的主观心理状态来确定其应负责任的大小，从而规定在返还利益的范围上有所不同。

第一，受益人是善意的，即受益人在得利时并不知道无法律上的根据而予以接受，其返还利益的范围以利益的存在部分为限；如果利益已不存在，则可以不负返还的责任。所谓尚存部分，不应该只限于原物或原物的固有形态，如形态已改变，其财产价值仍存在或可代偿，仍属于尚存部分。

第二，受益人是恶意的，即受益人取得利益时明知没有合法根据仍然加以接受，则应负全部返还的责任。即使由于意外原因，该项利益已不存在，受益人仍负全部返还的义务。

第三，受益人在受益时不知情，以后又知情则可以知情的时间为界，此前此后分别按不知情和知情决定其负返还责任的范围。

此外，法律做出上述规定的理由是受损害人的合法权益应当受到保护，但不当得利往往是由受损害人所造成，因此，在一定条件下，受损害的人应承担一定责任；受益人因不知情而受利益，本身并无过错，但已造成他人损害，因此，应在一定范围内承担责任；受益人知情，仍置他人损害于不顾，便应承担全部责任。这种因情循理、区别对待的处理方法，有助于防止不当得利的发生，有利于维护法律的严肃性和公正性。

四、无因管理之债

（一）无因管理的概念

无因管理，是指没有法定或约定的义务为他人管理事务的行为。管理他人事务的一方为管理人，其事务受人管理的一方为本人。无因管理事实发生后，管理人与本人之间产生了一定的权利义务关系，即无因管理之债。管理人有权请求本人补偿其代为管理事务支出的费用，是债权人；本人则有向管理人偿还该项费用的义务，是债务人。

法律确认无因管理制度，对于保护国家、集体和公民的财产权益，避免、减少损害的发生，发扬助人为乐的社会主义风尚，促进社会主义精神文明建设具有重要意义。

（二）无因管理的构成要件

1. 须为他人管理事务

为他人管理事务是无因管理的构成要件之一。在确认"为他人管理事务"这一事实时，应注意以下几点：首先，他人事务须为特定人的事务，而非公益事业。管理公益性质的事务，如主动打扫公共场所卫生等，不能构成无因管理。其次，必须在事实上为他人管理事务。如果把自己的事实误认为是为他人事务进行管理，即使主观上有为他人的意愿，也不构成无因管理。如果他人事务与自己事务混杂在一起加以管理，则属于他人的部分构成无因管理。再次，无因管理不限于单纯的管理行为，也包括为他人提供服务。

2. 须有为他人谋利益的意思

管理人管理他人事务的目的是为他人谋利益，这是构成无因管理的要件之一。为他人谋利益的意思，可以从管理人行为的动机和效果来衡量。从动机看，管理人应出于为他人谋利益的目的而为管理行为；从效果看，由于管理行为所取得的利益最终应归本人所有。符合这一要求，即使管理人有所误解，并不影响无因管理的成立，只是作为本人的当事人不同而已。如果管理人和本人都可以从管理行为受益，可就本人受益部分成立无因管理。违反这一要件，则不仅不能成立无因管理，而且可能因其性质构成不当得利甚至侵权行为。所谓利益，既包括因管理行为使本人取得某种权益而直接受益，也包括使本人得以避免损失而间接受益；既可以是事实上的利益，也可以同时是法律上的利益。无因管理不同于委托代理，管理人为他人谋利益的意思无须表示，无因管理即可成立。

3. 须无法律上的根据

无法律上的根据，即没有法律上的义务，包括没有法定义务和约定义务，这是无因管理成立的一个要件。如果管理事务的人接受委托负有合同规定的义务，或依法承担法定的义务，则属于有法律上根据，由此实施的行为不能构成无因管理。无因管理和委托代理的区别主要在于管理他人的事务有无法律上的根据。因此，无因管理经本人追认后即具有委托代理的性质，当事人的权利义务关系可以适用有关委托合同的规定。

（三）无因管理之债的处理

《民法通则》第93条规定："没有法定的或者约定的义务，为避免他人利益受损失进行管理或者服务的，有权要求受益人偿付由此而支付的必要费用。"因此，无因管理一经成立，当事人之间即发生债权债务关系，管理人享有请求偿还管理事务所支出的必要费用的权利，本人负有偿付该项费用的义务。这是处理无因管理之债的基本原则。

所谓必要费用，包括为管理本人事务直接支出的费用，为本人谋利益而负担的债务，以及在管理活动中受到的直接损失。具体数额则应根据实际情况而定，但以不超过本人所受利益范围为限。无因管理是管理人为本人谋利益而实施的道德行为，而本人又是直接受益人，因此，为本人取得利益所支出的必要费用应由本人负担。管理人除得请求补偿必要费用外，不得向本人索取报酬或编造名义变相索取报酬，否则就失去了无因管理成立的依据和存在的意义。

管理既然是善意地为他人谋利益，在管理活动中有必要持认真负责的态度，在本人受领之前继续管理事务，务求达到利于他人的预期目的。例如，管理人应依照本人显而易见或可以推定的意思而为管理行为，应注意采取适当的管理方法，节约费用、避免损失，应注意将管理情况及由管理所得的利益及时通知和交付本人等。这些注意事项与管理人为他人谋利益的目的相一致，也和管理人所享有的请求权相适应，因此也是管理人应尽的义务。应当指出，就本人而言，除在管理人确有恶意或有重大过失的特殊情况下可以提出异议外，不得任意以有违本人意志或有损本人利益的借口，拒不履行其应尽的义务。同时，本人有义务及时受领。

第三节 债的履行、变更和消灭

一、债的履行

债的履行因构成债的方式不同而有所不同，但在经济运行中，使用最多的是合同之债。因此，关于债的履行问题非常重要（详见十一章合同法的合同履行）。

二、债的变更

狭义的债的变更仅指债的内容的变更，广义的债的变更则包括债的内容变更和主体变更两种情形。

（一）债的内容变更

债的内容变更即狭义的债的变更，是指在不改变债的主体的情况下，对债的内容所作的变更。例如，标的物的变更、数量的变更、履行时间或地点的变更，均属债的内容变更。

债的内容变更与债的更改不同。债的更改使当事人之间的旧债关系归于消灭，并发生新债的关系；债的内容变更并不消灭原有债的关系，只是内容发生变更而已。

债的内容变更必须具备以下条件：①当事人之间原已存在债的关系。如果当事人之间原无债的关系，而依法律规定或依合同约定成立债的关系，则为债的发生，而非变更。②当事人之间原有债的关系和变更后债的关系均为有效。无效合同或经撤销后无效的合同，自合同订立时起无效，虽然发生返还财产问题，但不属于变更问题。变更后的债的关系如被确认无效或经撤销而无效，亦不发生变更原有债的内容的效力。

债的内容变更一般包括：①标的种类的变更，如变更标的物。②标的数量的增减。③标的物品质、规格的变更。④债的性质的变更，如变租赁为买卖。⑤履行期限的变更。⑥履行地点的变更。⑦履行方式的变更，如变更贷款结算方式。⑧违约责任条款的变更。

债的内容变更方式一般有三种：①依法律规定而变更。例如，依破产法的规定，企业被宣告破产的，不得单独对个别债权人清偿，破产企业与债权人之间债的关系纳入破产债权，按比例清算，原有债的标的物和数量都发生变更。②依法院的裁判或仲裁裁决而变更。例如，《民法通则》第108条规定，"债务应当清偿。暂时无偿还的，经债权人同意或者人民法院裁决，可以由债务人分期偿还。有能力偿还拒不偿还的，由人民法院判决强制偿还。"③依当事人协议而变更。《合同法》第77条规定："当事人协商一致，可以变更合同。"但法律、行政法规规定变更合同应当办理批准、登记手续的，应办理相关变更手续。协议变更是债的内容变更的基本方法。

债的内容变更的，当事人应按变更后债的内容履行。债依合同而变更的，当事人若违反合同的规定，应承担相应的违约责任。

（二）债的主体变更

债的主体变更，指债务人或债权人的变更，究其实质是发生债权或债务的转移。根据合同法的规定，它可以分为三种情形。

1. 债权转让

债权转让，又称债权让与，指不改变债的内容，债权人将其债权全部或部分转移给第三人享有。引起债权转让事由包括法律规定（如被继承人生前享有的债权因继承而转移给继承人）和法律行为（如遗嘱人以遗嘱方式将债权转让给继承人或受遗嘱人）。其中，通过合同方式转让债权是最常见的方式。

债权转让合同是债权人与第三人达成的转让债权的协议。债权转让合同的当事人是债权人和第三人，只要债权人与第三人达成债权转让协议，具备法律行为的有效条件，即可成立。债权的转让无须债务人同意。根据《合同法》第80条的规定，发生债权转让时，债权人应当通知债务人；未经通知，对债务人不发生效力，债务人按债的规定向债权人履行义务的，债权人不得拒绝受理。

债权属于财产权，原则上均可以转让，但依《合同法》第79条的规定，下列债权不得转让：一是根据合同性质不得转让的债权不得转让。在通常情况下，基于当事人之间相互信任关系的合同债权（如演出合同中演出公司对演员享有的债权）不得转让；以特定人的身份为基础的债权（如抚养请求）也不得转让。二是当事人约定不得转让的债权不得转让。三是依法律规定不得转让的债权不得转让。例如，企业被宣告破产后，破产企业不得将其债权转让给第三人，以免损害其债权人的利益。

债权转让的效力表现在两个方面：一是对内效力。债权人将债权转让给第三人的，即脱离债的关系，第三人受让债权而成为债的关系的当事人，即新债权人。发生债权转让时，依附于主债权的从权利（如担保权利、利息债权、违约金权利以及损害赔偿请求权等）除专属于债权人自身的以外，也一并转移给受让人。二是对外效力。债权转让后，债务人应就所转让的债权向受让人履行债务，受让人亦有权请求债务人向其履行义务，但债务人对债权人享有抗辩权（如时效抗辩）可以对抗受让人。

2. 债务转移

债务转移，又称债务承担，指不改变债的内容而发生债务人的变更。引起债务承担的事由有法律规定（如继承）和法律行为。最为常见的是通过当事人之间的协议转移债务。债务承担包括免责的债务承担和并存的债务承担两种情形。

（1）免责的债务承担，是指债务人经债权人同意，将其债务部分或全部转移给第三人负担。《合同法》第84条规定："债务人将合同的义务全部或者部分转移给第三人的，应当经债权人同意。"

免责的债务承担，成立方式有两种：一是第三人与债权人达成协议，由第三人承担债务人之债务。由于合同的一方当事人是债权人，这种方式本身就体现了债权人的同意。二是债务人与第三人达成协议，由第三人承担债务人的债务。这种承担方式须经债权人的承认，才能发生债务承担的效力。

免责的债务承担的效力表现在，原债务人脱离债的关系，不再为所转移的债务承担责任（免责）；第三人则成为新的债务人，对所承受的债务负责。与主债务有关的从债务，除专属于原债务人自身的外，也随主债务转移给新债务人承担。同时，原债务人对债权人享有的抗辩权，新债务人亦可以之对抗债权人。

（2）并存的债务承担，是指债务人不脱离债的关系，第三人又加入债的关系，与债务人共同承担债务。严格说来，这并非债的主体变更，而是增加债务人的人数。由于第三人的加入，使债务人增加，成为多数债务人的债。第三人加入后，与债务人之间构成连带关系，对同一债务人负连带责任。债权人可以请求债务人履行义务，也可以径直向第三人请求履行义务。

在并存的债务承担中，由于原债务人没有脱离债的关系，对债权人的利益不会发生影响，因而原则上无须债权人的同意，只要债务人或第三人通知债权人即可发生效力。

3. 债权、债务的概括转移

债权、债务的概括转移，是指当事人享有的债权和承担的债务一并转移于第三人享有和承担。发生债权、债务一并转移的情况有：①继承。依继承法规定，继承开始后，被继承人的遗产（包括债权、债务）由继承人继承，继承人以继承遗产的实际价值为限对被继承人的债务负责（有限继承）。②企业合并。《民法通则》第44条规定："企业法人分立、合并，它的权利和义务由变更后的法人享有和承担。"③合同承受。《合同法》第88条规定："当事人一方经对方同意，可以将自己在合同中的权利和义务一并转让给第三人。"

三、债的消灭

债是一种民事法律关系，既会基于一定的法律事实而发生、变更，也会由于一定的法律事实而消灭。债消灭意味着当事人之间的债权、债务关系终止,债在客观上不复存在。

债消灭的效力,除债权、债务终止外,从属于主债的权利义务,如担保权利,支付违约金、利息的义务等,也随之消灭。同时,债消灭后,债权人应将负债借条返还债务人。

引起债消灭的原因主要有以下六种。

(一) 债的清偿

债的清偿又称债的履行,债务人履行债务,债权人接受履行,债的目的实现,债也就归于消灭。清偿是债消灭的最常见的原因。债的清偿意味着债权人的权利已经实现,设立债的目的业已实现,债的关系自然归于消灭。当事人清偿债务,应当按照债的规定,如债务人未按照债的规定履行债务,债权人未予以及时受领,都不足以构成法律意义上的履行,不发生债消灭的效力。

(二) 债的抵消

抵消,是指债的当事人双方互负债务,且为同类物均届履行期限而在对等额内相互消灭。抵消实际上也是债的一种履行方式,可由一方或双方协商进行。抵消可以分为法定抵消和约定抵消。

1. 法定抵消

法定抵消是指二人互负到期债务,且该债务的标的物种类、品质相同的,任何一方可以自己的债务与对方的债务抵消。

法定抵消须具备下列条件:①须二人互负债务,互享债权。双方互享债权,须为合法;任何一方之债务不合法(如赌债),不得主张抵消。②须双方债务种类相同,即债的标的物种类相同、品质相同。种类不同的债务,不得单方主张抵消。③须双方债务均到履行期。债务先到期的一方不得主张以其债务与他方后到期的债务抵消。但债务后到期的一方放弃其期限利益,应允许其主张抵消的。④须双方债务均非不得抵消之债务。依法律规定或者依债之性质不得抵消的,则不主张抵消。前者如行为人因故意实施侵权行为而发生的损害赔偿之债,不得与受害人对自己所负之债务抵消;后者如支付退休金、抚养费、抚恤金等与对方当事人的人身不可分离的义务,不得主张抵消。

具备上述条件时,双方均有抵消权。抵消权为形成权,主张抵消的行为为单方法律行为,只要一方的意思表示即可成立。依《合同法》第99条第2款之规定,"当事人主张抵消的,应当通知对方,通知自到达对方时生效。抵消不得附条件或附期限。"

抵消的效力表现为:双方互负债务数额相同的,互负债务均归于消灭;双方的债务数额不等的,数额小的一方的债务消灭,数额大的一方的债务仅部分消灭,未被抵消的部分债务仍存在,债务人应当履行。

2. 约定抵消

约定抵消又称合意抵消,指当事人双方约定,使自己所负债务与对方之债务抵消。当事人就双方之债务互为抵消而订立的合同，称为抵消合同。对于双方所负债务，标的物种类、品质不相同的，只能通过约定抵消，单方不得主张抵消。对于双方所负债务种类相同，具备法定抵消条件的债务，既可以单方主张抵消，也可以双方约定抵消。约定抵消与法定抵消具有相同的法律效力。

（三）债的提存

提存，是指由于债权人的原因而无法交付标的物时，债务人将该标的物提交给提存机关以消灭债务的法律制度。债的履行不仅是债务人的事，也是债权人的事。当债务人按照规定履行债务时，债权人应当及时受领。如果由于债权人的原因致使债务人无法履行债务，债务人虽然不承担迟延责任，但仍不能摆脱债务的约束，债务人为债务提供的担保也不能消灭。在这种情况下，债务人可以将标的物提存，以消灭所承担的债务。

依《合同法》第101条的规定，提存的要件有以下几种："①债权人无正当理由拒绝受领。②债权人下落不明。③债权人死亡未确定继承人或者丧失行为能力未确定监护人。④法律规定的其他情形。"

债务人将标的物提存，应按照规定向提存机关提存。提存的标的物，为债务人应当交付的标的物。标的物不适合于提存或者提存费用过高的，债务人依法可以拍卖或变卖标的物，将所得价款提存。提存机关对债务人的提存申请经审查符合提存条件的，予以接受。除债权人下落不明外，债务人于提存后应当及时通知债权人或债权人的继承人、监护人。

提存的效力表现在：标的物提存后，债务人的债务归于消灭，其从属债务也归于消灭；提存的标的物的毁损灭失的风险由债权人承担；提存期间标的物的孳息归债权人所有，提存费用也由债权人负担；提存后，债权人可以随时到提存机关领取提存物。依《合同法》第104条第2款的规定，"债权人领取提存物的权利，自提存之日起5年内不行使而消灭，提存物在扣除提存费用后为国家所有。"但债权人对债务人负有到期债务的，在债权人未履行债务或提供担保之前，提存机关根据债务人的要求应拒绝债权人领取。

（四）债的免除

免除是指债权人放弃债权，从而解除债务人债务的行为。债权人只要向债务人做出免除其债务的意思表示的，债的关系归于消灭。《合同法》第105条规定："债权人免除债务人部分或者全部债务的，合同的权利义务部分或者全部终止。"债务人的意思表示应向债务人做出，口头形式或书面形式均可。免除的意思表示一经做出，即发生效力，债权人不得撤回。

（五）债的混同

混同是指某一具体债的债权和债务同并归于一人。当债权和债务同归于一人时，他既是债权人又是债务人，没有自己对自己履行债务的必要，债的关系归于消灭。

引起混同的原因有：①企业合并，合并前的两个企业之间的债以债务混同归于合并后的企业而消灭。②继承，继承人与被继承人之间的债权、债务因继承而归于继承人，引起混同消灭。③债权人与债务人之间因转让债权或转移债务引起债权、债务发生混同而消灭。

发生混同的事实时，债归于绝对的消灭，从属的权利义务也归于消灭，但涉及第三人利益的债权、债务，不因混同而消灭。

思考题

1. 债的客体给付的条件。
2. 特定物之债和种类物之债的关系。
3. 按份之债和连带之债，连带债务的情形。
4. 债的内容变更的条件。
5. 法定抵消的条件。
6. 债消灭的原因。
7. 不当得利的概念和构成要件。
8. 无因管理的概念和构成要件。
9. 债的主体变更的类型。
10. 债的运行中存在的问题与对策。

第七章 物权法

本章学习要点

物权法的基本原则；所有权；用益物权；担保物权等。

近现代物权法，是以财产的占有关系为其调整对象的法律规范的总称，包括财产的归属关系与财产的利用关系两类。法律调整财产的归属关系的法律规范的总和，构成物权法的所有权制度；财产的利用关系由物权法律制度调整则构成物权法的定限物权制度。

《中华人民共和国物权法》于（简称物权法）2007 年 3 月 16 日十届全国人大五次会议通过，2007 年 10 月 1 日正式实施。

第一节　物权制度概述

一、物权的概念、特征

（一）物权的概念

物权是指直接支配特定物并排他性地享受其利益的权利。

（二）物权特征

1. 直接支配性

直接支配性指物权人可依自己的意思，无须他人行为或意思的介入而对标的物进行直接支配的一项权利。物权人在支配自己权利时，不得侵犯他人权利的行使。

2. 独占性和排他性

独占性和排他性指同一标的物上不能同时存在两个或两个以上内容相同的物权。

3. 对世性、绝对性及不可侵犯性

物权为可以对抗世间一切人的权利，权利人以外的一切人均为义务人，均承担不得侵犯、不得妨碍权利人行使其权利的义务。

4. 追及性

物权成立后，不管标的物辗转于何人之手，物权人均可依法追索。

5. 公示性

物权的归属、变动及物权的次序等，都应向社会加以公示，以确保物权关系的稳定与交易秩序的安全。

6. 优先性

物权具有先于债权的效力，如若在同一物上既设定了物权，又设定了债权，则物权享有优先权。

二、物权的分类

（一）自物权、他物权与类物权

根据物权的权利主体是否为物的所有人进行分类。自物权通常指所有权。在他人所有物上设置的物权，有限制自物权的作用，统称为他物权或限制物权；包括土地承包经营权、建设用地使用权、宅基地使用权、地役权、抵押权、质权、留置权。类物权是指基于对他人所有物的实际控制状态（即占有），占有人对物实际行使一定程度的权利。这种权利并非物权，只是为保护占有物而设置的。

（二）用益物权与担保物权

根据设立目的的不同，可将物权进一步分为用益物权和担保物权。用益物权是以使用、收益为内容，以取得物的使用价值为主要目的而设定的物权。担保物权是以保证债的实现、债务的履行而设立，以取得交换价值为内容的权利。

（三）主物权与从物权

根据能否单独成立，可将物权分为主物权和从物权。主物权是指可以单独成立的物权。从物权是指不能单独成立而从属于主物权的物权。

（四）动产物权与不动产物权

根据物权客体能否移动，可将物权分为动产物权和不动产物权。动产物权是指以动产为客体的物权；不动产物权是指以不动产为客体的物权。

三、物权的效力

物权的效力是指物权基于对物的支配权和排斥权而产生的不同于其他权利的法律效力。

（一）物权的排他效力

物权的排他效力指不允许在同一标的物上成立的两个同一内容的物权。其表现方式有：①在同一标的物上的所有权仅有一个；②同一标的物上不得有其他以占有为内容的物权存在（抵押权等非以占有为内容的物权不在此限制）；③物权的排他效力具有强弱之分，即所有权排他效力最强、以占有标的物为内容的物权排他效力次之、以非占有权的物权为内容的物权排他效力最弱。

（二）物权的优先效力

物权的优先效力指同一标的物上有两个或两个以上不同内容或不同性质的物权存在时，成立在先的物权有优于成立在后的物权的效力。但也有法律明文规定、公共利益及定限物权构成的三种例外。当物权标的物也为债权标的物时，物权有优先于债权的效力。但法律直接规定的、以租赁权构成的例外。

（三）物权请求权的效力

物权请求权的效力是指物权人在对物的支配实施权利时受到不法妨害或有妨害可能，为恢复其对物的支配权而享有的请求妨害人为或不为一定行为的权利，包括所有权的物权请求权与定限物权请求权。物权请求权依附于物的支配权，若标的物损毁灭失，则不能行使物权的请求权。

（四）物权的追及效力

物权的追及效力指物权成立后，其标的物无论辗转至何人之手，除法律另有规定外，物权的权利人均可向物的占有人追索，以恢复物权人对物的支配权。

四、物权的变动

物权变动指物权发生、变更及消灭的动态状态。

（一）物权的发生

物权的发生是指特定主体取得了物权，产生了物权关系，包括原始取得与继受取得两种。

（二）物权的变更

广义地讲，指物权关系的主体、客体、内容三要素中的一个或两个要素，单独或同时改变。狭义地讲，仅指物权内容与客体的变更。

（三）物权的消灭

物权的消灭指物权与特定主体相分离，某一物权关系不存在，包括绝对消灭和相对消灭。

物权变动的公示原则有两种。不动产物权的公示通常以登记为原则；我国现行法律规定，不动产的变动非经登记不发生物权变动的效力。动产物权变动的公示为交付。

第二节　物权法的基本原则

物权法的基本原则反映了物权的本质、规律和立法指导思想，是制定、解释、适用、研究物权法的基本准则。物权法的基本原则包括：平等保护原则，物权法定原则，公示、公信原则和一物一权原则。

一、平等保护原则

《物权法》第3条第3款规定："国家实行社会主义市场经济，保障一切市场主体的平等法律地位和发展权利。"该条明确了我国物权法的平等保护原则。平等保护被认为是物权法是最基本的原则，是制定物权法的基本指导思想，也是直接反映中国基本经济制度和社会主义市场经济的原则，是我国物权法具有中国特色的鲜明体现。

物权法之所以确立平等保护原则，是基于市场经济的内在要求。宪法规定："国家实行社会主义市场经济。"一方面，产权的构建是市场的基本规则，作为市场经济基础的产权制度，必须建立在平等保护的基础上。公平竞争、平等保护、优胜劣汰是市场经济的基本法则。交易本身就是以平等为前提，以平等为基础，市场经济天然要求平等。否认了平等保护，就等于否定了交易当事人的平等地位，否认了市场经济的性质。另一方面，平等保护是市场主体平等发展的条件。

在市场经济条件下，财产保护的平等不仅仅为市场主体从事市场交易和公平交易创造了前提，而且也为各类所有制企业的共同发展提供了条件。在社会主义市场经济条件下，各种所有制经济形式的市场主体都在统一的市场上运作并发生相互关系，各种市场主体都处于平等地位，享有相同权利，遵守相同规则，承担相同责任。如果对各种市场主体不给予平等保护，解决纠纷的办法、承担的法律责任不一样，就不可能发展社会主义市场经济，也不可能坚持和完善社会主义基本经济制度。此外，平等保护也是市场经济繁荣和经济增长的动力与源泉。只有确认市场主体之间的平等，才能建立一个有效的激励机制，使市场经济的主体具有足够的动力参与市场经济活动，促进经济的繁荣与发展。平等保护原则包括以下具体方面：①法律地位的平等。所有的市场主体在物权法中都具有平等的地位。②适用规则的平等。除了法律有特别规定的情形外，任何物权主体在取得、设定和变动物权时，都应当遵循共同的规则。③保护的平等。在发生物权冲突和纠纷时，对各类主体均应适用平等的规则予以解决；在物权受到侵害后，各种不同主体均应受到平等的法律保护。

二、物权法定原则

物权法定原则，是指物权的种类、内容、效力和公示方法等都应由法律明确规定，而不能由当事人通过合同任意设定。《物权法》第5条规定："物权的种类和内容，由法律规定。"

物权法定原则主要包括如下几方面内容：第一，物权种类必须由法律设定，不得由当事人随意创设。例如，当事人在其协议中不得明确规定约定的权利为物权，也不得设定与法定物权类型不相符合的物权。第二，物权的内容由法律规定。当事人不得创设与法定物权内容不符的物权内容，也不得基于其合意自由决定物权的内容。例如，法律规定以动产设立质权必须移转占有，当事人即不得设立不移转占有的动产质权，否则会因与现行法律规定不符而无效。第三，物权的效力必须由法律规定，不能由当事人通过协议加以设定。第四，物权的公示方法必须由法律规定，不得由当事人随意确定。

采纳物权法定主义原则的主要意义在于：首先，物权直接反映社会所有制关系，对社会经济关系影响重大，因而不能允许当事人随意创设。其次，物权是一种对物直接加以支配的权利，具有强烈的排他性，直接关系到第三人的利益和交易安全，因此不能允许当事人通过合同自由创设。最后，立法中坚持物权法定，可以对实际上已经存在的，包括由有关法律、法规、规章、司法解释等规定的各种具有物权性质的财产权进行整理，从而形成完整、和谐的物权法体系。

关于违反物权法定原则的后果，应依以下情形而定：其一，如果法律明确规定了违反物权法定原则的效果，则依据该法律规定处理。其二，法律没有特别规定时，如果当事人的约定违反了法律的禁止性规定，应当认其为无效。应注意的是，如果设定物权的内容中，仅违反禁止性规定的部分无效，且该部分无效不影响其他部分的效力，则去除该部分后，其余部分依然有效。如果当事人创设物权的法律行为没有发生创设该物权的法律效果，但是符合其他法律行为的要件，则可在当事人之间产生该其他法律行为的效果。例如，合同内容如果没有违反某一个具体强行法的规定，就不能认定该合同无效，而只是不承认其创设物权的效力。

三、公示、公信原则

任何当事人设立、移转物权时、都会涉及第三人的利益，因此，物权的建立、转移必须具有从外部得以识别的表象，以利于保护第三人的利益，维护交易的安全和秩序，这就是需要建立公示的原则，将物权设立、转移的事实通过一定的公示方法向社会公开，从而使第三人知道物权变动的情况。所谓公示，就是将物权设立、移转的事实通过一定的方法向社会公开，从而使第三人知道物权变动的情况。

所谓公信，主要适用于不动产的交易，是指一旦当事人变更物权时依据法律的规定进行了公示，则即使依公示方法表现出来的物权事实上并不存在或有瑕疵，但对于依赖该物权的存在已从事了物权交易的人，法律仍然承认其具有与该物权为真实时相同的法律效果，以保护交易安全。具体来说，公信原则表现为两方面的内容：其一，登记记载的权利人在法律上推定其为真正的权利人。其二，凡是信赖登记所记载的权利而与权利人所进行的交易，即使此项登记错误，登记所记载的权利人与实际的权利人不一致，法律仍然承认其具有与真实物权相同的法律效果。换言之，登记对任何第三人来讲都是正确的，这就是所谓权利的推定性规则。公信原则使交易当事人形成了一种对交易的合法性、对受让的标的物的不可追夺性的信赖与期待，从而为当事人快捷的交易形成了一种激励机制，为交易的安全确立了一种保障机制。

按照物权法定主义，物权的公示方法必须要由法律明确规定，不能由当事人随意创设。公示方法原则上应当采用不动产登记、动产交付的规则。《物权法》第6条规定，"不动产物权的设立、变更、转让和消灭，应当依照法律规定登记。动产物权的设立和转让，应当依照法律规定交付。"

公示原则与公信原则都是为维护交易安全而设定，通常相提并论，但其内容和功能并不完全相同。公示原则的作用在于确认依公示方法所取得的物权具有对抗第三人的效力，公信原则的功能则在于，即使在公示的内容是虚假或错误的情况下，第三人因信赖该公示的内容而从事交易，其从交易中所取得的权利仍应受到保护。

四、一物一权原则

为了确保物权的实现，维护交易的安全，自罗马法以来的物权理论就遵循"一物一权主义"的基本原则。一物一权原则，是指一个物权的客体只能是一个特定物，一个特定的物上不能同时成立两个效力相同的物权。

一物一权原则具体包括以下主要内容：

（1）物权的客体只能是独立的特定之物，即能够独立存在并具有独立的经济价值，可以与其他物区分之物。这是因为，只有物权的客体单一，才能明确物权的范围。如果以非独立的物的聚合物或非特定物为客体，则物权范围无法界定，权利人的支配力无所依附，权利本身也无法把握。所以，一项物权的客体仅限于一个独立的物。也就是说，聚合物和一物的组成部分不能成立物权，成为物权的标的物。

（2）一物之上只能设定一个所有权。由于所有权为完全的物权，因此一物之上的所有权只能是唯一的，否则会违背所有权的本质。然而，一物一权并不是说一个物上不能同时成立两个效力相同的物权，而是指一物之上只能存在一个所有权。至于一物之上可以有所有权与他物权并存或者他物权与他物权并存，必须以权利可以共存为前提，且其效力有优劣之别。

（3）一物之上不能同时存在两个或两个以上性质、内容、效力互相排斥的物权。也就是说，一物之上可以同时存在两个或两个以上内容、效力互不排斥、互不矛盾的物权。即：第一，一物之上可以同时存在一个所有权与数个他物权，因为他物权为定限物权，可以和作为完全物权的所有权相容。第二，一物之上可以同时存在数个用益物权，亦可以同时存在数个担保物权，就已作抵押的房屋超出主债权价值的部分再次设定抵押即是如此。但是，如果数个用益物权或担保物权相互排斥则不能成立。如果就同一房屋的本体设定了抵押权后再就该房屋整体作抵押，后一抵押权即为前一抵押权所排斥，除非前一抵押权因主债权的履行而消灭，否则后一抵押权就不发生效力。

第三节 所有权

一、所有权概述

(一) 所有权的概念

所有权是指权利人对自己的不动产或者动产依法享有的占有、使用、收益和处分的权利。所有权是一种根本性的基本权,是最为完整、充分的一类物权,也是最基本的物权形态。他物权制度(用益物权与担保物权)是由所有权制度派生出来的,因此物权编的分则基本上可以划分为两部分,即自物权(所有权)和他物权。

所有权与产权不同。严格说来,产权乃经济学上用词,在法学上大体对应于以财产利益为内容直接体现某种物质利益的权利,是与非财产权(人格权与身份权)相对应的概念。产权包含的内容较为广泛,凡是具有经济价值的权利都可以纳入其范畴。可见,产权是一个上位概念,所有权是一个上位概念。所有权是产权的一种。所有权和其他物权制度构成民法中一项相对独立的制度,统称为物权法,而产权并非单一权利,是民法中多项制度如物权法、债权法、知识产权法等的集合。

(二) 所有权的特征

作为一种最全面的物权,所有权除具有物权的一般属性外,还具有如下特殊性质。

1. 全面性

所有权是所有人在法令限制范围内对所有物加以全面支配的权利。所谓全面支配,是指对标的物实施的占有、使用、收益、处分等各种支配行为,而不受任何法令以外的限制(法律有特别规定的除外)。

所有权的全面支配性,是所有权最基本的法律特性,也是所有权区别于定限物权的根本标志。各种定限物权,无论是用益物权还是担保物权,都只是对标的物的某一方面或数方面的支配(如用益物权是对标的物使用价值的支配,担保物权是对标的物交换价值的支配),唯有所有权人对标的物的使用价值和交换价值享有全面的支配权。

所有权的全面支配性,决定了所有权处于全部定限物权之上,为一切定限物权的基础,所有权制度也因而成为物权制度的基石。

2. 整体性

整体性又称单一性,是指所有权并非占有、使用、收益、处分等各种权能简单相加,而是一个整体的权利,所有人对于标的物有统一的支配力。

所有权的整体性特征,决定了所有权本身不得在内容上或时间上加以分割,即不允许将一个完整的所有权割裂为两个或两个以上不完整的"所有权"。所有人在其所有权上设定用益物权或担保物权时,并非让与一部分所有权,而是创设一个新的独立的物权;在保留所有权买卖中,双方约定价金全部清偿前,出卖人保留所有权之整体，标的物所有权并不随每期价金的支付而发生转移。

3. 弹力性

弹力性又称归一性，是指所有权内容可自由伸展或限缩。例如，土地所有人于其土地上设立用益物权后，所有权即受到用益物权的束缚，所有人暂不能行使占有、使用或收益权，但一旦该用益物权消灭，则所有权自动恢复其圆满状态。所有权的弹力性，为所有权权能分离和定限物权的发达提供了可能性。

4. 排他性

排他性也称独占性，意指所有权是独占的支配权，非所有人不得对所有人的财产享有所有权。换言之，同一标的物上不得并存两个所有权。此即传统民法上的"一物一权"原则。由于所有人享有独占的支配权，从而决定了所有权与其各项权能的分离不论经过多长时间，都只是暂时的分离，他人不可能在原所有权尚未消灭的情况下取得标的物的所有权。

5. 恒久性

恒久性又称永久存续性，是指所有权不因时效而消灭，也不得预定其存续期间。所有权除因标的物灭失、取得时效、所有人抛弃及其他事由而消灭外，本质上可永久存续。因此，任何有关限定所有权存续期间或永久禁止所有物处分的约定，均属无效。

（三）所有权的类型

1. 不动产所有权与动产所有权

这是从权利客体的角度对所有权进行的分类。此种分类，在各国物权法中都具有重要意义：①在公示方式上，不动产所有权变动一般采"登记主义"，而动产所有权变动一般采"交付主义"；②在权利行使上，不动产所有权受到诸如地役权、相邻关系等方面的限制，而动产所有权无此限制；③在他物权的设定上，不动产上既可设定用益物权，也可设定担保物权，而动产则无用益物权之适用。

2. 单独所有权、共同所有权和区分所有权

这是从权利主体及内容构成的角度对所有权进行的分类。由单一主体对特定之物享有所有权的，称为单独所有权，这是所有权的一般形态。由两个以上主体对同一标的物享有所有权的，称为共同所有权，通称共有。由于共有涉及的法律关系较为复杂，各国民法通常单独对其做出规定。区分所有权，是在多人共居同一建筑物的条件下存在的一种特殊的所有权形态，我国物权法称之为"业主的建筑物区分所有权"。

3. 国家所有权、集体所有权和私人所有权

《中华人民共和国宪法》第7条规定，"国有经济，即社会主义全民所有制经济，是国民经济中的主导力量。"第8条规定，"农村中的生产、供销、信用、消费等各种形式的合作经济，是社会主义劳动群众集体所有制经济。城镇中的手工业、工业、建筑业、运输业、商业和服务业等行业各种形式的合作经济，都是社会主义劳动群众集体所有制经济。"第11条规定，"在法律范围内的个体经济、私营经济等非公有制经济，是社会主义市场经济的重要组成部分。"由此看出，三种所有权类型是依宪法的

规定进行划分的。为了落实宪法对所有权形态的定位，包括民法在内的各部门法均对三种所有权类型的具体内容及如何保护做出了细化规定。物权法第五章也对上述三种所有权做了专门规定。这种划分，是我国以公有制为主体、多种所有制经济共同发展的基本经济制度的体现，反映了我国所有权法律制度的特色。

此外，《物权法》第69条规定："社会团体依法所有的不动产和动产，受法律保护。"这一规定确立了"社会团体"的所有权主体地位。

二、所有权的内容和限制

所有权的内容，又称所有权的权能，是指所有人为实现其对于所有物的独占利益，而于法律规定的限度内可以采取的各种措施和手段。一般认为，所有权乃是所有人对于所有物为全面支配的权利。但是，这种支配权并非抽象的存在，而是通常表现为若干具体的存在形式。这些内容，即是所有权的权能。所有权的权能包括积极权能和消极权能。

（一）所有权的积极权能

所有权的积极权能是指所有人为实现其所有权对于其所有物可以实施的各种行为。根据物权法的规定，所有权的积极权能有占有、使用、收益、处分四项。

1. 占有权能

占有权能对所有物加以实际管领或控制的权利。占有是所有人支配其所有物的直观表现，也往往是所有人就其所有物享受物质或精神利益的先决条件，因而是所有权的一项重要权能。

所有权的占有权能既可以由所有人自己行使（所有人占有），也可以依所有人的意思或依法律规定交由他人行使（非所有人占有），如承租人依租赁合同占有出租人的财产，保管人依保管合同占有寄托人的财产，国有企业依法占有国家财产。在此种情况下，占有权与所有人发生分离，但其所有权并不消灭，相反，这却是所有人行使所有权的重要手段。

作为所有权权能的占有权与占有是两个不同概念。民法上的占有，是指主体对物的实际控制。占有本身只是一种事实，而不是权利。

2. 使用权能

使用权能是指在不毁损所有物或改变其性质的前提下，依照物的性能和用途加以利用的权利。

在大多数情况下，拥有所有权的目的，正是为了对物加以利用，因而使用权是所有权的重要权能。在法律规定的范围内，所有人可依其自身意志而使用所有物，但使用必须以占有为前提，当所有物的占有与所有人分离后，使用权能也就无法行使。与占有权能一样，根据所有人的意思或法律规定，使用权能可以转移给非所有人行使，如借用、租赁等，但最终应复归于所有人。从这一点看，使用权能仅适用于非消耗物，对消耗物的"使用"，实为处分。

3. 收益权能

收益权能即收取所有物所生利益的权利,是与使用权能有密切联系的所有权权能。

收益亦称为收取标的物之"孳息",包括天然孳息和法定孳息。前者是指按标的物的自然性能而孳生之物,如树木果实、家畜繁殖物;后者指基于一定法律关系而发生的利益,如利息、租金。在通常情况下,收益是使用的结果,但使用权不能包括收益权。因为在许多情况下,所有人可以将使用权分离出去,而由自己保留收益权;非所有人则可能仅享有使用权,而不享有收益权,如使用借贷即属这种情况。

4. 处分权能

处分权能是指对所有物依法予以处置的权利。通常认为,处分包括事实上的处分和法律上的处分。前者是指通过事实行为对所有物加以处置,如消费、加工、改造、毁损等;后者是指通过法律行为改变所有物的法律状态,如租借、转让、设定他物权等。

处分权能是决定所有物命运的一项权能,最直接地反映了所有人对物的支配,故一向被认为是所有权内容的核心和拥有所有权的根本标志。正因为如此,处分权能通常只能由所有人自己行使,非所有人不得随意处分他人所有的财产。但在某些特殊情况下(尤其就资本所有权而言),处分权得由非所有人行使,例如,信托人处分信托财产、公司经营者处分股东财产、国有企业依法处分国有财产等。在此种情况下,处分权虽然与所有人分离,但其所有权并未消灭,因为尚有收益权作为所有权存在的标志。

(二)所有权的消极权能

所有权的消极权能,即排除他人干涉的权能。此项权能,是所有权绝对性的体现,也是实现所有权的各项积极权能的必要条件。

排除他人干涉的权能,体现于所有权的行使受他人非法干涉之时。若无非法干涉,则此项权能隐而不现,故名"消极权能"。排除干涉的方法,广义上包括请求侵权赔偿和行使物上请求权,后者如前所述包括返还原物请求权、排除妨害或消除危险请求权、恢复原状请求权等内容。其要件虽然相异,但目的均在于恢复所有人对其所有物的圆满支配状态。

(三)所有权的限制

自罗马法以来,所有权就一直被看成是对物的最完全的支配权,是物权的最高级形态。但这并不意味着所有权是一种绝对的、不受任何制约的权利。相反,所有权自古以来就受到一定的限制。在我国国家、集体和公民个人财产所有权在受到法律充分保护的同时,也受到一定的限制。《物权法》第7条规定:"物权的取得和行使,应当遵守法律,尊重社会公德,不得损害公共利益和他人合法权益。"此项规定就是对物权的绝对性和排他性的限制。

民法和其他一些相关法律、法规,基于社会公共利益、国家建设、相邻关系等方面的需要，对所有权的内容进行的必要限制，主要体现在：①行使所有权不得违反法律规定。例如，法律禁止流通之物，所有人不得随意转让；所有人出租财产不得违法收取高额租金；所有人不得将其财产用于违法犯罪活动；等等。②行使所有权不得妨害他人的合法权益。例如，房屋所有人应本着有利生产、方便生活的原则，维护和照顾相邻方的合法利益，不得滥用权力，损害他方利益。③行使所有权时，必须注意保护环境、自然资源和生态平衡，不得破坏名胜古迹、风景区、游览区和自然保护区。④根据公共利益的需要，国家可以依法对集体土地实行征用，或将其他财产收归国有。《物权法》第42条第1款规定："为了公共利益的需要，依照法律规定的权限和程序可以征收集体所有的土地和单位、个人的房屋及其他不动产。"此条关于"为了公共利益的需要"方可依法从事征收行为的规定，即为所有权限制的典型情形。在物权法上，征收是物权变动得极为特殊情形。征收属于行政关系，不属于民事法律关系；但由于征收是所有权人丧失所有权的一种方式，所以是对所有权的限制，同时也是国家取得所有权的一种方式。

三、所有权的取得和消灭

（一）所有权的原始取得

所有权的原始取得，是指根据法律规定，最初取得财产的所有权或不依赖于原所有人的意志而取得所有权。一般认为所有权的原始取得方法主要有劳动生产、收取孳息、先占、添附（包括附和、混合和加工）、拾取遗失物、发现埋藏物及隐藏物、善意取得、时效取得等。此外，国有化和没收是国家所有权特有的取得方法。

1. 善意取得

善意取得又称即时取得，是指无权处分他人财产的占有人，在不法将其占有的他人财产让与第三人后，如果受让人在取得该财产时系出于善意，即取得该财产的所有权，原财产所有人不得要求受让人返还。此项制度起源于日耳曼法，因其具有强化占有的公信力、保护交易安全的功能而为近代各国民法所采纳。

由于善意取得的适用将产生所有权的转移，因此，各国法律都对善意取得规定了严格的条件。我国《物权法》第106条第1款规定："无处分权人将不动产或者动产转让给受让人的，所有权人有权追回；除法律另有规定外，符合下列情形的，受让人取得该不动产或者动产的所有权：①受让人受让该不动产或者动产时是善意的；②以合理的价格转让；③转让的不动产或者动产依照法律规定应当登记的已经登记，不需要登记的已经交付给受让人。"根据此项规定，适用善意取得应具备如下条件：

（1）受让人取得财产时为善意。在基于法律行为的物权变动中，善意和恶意的认知基础及法律意义，在于不同主体间的利益平衡，而在非基于法律行为的物权变动中，其认知基础和法律意义则在于抛开当事人个人的主观状态，依公意强力配置稀缺资源，以维护社会整体利益。基于法律行为的物权变动中，在占有交易物的情况下，不论是债权形式立法主义还是物权形式立法主义，都没有探讨第三人主观状态的法律意义。在非基于法律行为的物权变动中，当事人的恶意因素也不应予以法律考量。对于善意取得制度中的善意，有所谓"积极观念说"和"消极观念说"，前者要求受让人必须有将转让人视为所有人的观念；后者要求受让人不知也不应知转让人为无处分权人即可。在我国学者们的理解基本一致，对于善意的判断采用消极的观念，即不知道或不应当知道他人为非所有人，即为善意。

在判断受让人善意时，应当采取推定善意的方法，即推定受让人为善意，而由主张其为恶意的原权利人提出证明。在原权利人举证以后，法官应当根据原权利人的举证以及受让人是否知道转让人为无权处分人、转让的价格、交易的场所和环境、转让人与受让人之间的关系等各种客观情况进行综合判断，以确定受让人在交易时是否具有善意。

（2）转让人为无权处分人。善意取得适用的前提是转让人无处分权而从事了法律上的处分行为。所谓法律上的处分主要是指通过买卖等使所有权发生转让或者将要发生转让。就无权处分与善意取得制度的关系而言，两者是密切联系在一起的。无权处分是善意取得的前提，而善意取得则主要适用于无权处分行为。

善意取得制度的根本目的在于保护交易安全，所谓交易应指合法的交易，违法的交易，其安全自然不可能受到法律的特别保护。所以，转让人和受让人之间的合同被宣告无效或被撤销情形下，不能发生善意取得的效果。更何况，在合同被宣告无效或被撤销后当事人负有返还的义务，如果受让人出于善意，因其负有返还的义务，不能发生善意取得的法律效果。因此，善意取得必须以转让人与受让人之间的转让合同合法有效为基本前提。不过，如果原所有人与转让人（占有人）之间的法律关系无效，则不应影响第三人（受让人）对所转让的财产的善意取得。

（3）以合理的价格有偿转让。善意取得制度意在保护交易安全，因而只有在受让人与转让人之间存在交易行为时，才存在善意取得问题。在确定善意取得要件时，必须要求受让人取得的财产是通过买卖、互易、赠与、债务清偿、出资等具有交换性质的行为实现的。如果是通过继承、遗赠等行为取得的，则不能产生善意取得的效力。因为继承人、受遗赠人只能从被继承人和遗赠人那里取得其个人的合法财产，不能通过继承和受遗赠而取得除被继承人和遗赠人以外的他人的财产。如果允许对这些财产适用善意取得制度，容易引起一些不必要的财产纠纷，妨碍继承和遗赠的正常进行。

对适用善意取得的财产，多数大陆法系国家法律将遗失物与盗赃物列为例外。其理论基础在于所谓"占有委托物"与"占有脱离物"的区分，即根据所有人丧失对物占有时的主观心理状态，将非所有人占有的物区分为占有委托物和占有脱离物。前者是基于所有人的真实意思，依租赁、保管等合同关系由承租人、保管人实际占有的物；后者是指非基于真正权利人的意思而丧失占有之物，如盗赃物、遗失物等。对前者适用善意取得制度，后者则作限制，仅在由拍卖、公共市场或经营同类物品的商人处购得情况下才对善意受让人进行保护。依照《物权法》第107条"所有权人或者其他权利人有权追回遗失物"的规定，有关遗失物的善意取得，只在例外情况下适用。

善意取得的财产已发生物权变动。转让的财产依照法律规定应当登记的已经登记，不需要登记的已经交付给受让人。适用善意取得制度，必须发生占有的移转，亦即转让人向受让人实际交付了财产，受让人实际占有了该财产。只有通过交付，才能发生所有权的移转。如果双方仅仅只是达成了合意，而并没有发生标的物占有的移转，则不能发生善意取得的效果，双方当事人仍然只是一种债的关系。

善意取得的法律效果在于：①受让人取得标的物的所有权。善意取得制度的基本效果是受让人取得标的物的所有权，相应的原所有人的权利归于消灭。②受让财产上的原有权利消灭。《物权法》第108条规定："善意受让人取得动产后，该动产上的原有权利消灭，但善意受让人在受让时知道或者应当知道该权利的除外。"③让与人对原所有人负赔偿责任。原所有人因受让人善意取得其财产所有权而遭受损失时，法律对原权利人提供了一种债权上的救济，即权利人可以要求让与人承担违约责任、侵权责任或返还不当得利。④让与人与受让人之间的其他法律关系依其法律行为加以确定。善意受让人依据其与让与人之间的法律行为（如买卖、互易）所应负担的价金支付义务或其他义务，与非善意取得的情形并无二致，善意受让人不得拒绝履行。

2. 拾得遗失物

所谓遗失物，即所有人遗忘或失落于某处不为任何人占有的动产。所谓拾得，通则认为属于事实行为，以"发现"和"占有"为其主要构成要素。《民法通则》第79条第2款规定："拾得遗失物、漂流物或者失散的饲养动物，应当归还原主，因此而支付的费用由失主偿还。"这是视漂流物、失散的饲养动物与遗失物有相同的法律地位。《物权法》第109条规定："拾得遗失物，应当返还权利人。拾得人应当及时通知权利人领取，或者送交公安等有关部门。"

拾得遗失物的法律效果如下：

（1）通知、交存与招领义务。据《物权法》第109、110条规定，"拾得人应当及时通知权利人领取，或者送交公安等有关部门。有关部门收到遗失物，知道权利人的，应当及时通知其领取；不知道的，应当及时发出招领公告。"

（2）保管义务。《物权法》第111条规定："拾得人在遗失物送交有关部门前，有关部门在遗失物被领取前，应当妥善保管遗失物。因故意或者重大过失致使遗失物毁损、灭失的，应当承担民事责任。"

（3）费用、赏金请求权。《物权法》第112条规定："权利人领取遗失物时，应当向拾得人或者有关部门支付保管遗失物等支出的必要费用。权利人悬赏寻找遗失物的，领取遗失物时应当按照承诺履行义务。拾得人侵占遗失物的，无权请求保管等支出的费用，也无权请求权利人按照承诺履行义务。"

（4）无人认领遗失物的归属。《物权法》第113条规定："遗失物自发布招领公告之日起六个月内无人认领的，归国家所有。"依此规定，在公告期届满后，即使查明了失主，失主也无权取回其遗失物。

关于拾得漂流物、发现埋藏物或隐藏物的法律适用，《物权法》第114条规定："拾得漂流物、发现埋藏物或者隐藏物的，参照拾得遗失物的有关规定。文物保护法等法律另有规定的，依照其规定。"

3. 孳息

所谓孳息，是相对于原物而存在的一种物权客体形态，意指由原物所孳生之物。孳息依其产生方式分为天然孳息与法定孳息。天然孳息，是指依原物的自然属性所孳生之物；法定孳息是指基于法律规定或者法律行为而产生的孳息，主要表现为原物的使用收益，如借贷所产生的利息。

《物权法》第116条规定："天然孳息，由所有权人取得；既有所有权人又有用益物权人的，由用益物权人取得。当事人另有约定的，按照约定。法定孳息，当事人有约定的，按照约定取得；没有约定或者约定不明的，按照交易习惯取得。"

4. 时效取得

时效取得，即取得时效制度，是指没有权利的人以一定的状态占有他人财产或行使他人财产权，经过法律规定的期间，便依法取得该财产所有权或其他财产权的制度，是物权取得的方式之一。

取得时效的构成要件如下：

（1）占有。占有为取得时效的必要要件，而且其占有必须为自主占有、和平占有、公然占有、持续占有。自主占有即以所有的意思而占有，从而将自己置于与所有人同样的地位，至于占有人是否为所有人，以及有无取得所有权的意思，在所不问。

（2）期间。一般情况下，期间起算点为占有人开始占有之时。此时的占有仅指无瑕疵占有。在占有合并的情况下，起算点为前占有人开始无瑕疵占有之时计算。

（二）所有权的继受取得

继受取得，又称传来取得，是指通过某种法律行为从原所有人处取得对某项财产的所有权。这种方式以原所有人对该项财产的所有权为前提条件。继受取得的根据主要包括买卖、赠与、互易、继承遗产、接受遗赠等形式。

（1）买卖，是指民事主体双方达成协议，出卖人一方将出卖财产交给买受人一方所有，买受人接受此项财产并支付价款。通过买卖，由买受人取得了原属出卖人的财产所有权。

（2）赠与、互易。赠与人自愿将其财产无偿转移给受赠人，或一方以金钱之外的某种财产与他方的财产相互交换，也可导致所有权的移转。

（3）继承遗产，是指继承人按照法律的直接规定或者合法有效遗嘱的指定，取得被继承人死亡时遗留的个人合法财产。

（4）接受遗赠。自然人、集体组织或者国家作为受遗赠人，按照遗赠人生前所立的合法有效遗赠的指定，取得遗赠的财产。

（5）征收。国家为了公共利益的需要，依法定程序强制取得集体所有的土地和城市房屋，及其他不动产的制度，被称为征收。征收是国家所有权的一种特殊取得方式。从物权法意义上说，征收就是国家依法定程序将集体所有的土地和城市房屋犀其他不动产收归国家所有的制度。《物权法》第42条第1款规定："为了公共利益的需要，依照法律规定的权限和程序可以征收集体所有的土地和单位、个人的房屋及其他不动产。"

（6）其他合法原因。因其他合法原因也可以取得或形成财产所有权，如参加合作经济组织的成员通过合股集资的方式组成合法经济组织，形成新的所有权形式。

（三）所有权的转移

1. 动产所有权因交付而转移

《民法通则》第 72 条规定："按照合同或者其他合法方式取得财产的，财产所有权从财产交付时起转移，法律另有规定或者当事人另有约定的除外。"《物权法》第 23 条规定："动产物权的设立和转让，自交付时发生效力，但法律另有规定的除外。"可见，动产所有权的转移以交付为标志，就是说，当事人虽然就动产所有权转移的问题达成了协议，但在尚未实际交付标的物以前，所有权并不转移。

所谓交付，是指将物或所有权凭证转移给他人占有的行为。由于在交付之前，当事人之间存在着转移所有权的协议，因而财产一经交付，便发生转移所有权的效果。应该指出的是，因交付而发生所有权的转移，要求交付行为符合合同的约定。否则，不能视为已经交付，不导致所有权转移，接受标的物的一方可以要求对方继续按合同规定履行交付义务，或追究其违约责任。财产已经交付，但是当事人约定财产所有权转移附条件的，在所附条件未成熟前，财产所有权也不发生转移。

因交付而转移动产所有权，只是法律对动产所有权转移时间的一般规定，属于任意性规范。当事人可以通过对动产所有权转移时间的特别约定而排除这一规定的适用。例如，当事人可以特别约定，买卖合同成立时，由出卖人继续占有财产，并视为财产已经交付。财产由第三人占有时，当事人也可以约定，由所有人将其对于第三人的要求返还原物的请求如与买受人，以代替交付。物权法上也因此将交付区分为现实交付和观念交付。观念交付主要包括简易交付、指示交付和占有改定等。

2. 不动产所有权的转移必须登记

不动产物权的取得、消灭和变更，非经登记，不能产生法律效力。根据我国物权法的规定，不动产所有权的转移，依照法律规定应当登记的，自记载于不动产登记簿时发生效力。不动产登记簿是物权归属和内容的根据。应当注意的是，依照《物权法》第 15 条，"当事人之间订立有关设立、变更、转让和消灭不动产物权的合同，除法律另有规定或者合同另有约定外，自合同成立时生效；未办理物权登记的，不影响合同效力。"

（四）所有权的消灭

所有权因一定的法律事实而取得，也可以因一定的法律事实而消灭。在民法理论上，所有权的消灭分为绝对消灭和相对消灭两种情况。所谓所有权的绝对消灭，是指因一定法律事实的发生，使所有权的客体不复存在，如所有人将其财产用于生产或消费及因自然灾害或人为因素导致财产的毁灭等，均属所有权的绝对消灭。所谓相对消灭，是指因一定法律事实的发生，导致原所有人丧失所有权，但原物依然存在，只是更换了新的所有人。引起所有权相对消灭的原因主要有以下几种：

1. 转让所有权

如通过买卖、互易、赠与等法律行为将财产转让他人。原所有人丧失其所有权，而受让人则取得该财产的所有权。

2. 抛弃所有权

民事权利的一个重要特征，就是具有一定的任意性。在法律规定的范围内，其权利是否行使，如何行使，往往取决于权利人的主观意愿。所有权也不例外。法律允许所有人抛弃其财产，这种抛弃行为事实上属于所有人处分其财产的单方行为。因而无须向特定人做出意思表示。所有人抛弃其财产后，即丧失对财产的所有权。但这种抛弃行为必须以不违法为前提，不得损害国家利益和社会公共利益，不得损害他人的合法权益，否则构成权力的滥用，如果由此给国家、集体和他人的利益造成损害的，必须承担相应的法律责任。

3. 国家机关依法采取强制措施

这里的国家机关既包括国家行政机关，也包括国家司法机关。这里的强制措施在性质上既可以是行政行为，也可以是司法行为。如国家因建设需要而对所有人的土地、房屋予以征用、拆迁及法院通过审判程序依法将当事人的财产收归国有或判归他人所有等，均可导致原所有人所有权的消灭。

4. 所有权主体消灭

所有权主体消灭是指作为所有人的自然人死亡、法人终止。自然人死亡后，其财产应由其合法继承人继承，无人继承又无人受遗赠的财产应归国家或被继承人生前所在的集体组织所有。法人终止后，应当依照法人章程和有关法律的规定，对法人财产进行清算，重新确定财产的归属。

第四节 用益物权

一、用益物权概述

（一）用益物权的概念

用益物权之"用益"，顾名思义，就是指对物的使用、收益，以取得物的使用价值。我国《物权法》专设第三编为"用益物权"，第117条指出，"用益物权人对他人所有的不动产或者动产，依法享有占有、使用和收益的权利。"

（二）用益物权的特征

用益物权的概念是相对于担保物权而言的。用益物权和担保物权，为近现代民法学就他物权所作的最基本的学理分类。两者同属于定限物权范畴，并具有支配权、绝对权的性质。但是，基于不同的立法本旨及规范目的，用益物权与担保物权存在重要差异。用益物权的基本法律特征，也可借由两者的比较而得出：①用益物权的主旨在于权利人对他人之物的使用价值进行支配。用益物权是以占有和利用标的物之实体为目的的权利，主要就物的使用价值方面进行支配，因此又称为实体物权。②用益物权的权利内容为对于标的物的占有、使用、收益，不包括法律上的处分权。③用益物权为独立物权，而担保物权为从属物权。④用益物权的客体应限于不动产。动产以占有为公示方法，很难表现较为复杂的用益物权关系，因此不能在动产之上设立用益物权，即使确需利用他人的动产，也可以采取借用、租赁等方式而短期利用，如果确有必要长期利用，则因为动产一般价值并不太大，也可以直接购买，而不必依赖用益物权制度。

（三）用益物权的种类

1911年清政府颁行的《大清民律草案》在我国法制史上第一次确立了用益物权，包括地上权、地役权、永佃权三项制度，南京国民政府1930年颁行的民法中，除再次规范了地上权、地役权、永佃权外，将典权这种源于中国传统法制和习俗的社会关系也纳入了用益物权的调整范围之中。中华人民共和国建立以后近40年，未建立用益物权的体系与种类，至20世纪80年代才逐步建立起了具有用益物权性质的法律制度。除民法通则规定了国有土地使用权、自然资源使用权、农村土地承包经营权等用益物权外，《中华人民共和国土地管理法》《中华人民共和国城市房地产管理法》《中华人民共和国城镇国有土地使用权出让和转让暂行条例》《中华人民共和国森林法》《中华人民共和国草原法》《中华人民共和国水法》等若干特别法也规定了相应的用益物权。

用益物权类型与各国的民族，历史传统，社会经济生活有着密切关联，具有强烈的固有法色彩和本土性。在中国现阶段，设计用益物权类型既要借鉴国际上已有立法例，也应当保持我国固有法中的物权类型，并从中国的现实经验和社会经济基础出发。为此，物权法自第十一章到第十四章规定了土地承包经营权、建设用地使用权、宅基地使用权和地役权四种用益物权。第122条和第123条规定了海域使用权、探矿权、采矿权、取水权和使用水域、滩涂从事养殖、捕捞的权利。对于海域使用权等权利，学界也有人称之为特许物权或准物权。

二、土地承包经营权

（一）土地承包经营权的概念及特征

中国农村集体经济组织实行以家庭承包经营为基础、统分结合的双层经营体制。农民集体所有和国家所有由农民集体使用的耕地、林地、草地以及其他用于农业的土地，依法实行土地承包经营制度，《物权法》将土地承包经营权纳入该法调整的范围，第125条规定："土地承包经营权人依法对其承包经营的耕地、林地、草地等享有占有、使用和收益的权利，有权从事种植业、林业、畜牧业等农业生产。"

土地承包经营权的特征，表现在以下三个方面：

1. 土地承包经营权的主体

土地承包经营权人原则上应是本集体经济组织的成员，本集体经济组织成员以外的组织或个人取得土地承包经营权受到十分严格的限制。同时，土地承包以农产为单位，而不是以农民个人为单位，农户人口的增减一般对土地承包经营权不发生影响。

2. 土地承包经营权的客体

首先,土地承包经营权的客体为农用地。所谓农用地,是指直接用于农业生产的土地,包括耕地、林地、草地等。其次,土地承包经营权的客体为一般集体所有的土地,国家所有的农用地实行承包经营的,参照物权法的有关规定。

3. 土地承包经营权的内容

土地承包经营权的权能自然包括占有、使用、收益诸方面,但土地承包经营权人对土地进行占有、使用、收益的基本方式是从事种植业、林业、畜牧业等农业生产活动。

(二) 土地承包经营权的设立

农村土地的承包经营权不是依照法律规定的申请、审批程序以及国家机关的授权产生,而是通过订立承包合同的方式确立的。这是承包经营权与国有自然资源的使用经营权的区别。《物权法》第127条第1款规定,"土地承包经营权自土地承包经营权合同生效时设立。"承包合同一般是书面形式,发包人是国家有关管理部门和集体组织,承包人是集体组织或自然人。承包合同成立以后,承包人即依照合同的规定享有承包经营权。某个集体经济组织在依法取得对国家所有的土地以及自然资源的使用权后,也可以通过与自然人或其他集体组织订立承包合同的方式,使该自然人或其他集体组织享有对国有土地和其他自然资源的承包经营权。《物权法》第127条第2款规定,"县级以上地方人民政府应当向土地承包经营权人发放土地承包经营权证、林权证、草原使用权证,并登记造册,确认土地承包经营权。"《物权法》第127条的规定对土地承包经营权实际上采取了意思主义物权变动模式。即土地承包经营权的设立,只需发包方和承包方达成意思表示上的一致即可,法律不要求该项物权的设立以登记为要件。将土地承包经营权的设立作为登记要件主义的例外情况作出规定,主要是考虑到我国农村的实际,若采用登记要件主义,土地承包经营权不经登记不具有物权效力,不符合我国农村的实际情况,不利于维护农民的合法权益。

(三) 土地承包经营权的内容

土地承包经营权人享有土地的使用、收益权,生产经营自主权,流转权以及物上请求权。其义务则包括:维持土地的农业用途;保护和合理利用土地;不得将耕地抛荒,未经依法批准,不得将承包地用于非农建设等。

发包方的主要权利是:①监督土地承包经营权人依照承包合同约定的用途合理利用和保护土地;②制止土地承包经营权人损害承包地和农业资源的行为;③土地承包经营权人转让、抵押承包地应征得发包方的同意;④依法撤销土地承包经营权,收回承包地;⑤土地承包经营权合同约定承包费的,发包方有权收取承包费。发包方同时承担的主要义务包括:①不得非法变更、解除承包合同,不得擅自收回、调整承包地;②不得干涉承包方依法进行正常的生产经营活动;③依照承包合同的约定为承包方提供生产、技术、信息等服务。

关于土地承包经营权的流转,《物权法》第128条规定,"土地承包经营权人依照农村土地承包法的规定,有权将土地承包经营权采取转包、互换、转让等方式流转。

流转的期限不得超过承包期的剩余期限。未经依法批准，不得将承包地用于非农建设。"第133条规定，"通过招标、拍卖、公开协商等方式承包荒地等农村土地，依照农村土地承包法等法律和国务院的有关规定，其土地承包经营权可以转让、入股、抵押或者以其他方式流转。"

三、建设用地使用权

（一）建设用地使用权的概念及特征

我国基于土地的不同用途，将土地分为农用地、建设用地和未利用地。建设用地是指为建造建筑物、构筑物的土地，包括城乡住宅和公共设施用地、工矿用地、交通水利设施用地、旅游用地、军事设施用地等。建设用地使用权，是指以建造建筑物、构筑物及其附属设施为目的，对国有土地进行占有、使用和收益的权利。根据物权法，建设用地使用权的主体为建设用地使用权人，客体为国家所有的土地。

建设用地使用权的特征体现在以下三个方面：

（1）建设用地使用权的客体是国有土地。作为建设用地使用权客体的土地，不仅限于地表，而且包括地上或地下。《物权法》第136条规定，"建设用地使用权可以在土地的地表、地上或者地下分别设立。"此项规定表明，物权法没有将空间利用权设立为一种独立的用益物权种类，而是在建设用地使用权中确立了土地地表之外的上下空间可以独立成为建设用地使用权的客体范围。

（2）建设用地使用权的目的是为自己建造建筑物、构筑物及其附属设施。

（3）作为一种用益物权，建设用地使用权的内容是对土地进行占有、使用和收益。

（二）建设用地使用权的设立

《物权法》第137条第1款规定，"设立建设用地使用权，可以采取出让或者划拨等方式。"据此，出让与划拨是设立建设用地使用权的两种基本方式。

《物权法》第139条规定，"设立建设用地使用权的，应当向登记机构申请建设用地使用权登记，建设用地使用权自登记时设立。登记机构应当向建设用地使用权人发放建设用地使用权证书。"这一规定，进一步明确了登记是建设用地使用权的成立要件。

1. 出让

建设用地使用权的出让是指国家在国有土地上为受让人创设建设用地使用权，受让人向国家支付出让金的行为。

出让的方式主要有四种：协议出让；拍卖出让；招标出让；挂牌出让。《物权法》第137条第2款规定，"工业、商业、旅游、娱乐和商品住宅等经营性用地以及同一土地有两个以上意向用地者的，应当采取招标、拍卖等公开竞价的方式出让。"

根据《物权法》第138条的规定，"采取招标、拍卖、协议等出让方式设立建设用地使用权的,当事人应当采取书面形式订立建设用地使用权出让合同。"

2. 划拨

建设用地使用权的划拨是指国家无偿在国有土地上为土地使用人创设建设用地使用权的行为。《物权法》第137条第3款明确规定,"严格限制以划拨方式设立建设用地使用权。采取划拨方式的,应当遵守法律、行政法规关于土地用途的规定。"

较之于通过出让取得的建设用地使用权,通过划拨取得的建设用地使用权有其自身的特点:①无期限性。我国法律对建设用地使用权的出让规定了最高年限,但就建设用地使用权的划拨而言并没有最高年限的限制。②限制流通性。通过出让方式取得的建设用地使用权,权利人原则上可自由处分,如出售、互换、出资、赠与、抵押等,而通过划拨方式取得的建设用地使用权原则上不得直接进入市场进行交易。

(三)建设用地使用权的内容

作为一种独立的用益物权种类,建设用地使用权的设立,旨在实现对土地使用价值的利用,故而权利人具有全面的权利处分权能。《物权法》第143条规定,"建设用地使用权人有权将建设用地使用权转让、互换、出资、赠与或者抵押,但法律另有规定的除外。"至于建设用地使用权人的义务,首先,依据《物权法》第141条,"建设用地使用权人应当依照法律规定以及合同约定支付出让金等费用。"其次,依据《物权法》第140条,"建设用地使用权人应当合理利用土地,不得改变土地用途;需要改变土地用途的,应当依法经有关行政主管部门批准。"另外,按照我国现行法律,建设用地使用权人应当受到城市规划等公法的限制。

《中华人民共和国城市房地产管理法》第32条规定,"房地产转让、抵押时,房屋的所有权和该房屋占用范围内的土地使用权同时转让、抵押。"《中华人民共和国城镇国有土地使用权出让和转让暂行条例》第23条规定,"土地使用权转让时,其地上建筑物、其他附着物所有权随之转让。"同法第24条规定,"土地使用者转让地上建筑物、其他附着物所有权时,其使用范围内的土地使用权随之转让,但地上建筑物、其他附着物作为动产转让的除外。"物权法重申了这一规则,并将其范围进一步扩大为各种法律上的处分,包括转让、赠与、出资、抵押等。

《物权法》第146条规定,"建设用地使用权转让、互换、出资或者赠与的,附着于该土地上的建筑物、构筑物及其附属设施一并处分。"第147条规定,"建筑物、构筑物及其附属设施转让、互换、出资或者赠与的,该建筑物、构筑物及其附属设施占用范围内的建设用地使用权一并处分。"由此可见,现行法律建立了土地使用权处分时,地上房屋等建筑物及附着物一并处分,反之亦然的处分原则,且没有将土地和房屋划分主次。这就是通常所说的"房随地走"和"地随房走"的不动产权利一体化原则在法律法规中的具体体现。

关于建设用地使用权期间届满后地上物的处理,《物权法》第149条规定,"住宅建设用地使用权期间届满的,自动续期。非住宅建设用地使用权期间届满后的续期,依照法律规定办理。该土地上的房屋及其他不动产的归属,有约定的,按照约定;没有约定或者约定不明确的,依照法律、行政法规的规定办理。"

四、宅基地使用权

（一）宅基地使用权的概念、特征

宅基地使用权为我国特有的一种用益物权形式，是中华人民共和国成立以来在中国土地政策基础上形成的一个固有制度，是指以建造自己的住房及其附属设施为目的，对集体所有的土地进行占有和使用的权利。

宅基地使用权的特征体现在以下几个方面：

（1）宅基地使用权的主体限于农村集体经济组织成员。宅基地使用权尽管是一种财产权利，但是具有身份属性，特定的宅基地仅限于本集体经济组织特定的成员享有使用权，农村集体经济组织以外的人员不能申请并取得宅基地使用权。正因为如此，其自由转让一直受到政策及法律上的限制。

（2）宅基地使用权的客体是集体所有的土地，城镇居民享有的利用国有土地建造住房的权利属于建设用地使用权的范畴。

（3）宅基地使用权人有权在规划给个人的宅基地上建造房屋和其他建筑物，种植树木。宅基地上的附属物，如房屋、树木、厂棚、猪圈、厕所等永远归使用权人所有，将房屋出卖后，宅基地的使用权随之转移给新房主；但是宅基地的所有权仍然归国家或集体所有。农村村民出卖、出租房屋的，不得再申请宅基地。村民迁居并拆除房屋后腾出的宅基地，由集体组织收回，统一安排使用。

（二）宅基地使用权的设立

关于宅基地使用权的设立，物权法未做具体规定，而是规定适用土地管理法等法律和国家有关规定。《中华人民共和国土地管理法》第62条规定，"农村村民一户只能拥有一处宅基地，其宅基地的面积不得超过省、自治区、直辖市规定的标准。"农村村民建住宅，应当符合乡（镇）土地利用总体规划，并尽量使用原有的宅基地和村内空闲地。农村村民住宅用地，经乡（镇）人民政府审核，由县级人民政府批准；其中，涉及占用农用地的，依照本法第44条的规定办理审批手续。农村村民出卖、出租住房后，再申请宅基地的，不予批准。

宅基地使用权具有较强的福利性质，本集体的农户取得宅基地使用权无须向土地所有人支付地租。

（三）宅基地使用权的内容

宅基地使用权人的权利主要包括以下两个方面：①占有、使用权。宅基地使用权人有权利用宅基地建造房屋及其附属设施，对宅基地上建造的房屋和附属设施享有所有权。②出租权。如果尚未建造住房，宅基地使用权人不得单独将宅基地出租给他人；建造住房后，宅基地使用权人可以将房屋连同宅基地出租给他人。

宅基地使用权人的义务主要是按照规定的用途使用宅基地。宅基地的用途是建造村民的住宅，宅基地使用权人不得擅自将宅基地挪作他用。

关于宅基地使用权的消灭和重新分配,《物权法》第154条规定,"宅基地因自然灾害等原因灭失的,宅基地使用权消灭。对失去宅基地的村民,应当重新分配宅基地。"宅基地重新分配,应当包括两大类情况:一是上述第154条规定的因自然灾害导致宅基地灭失的情况;二是因集体经济组织收回宅基地或者国家征用而使农户失去宅基地。已经登记的宅基地使用权转让或者消灭的,应当及时办理变更登记或者注销登记。

五、地役权

（一）地役权的概念及特征

地役权,是指利用他人土地以便有效地使用或经营自己土地的权利。物权法正式确立了地役权法律制度。《物权法》第156条规定,"地役权人有权按照合同约定,利用他人的不动产,以提高自己的不动产的效益。"其中"他人的不动产"为"供役地","自己的不动产"为"需役地"。

地役权具有如下法律特征:①地役权为利用他人土地的物权。虽然立法例上有以建筑物为标的物设定地役权的规定,但此为个别立法例。②地役权系为需役地之便宜而存在的物权。此为地役权区别于人役权的特征所在。地役权,为以供役地供需役地便宜之用的权利。而人役权,则是专为特定人而非特定土地的利益而存在的权利。换言之,地役权所提供的便宜的直接对象是"地",而人役权所提供便宜的直接对象是"人"。③地役权具有从属性和不可分性。地役权的从属性表现为两方面:一方面,地役权不得与需役地相分离单独转让,需役地的所有人或使用人不能自己保留需役地的所有权或使用权而将地役权转让给他人,也不能将需役地的所有权转让他人,而自己仅保留地役权,或将需役地的所有权、使用权与地役权分别转让给他人。另一方面,地役权不得与需役地的所有权或使用权相分离,作为其他权利的标的,例如不得单独将地役权作为抵押的标的。《物权法》第164条明确规定:"地役权不得单独转让。土地承包经营权、建设用地使用权等转让的,地役权一并转让,但合同另有约定的除外。"《物权法》第165条规定,"地役权不得单独抵押。土地承包经营权、建设用地使用权等抵押的,在实现抵押权时,地役权一并转让。"所谓地役权的不可分性,是指地役权存在于需役地和供役地的全部,不能分割为各个部分或仅仅以一部分而单独存在。例如,需役地为共有的,各共有人不能仅就自己的应有部分取得地役权;各共有人无从就其应有部分,使已存在的地役权部分地消灭;地役权设定后,需役地或供役地成为共有时,地役权并非分割由需役地各共有人分别享有,也并非由供役地共有人分别负担。地役权的不可分性实际上是其从属性的延伸。《物权法》第166条规定,"需役地以及需役地上的土地承包经营权、建设用地使用权部分转让时,转让部分涉及地役权的,受让人同时享有地役权。"第167条规定,"供役地以及供役地上的土地承包经营权、建设用地使用权部分转让时,转让部分涉及地役权的,地役权对受让人具有约束力。"

（二）地役权的设立

根据《物权法》第157条的规定，"设立地役权，当事人应当采取书面形式订立地役权合同。"

地役权合同一般应包括下列条款：当事人的姓名或者名称和住所；供役地和需役地；利用目的和方法；利用期限；费用及其支付方式；解决争议的办法。《物权法》第161条规定，"地役权的期限由当事人约定，但不得超过土地承包经营权、建设用地使用权等用益物权的剩余期限。"

作为一种独立的用益物权，地役权具备对抗第三人的效力，关系到第三人的利益，因此必须通过登记予以公示，从而发生物权效力。《物权法》第158条规定，"地役权自地役权合同生效时设立。当事人要求登记的，可以向登记机构申请地役权登记；未经登记，不得对抗善意第三人。"可见，地役权合同一旦生效，地役权即产生，办理登记只是对抗要件。

（三）地役权的内容

1. 地役权人的权利和义务

地役权人的权利包括：①利用供役地的权利；②从事必要附随行为的权利；③取回工作物的权利；④物上请求权；⑤相邻权。地役权人的义务有以下各项：①尽量选择对供役地损害最小的地点及方法行使其权利；②依约定支付费用；③维持工作物以及允许供役地权利人使用工作物。

2. 供役地权利人的权利和义务

供役地权利人的权利包括：①在不妨碍地役权行使的范围内，供役地权利人可以行使其对供役地的所有权或使用权；②在不妨碍地役权行使的范围内，供役地权利人有权使用地役权人在供役地上设置的工作物；③地役权如果是有偿设定，供役地权利人有权要求地役权人支付费用。供役地权利人的义务包括：①容忍义务和不作为义务；②供役地权利人在不妨碍地役权行使的范围内使用地役权人在供役地上设置的工作物时，应依据其受益的程度向地役权人支付一定的费用。

在发生特定的事由或者出现法定的情形时，地役权当事人可以撤销地役权，使既存的地役权归于消灭。根据《物权法》第168条，"地役权人有下列情形之一的，供役地权利人有权解除地役权合同，地役权消灭：①违反法律规定或者合同约定，滥用地役权；②有偿利用供役地，约定的付款期间届满后在合理期限内经两次催告未支付费用。"

第五节 担保物权

一、担保物权概述

(一) 担保物权的概念

担保物权是以担保债权为目的,即以确保债务的履行行为目的的定限物权。《物权法》第 170 条规定,"担保物权人在债务人不履行到期债务或者发生当事人约定的实现担保物权的情形,依法享有就担保财产优先受偿的权利,但法律另有规定的除外。"基于担保物权在担保债权的实现、保障金融安全、促进商品流通和资金融通方面的功能,各国法律都十分重视担保物权制度的构建,我国物权法也不例外。物权法第四编为"担保物权",以四章共计 71 个条文比较系统科学地规定担保物权,其篇幅占整部物权法近 1/3。

(二) 担保物权的特征

1. 担保物权以确保债务得到清偿为目的

担保物权的基本法律意义在于,为债权人在其原有的债权请求权之外又增加了一项物权请求权。债权人享有双重请求权,是担保物权法律关系的基本特征。但是,债权人所享有的这两个请求权具有本质的不同,除其目的、内容、效力和权利行使方式上的区别之外,在权利人实现其权利时最重要的区别在于,这两种请求权会产生两种不同的权利实现方式,而担保物权实际上是利用物权请求权的优先权特点来保障特殊债权人的权利实现的。因此,担保物权的成立,以债权的存在和有效成立为基础,直接目的在于保证债务的清偿,使得债权人对于担保标的物享有优先受偿的权利,从而加强和补充债权的效力。正因为担保物权系以优先支配担保物之交换价值为内容以确保债务之清偿为目的,故学者称之为价值权。地上权、水佃权、地役权等用益物权,系以支配标的物之使用价值,占有标的物为内容,以利用标的物为目的,属于利用权。

基于其价值权的特质,担保物权因而拥有附从性、不可分性及物上代位性。例如,《物权法》第 174 条规定,"担保期间,担保财产毁损、灭失或者被征收等,担保物权人可以就获得的保险金、赔偿金或者补偿金等优先受偿。被担保债权的履行期未届满的,也可以提存该保险金、赔偿金或者补偿金等。"此项规定即为担保物权物上代位性的体现。

2. 担保物权是成立于他人特定物或者权利上的权利

在我国,一般认为担保物权的标的物应当为债权人以外的他人所有的特定财产或者权利。传统理论认为,担保物权的标的物应当特定,不得泛就债务人或者第三人现在所有或将来可取得之任何物或权利,设定担保物权。但伴随经济发展,对担保标的物特定性的认识已有转变,仅以担保物权将来实行之际,标的物有特定的可能,而于实行时，确已特定即为已足，不需于担保物权成立之时即已特定，比如英美法上的浮动担保。另外，由于担保物权是以标的物的交换价值实现担保目的，因此，标的物原则上应当具有可让与性。

3. 担保物权是以取得担保标的物的交换价值为实质内容

一般而言，物权以对标的物的占有、使用、收益或者处分为目的，但是担保物权是以标的物的交换价值确保债权受偿为直接目的。虽然质权或者留置权尚有对标的物的占有、支配，但占有、支配标的物并非质权或者留置权的目的，而是质权或者留置权发生效力的基础；抵押权不以占有标的物为内容，也不具有物权直接支配标的物的作用。

4. 担保物权为具有担保作用的定限物权

依权利人对于标的物的支配范围为标准，物权可以分为所有权与定限物权。定限物权，为于一定范围内对物予以支配的所有权以外的其他物权。因担保物权只是对标的物的交换价值或占有权能予以支配，故属于定限物权。《物权法》第171条第1款关于"债权人在借贷、买卖等民事活动中，为保障实现其债权，需要担保的，可以依照本法和其他法律的规定设立担保物权"的规定，以不完全列举与抽象概括相结合的方式明确了担保物权的适用范围，适用于民事活动中产生的债权债务关系。

(三) 担保物权的种类

1. 法定担保物权和意定担保物权

担保物权的种类，各国不同。依担保物权成立的方式，可分为：

(1) 法定担保物权，即因法律的规定而当然发生的担保物权，如留置权、先取特权等。

(2) 意定担保物权，即基于当事人的合意而成立的担保物权，如抵押权、质权等。

2. 典型担保和非典型担保

物权法以物权法定为原则，若以担保物权种类是否为民法所明文规定为标，又可将其分为典型担保和非典型担保。据此，抵押权、质权、留置权属典型担保；而基于社会交易实践自发产生，仅为判例、学说等所承认的担保形式，则为非典型担保，常见的有让与担保、所有权保留等。

二、抵押权

(一) 抵押权的概念及特征

抵押权，是债权人对于债务人或者第三人不移转占有而供作担保的财产，在债务人不履行到期债务或当事人约定的条件成立时就该物优先受偿的权利。

抵押权作为担保物权的一种，除具有物权的一般属性外，还有其自身特性：

1. 从属性

抵押权的从属性是指抵押权从属于其所担保的债权，具体表现在以下几方面：[1]

成立上的从属性。抵押权成立上的从属性，是指抵押权的成立以债权有效存在为前提，当抵押权所担保的债权不成立、无效或被撤销之时，抵押权也不会存在。②移转上的从属性。移转上（或处分上）的从属性，是指抵押权须附随于其所担保的债权，不能单独让与或成为其他债权的担保（物权法第192条）。③消灭上的从属性。抵押权所担保的债权，如因清偿、提存、免除、混同等原因而全部消灭时，抵押权也随之消灭。

2. 不可分性

抵押权的不可分性，是指抵押权设定后不因抵押物、被担保债权及债务的分割或让与而受影响，主要表现为：①抵押权人得就抵押物的全部行使其权利，抵押物如被分割或让与其一部分，抵押权不受影响，抵押权人仍得就全部债权对全部抵押物行使抵押权；②抵押物一部分灭失时，其未灭失部分仍应作为全部债权的担保；③抵押权所担保债权被分割或者让与一部分时，抵押权不因此而受影响，分割或让与后的债权人对抵押物的全部行使抵押权；④债权一部分受清偿时，不产生抵押权部分消灭的效力，债权人仍得就其剩余债权对抵押物的全部行使抵押权；⑤债务分割时，抵押权也不受影响，仍以抵押物的全部担保数人的债务。不过，抵押权的不可分性并不是强制性规范，当事人经过特别约定可以加以排除。

3. 物上代位性

抵押权的物上代位性，是指当抵押物因意外原因或者第三人的行为灭失、毁损而获得赔偿金时，该赔偿金成为抵押权标的物的代替物，抵押权人有权就该项赔偿金行使抵押权。《物权法》第174条规定，"担保期间，担保财产毁损、灭失或者被征收等，担保物权人可以就获得的保险金、赔偿金或者补偿金等优先受偿。被担保债权的履行期未届满的，也可以提存该保险金、赔偿金或者补偿金等。"

（二）抵押权的设立

1. 抵押财产

根据我国物权法的规定，对抵押物的范围，可从"可抵押财产"和"不得抵押财产"两方面予以界定。

第一，可抵押财产。《物权法》第180条规定，"债务人或者第三人有权处分的下列财产可以抵押：①建筑物和其他土地附着物；②建设用地使用权；③以招标、拍卖、公开协商等方式取得的荒地等土地承包经营权；④生产设备、原材料、半成品、产品；⑤正在建造的建筑物、船舶、航空器；⑥交通运输工具；⑦法律、行政法规未禁止抵押的其他财产。"根据这一规定，可抵押财产在我国涵盖了不动产、动产和财产权利等几种财产形态。

第二，不可抵押的财产。为了维护社会主义公有制和社会公共利益，我国担保法和物权法在规定可抵押的财产的同时，规定下列财产不得抵押（《担保法》第37条，《物权法》第184条）："土地所有权；耕地、宅基地、自留地、自留山等集体所有的土地使用权，但法律规定可以抵押的除外；学校、幼儿园、医院等以公益为目的的事业单位、社会团体的教育设施、医疗卫生设施和其他社会公益设施；所有权、使用权不明或者有争议的财产；依法被查封、扣押、监管的财产；法律、行政法规规定不得抵押的其他财产。"

2. 抵押合同

依据《物权法》第185条，"设立抵押权，当事人应当采取书面形式订立抵押合同。抵押合同一般包括下列条款：被担保债权的种类和数额；债务人履行债务的期限；抵押财产的名称、数量、质量、状况、所在地、所有权归属或者使用权归属；担保的范围。"

《担保法》第40条及《物权法》第186条均规定，"抵押权人在债务履行期届满前，不得与抵押人约定债务人不履行到期债务时抵押财产归债权人所有。"这一规定，确立了"禁止流押契约（条款）"的规则。

3. 抵押登记

所谓抵押登记，是指特定登记机关根据当事人的申请，将抵押的有关情况记载于特定簿册中的行为。物权法除在第二章对不动产登记的效力作了一般性规定外，在"抵押权"一章中对抵押登记的效力作了进一步规定，具体可区分为以下两种情形：

（1）登记为抵押权的成立要件。《物权法》第187条规定，"以本法第180条第1款第1项至第3项规定的财产或者第5项规定的正在建造的建筑物抵押的，应当办理抵押登记。抵押权自登记时设立。"

（2）登记为抵押权的对抗要件。《物权法》第188条规定，以本法第180条第1款第4项、第6项规定的财产或者第5项规定的正在建造的船舶、航空器抵押的，抵押权自抵押合同生效时设立；未经登记，不得对抗善意第三人。第189条规定，"企业、个体工商户、农业生产经营者以本法第181条规定的动产抵押的，应当向抵押人住所地的工商行政管理部门办理登记。抵押权自抵押合同生效时设立；未经登记，不得对抗善意第三人。"依照本法第181条规定抵押，办理登记的，不得对抗正常经营活动中已支付合理价款并取得抵押财产的买受人。上述规定，明确了动产抵押"登记对抗"规则的适用范围及其例外情形。

关于登记机关，因抵押财产的不同类别而不同：以无地上定着物的国有土地使用权（建设用地使用权）抵押的，登记机关为核发土地使用权证书的土地管理部门；以城市房地产或者乡（镇）、村企业的厂房等建筑物抵押的，登记机关为县级以上人民政府规定的部门；县级以上人民政府对登记部门未作规定，当事人在土地管理部门或者房产管理部门办理了抵押物登记手续的，可以确认其登记的效力；以林木抵押的，登记机关为县级以上林业主管部门；以船舶、航空器、机动车抵押的，登记机关为交通运输工具的登记部门；企业、个体工商户、农业生产经营者以其动产抵押的，登记机关为抵押人住所地的工商行政管理部门。

（三）抵押权的效力

1. 抵押权的担保范围

抵押担保的范围包括主债权及利息、违约金、损害赔偿金和实现抵押权的费用。抵押合同另有约定的，按照约定。我国担保法及物权法规定的担保的债权范围，较各国法规定的范围为大，除主债权、利息等外，尚包括违约金、损害赔偿金、保管担保财产和实现担保物权的费用。

2. 抵押权效力所及标的物的范围

抵押权效力所及标的物的范围，亦即抵押权人于实行抵押权时可以依法予以变价并优先受偿的标的物（财产）的范围。现代各国民法普遍主张，抵押权的效力不仅及于原抵押物，而且及于抵押物的从物、添附物、孳息和代位物。《物权法》第197条规定，"债务人不履行到期债务或者发生当事人约定的实现抵押权的情形，致使抵押财产被人民法院依法扣押的，自扣押之日起抵押权人有权收取该抵押财产的天然孳息或者法定孳息，但抵押权人未通知应当清偿法定孳息的义务人的除外。"

3. 抵押权对抵押权人的效力

抵押权对抵押权人的效力，亦即抵押权人享有的权利，主要体现在以下几个方面。

（1）抵押权保全权。担保法第51条第1款前段规定，抵押人的行为足以使抵押物价值减少的，抵押权人有权要求抵押人停止其行为。《物权法》第193条首句规定，"抵押人的行为足以使抵押财产价值减少的，抵押权人有权要求抵押人停止其行为。"担保法第51条第1款后段规定，抵押物价值减少时，抵押权人有权要求抵押人恢复抵押物的价值，或者提供与减少的价值相当的担保。《物权法》第193条后段（第2、3句）规定，"抵押财产价值减少的，抵押权人有权要求恢复抵押财产的价值，或者提供与减少的价值相应的担保。抵押人不恢复抵押财产的价值也不提供担保的，抵押权人有权要求债务人提前清偿债务。"

（2）抵押权处分权。《物权法》第192条规定，"抵押权不得与债权分离而单独转让或者作为其他债权的担保。债权转让的，担保该债权的抵押权一并转让。但法律另有规定或者当事人另有约定的除外。"

抵押权的抛弃，是指抵押权人放弃其就抵押物优先受偿的担保利益，可分为绝对抛弃和相对抛弃。绝对抛弃是指抵押权人为一切债权人的利益而抛弃其抵押权，实际上是抵押人与抵押权人解除抵押合同，抵押权人成为普通债权人，对抵押物不再享有优先受偿权。相对抛弃是指在债务人除抵押权人之外尚有两个以上无担保债权人的情况下，抵押权人仅为特定债权人的利益抛弃抵押权。《物权法》第194条规定，"抵押权人可以放弃该抵押权，抵押权顺位或者变更抵押权的，其他担保人在抵押权人丧失优先受偿权益的范围内免除担保责任，但其他担保人承诺仍然提供担保的除外。"

为防止债权人与债务人恶意串通损害其他物上担保人的利益，最高人民法院《关于适用中华人民共和国担保法若干问题的解释》（简称担保法解释）第75条第1款规定，"同一债权有两个以上抵押人的，债权人放弃债务人提供的抵押担保的，其他抵押人可以请求人民法院减轻或者免除其应当承担的担保责任。"

抵押权的顺序，是指同一抵押物上存在数个抵押权并形成重叠关系（即抵押物的价值不以使各抵押权人同时充分受偿）时，各抵押权人优先受偿的先后次序。抵押权顺序的处分，即抵押权人对这种顺序利益的处分，包括转让、抛弃和变更，物权法第194条第1款对抵押权顺序的抛弃和变更做了规定。

（3）优先受偿权。根据物权法第 195 条第 1 款，"债务人不履行到期债务或者发生当事人约定的实现抵押权的情形，抵押权人可以与抵押人协议以抵押财产折价或者以拍卖、变卖该抵押财产所得的价款优先受偿。"优先受偿权是抵押权人享有的最根本的权利，主要体现在以下几个方面：一般情况下，抵押权人优先于普通债权人受清偿；抵押物查封、被执行时，抵押权优先于执行权；抵押人被宣告破产时，抵押权优先于一切债权，抵押财产不列入破产财产；先顺位抵押权人得就抵押物的价款优先于后顺位抵押权人受清偿。

抵押权人的主要义务是在实现抵押权时严格依据法定和约定的方式及程序，不得损害抵押人和其他人的利益。

4. 抵押权对抵押人的效力

抵押权设定后，抵押人对抵押物仍享有所有权且占有抵押物，因此对抵押物仍享有使用、收益、处分权。在抵押法律关系中，抵押人应享有如下权利：

（1）对抵押物的占有权。抵押设定以后，除法律和合同另有约定以外，抵押人有权继续占有抵押物，并有权取得抵押物的孳息。

（2）对抵押物的处分权。抵押设定以后，抵押人并不丧失对抵押物的所有权，抵押人有权将抵押物转让给他人。但是对于在抵押期间抵转入转让抵押物的后果以及相关处理，担保法上规定并不明确，实务上曾存在不同理解。《物权法》第 191 条规定，"抵押期间，抵押人经抵押权人同意转让抵押财产的，应当将转让所得的价款向抵押权人提前清偿债权或者提存。转让的价款超过债权数额的部分归抵押人所有，不足部分由债务人清偿。抵押期间，抵押人未经抵押权人同意，不得转让抵押财产，但受让人代为清偿债务消灭抵押权的除外。"

（3）对抵押物设定多项抵押的权利。

（4）对抵押物的出租权。抵押权设定以后，由于抵押物仍归抵押人所有，因此抵押人有权将抵押物出租给他人使用。但抵押人将已出租的财产抵押后应当书面告知承租人，原租赁合同继续有效。《物权法》第 190 条规定，"订立抵押合同前抵押财产已出租的，原租赁关系不受该抵押权的影响。抵押权设立后抵押财产出租的，该租赁关系不得对抗已登记的抵押权。"

抵押人的主要义务是妥善保管抵押物。在抵押期间，由于抵押人继续占有抵押物，因此，抵押人应当负保管抵押物的义务，并应采取各种必要的措施以防止抵押物的毁损灭失和价值减少。因抵押人的行为造成抵押物价值减少时，抵押人有义务恢复抵押物的价值，或者提供与减少的价值相当的担保。在抵押期间，抵押人转让抵押物时应当遵循诚信原则。转让抵押物的价款应当符合抵押物实际价值，且因转让所获得的价款应用来清偿所担保的债权。

（四）抵押权的实现

抵押权的实现必须具备如下条件：①债务人的债务已到清偿期。②债务人未履行债务。债务人未履行债务包括债务人拒绝履行、迟延履行和不适当履行。如果债务人到期已履行了债务，或者虽未履行，但依照法律和合同的规定应免除责任的，则主债权人不得行使抵押权，否则抵押人有权提出抗辩。③存在合法有效的抵押。抵押权的实现是以抵押权合法有效的存在为前提的，如果抵押所担保的主合同被宣告无效或撤销，则抵押合同也应相应被宣告无效，抵押权自然不能有效成立，抵押权人也不得行使抵押权。

抵押权的实现方式主要包括三种，即以抵押物折价、拍卖和变卖。

（1）所谓折价，即以物抵债，是指在双方协议的基础上，抵押人以抵押财产折价，以该价款偿还债务，抵押权人取得抵押财产的所有权。根据《物权法》第198条，"抵押财产所折价或者拍卖、变卖后，其价款超过债权数额部分归抵押人所有，不足部分由债务人清偿。"

抵押物折价的法律后果，是债权人取得抵押财产的所有权，而其债权则在折价范围内全部或部分消灭。如果折价抵偿后仍有剩余债务，则由债务人继续清偿，抵押人不再负担保责任；如果所折价款高于债权数额，则超出部分归抵押人所有。

（2）拍卖是指于特定场所公开地以竞争方式出卖抵押物的行为，是抵押权实现的最普遍的方法。拍卖完成后，抵押物卖得价金扣除拍卖费用后即由抵押权人受偿，如有剩余再返还于抵押人；如卖得价金不足以清偿抵押权人的债权，抵押权人有权请求债务人以其他财产清偿。

（3）变卖是指以一般买卖形式出卖抵押物以使债权受偿的方式。根据物权法第198条，抵押财产变卖后，其价款超过债权数额的部分归抵押人所有，不足部分由债务人清偿。

（五）最高额抵押

为担保债务的履行，债务人或者第三人对一定期间内将要连续发生的债权提供担保的，债务人不履行到期债务或者发生当事人约定的实现抵押权的情形，抵押权人有权在最高债权额限度内就该担保财产优先受偿。此项制度，即最高额抵押。

最高额抵押权"最高限额"的确定（一般称之为最高额抵押的决算）直接决定着抵押权人得优先受偿的价值额，而且直接影响到利害关系人的权益。"最高限额"可以基于当事人约定的原因而确定，也可基于法律规定的原因而确定，一般有以下几种：

（1）决算期届至。如果最高额抵押合同中约定了决算期，则决算期届至时，最高额抵押权所担保的债权额即自行确定。

（2）当事人请求。这是法定期间的确定请求，也就是依法律规定的某一期间的完成，债权得由当事人请求确定。《物权法》第206条第2项规定，"没有约定债权确定期间或者约定不明确，抵押权人或者抵押人自最高额抵押权设立之日起满2年后请求确定债权。"

（3）新的债权不可能再发生。如果最高额抵押权所担保的债权已没有发生的可能性，则构成最高额抵押权确定的原因。

（4）担保债权范围变更而原债权不继续发生。

（5）抵押财产被查封、扣押，债务人、抵押人被宣布破产或者被撤销。

（六）抵押权的消灭

《物权法》第 177 条规定，"有下列情形之一的，担保物权消灭：①主债权消灭；②担保物权实现；③债权人放弃担保物权；④法律规定担保物权消灭的其他情形。"抵押权的消灭，也适用这一规定。

三、质权

（一）质权的概念及特征

质权，是指债务人或第三人将动产或一定的财产权利移交给债权人作为担保，当债务人不履行到期债务或发生当事人约定的事由时，债权人可就该动产或财产权利优先受偿的权利。其中，以动产出质的为动产质权，以财产权利出质的为权利质权。

质权具有物权性、担保性、从属性及优先性等特征，这些属性与抵押权并无不同。但是，作为一种独立的担保物权制度，质权与抵押权存在很大差异，其主要差别有下述四点：

1. 成立与生效要件不同

抵押权成立的设定契约为诺成性契约，无须抵押人将抵押物交付债权人占有即能成立。依近现代多数国家民法，抵押权之成立须经登记，此登记为抵押权成立的生效要件。与此不同，质权的成立与生效则以移转质物之占有于债权人为必要。概言之，将质物移转于债权人占有，既是质权的成立要件，也为质权的生效要件。《物权法》第 212 条规定，"质权自出质人交付质押财产时设立。"

2. 标的物不同

抵押权的标的物为不动产、不动产用益物权与动产，而质权的标的物则为除不动产和不动产用益物权以外的其他财产。抵押权与质权的标的物在动产上存在交叉。在动产上成立的担保物权为抵押权或质权，以债权人是否占有标的物而为区别。由于严格区分物权和债权、动产和不动产，迄为止，大陆法系国家很少有民法典对动产抵押予以明文规定，一般都只是将其作为非典型担保的一种形式加以对待。从各国立法动向来看，当代担保物权的发展重心在于动产担保，抵押物的范围在不断地扩大，动产抵押也是一种新的发展趋势。

3. 担保作用不同

抵押权由其本质所决定，系以优先受偿效力为其担保作用。而质权除以优先受偿效力为其担保作用外，还具有留置效力。

4. 实行方式不同

按照多数国家民法，抵押权人于债务人不履行债务而实行其抵押权时，一般须申请法院拍卖抵押物，以清偿自己的债务。而于质权，质权人于债权已届清偿期而未获清偿时，可径依市价变卖质物、订立契约取得质物所有权，或以其他方式处分质物。

(二) 动产质权

1. 动产质权的概念

动产质权即以动产为客体的质权。《物权法》第208条第1款规定,"为担保债务的履行,债务人或者第三人将其动产出质给债权人占有的,债务人不履行到期债务或者发生当事人约定的实现质权的情形,债权人有权就该动产优先受偿。"与其他担保物权相比,动产质权的特点有三:其一,动产质权的标的物是动产,此点有别于权利质权;其二,动产质权的公示方法为占有,具有留置效力,此点有别于包括动产抵押在内的抵押权;其三,动产质权是意定物权,确切地说,是约定物权,此点有别于留置权等法定担保物权。

2. 动产质权的设定和所担保的债权范围

设定动产质权,出质人和质权人应当以书面形式订立质权合同。我国物权法尚不承认法定质权。质权合同的内容应当包括如下条款:①被担保债权的种类和数额;②债务人履行债务的期限;③质押财产的名称、数量、质量、状况;④质权担保的范围;⑤质押财产交付的时间;⑥当事人认为需要认定的其他事项。如果质权合同不完全具备上述条款,当事人可以在事后进行补正,但不能径直宣告合同无效。根据现行法律规定,出质人和质权人在合同中不得约定在债务履行期届满质权人未受清偿时,质物的所有权转移为质权人所有。

动产质权的设定不仅要订立书面的质权合同,还必须移转动产的占有。就是说,动产质权的成立,必须以标的物的占有移转于质权人,才能发生效力。质权担保的范围包括主债权及利息、违约金、损害赔偿金、质物保管费用和实现质权的费用。质权合同另有约定的,按照约定。

3. 出质人和质权人的权利和义务

动产出质以后,出质人虽然将质物的占有权已经移转给质权人,但是在法律上并没有丧失对质物的所有权,因此仍然有权处分其已经出质的财产,例如将质物转让他人或者赠予他人,但出质人行使对质物的处分权,不应当影响原有的质权,质权人仍然对该质物享有质权。此外,出质人也可以与质权人在合同中特别约定,由出质人继续享有对质物的收益权。但合同中没有特别约定,出质人不应当享有此项权利。出质人的主要义务,主要是不得妨害质权人享有并行使对质物的权利。

质权人的权利主要包括如下几项:

(1) 对质物的占有和留置权。在质权设定以后,质权人有权占有出质人的出质财产。在主债务没有被清偿以前,质权人有权留置质物,即使质物的所有权已经由出质人转让给他人,质权人仍然享有留置权,并有权拒绝任何第三人提出的交付质物的要求。

(2) 收取质物的孳息。如果在质押合同中当事人没有特别约定质物的孳息由出质人或第三人收取,则质权人有权收取质物所生的孳息。所谓孳息,包括天然孳息和法律孳息。根据《担保法》第68条,"质权人有权收取质物所生的孳息。质押合同另有约定的,按照约定。前款孳息应当先充抵收取孳息的费用。"

(3) 转质权。转质包括承诺转质和责任转质两种情况。所谓承诺转质,是指质权人取得出质人的同意，为担保自己的债务的履行，而将质物移转占有给第三人，并在质物上设立新质权的行为，质权人在转质时取得了出质人的同意，意味着出质人已将质物质押的处分权利授予了原质权人。所以，尽管我国担保法未明文规定承诺转质，只要法律未予禁止，应承认承诺转质的效果。

所谓责任转质是指在质权存续期间，质权人未经出质人同意，而以自己的责任将质物转质给第三人，从而设立新的质权。如上所述，我国担保法未规定转质，《物权法》第217条规定，"质权人在质权存续期间，未经出质人同意转质，造成质押财产毁损、灭失的，应当向出质人承担赔偿责任。"此项表述，仅就质权人在质权存续期间未经出质人同意转质而造成质押财产毁损、灭失的后果进行了规制。

（4）预行拍卖和变卖质物权。依据《物权法》第216条，"因不能归责于质权人的事由可能使质押财产毁损或者价值明显减少，足以危害质权人权利的，质权人有权要求出质人提供相应的担保；出质人不提供的，质权人可以拍卖、变卖质押财产，并与出质人通过协议将拍卖、变卖所得的价款提前清偿债务或者提存。"

（5）优先受偿权。质权人有权就质物卖得的价金，优先受偿。从而实现其债权。

质权人的主要义务是妥善保管质物。《担保法》第69条第1款规定，"质权人负有妥善保管质物的义务。因保管不善致使质物灭失或者毁损的，质权人应当承担民事责任。"此处所指的妥善保管系指质权人应以善良管理人的注意保管质物。如果质权人未尽此种注意，致出质人受损害的，应负赔偿责任。

债务履行期届满债务人履行债务的，或者出质人提前清偿所担保的债权的，质权人应当返还质物。因为一旦债务人届期履行其债务，而使质权人的债权获得满足，债权消灭，质权也应当相应而消灭，质权人没有任何理由继续占有质物。

4. 动产质权的实现

动产质权的实现，是指质权人在债务人到期不履行债务时，而对通过折价、拍卖和变卖方式所获得的价款优先受偿。根据《物权法》第219条第2款和《担保法》第71条第2、3款的规定，"债务人不履行到期债务或者发生当事人约定的实现质权的情形，质权人可以与出质人协议以质押财产折价，也可以就拍卖、变卖质押财产所得的价款优先受偿。质押财产折价或者变卖的，应当参照市场价格。"

质押财产折价或者拍卖、变卖后，其价款超过债权数额的部分归出质人所有，不足部分由债务人清偿。此时，未受清偿的债权成为普通债权。

（三）权利质权

1. 权利质权的概念

权利质权是指以可转让的权利为标的物的质权。担保法将权利质押与动产质押共同规定在质押中，仅就权利质押（权）作了一些特殊规定，而并未对权利质权的一般问题做出规定，是基于对权利质押与动产质押的相似性的考虑。《物权法》则是在第17章"质权"第一节"动产质权"之后，于第二节规定"权利质权"。

权利质权与动产质权是质权的两种基本形态，具有诸多共同属性，二者的区别主要是：①客体不同。动产质权的客体为动产，权利质权的客体为财产权利，这也是二者最基本的区别。②公示方法不同。动产质权以移转动产的占有为公示方法,权利质权的公示方法是移转权利凭证的占有(如票据质押)或登记(如专利权质押)。③效力不同。动产质权具有留置效力,质权人可以通过对动产的占有迫使债务人履行债务。而在一般情况下,权利质权人并未现实占有出质人的财产,权利质权(尤其是以登记为公示方法的权利质权)没有留置效力。

2. 有价证券质权

以票据等有价证券设定质权,必须要出质人与质权人之间订立质押合同,但仅凭当事人之间的质押协议,仍不能使质押生效。根据《物权法》第224条、担保法第76条的规定,"以汇票、支票、本票、债券、存款单、仓单、提单出质的,当事人应当订立书面合同。质权自权利凭证交付质权人时设立;没有权利凭证的,质权自有关部门办理出质登记时设立。"

有价证券的兑现日期或提货日期与主债权的清偿日期不一致时,应按下列规则处理:①依据《物权法》第225条,有价证券的"兑现日期或者提货日期先于主债权到期,质权人可以兑现或者提货,并与出质人通过协议将兑现的价款或者提取的货物提前清偿债务或者提存";②有价证券的兑现日期或者提货日期后于主债权到期的,质权人要么将有价证券变价(如拍卖)从中优先受偿,要么等到有价证券的兑现日期或者提货日期到来时兑现款项或者提取货物以受偿。

3. 基金份额质权与股权质权

依《物权法》第223条,可以转让的基金份额、股权可以出质。第226条第1款规定,"以基金份额、股权出质的,当事人应当订立书面合同。以基金份额、证券登记结算机构登记的股权出质的,质权自证券登记结算机构办理出质登记时设立;以其他股权出质的,质权自工商管理部门办理出质登记时设立。基金份额、股权出质后,不得转让,但经出质人与质权人协商同意的除外。出质人转让基金份额、股权所得的价款,应当向质权人提前清偿债权或者提存。"

4. 知识产权质权

可以转让的注册商标专用权、专利权、著作权等知识产权中的财产权,可以质押。由于知识产权实际上是财产权和人身权的结合所产生的权利,因此设定质押的知识产权仅限于可以转让的财产权,而不包括任何人身权。以知识产权中的人身权设定质权是无效的。《物权法》第227条第1款规定,"以注册商标专用权、专利权、著作权等知识产权中的财产权出质的,当事人应当订立书面合同。质权自有关主管部门办理出质登记时设立。"可见,以知识产权设定质押的,出质人和质权人之间要订立书面质权合同,而且要办理出质登记,才能满足此类质权生效的条件。知识产权出质后,出质人对知识产权的处分权受到了限制。《物权法》第227条第2款规定,"知识产权中的财产权出质后,出质人不得转让或者许可他人使用,但经出质人与质权人协商同意的除外。出质人转让或者许可他人使用出质的知识产权中的财产权所得的价款,应当向质权人提前清偿债务或者提存。"

5. 应收账款质权

物权法第223条第6项以及第228条允许以应收账款设定权利质权。应收账款,是指因销售商品或提供劳务而应向购货单位或顾客收取的款项。按照我国会计准则的规定，同时满足商品已经发出和收到货款两个条件时，应确认收入，此时若未收到现金，即应确认应收账款。应收账款实质是一般债权，是许多企业的一项重要资产，物权法认可的应收账款质押，有利于企业融资。

设立应收账款质权，双方当事人应签订书面质押合同。质权自信贷机构办理出质登记时设立（物权法第228条第1款）。倘若存在债权证书（如欠条、还款协议），除当事人签署书面质押合同外，出质人还应将债权证书交付给质权人。不过，在此情形下，交付是否为质权成立要件，仍值得探讨。出质人或质权人还应将设立质押的事实通知应收账款的付款人，否则该质权不得对抗付款人。

根据《物权法》第228条第2款规定，"应收账款出质后，不得转让。但经出质人与质权人协商同意的除外。出质人转让应收账款所得的价款，应当向质权人提前清偿债务或者提存。"

四、留置权

（一）留置权的概念及特征

留置权，是指债务人不履行到期债务时，债权人得留置其已经合法占有的债务人的动产，并在一定条件下就该动产优先受偿的权利。

留置权具有以下法律特征：

1. 留置权为担保物权

在我国，留置权是三种典型的担保物权之一，与抵押权、质权鼎足而立，具有物权性、价值性、担保性等担保物权共同的属性。

2. 留置权为法定担保物权

留置权依据法律的直接规定当然产生，而不是由当事人通过合同设立。不过，留置权的法定性并不等于"不可排除性"，根据物权法第232条，当事人特别约定对标的物不得留置的，应从其约定。

3. 留置权为动产物权

留置权的客体以动产为限，不得留置不动产或者财产权利。

4. 留置权为占有担保物权

担保物权有占有担保物权与非占有担保物权之分，留置权与动产质权一样，为占有担保物权，以占有标的物为成立和存续的要件。

5. 留置权为二次效力的担保物权

留置权效力可分为两个层次：其一是留置；其二是优先受偿。留置权人留置债务人的财产后，尚不能立即行使优先受偿权，而是应给予债务人一个履行债务的宽限期，宽限期届满后，债务人仍不履行债务的，留置权人方可将留置财产变价，并从中优先得到清偿。

（二）留置权的成立要件

债务人不履行到期债务，债权人可以留置已经合法占有的债务人的动产，并有权就该动产优先受偿。常理上一般将留置权的成立要件区分为积极要件与消极要件。

留置权成立的积极要件包括以下各项。

1. 债权人已经合法占有债务人的动产

债权人合法占有债务人的动产，是留置权成立的必备条件，这也是物权公示原则的一项基本要求。

2. 债务人不履行到期债务

如果在债权尚未到期时允许债权人使行留置权，则意味着债权人可以随意扣留他人的财产，无异于强迫债务人提前履行债务，这显然是不合法的。如果债务人已经履行了到期债务，留置权自然也没有存在的必要。只有在债权已届清偿期以后，债务人未按规定的期限履行义务，债权人才能留置债务人交给其占有的财产，在此之前债权人无权留置。

3. 留置财产与债权属于同一法律关系

《物权法》第231条规定，"债权人留置的动产，应当与债权属于同一法律关系，但企业之间留置的除外。"

留置权成立的消极要件包括：

（1）留置不得违反法律的禁止性规定。根据物权法第232条，法律明确规定不得留置的动产，不得留置。

（2）留置不得违背当事人之间的约定。《物权法》第232条规定，"法律规定或者当事人约定不得留置的动产，不得留置。"

（3）留置不得超过相应的比例。《物权法》第233条规定，"留置财产为可分物的，留置财产的价值应相当于债务的金额。如果债权人占有的债务人的动产为数个物，留置财产的价值应与债务的金额相当。反之，如果债务人占有的动产为不可分物，那么即便其价值显著超过了债权的数额，债权人也有权予以留置。"

（4）留置不得违反公序良俗。

（三）留置权的内容

1. 留置权所担保债权的范围

留置权所担保的债的范围与动产质权相似，包括主权及利息、违约金、损害赔偿金、保管留置物的费用和实现留置权的费用。

2. 留置权标的物的范围

留置权标的物的范围也与动产质权相仿，包括被留置动产、留置物的从物、孳息以及其代位物。

3. 留置权对留置权人的效力

留置权发生以后，留置权人享有如下的权利：

（1）对留置标的物的占有权。当其留置物被第三人侵夺时，留置权人有权通过占有物还之诉请求返还。

（2）留置物孳息收取权。《物权法》第235条规定，"留置权人有权收取留置财产的孳息。"留置权人在占有留置物期间内，享有收取留置物的孳息的权利。如果孳息是金钱，则可以其充抵债务，如果孳息是其他财产，留置权人享有变价权，并可以以其折价或变价优先受偿。留置权人对留置物的孳息应进行妥善的管理，如果没有尽到应尽的义务，给债务人造成损失的应当承担赔偿责任。

（3）必要使用权。从原则上说留置权人对留置物不享有使用权，但是在特殊情况下，出于保管留置物的需要留置权人可适当地使用留置物，例如为了防止留置的汽车生锈进行适度的使用，留置权人只能在具有保管上的必要时才能使用，而不能以获得收益为目的使用留置物，否则将构成侵权行为。此外经债务人同意，留置权人也有权使用留置物。

（4）拍卖、变卖权。留置权人在留置债务人的财产后，债务人逾期仍不履行债务的，债权人可以与债务人协议以留置物折价，也可以依法拍卖、变卖留置物。

（5）优先受偿权。留置权人有权就留置财产的价值优先受偿。这是保障留置权人债权实现的根本手段。如果留置权人仅仅只能留置债务人的财产，而不能对该财产进行变价，并对变价后的财产价值优先受偿，留置权人的债权仍然不能实现。所以优先受偿权是留置权作为担保物权的主要特征。

留置权人的主要义务是妥善保管留置物，留置权人在保管过程中，应当以善良保管人的注意保管留置物。因保管不善致使留置物灭失或毁损的，留置权人应当承担民事责任。留置权人是否尽到了注意义务，是判断其是否有过错的标准。如未尽到注意义务，则表明其具有过错，并对其造成的损失赔偿责任。

留置权人在占有留置物期间内，不得擅自使用和利用留置物，不得为获取收益而使用留置物，更不得非法处分留置物（如非法转让留置物，或未经所有人同意在留置物之上设置抵押和质押）。如果因为债务人履行债务等原因而导致留置权消灭，留置权人应当及时返还留置物。

债务人的主要权利是，在留置物被留置以后债务人并不丧失对留置物的所有权。当然在置权成立以后，债务人对留置物的权利要受到很多的限制。如不能直接行使对留置物的占使用、收益的权利，也不能将该财产出质等。债务人的主要义务是在留置权发生后，不干扰、阻碍留置权人行使留置权，并应偿付因留置物而支出的必要的费用。

4. 留置权的实现

《物权法》第236条第1款规定，"留置权人与债务人应当约定留置财产后的债务履行期间；没有约定或者约定不明确的，留置权人应当给债务人2个月以上履行债务的期间，但鲜活易腐等不易保管的动产除外。债务人逾期未履行的，留置权人可以与债务人协议以留置财产折价，也可以就拍卖、变卖留置财产所得的价款优先受偿。"可见，留置权人实现留置权的条件是债务人在宽限期届满后仍然未履行其债务。与动产质权一样，留置权实现的方法是折价、拍卖、变卖三种。按照《物权法》第238条，"留置财产折价或者拍卖、变卖后，其价款超过债权数额的部分归债务人所有，不足部分由债务人清偿。"

（四）留置权的消灭

留置权是一种担保物权，因而担保物权的一般消灭原因，如混同、主债权消灭、担保物权实现、债权人放弃担保物权等均适用于留置权。此外，《物权法》第240条还规定了留置权的特殊消灭事由，即："留置权人对留置财产丧失占有或者留置权人接受债务人另行提供担保的，留置权消灭。"

第六节 占有

一、占有的概念

占有，是指占有人对不动产或者动产的实际控制。尽管占有是主体对物事实上的控制状态，但并非在法律上没有意义。物权法之所以要确认占有制度，一方面是因为占有常常形成一种法律关系。占有人因占有可能取得占有权甚至是所有权，即使不能形成权利的占有，在法律上也可获得保护，例如拾得人对遗失物的占有、对漂流物的占有都可以获得法律的保护。另一方面，确认和保护占有对维护占有秩序和财产安全，具有重要的意义。占有本身可以成为物权的一项权能，也是动产物权移转的外在表现。占有与物权的关系主要体现为以下方面：

（一）占有与物权的保护

占有制度具有保护占有的机能，即民法上之占有具有保护对物的事实支配以实现其维护社会秩序与和平之社会作用。

（二）占有与善意取得

善意取得是法律为交易安全而赋予占有人的公信力，故善意取得是与占有紧密联系在一起的，如出让人为占有人，则善意取得人取得动产所有权，动产之取得人由此获得信任登记。因此，善意取得来自交易安全的保护与占有之公信力上，而占有之公信力系来源于占有的表彰机能。

（三）占有与时效取得

时效取得的实际意义是为了向占有提供保障，使无权占有人确定地享有他人财产的所有权，恢复处于相分离的权利与事实，旨在建立一种新的法律秩序，促进社会财产的利用。取得时效以占有他人的物为适用的基本要件。在采纳间接占有概念以后，取得时效制度也可以适用于间接占有的情况。例如，如果占有人以在他人土地上建造建筑物或其他工作物或栽种竹木为目的而使用他人土地，可以根据取得时效的规定取得地上权。

（四）占有与先占取得

先占是以所有的意思占有无主动产而取得其所有权的法律，事先占取得是基于占有的事实而发生的一种推定，即每一个物都应该有法律上的所有人。除之外，占有与拾得遗失物及发现埋藏物也有密切关系，对遗失物、埋藏物、拾得行为与发现人取得所有权的要件的设计和认定，均涉及占有。

与大陆法系国家普遍将占有保护设立为物权法上的制度不同，我国民法中原来只是："占有"视为所有权或他物权的一项权能而存在，更未从立法上确立占有制度。物权法起草过程中借鉴了大陆法系国家的占有制度，将财产归属与财产利用相区别，确立了以调整占有人与非占有人之间因财产的占有利用而发生的财产关系为范围的占有制度（第五编），与所有权（第二编）和他物权（第三、四编）一起构成物权法体系，弥补了我国物权法上的缺陷。

二、占有的类型

对于占有，民法理论和司法实践中通常做如下分类，以区别占有的不同形态，赋予不同的法律效果。

（一）所有人占有与非所有人占有

所有人占有是指所有人在行使所有权过程中占有属于自己的财产。非所有人占有是指所有人以外的人占有所有人的财产。这种占有是以他人的所有权存在为前提的，如果非所有人的占有没有合法的根据，则不能形成合法的占有权。

（二）合法占有与非法占有

这是对非所有人占有的再分类。所谓合法占有，是指依据法律规定或所有人的意志而非所有人对所有人的财产加以占有，例如，保管人依据保管合同占有寄托人的财产。非法占有是指没有法律根据，也没有取得所有人的同意而占有他人的财产，例如，小偷占有赃物，某人挪用公款、公物等。非法占有违背了法律的规定和所有人的意志，因而构成对他人的所有权的侵犯。

（三）善意占有与恶意占有

这是对非法占有的进一步分类。善意占有是指非法占有人在占有某项财产时，不知道或不应当知道其占有为非法。恶意占有是指非法占有人在占有某项财产时，已经知道或应当知道其占有为非法。区分善意占有和恶意占有在民法上的主要意义是：第一，当所有人的财产由占有人非法转让给第三人时，如果第三人占有该项财产出于善意，就可以依法取得对该财产的所有权；第二，在不当得利的返还上，善意占有人一般只返还现存的利益，对于已经灭失的利益不负返还的责任，而恶意占有人则对已经灭失的利益应负赔偿的责任；第三，在返还财产时，善意占有人可请求所有人返还其为保管、保存占有物所支付的必要费用，并对已经在占有物上获得的孳息不负返还义务，而恶意占有人在返还财产时，不仅无权请求所有人偿付其支付的费用，而且有义务返还其所获得的孳息。

（四）直接占有与间接占有

在所有人和非所有人之间，因法律行为而转移占有以后，原所有人为物的间接占有人，合法占有人为物的直接占有人。区分直接占有和间接占有的意义，主要在于确定动产所有权的转移。一般来说，动产所有权的转移，必须是直接占有的转移，新的所有人只有在直接占有动产以后，才享有所有权。

三、占有的保护

占有作为一种事实状态，不是权利，更不是物权。但是，占有体现了一定的财产秩序，占有的状态也构成一种社会生活秩序，法律同样须予保护。因此，物权法赋予占有人以自力救济权和基于占有的请求权以制止侵害占有的行为，在上述手段仍未能回复占有时，占有人还可以提起占有回复之诉。

占有人的自力救济权包括占有防御权、占有取回权等。基于占有而发生的请求权则包括以下方面。

（一）占有物返还请求权

这是指占有人在其占有物被他人侵夺以后，可依法请求侵夺人返还占有物。《物权法》第245条第1款规定，占有的不动产或动产被侵占的，占有人有权请求返还原物。其构成要件是：第一，必须存在侵夺占有物的事实。第二，请求权人必须为占有人，包括直接占有人和间接占有人。占有辅助人一般不得行使该请求权。第三，必须针对侵夺占有的行为人提出该项请求。应注意的是，此种请求权在性质上并不是不当得利的返还请求权，而是一种独立的请求权。《物权法》第245条第2款规定，"占有人返还原物的请求权，自侵占发生之日起1年内未行使的，该请求权消灭。"

（二）排除占有妨害和消除危险的请求权

这是指占有人在其占有受到他人妨害时，有权请求他人除去妨害。当占有虽未被现实地妨害，但存在妨害的危险时，占有人有权要求消除该危险。《物权法》第245条第1款规定，"对妨害占有的行为，占有人有权请求排除妨害或者消除危险。"其构成要件是：①必须存在着妨害行为或有妨害的危险。妨害是指采用侵夺以外的方法而妨碍占有人对占有物的管领和控制。危险指占有人的占有有可能遭受他人的妨害。占有人可否行使消除危险的请求权，必须根据一般社会观念和当时情势加以判断，而不能单凭占有人的主观臆断确定。②请求权人必须是占有人。③必须向妨害人提出请求。不管是对直接实施妨害行为的人，还是对间接造成他人占有妨害的人，占有人均可以向其提出请求。占有人请求妨害人排除妨害或消除危险时，也有权请求侵害人负担排除妨害的费用。

（三）占有的损害赔偿请求权

《物权法》第245条第1款规定,"因侵占或者妨害造成损害的,占有人有权请求损害赔偿。"

思考题：
1. 物权法的基本原则？
2. 所有权的内容有哪些？
3. 用益权物的内容？
4. 担保物权的内容？
5. 占有的类型有哪些？

第八章 公司法

本章学习要点

公司法的调整对象和作用；公司的特征；公司的分类；有限责任公司的法律特征；有限责任公司的设立条件和组织机构；国有独资公司的组织机构；一人公司的含义及其特殊规定；股份有限公司的法律特征；股份有限公司的设立条件和方式；股份有限公司的组织机构；公司债券；违反公司法的法律责任。

第一节 公司法概述

一、公司的定义和特征

我国公司法规定，公司是依照公司法成立的，资本由股份或出资组成，股东以其所持有的出资额或股份为限对公司的债务承担责任，公司以其全部资产独立承担责任的企业法人。关于公司的定义，公司法是从公司的法律地位、资本构成和责任性质的角度界定的，而且更为突出的是法律责任的性质。

公司的法律特征主要体现在依法成立、以营利为目的、企业法人性及社团性几个方面，分述如下三个方面。

（一）依法成立

公司的设立必须符合公司法规定的实体要件和程序要件，也只有符合公司法规定的实体要件和程序要件的经济组织才能为公司。

（二）营利性

公司作为商品生产者和经营者，其基本任务就是从事商品生产、流通或服务性经营活动。企业正是通过生产经营活动获得利润，并通过利润的合理分配使股东享受经济利润的。按照传统民法理论，营利性是公司的根本属性。公司是股东获取利润的一种工具，股东的利益是公司的终极关怀。这表明公司的营利性是公司区别于国家机关、事业单位及其他社团法人的重要标志。但随着经济法和公司法的发展，新的公司理论和实践要求公司在关怀股东利益时也必须承担一定的社会责任，如职工福利、环境保护、社会稳定等。

（三）法人性

公司作为企业法人，具有独立的法人资格，独立地享有权利并承担义务。首先，公司拥有自己独立支配的财产。公司的一切财产都属于公司本身而不属于股东。其次，公司以其全部法人财产，依法自主经营，自负盈亏。公司作为企业法人，享有独立的不受非法干预的自主经营决策权。再次，公司作为企业法人，在发生纠纷时以自己的名义参加仲裁活动和诉讼活动。

二、公司的分类

（一）以公司的组织形式和股东承担责任分类

以公司的组织形式和股东承担责任不同为标准，可分为无限责任公司、两合公司、股份两合公司、有限责任公司和股份有限公司

（1）无限责任公司，是指由两个以上股东组成的，股东对公司债务承担无限责任的公司。无限责任公司具有浓厚的合伙性质。

（2）两合公司，是由一个以上的有限责任股东和一个以上的无限责任股东组成，有限责任股东以其出资额为限对公司负责，无限责任股东对公司债务承担连带无限责任的公司。

（3）股份两合公司，是指由一部分承担无限责任的股东和另一部分承担有限责任的股东所组成的公司。

（4）有限责任公司，就是指股东以其出资额为限对公司承担责任，公司则以全部资产对其债务承担责任的公司。

（5）股份有限公司，是指其注册资本分为等额股份，股东以其所持股份为限享有权利和承担责任，公司以全部资产对其债务承担责任的公司。

（二）以从属关系为标准，可分为母公司和子公司

（1）母公司是通过掌握其他公司一定比例以上的股份或通过协议的方式，从而能够实际上控制其他公司营业活动的公司。母公司是一种控制性的公司，有时也称为控股公司。

（2）子公司是指受其他公司实际控制，但在法律上具有独立法人资格的公司。母公司对子公司的控制可以是实际控制，实际控制可以无须掌握半数以上的股份。

（三）以公司的管辖关系为标准，可分为总公司和分公司

（1）总公司是指对所属机构的经营、资金调度、人事安排等进行管辖和统一指挥

的公司。

（2）分公司是指由总公司所设置，直接从事业务活动，没有独立地位，不具有法人资格的公司。其民事责任由总公司承担。

（四）以公司的国籍为标准，可分为本国公司、外国公司和跨国公司

凡依照我国公司法在我国境内登记成立的公司，即为我国的本国公司。凡依照外国法律在我国境外成立的公司，均为外国公司。跨国公司是指以一国为基地，在世界不同的国家和地区设立分公司和子公司，从事国际性生产经营的经济组织。跨国公司在法律上不是一个独立的实体，其内部关系主要表现为母公司与子公司、总公司与分公司的关系。在各国公司法中对跨国公司均没有专门的法律规定。

（五）根据公司的信用标准不同，可分为人合公司、资合公司和人资两合公司

（1）人合公司是指以股东个人信用为基础的公司。与这种公司进行交易时，不注重公司资本的多少，而注重每个股东的个人信用。无限公司是最典型的人合公司。

（2）资合公司是指以公司资本信用为基础的公司。这类公司中股东之间不需要相互了解，具有大众化和社会化的趋势。在进行交易时，主要注重的是公司的资产数额。股份有限公司属于资合公司。

（3）凡公司的经营活动兼具人的信用和资本信用两个方面的公司，即为人合兼资合的公司。

三、我国公司法规定的公司类型

我国公司法采纳了按责任形式划分公司类型的方法，公司法只适用于有限责任公司和股份有限公司两种公司类型。有限责任公司，是指股东以其认缴的出资额为限对公司承担责任，公司以其全部资产对公司的债务承担责任的公司。股份有限公司，是指其全部资本划分为等额股份，股东以其认购股份为限对公司承担责任，公司以其全部资产对公司债务承担责任的公司。这种立法既打破了按所有制性质划分企业形态的传统立法，可以使各种不同的经济成分依法组建公司，又消除了按所有制性质立法造成的企业的不平等，为企业的经营发展创造了平等的竞争环境。

此外，我国公司法还规定了几种特殊的公司形态。它们包括外商投资企业、外国公司的分支机构、商业银行、股份合作公司等。公司法规定，外商投资的有限责任公司和股份有限公司适用公司法的规定，但有关外商投资的法律另有规定的，适用该规定。公司法对外国公司的分支机构也做了专章规定。外国公司的分支机构不是一种独立的公司形态，只是外国公司在我国设立的不具有法人资格的一种经济组织。《中华人民共和国商业银行法》第17条规定："商业银行的组织形式、组织机构适用《中华人民共和国公司法》的规定。"由此可见，商业银行也是一种特殊的公司。股份合作公司是1994年4月29日由深圳市人大常委会颁布的《深圳经济特区股份合作公司条例》所正式确立的一种特殊的公司形式。

第二节 公司法

一、公司法的概念及特点

公司法是调整公司在设立、组织、经营过程中和解散时所发生的社会关系的法律规范的总称。事实上，公司法是调整公司对内对外关系的法律规范的总称。它主要规定了公司的种类、公司设立的条件和程序、公司内部的组织结构、公司内部外部的权利和义务以及公司在变更、解散和清算过程中所发生的各种关系。我国调整公司关系的基本法是《中华人民共和国公司法》（简称公司法）。

公司法确定了公司的法律地位，对各类公司的组成人数、公司的组织机构及权限做了详细的规定，以此调整公司的内部关系，具有组织法的特征。同时公司法又规定了公司内部和外部的行为准则，因此公司法又是行为法。

公司法规定了公司和股东的权利和义务及公司的经营活动，具有实体法的特点。同时，公司法又规定了公司的设立、变更、清算等程序问题，具有程序法的特点。

公司法为维护商事活动中的交易的安全，其作为组织法主要表现为强制性规范。同时为了一定程度上体现股东和公司的意愿，也包含一些任意性规范。因此，公司法又呈现出强制性规范与任意性规范相结合的特点，故而人们称公司法具有私法的公法化特点。

此外，公司法还是具有一定国际性特征的国内法。尽管各国政治制度和法律体制千差万别，但由于经济活动具有共性和规律性，加之国际经济一体化趋势的逐步形成，各国公司法在保留其个性的同时必须概括出公司的共同组织原则和活动规则，因而公司法尽管属于各国的国内法，但具有国际趋同性。

二、我国公司法的历史

我国最早的公司立法是 1870 年 12 月清政府颁布的公司法。1904 年，清政府任命伍廷芳主笔起草了《公司律》。该律以英国 1856 年的合股公司法、1862 年的公司法以及日本 1900 年的商法典为蓝本，其中 3/5 的条文仿自日本，2/5 的条文仿自英国。但该律未得施行，清政府即被推翻。

1914 年 1 月 13 日，国民政府总统公布了《公司条例》，因为未经立法程序，故称"条例"而不称"律"。1929 年 12 月 26 日，国民党政府颁布公司法，1946 年又对公司法进行了修改，自此旧中国的公司立法渐趋完善。目前我国台湾地区的公司法就是由这部公司法经多次修改而成的。

新中国成立以后，1993 年 12 月 29 日通过了《中华人民共和国公司法》，并定于 1994 年 7 月 1 日起施行。这是我国第一部公司法典，在我国公司立法史上具有划时代的意义。该公司法的颁布施行在规范公司的组织和行为，保护公司、股东和债权人的合法权益，推动国有企业改制和经济体制改革，促进社会主义市场经济的发展方面发挥了积极作用。

但随着经济体制改革的不断深化和社会主义市场经济体制的建立与逐步完善，1994年起施行的公司法已经不能完全适应新形势的需要：一是公司设立门槛过高，难以满足社会资金的投资需求；二是公司治理结构不够完善，股东会、董事会、监事会、经理层的权利义务需要进一步明确；三是对股东尤其是中小股东合法权益的保护机制不够完善，对公司债权人、其他利害关系人和社会公众利益也缺乏有效的保护手段；四是关于股份发行、转让和上市的规定已经不能完全适应公司投融资活动的实际需要；五是对上市公司监管中出现的新情况、新问题缺乏有效的应对手段，不利于维护资本市场的秩序；六是缺少对公司以及董事、监事、高级管理人员诚信义务及其法律责任的规定，不能满足建立社会信用制度、维护交易安全的要求。

针对以上情况，2005年第十届全国人民代表大会常务委员会第十次会议修订通过了新的《公司法》。此次修改内容之广泛，改动幅度之大，涉及条文之多，足以构成一次大修大改。据统计，新公司法增、删、改条文总数达224条，其中新增条文41条，删除条文46条，修改条文137条，没有任何改动的条文仅占原公司法条文总数的不到10%。同时，这种大修大改不只是表面上条文和文字的简单改动，而是广泛的实质上的制度和规则的突破与创新，是许多重要制度和规则的重新设计。2013年和2018年对《公司法》进行修正。

三、公司法的作用

根据其立法宗旨，公司法的作用包括以下几个方面：确立现代企业制度，完善企业法人制度；规范公司的组织和行为，包括公司组织和行为的一般原则，公司的设立、变更、解散，公司的能力，公司章程，公司的资本和财产，组织机构，财务会计以及公司与股东、股东相互之间的关系等；保护公司财产权，股东分红权、投票权、剩余财产分配权、诉权，职工监督建议权及债权人合法权益等相关权益；维护社会经济秩序，健全市场经济基础，促进社会主义市场经济的发展等。

第三节 有限责任公司

一、有限责任公司的概念和特征

有限责任公司是指公司依法设立的，由符合法定人数股东组成，股东以其出资额为限对公司承担责任，公司则以全部资产对其债务承担责任的企业法人。与其他类型的公司相比，有限责任公司具有以下法律特征。

（一）股东责任的有限性

有限责任的股东仅以其认缴的出资额为限对公司承担责任，对公司债务不承担个人责任。这是有限责任公司与无限责任公司及两合公司的根本区别。

（二）股东人数的有限性

我国公司法规定，有限责任公司应由 50 个以下股东组成。股东人数的限制，决定了公司在募集和经营管理方面的闭锁性。有限责任公司不得发行股票，不得公开募集资本，只是在少数甚至特定的人中筹资。同时，由于有限责任公司股东人数有限且相对稳定，其经营状况不涉及社会公众的利益，因此，其财务状况可以不公开。

（三）股东出资的非股份性

股东出资的非股份性是有限责任公司与股份有限公司的区别之一。股份有限公司的资本，需要划分成若干金额相等的股份，股东就其所认购的股份对公司负责。而有限责任公司的资本，除采取"出资平等制"和"复数股份制"的国家外，一般不分为股份。每个股东只有一份出资，其出资额可以不同，股东仅以出资额为限对公司负责。在我国，有限责任公司的股东出资采单一出资制，其出资非股份性的特征甚为明显。

（四）设立程序及组织结构的简便性

有限责任公司的设立方式只有发起设立而无募集设立，因此设立程序较为简化。同时，有限责任公司的机构设置具有一定的灵活性，如可设股东会而不设董事会，可设董事会而不设股东会，监事会也可以只需 1 名监事。此外，股东会的召集方法和议事程序也较为简便。

（五）资合与人合的统一性

有限责任公司虽然从本质上讲是一种资本的联合，但它与股份有限公司相比更加强调和注重股东之间的信任与合作。其上述几个特点都不同程度地体现出公司的人合色彩，因此，资合与人合的统一是有限责任公司的最为本质的特征。

二、有限责任公司的设立

（一）有限责任公司设立的条件

设立有限责任公司必须具备如下条件：

（1）法定的股东人数。50 人以下可以共同出资设立有限责任公司，中国自然人或者法人可以设立"一人公司"。

（2）法定的注册资本额。有限责任公司的注册资本的最低限额为人民币 3 万元。同时，为了保证交易安全和社会公共利益，对一人有限责任公司的最低注册资本规定了较高的额度，为人民币 10 万元。

（3）法定出资方式。股东可以用货币出资，并且货币出资额不得低于公司注册资本总额的 30%；同时，也可以用实物、工业产权、非专利技术、土地使用权、股权等法律、行政法规允许的其他形式出资。对作为出资的实物、工业产权、非专利技术或者土地使用权必须进行作价。其中用国有资产出资的,评估核实财产不得高估作价。股东的出资必须经国家核准登记的验资机构验资并出具证明。

(二) 有限责任公司章程的制定

有限责任公司的章程是公司设立人依法订立的规定公司组织及活动的原则文件,是公司活动的行为准则,也是确定股东权利义务的依据。因此,公司章程应当由全体股东一致同意制订。

公司章程应当载明下列事项:公司名称和住所;公司经营范围;公司注册资本;股东名称或姓名;股东的权利义务;各股东的出资方式和出资额,股东转让出资的条件;公司的机构及其产生办法、职权和议事规则;公司的法定代表人;公司的解散事由与清算办法;股东认为需要规定的其他事项。

(三) 公司的设立登记

当股东的全部出资经法定验资机构验资后,由全体股东指定的代表或共同委托的代理人应当依照《中华人民共和国企业法人登记管理条例》和国家工商行政管理局关于股份制企业登记管理的规定,向公司所在地的工商行政管理机关申请登记注册。经核准登记,领取企业法人营业执照后,公司即告成立,并取得法人资格。

(四) 有限责任公司的设立程序

有限责任公司基本的设立步骤包括:签订发起人协议;订立公司章程;申请公司名称预先核准;报经主管部门审批;缴纳出资;确定公司机构;申请设立登记。

三、有限责任公司的合并与分立

有限责任公司合并、分立,应当由股东会做出决议;不设股东会的,由董事会做出决议,报请政府授权部门批准,并经工商行政管理机关核准登记注册。

(一) 合并

有限责任公司合并包括吸收合并和新设合并两种形式。吸收合并是指公司接纳一个或一个以上的企业加入本公司,加入方解散,取消法人资格,接纳方存续。新设合并是指公司与一个或一个以上的企业合并成立一个新公司,原合并各方解散,取消法人资格。公司合并应当由合并各方签订协议,合并各方未清偿的债务由合并后的公司承担。

(二) 分立

有限责任公司分立可以采取新设分立和派生分立两种形式。有限责任公司将全部财产分割,新设立两个以上有限责任公司为新设分立,原公司解散,新设各方依法取得法人资格。有限责任公司以其部分财产设立另一有限责任公司为派生分立,原公司存续,需要减少注册资本的,依法办理手续,派生方依法取得法人资格。公司分立时应事先对公司债务的承担做出决定,并以书面形式通知各债权人,签订清偿债务的协议;经双方协商达不成协议的,公司不得分立。

公司合并与分立应当履行以下的程序:召开股东会形成决议;订立合并协议或分立协议;编制合并或分立公司的资产负债表和财产清单;通知和公告债权人;进行合并或分立的登记。

四、有限责任公司的终止

有限责任公司的终止,就是公司经法定程序丧失法人资格而消亡。有限责任公司因下列原因而终止:公司章程规定的营业期限届满或规定的终止事由出现;股东会或全体股东决定终止;违反国家法律、法规,危害社会公共利益被依法撤销;破产。

有限责任公司被依法宣告破产的,依照有关破产的法律规定进行清算;被依法撤销的,按照有关法律、法规进行清算;因其他原因终止的,按公司法的规定,成立清算组织进行清算。

清算的程序为:组成清算组;公告和通知债权人;清理公司财产,编制公司资产负债表和财产清单;收取债权,清偿债务;分配剩余财产;制作公司清算报告;申请公司注销登记。

清算结束后,清算组织应当提出清算报告并造具清算期内收支报表和各种财务账册,经注册会计师或执业审计师验证,报原审批部门批准,经批准后向原工商登记机关申请注销登记,经原工商登记机关核准登记,公告公司终止。

五、有限责任公司股东的权利和义务

股东是公司的出资人。除法律、法规有禁止或者限制的特别规定外,有权代表国家投资的政府部门或机构、企业法人、具有法人资格的事业单位和社会团体、自然人均可依法成为有限责任公司的股东。股东作为公司的出资人,依法享有一定的权利并承担一定的义务。

股东的权利分为自益权和共益权两类:自益权是股东基于公司的出资而享有的从公司得到经济利益的权利;共益权是股东基于对公司的出资而享有的参与公司经营管理的权利。比如,股东有权参加或者推选代表参加股东会,并根据其出资额享有表决权;有权了解公司经营状况和财务状况,查询股东会会议记录和公司财务会计报告;有权按出资比例分取红利,转让出资;有权优先购买其他股东转让的股权。

股东的义务主要是缴纳所认缴的出资;对公司负有限间接责任,依其所认缴的出资额承担公司债务;公司办理工商登记手续后,不得抽回出资。

六、有限责任公司的组织机构

(一)有限责任公司的股东会

有限责任公司股东会是由全体股东组成的、形成公司意志的必要的非常设公司权力机关和最高决策机构。其具有下列职权:

(1) 决定公司的经营方针和投资计划；
(2) 选举和更换公司董事及股东代表出任的监事，决定董事、监事的报酬，选举和更换由职工代表出任的董事、监事；
(3) 审议批准董事会的报告；
(4) 审议批准监事会或者监事的报告；
(5) 审议批准公司的年度财务预算方案、决算方案；
(6) 审议批准公司的利润分配方案和弥补亏损方案；
(7) 对公司增加或者减少注册资本做出决议；
(8) 对发行公司债券做出决议；
(9) 对股东向股东以外的人转让出资做出决议；
(10) 对公司合并、分立、变更公司形式、解散和清算等事项做出决议；
(11) 修改公司章程；
(12) 对公司聘用、解聘会计师事务所做出决议；
(13) 公司章程规定的其他职权。

股东会会议分为定期会议和临时会议。定期会议应当按公司章程规定定期召开。临时会议经代表1/10以上有表决权的股东，1/3以上董事、监事会或者不设监事会的监事提议召开。股东会由董事长主持。董事长因特殊原因不能履行该项职责时，由半数以上董事共同推举的一名董事主持。

股东在股东会上对所议事项按其出资比例行使表决权。股东会对公司增加或者减少注册资本，分立、合并、解散或者变更公司形式，修改公司章程做出决议，必须经代表2/3以上有表决权的股东通过。较为特殊的是，有限责任公司股东向股东以外的人转让出资的不是以表决权为计数依据，而是以股东人数为计数依据的。

（二）有限责任公司的董事会

有限责任公司设立董事会，董事会成员为3～13人。两个以上国有企业或者其他两个以上的国有投资主体设立的有限责任公司，其董事会成员中应当有公司职工代表。董事会设董事长1人，副董事长1～2人，产生办法由公司章程规定。规模较小和股东人数较少的有限责任公司也可以不设董事会，而只设1名执行董事。

董事会对股东会负责，行使下列职权：
(1) 负责召集股东会，并向股东会报告工作；
(2) 执行股东会的决议；
(3) 决定公司的经营计划和投资方案；
(4) 制订公司的年度财务预算方案、决算方案；
(5) 制订公司的利润分配方案和弥补亏损方案；
(6) 制订公司增加或者减少注册资本的方案以及发行公司债券的方案；
(7) 拟订公司合并、分立、变更公司形式、解散的方案；
(8) 决定公司内部管理机构的设置；
(9) 聘任或者解聘公司经理，根据经理的提名，聘任或者解聘公司副经理、财务负责人，决定其报酬事项；

（10）制订公司的基本管理制度；

（11）公司章程规定的其他职权。

董事会会议由董事长召集和主持；董事长因特殊原因不能履行职务时，由副董事长召集和主持；副董事长不能履行职务时，由半数以上的董事共同推举的一名董事召集和主持。召开董事会，会议议程应于会议前通知全体董事，以便董事做好出席会议的准备。董事会决议与股东会决议的计算依据明显不同，股东会一般以股份表决权为计算依据，董事会则以董事人数为计算依据。

（三）有限责任公司的经理

有限责任公司经理由董事会聘任或者解聘。经理负责公司的日常经营管理工作，对董事会负责，并行使下列职权：

（1）主持公司的生产经营管理工作，组织实施董事会决议；

（2）组织实施公司年度经营计划和投资方案；

（3）拟订公司内部管理机构设置方案；

（4）拟订公司的基本管理制度；

（5）制定公司的具体规章；

（6）提请聘任或者解聘公司副经理、财务负责人；

（7）聘任或者解聘除应由董事会聘任或者解聘以外的管理人员；

（8）公司章程和董事会授予的其他职权。

经理列席董事会会议。公司章程对经理职权另有规定的，从其规定。

（四）有限责任公司的监事会

有限责任公司，经营规模较大的，设立监事会，其成员不得少于3人。监事会应在其组成人员中推选一名召集人。监事会由股东代表和适当比例的公司职工代表组成，具体比例由公司章程规定。监事会中的职工代表由公司职工民主选举产生。公司股东人数较少和规模较小的，可以不设监事会而只设1~2名监事。

监事会或者监事行使下列职权：

（1）检查公司财务；

（2）对董事、高级管理人员执行公司职务时违反法律、法规或者公司章程的行为进行监督，并提出罢免董事和高级管理人员的建议；

（3）当董事、高级管理人员的行为损害公司的利益时，要求董事、高级管理人员予以纠正；

（4）提议召开临时股东会，在董事会不履行召集和主持股东会义务时负责召集和主持股东会；

（5）向股东会提出提案；

（6）依照公司法第152条的规定，对董事和高级管理人员提起诉讼；

（7）公司章程规定的其他职权。

（五）有限责任公司的董事、监事、经理的资格及其义务

有下列情形之一的，不得担任公司的董事、监事、经理：

(1) 无民事行为能力或者限制民事行为能力；

(2) 因犯有贪污、贿赂、侵占、挪用财产罪或者破坏社会经济秩序罪，被判处刑罚，执行期满未逾 5 年，或者因犯罪被剥夺政治权利，执行期满未逾 5 年；

(3) 担任因经营不善破产清算的公司、企业的董事或者厂长、经理，并对该公司、企业的破产负有个人责任的，自该公司、企业破产清算完结之日起未逾 3 年；

(4) 担任因违法被吊销营业执照的公司、企业的法定代表人，并负有个人责任的，自该公司、企业被吊销营业执照之日起未逾 3 年；

(5) 个人所负数额较大的债务到期未清偿。

七、国有独资公司

（一）国有独资公司的定义

国有独资公司是指国家授权投资的机构或者国家授权的部门单独投资设立的有限责任公司。除国务院确定的生产特殊产品的公司或者属于特定行业的公司应当采取国有独资公司形式的以外，均可以采取国有独资公司的形式。

（二）国有独资公司的特征

国有独资公司的股东只有一个，即国有资产监督管理机构，因而国有公司实际上是一人公司；国有独资公司的资本不分为股份，国家以出资额为限对公司承担责任，公司以其全部资产对债务承担责任，因而国有独资公司又是特殊的有限责任公司；此外，国有独资公司在设立根据、财产权性质、管理体制等方面也与一般国有企业有所差别。

（三）国有独资公司的组织机构

国有独资公司不设股东会，由国家授权投资的机构或者国家授权的部门授权公司董事会行使股东会的部分职权，决定公司的重大事项。但公司的合并、分立、解散、增减资本和发行公司债券，必须由国家授权投资的机构或者国家授权的部门决定。

国有独资公司设立董事会，每届任期为 3 年。公司董事会成员为 3~9 人，由国家授权投资的机构或者国家授权的部门按照董事会的任期委派或者更换。董事会成员中应当有公司职工代表，董事会中的职工代表由公司职工民主选举产生。董事会设董事长 1 人，可以设副董事长。董事长、副董事长由国家授权投资的机构或者国家授权的部门从董事会成员中指定；董事长为公司的法定代表人；董事会依照公司法第 47 条、第 67 条行使职权。

国有独资公司设经理，由董事会聘任或者解聘。经理依照公司法第 50 条的规定行使职权。经国家授权投资的机构或者国家授权的部门同意，董事会成员可以兼任经

理。国有独资公司的董事长、副董事长、董事、经理，未经国家授权投资的机构或者国家授权的部门同意，不得兼任其他有限责任公司、股份有限公司或者其他经济组织的负责人。

国有独资公司监事会应当由股东代表和适当比例的职工代表组成，人员不得少于5人；且职工代表不得少于1/3，具体比例由公司章程规定。监事会中的职工代表由公司职工通过职工代表大会选举产生。监事会设主席，由国有资产管理机构从监事会成员中指定。

八、一人公司

（一）一人公司的定义

一人公司指所有股份为一人持有或实际上为一人持有的有限责任公司。一人既可以是一个自然人，也可以是一个法人。

（二）一人公司设立的特别规定

公司法禁止一人公司及其股东再行设立另一个一人公司；一人公司注册资本为10万元，而且必须一次缴足；一人公司应进行特别登记，公司名称中应包含自然人或者法人独资字样，并在公司营业执照中载明。

（三）一人公司法人治理结构

一人公司股东不设股东会，股东做出的任何决议，应采用书面形式并由股东签字后置备于公司。一人公司应当在每一会计年度终了时编制公司财务会计报告，并须经会计师事务所审计。会计审计制度是一人公司中引入了外部监察制度的表现。

（四）一人公司股东责任追究

一人公司与股东人格联系非常紧密。在股东不能证明公司财产独立于自己财产的情况下规定公司股东对公司债务承担连带责任，对公司债权人的保障更加严密，同时对公司股东也并非不公平。因此，我国公司法规定，一人公司股东不能证明公司财产独立于自己财产的，应当对公司债务承担连带责任。

第四节　股份有限公司

一、股份有限公司的定义和特征

股份有限公司是指其全部资本分为等额股份，股东以其所持股份为限享有权利和承担责任，公司以其全部资产对其债务承担责任的公司。股份有限公司具有以下特征。

（一）公司的资合性

股份有限公司是一种完全而纯粹的资合性公司。公司对股东的身份无特殊的要求，只要认购公司股份就可以成为公司股东，这与股东之间靠信任与合作的有限责任公司完全不同。同时，股东在法律规定的范围内转让公司股份时，无须征求他人同意或受公司章程、股东会决议的限制。股份的自由流动，使公司不具有人合性。

（二）资本的股份性和证券化

股份有限公司的资本划分为等额的股份，并以股票这种有价证券形式加以表示，每个股东所持有的股份数可以不同，但每股代表的金额必须相等。公司资本股份化和证券化，有利于公司股东认购公司股份、行使股东权益及进行利润分配。

（三）社会性

公司法对股份有限公司的股东人数只有最低数量的要求而无最高数量的限制，允许公司向社会公众广泛发行股票以募集资本，这就决定了股份有限公司股份募集的社会性。同时，由于公司可以公开募集股份以及股东可以自由转让股份，股东具有广泛性和不确定性，因此较大程度地涉及了社会公众利益。

（四）所有权与经营权分离

股份有限公司股东人数众多，分散而且不稳定，其所持股份一般占公司资本的比例很小，股东购买股票的目的在于获得股利而不在于对公司经营管理的参与。而股份有限公司规模巨大，生产经营管理过程复杂，要求公司的经营管理者必须具有专门的技能和很高的管理水平。这就决定了股份有限公司较诸如有限责任公司在所有权与经营权上具有更大的分离性。

（五）充分的法人性

股份有限公司是一种最典型的法人企业。股东的广泛性，使得公司的所有与控制的分离表现得最为充分；公司具有最为完备的组织机构和最为独立的财产，这一切造就了公司人格的彻底独立，充分体现了法人组织的基本特征。

二、股份有限公司的设立

（一）股份有限公司设立的条件

（1）有法定的发起人。设立股份有限公司必须要有发起人。公司发起人，是指按照公司法规定提出设立公司申请，认购公司股份，并对公司设立承担责任的人。公司发起人必须具备法定的资格。依据公司法的规定，设立股份有限公司应有2人以上200人以下的发起人。其中须有过半数的发起人在中国境内有住所。发起人在中国境内有住所，就中国公民而言，是指该公民的户籍所在地的居住地或者经常居住地在中国境内；就外国公民而言，是指其经常居住地在中国境内；就法人而言，是指其主要办事机构所在地在中国境内。

(2) 必须具备法定的最低资本额。股份有限公司注册资本的最低限额为人民币500万元。公司注册资本最低限额须高于上述所定限额的，由法律、法规另行规定。

(3) 股份发行、筹办事项符合法律的规定。

(4) 发起人制定公司章程，并经创立大会通过。

(5) 有公司名称，建立符合股份公司要求的组织机构。

(6) 有固定的生产经营场所和必要的生产经营条件。

(二) 股份有限公司设立的方式

股份有限公司的设立，包括发起设立和募集设立两种方式。

发起设立，是指由发起人认购公司应发行的全部股份，不向发起人之外的任何人募集股份而设立公司。募集设立，是指由发起人认购公司应发行股份的一部分，其余部分向发起人之外的人募集而设立公司。

募集方式包括定向募集和社会募集两种。采取定向募集方式设立的，公司发行的股份除由发起人认购外，其余股份不向社会公众公开发行，但可以向其他法人发行部分股份，经批准也可以向本公司内部职工发行部分股份。采取社会募集方式设立公司的，发起人认购的股份不得少于公司股份总数的35%，其余部分应向社会公众公开发行。

(三) 股份有限公司设立的程序

股份有限公司设立的程序因设立方式的不同而不同。以发起设立方式设立股份有限公司的程序较为简便，具体包括以下步骤：

发起人发起；公司名称的预先审核；制定公司章程；发起人认足公司章程规定发行的股份；缴纳股款及验资；选举董事会和监事会成员；向公司登记机关申请设立登记并报送公司章程，验资证明及法律、法规规定的其他文件；经公司登记机关核准登记后，发给营业执照，公司即告成立。

募集方式特别是社会募集设立公司，程序则较为复杂，包括以下步骤：

(1) 订立发起人协议设立股份有限公司，首先应由符合法定资格、数量的发起人就设立公司事宜达成协议，并拟定协议书、公司章程等法律文件。

(2) 全体发起人指定代表或者共同委托代理人向公司登记机关申请公司名称的预先核准。

(3) 在募集设立方式下，全体发起人共同制定公司章程。该章程还须经公司创立大会依法定程序通过。

(4) 发起人认购股份。以募集方式设立的股份有限公司，发起人认购的股份不得少于公司股份总数的35%。

(5) 向社会募集股份。发起人向社会公开募集股份，必须公告招股说明书，并制作认股书。

(6) 认股人认购股份。认股人认购股份须在认股书上填写所认股数、金额、住所，并由认股人签名、盖章。认股属于要式行为，如果认股人以其他形式认购股份，应当认定无效。

(7) 发起人和认股人缴纳股款。股款缴足后须经法定验资机构验资。发起人、认股人缴纳股款或者交付抵作股款的出资后，除未按期募足股份、发起人未按期召开创立大会或者创立大会决议不设立公司的情形外，不得抽回股本。

(8) 召开创立大会。公司股份缴足后，发起人须于30日内召集创立大会，并且在会议前15日将会议日期通知全体认股人或者予以公告。创立大会应有代表股份总数1/2以上的认股人出席，方可举行。

(9) 申请设立登记。创立大会以后30日内，董事会应向工商行政管理机关申请办理企业法人登记，经工商行政管理机关核准登记注册并签发营业执照后，公司即告成立，取得法人资格。

三、股份发行和转让

（一）股份发行

股份有限公司的股份是公司资本的组成部分，是计算公司资本最小的均等的构成单位。股份一律平等。股份可以自由转让。股份表现为有价证券。代表股份的证书就是股票，股票是公司签发的证明股东所持股份的凭证。股份的发行实行公开、公平、公正的原则，必须同股同权，同股同利。

公司股票可以平价发行，即按照票面金额发行，也可以溢价发行，即证券发行人按照超过证券面值的价格发行股票。

向社会公众发行的股票可以为记名股票，也可以为无记名股票。记名股票的特点是股东姓名和住址要登记在公司登记簿上，只有股票的所有人才可行使股权，股票转让应办理过户手续；而无记名股票的特点是持票人享有股东权，转让也不需过户。

公司可以发行普通股，也可以发行优先股。普通股的股东对公司的管理和收益享有平等权利，并根据效益分红，风险较大；优先股对公司的资产和收益享有优先权，优先取得股息，风险较小。

公司法对设立发行的条件没有专门规定。根据《股票发行与交易管理暂行条例》的规定，设立股份有限公司申请公开发行股票，应当符合下列条件：其生产经营符合国家产业政策；发行的普通股份仅限于一种，同股同权；发起人认购的股本数额不少于公司拟发行的股本总额的35%；公司拟发行的股本总额，发起人认购的部分不少于3 000万元；向社会公众发行的部分不少于公司拟发行股本总数的25%，其中公司职工认购的股本总额不得超过拟向社会公众发行的股本总额的10%，公司拟发行的股本总额超过4亿的，证监会按规定酌情降低向社会公众发行部分的比例，但是最低不少于公司拟发行股本总数的10%；发起人最近3年内没有其他重大违法行为；证监会规定的其他条件。

(二) 股份转让

股份转让，是指股份有限公司的股份所有人将自己的股份转让他人，从而使他人成为公司股东的法律行为。股份有限公司的股份转让不同于有限责任公司，可以自由转让，一般以股票的转让为手段。有限责任公司的转让则不具有随意性。

股份有限公司股份的转让，必须在依法设立的证券交易所进行。公司发起人持有的本公司股份，自公司成立之日起1年内不得转让。公司的董事、监事、高级管理人员应向公司申报所持有的本公司股份及其变动情况，并在其任职期间每年转让的股份数不得超过其所持股份总数的25%，但公司股票在证券交易所上市交易的，自上市交易之日起1年内不得转让。上述人员离职后半年内，不得转让。

记名股票的转让，由股东以背书方式或法律、法规规定的其他方式进行。无记名股票的转让，由股东在依法设立的证券交易所将该股票交付给受让人后即发生法律效力。股份有限公司不得购买本公司的股票，但为减少公司资本而注销股份，与持有本公司股票的其他公司合并，将股份奖励给本公司职工或者对公司股东大会做出的合并、分立决议持异议，要求回购股票的除外。

四、股东的权利和义务

股份有限公司的股份持有人为公司股东，股东按其持有股份的份额享有权利、承担义务。

（一）股东行使下列权利

(1) 出席或委托代理人出席股东会并行使表决权；
(2) 选举和被选举为公司董事或监事；
(3) 依照法律、法规及公司章程的规定转让出资或股份；
(4) 查阅公司章程、股东会会议纪要、会议记录和会计报告，监督公司的经营，提出建议或咨询；
(5) 按其股份取得股利；
(6) 公司终止后依法取得公司的剩余财产；
(7) 公司发行新股时的新股认购权；
(8) 对公司的经营提出建议或者质询的权利；
(9) 提议召开临时股东（大）会的权利；
(10) 股东合法权益受到侵犯时，有权向人民法院提起诉讼；
(11) 异议股东回购请求权；
(12) 公司章程规定的其他权利。

（二）股东应当履行下列义务

(1) 遵守法律、法规和公司章程；
(2) 依其所认购股份和入股方式缴纳股金；

(3) 以其所持股份为限，对公司的债务承担责任；

(4) 在公司办理工商登记手续后，股东不得退股；

(5) 非货币出资显著低于公司章程规定份额时，交付该出资的股东有填补出资的义务，设立时的其他股东对其承担连带责任；

(6) 股东滥用股东权利给公司、其他股东及债权人造成损失的，应当依法承担赔偿责任；

(7) 公司章程规定的其他义务。

五、股份有限公司的组织机构

（一）股东大会

股份有限公司的股东大会由全体股东组成，股东大会是公司的最高权力机构。根据公司法的规定，股东大会可分为股东大会年会和临时股东大会。股东大会年会每年召开一次；如发生下列情况之一的，应在2个月内召开临时股东大会：

(1) 董事人数不足公司法规定的人数或者公司章程所定人数的2/3时；

(2) 公司未弥补的亏损达股本总额的1/3时；

(3) 持有公司股份10%以上的股东请求时；

(4) 董事会认为必要时；

(5) 监事会提议召开时；

(6) 公司章程规定的其他情形。

根据公司法第100条的规定，股东大会行使下列职权：

(1) 决定公司的经营方针和投资计划；

(2) 选举和更换董事，决定有关董事的报酬事项；

(3) 选举和更换由股东代表出任的监事，决定有关监事的报酬事项；

(4) 审议批准董事会的报告；

(5) 审议批准监事会的报告；

(6) 审议批准公司的年度财务预算方案、决算方案；

(7) 审议批准公司的利润分配方案和弥补亏损方案；

(8) 对公司增加或者减少注册资本做出决议；

(9) 对发行公司债券做出决议；

(10) 对公司合并、分立、变更公司形式以及解散和清算等事项做出决议；

(11) 修改公司章程；

(12) 对公司聘用、解聘会计师事务所做出决定；

(13) 公司章程规定的其他职权。

股东大会做出决议时，每一股有一票表决权。股东大会做出决议，必须经出席会议的股东所持有表决权的半数以上通过；股东大会对公司合并、分立、解散，修改公司章程，增加或者减少注册资本做出决议，必须经出席股东大会的股东所代表股份的2/3以上通过。

（二）董事会

董事会是公司的常设机构，对股东大会负责，其成员为5~19人。董事由股东大会选举产生，董事会成员中应有公司职工代表。股份有限公司董事的资格与有限责任公司相同。

董事会遵照国家法律、法规，公司章程及股东会议履行职责，行使下列职权：

（1）负责召开股东大会并向股东大会报告工作；
（2）执行股东大会的决议；
（3）决定公司的经营计划和投资方案；
（4）制订公司的年度财务预、决算，利润分配方案及弥补亏损方案；
（5）制订公司增减注册资本的方案以及发行公司债券的方案；
（6）决定公司重要资产的抵押、出租、发包和转让；
（7）制订公司合并、分立、变更公司形式及解散的方案；
（8）聘任或者解聘包括公司经理以及根据经理提名聘任或者解聘的公司副经理在内的高级管理人员，决定其报酬和支付方法；
（9）决定公司内部机构的设置；
（10）制定公司的基本管理制度。

董事长为公司的法定代表人。董事长由董事担任，行使下列职权：

（1）主持股东大会和召集、主持董事会；
（2）检查董事会决议的实施情况；
（3）签署公司股票、公司债券。

董事会议每年至少召开两次。董事会议由董事长召集。董事会议应由1/2以上的董事出席方可举行。由代表1/10以上表决权的股东、1/3以上董事或者监事提议可以召开临时董事会议。董事会开会时，董事应亲自出席。董事因故不能出席可以书面委托其他董事代为出席董事会，委托书中应载明授权范围。

董事会做出决议，须由半数以上的董事表决同意。董事会议应做记录，并由出席董事（包括未出席董事委托的代表）和记录员签字。董事有要求在记录上做出某些记载的权利。参加做出决议的董事应对董事会的决议承担责任，曾表示异议并记录于会议记录的可免除责任。

（三）股份有限公司的经理

股份有限公司的经理负责公司的日常经营管理活动，依照公司章程或者董事会的授权行使职权。公司经理一般行使下列职权：

（1）主持公司的生产经营管理工作，组织实施董事会决议；
（2）组织实施公司年度经营计划和投资方案；
（3）拟订公司内部管理机构设置方案；
（4）拟订公司的基本管理制度；
（5）制定公司的具体规章；

(6) 提请聘任或者解聘公司副经理、财务负责人；

(7) 聘任或者解聘除应由董事会聘任或者解聘以外的管理人员；

(8) 公司章程和董事会授予的其他职权。

经理列席董事会会议。

（四）监事会

股份有限公司应当设立监事会，对董事会及其成员和经理等管理人员行使监督职能。监事会成员不得少于3人，其中职工代表不得少于1/3，并应推选1人为召集人。监事任期为3年，可连选连任。监事会是公司监督机构，因此，监事不得兼任董事、经理及其他高级管理职务。

监事会向股东会负责并报告工作，具体行使下列职权：

(1) 列席董事会议；

(2) 监督董事、经理等管理人员有无违反法律、法规，公司章程及股东会决议的行为，并提出罢免董事和高级管理人员的建议；

(3) 检查公司财务状况；

(4) 当董事和经理的行为损害公司的利益时，要求董事和经理予以纠正；

(5) 建议召开临时股东大会，在董事会不履行召集和主持股东会义务时负责召集和主持；

(6) 向股东会提出提案；

(7) 依照公司法第152条的规定，对董事和高级管理人员提起诉讼；

(8) 公司章程规定的其他职权。

六、公司债券

依据我国公司法的规定，公司债券是指公司依照法定程序发行的、约定在一定期限内还本付息的有价证券。公司债券具有以下基本特征：第一，公司债券必须是公司依法定条件和程序发行的；第二，公司债券是约定在一定期限内还本付息的有价证券；第三，公司债券是向社会公众募集资金产生的债务。

公司发行债券直接关系到投资者的利益。为保护投资者的利益和证券市场的有序运行，证券法律对公司债券发行条件做了以下规定：

(1) 企业规模达到国家规定的要求。有限责任公司和股份有限公司的净资产额均不低于人民币3 000万元。所谓净资产是指公司实有资产减去全部负债后的金额。

(2) 累计债券总额不超过公司净资产额的40%。

(3) 最近3年平均可分配利润足以支付公司债券1年的利息。

(4) 资金投向符合国家产业政策。国家限制或者禁止发行公司债券的企业主要有：①国家产业政策限制或者禁止发展的企业；②产品质次价高、滞销积压的企业；③经济效益低下，甚至亏损，无还款能力的企业；④不利于提高社会整体利益，与大企业争原料、能源、资金的小企业；⑤增加流通环节和费用，与国家主渠道流通企业争抢农副产品和内外贸货源的非主渠道流通企业；⑥人民银行认为不符合发行债券条件的企业。一般来讲，许可发行公司债券的企业主要有：①国家产业政策鼓励发展的交通、能源、原材料、人民生活必需的日用消费品生产和出口创汇等的企业；②国营大中型骨干企业；③产品在国内外市场上享有较高信誉、适销对路的企业；④必须是经济效益好的企业。

(5) 债券的利率不得超过国务院限定的利率水平。

(6) 国务院规定的其他条件。

我国行政法规对公司债券合同记载内容做了许多规定，主要包括各种限制条件、担保条件和承诺。最重要的内容为：其一，发债公司承诺到期偿还本金和支付利息。其二，关于担保人的规定，用意在于保护债券持有人的合法利益。其三，通知条款。这一条款允许发债公司在合同规定的到期之日前收回一定数量的债券。收回价格通常较高，它同债券面值的差额称为"收回溢价"。这一条款是对发债公司有利的。例如，当市场利率趋向下跌时，企业收回旧债券，再以比较低的利率发行新债券，可以降低筹集成本。

第五节 违反公司法的法律责任

违反公司法的法律责任是指公司法律关系的主体违反了公司法律规范而应当承担的法律后果。为规范公司的组织行为，保护公司、股东和债权人的合法权益，维护社会经济秩序，必须对违反公司法有关规定的违法者追究法律责任。违反公司法的法律责任包括民事责任、行政责任和刑事责任。

一、违反公司法的民事责任

(1) 发起人或股东的出资责任。发起人或者股东不按照规定按期缴纳出资的，除应当向公司足额缴纳外，还应当向已按期足额缴纳出资的股东承担违约责任；公司成立后，发现作为非货币财产的实际价额显著低于公司章程所定价额的，应当由交付该出资的股东补缴差额，设立时的其他股东对其承担连带责任。

(2) 公司发起人的设立责任。发起人在公司不能成立时，对设立行为所产生的债务和费用负连带责任；对认股人已缴纳的股款，负返还股款加算银行同期存款利息的连带责任；由于发起人的过失致使公司利益受到损害的，发起人应当对公司承担责任。

(3) 董事、监事、高级管理人员违反董事会决议、超越职权、违反竞业禁止以及利用关系损害公司利益时的损害赔偿责任。

(4) 公司清算组成员因故意或重大过失给公司或者债权人造成损害时的赔偿责任。

(5) 承担资产评估、验资或者验证的机构的证明不实时的赔偿责任。

二、违反公司法的行政责任

(一) 罚款

下列违反公司法的行为将受到罚款处罚：虚报注册资本、提交虚假证明文件或者采取其他欺诈手段隐瞒重要事实取得公司登记的；公司的发起人、股东虚假出资，未交付货币、实物或者未转移财产权的；公司成立后抽逃出资的；在会计账册外另立会计账册的；向股东和社会公众提供虚假的或隐瞒重要事实的财务会计报告的；不依法提取法定公积金的；公司在合并、分立、减少注册资本或者进行清算时，不按照本法规定通知或者公告债权人的；公司在进行清算时，不按规定通知或者公告债权人的；清算时隐匿财产，对资产负债表或者财产清单做虚伪记载或者未清偿债务前分配公司财产的；清算组织徇私舞弊，谋取非法收入或者侵占公司财产的；承担资产评估、验资或者验证的机构因过失提供有重大遗漏报告的，或提供虚假证明文件的；未依法登记为有限责任公司或者股份有限公司，而冒用其名义的；公司登记事项发生变更时，未按法律规定办理变更登记，经责令限期登记仍逾期不登记的；擅自在中国境内设立分支机构的外国公司。

（二）没收违法所得

清算组织徇私舞弊、谋取非法收入或者侵占公司财产的；公司在清算期间擅自开展与清算无关的经营活动的；承担资产评估、验资或者验证的机构提供虚假证明文件的。

（三）责令停业或者关闭

承担资产评估、验资或者验证的机构因过失提供有重大遗漏报告的，或提供虚假证明文件的，以及擅自在中国境内设立分支机构的外国公司，可由主管部门依法责令该机构停业。

（四）取消资格

承担资产评估、验资或者验证的机构因过失提供有重大遗漏报告的，或提供虚假证明文件的；虚报注册资本、提交虚假证明文件或者采取其他欺诈手段隐瞒重要事实取得公司登记，情节严重的；未依法登记为有限责任公司或者股份有限公司，而冒用其名义的；公司成立后无正当理由超过6个月未开业的，或者开业后自行停业连续6个月以上的；利用公司名义从事危害国家安全、社会公共利益的严重违法行为，分别由主管机关给予吊销营业执照的行政处罚的。

（五）责令纠正违法行为

公司登记事项发生变更时，未按照法律规定变更登记的，责令限期登记；公司不按规定提取法定公积金的，责令如数补足应当提取的金额；在法定的账册外另立会计账册的，责令改正等。

三、违反公司法的刑事责任

虚报注册资本数额巨大、后果严重或者有其他严重情节的，可以构成虚报注册资本罪；虚假出资或者抽逃出资数额巨大、后果严重或者有其他严重情节的，可以构成虚假出资或者抽逃出资罪；提供虚假财务报告，严重损害股东或者其他人利益的，可以构成提供虚假财务报告罪;中介组织提供虚假证明文件情节严重的,可以构成中介组织提供虚假证明文件罪;中介组织的人员严重不负责任,提供的证明文件重大失实,造成严重后果的,可以构成中介组织提供证明文件重大失实罪;妨害清算,严重损害债权人或者其他人利益的,可以构成妨害清算罪;公司、企业人员利用职务上的便利,收受或索取他人财物、为他人谋利益,数额较大的,可以构成公司企业人员受贿罪;为谋取不正当利益,给予公司、企业工作人员财物,数额较大的,可以构成对公司、企业人员行贿罪;将公司财物非法占为己有,数额较大的,可以构成侵占罪;挪用公司资金归个人使用或者贷给他人,数额较大,超过3个月未还或者未超过3个月,但数额较大、进行营利活动或者进行非法活动的,构成挪用资金罪。

思考题

1. 公司的概念、特征和分类是什么?
2. 简述我国公司法的沿革。
3. 试比较有限责任公司和股份有限公司的法律特征。
4. 有限责任公司的设立条件有哪些?
5. 简述有限责任公司组织机构的组成和职权范围。
6. 试述国有独资公司组织机构的特点。
7. 试述我国股份有限公司的设立条件及方式。
8. 试述股份有限公司组织机构的组成和职权范围。
9. 试述股份有限公司股东的权利和义务。
10. 违反公司法的责任形式有哪些?简述其内容。

第九章　合伙企业法

本章学习要点

合伙企业定义、特征、类型；普通合伙企业的概念；设立与财产关系；入伙、退伙的规定及特殊的普通合伙企业；合伙企业的解散、清算及法律责任。

第一节　合伙企业概述

一、合伙企业定义

合伙是指两个或两个以上的合伙人，按照法律和合伙协议的规定，共同出资、共同经营、共享收益、共担风险，并对债务承担责任的经济组织。各国法律就具体规定承担的责任方式是不同的。我国法律规定的责任方式有：无限连带责任、无限责任、有限责任三种。

二、合伙企业特征

合伙企业的法律特征主要表现在以下几个方面：

（1）两个或两个以上的合伙人共同组建。根据《中华人民共和国合伙企业法》（简称合伙企业法）规定，合伙企业应当由两个或两个以上的合伙人共同组建。合伙人原则上应当具备完全民事行为能力，并不得是法律禁止的投资经营主体。

（2）以合伙协议作为合伙设立的基础。合伙人之间必须签订书面的合伙协议，合伙协议的建立体现了意思自治的民事法律原则。

（3）合伙的财产为合伙人共有。合伙财产包括合伙人共同出资而形成的财产，也包括合伙存续期间取得的财产。在合伙企业开展经营活动中，合伙财产优先作为投资和承担风险的价值物，原则上不属于合伙人个人所有；合伙人对合伙财产的处置需要取得其他合伙人的意思表示，否则对内承担合伙协议约定的不利后果。共有表现在共同出资、共享收益、共担风险等方面。

（4）合伙人共同实施经营活动。共同实施可以是共同参与经营活动、执行经营事务，也可以是共同委托一位或数位合伙人代为经营，还可以理解为以普通合伙或有限合伙的形式开展经营活动，在风险和收益、投入和产出之间取得平衡。

（5）原则上普通合伙人对合伙债务承担无限连带责任。在合伙企业资产不足以清偿合伙债务时，债权人有权要求任何一个普通合伙人予以清偿。

三、合伙企业的类型

合伙企业的发展，导致合伙类型也在不断地发展，形成了诸如民事合伙与商事合伙、显名合伙与隐名合伙、普通合伙与有限合伙、一般的普通合伙企业与特殊的普通合伙企业等不同形式。

（一）民事合伙与商事合伙

在民商分立的大陆法国家，按规范合伙设立与存续的法律基础是民法典或是商法典，将合伙分为民事合伙与商事合伙。民事合伙，是指以自由职业者组成的从事民事活动的合伙组织，包括律师事务所、会计师事务所、医师诊所等。这类合伙由合伙人以自身或雇员的某种特长或技能为他人提供民事服务。商事合伙是指合伙人组成的从事生产经营等商事活动的合伙。但我国没有民商分立的立法体系，故我国法律无此划分。

（二）显名合伙与隐名合伙

显名合伙与隐名合伙始于大陆法系分类。其中，显名合伙指普通合伙。隐名合伙则指由隐名合伙人与出名合伙人组成，隐名合伙人放弃合伙经营权，对外隐名，对内依出资比例或依约定分享合伙收益并承担无限责任的合伙组织。另外，美国合伙法将在合伙中不公开身份、姓名，不参与合伙事务管理的合伙人规定为隐名合伙合伙人，反之为显名合伙人；我国没有显名或隐名的区分，依照我国《合伙企业法》第63条规定，即便是有限合伙人也应当载明身份、名称或姓名。

（三）普通合伙与有限合伙

按承担责任是有限责任还是无限责任进行划分，所有合伙人均需对合伙企业债务承担无限责任（注意，考虑到特殊的普通合伙企业，这里不能是无限连带责任）的为普通合伙；有1名合伙人对合伙企业债务仅以出资为限承担责任的，而其他合伙人承担无限责任的，该合伙企业为有限合伙。我国《合伙企业法》第2条对此做出了规定。

（四）一般的普通合伙企业与特殊的普通合伙企业

我国《合伙企业法》独创了这一分类。一般的普通合伙企业指我国《合伙企业法》第2条第2款第一句规定的"由普通合伙人组成，合伙人对合伙企业债务承担无限连带责任"的企业组织形式。特殊的普通合伙企业指，依照我国《合伙企业法》第

55 条规定，"以专业知识和专门技能为客户提供有偿服务的专业服务机构"；和第 107 条规定，采用合伙制的非企业专业服务机构。

特殊的普通合伙企业的合伙人原则上承担无限连带责任，但依据其执业行为的不同承担责任的方式也不同：依照《合伙企业法》第 57 条规定，"一个合伙人或者数个合伙人在执业活动中因其故意或重大过失造成的合伙企业债务，应当承担无限责任或无限连带责任，其他合伙人以其在合伙企业中的财产份额为限承担责任。合伙人在执业活动中非因故意或者重大过失造成合伙企业债务以及合伙企业的其他债务，由全体合伙人承担无限连带责任。"

四、合伙企业法

合伙企业法是专门用于规范、调整合伙企业法律行为的法律。《中华人民共和国合伙企业法》自 1997 年制定，于 2006 年 8 月 27 日由全国人大修订颁布，并于 2007 年 6 月 1 日起施行。该法进一步规范了合伙企业的行为，注重保护合伙企业及其合伙人、债权人的合法权益，大大完善了我国合伙企业法律制度，增加了有限合伙的规定。新法的修改，响应社会各界对律师事务所、会计师事务所等专业服务机构、私募基金等现代金融服务机构改善法律地位、降低法律风险的呼声，使公司投资合伙企业的税收优势有了法律支撑。对于明确合伙企业的法律地位，促进合伙企业的发展，起到了重要的作用。

第二节　普通合伙企业

一、普通合伙企业的概念

普通合伙是指两个或两个以上的合伙人，按照法律和合伙协议的规定，共同出资、共同经营、共享收益、共担风险，合伙人对合伙事务所产生的债务承担无限连带责任的经济组织。

二、普通合伙企业的设立与财产关系

（一）成立条件

1. 合伙人

（1）合伙人的类型可以包括自然人、法人和其他组织及其组合。合伙人的数量不得少于 2 人，但没有人数上限的规定。但有限合伙企业（另有规定的除外）却规定上限为 50 人，其中至少应当有 1 名普通合伙人。

（2）自然人作为设立合伙企业的合伙人应当具备完全民事行为能力。无民事行为能力人、限制民事行为能力人经其他合伙人一致同意的，可以转为有限合伙人；合伙人的继承人为无民事行为能力人、限制民事行为能力人的，依照合伙协议约定或经其他合伙人一致同意，可以成为有限合伙人。

（3）法人作为合伙人的可以是企事业单位法人或社会团体法人。需要注意的是《合伙企业法》第3条规定："国有独资公司、国有企业、上市公司以及公益性的事业单位、社会团体不得成为普通合伙人。"但并不禁止其成为有限合伙人。

（4）其他组织是指合法成立、有必要的财产和一定的组织机构，但又不具备法人资格的组织，包括合伙企业、独资企业、非法人型联营企业、非法人的中外合作企业等。

2. 合伙协议

（1）形式要件。合伙协议采用书面方式，《合同法》第10条规定："书面形式是指合同书、信件以及数据电文（包括电报、电传、传真、电子数据交换及电子邮件）等可以有形地表现所载内容的形式"。

（2）原则。合伙协议的订立和合伙企业的设立当遵循自愿、平等、公平、诚实信用原则。

（3）合伙协议生效和效力。其生效需经全体合伙人签章，其修改或补充除非合伙协议另有约定外需经过全体合伙人一致同意。因合法受让而入伙的，经修改合伙协议即成为合伙企业的合伙人。其效力原则上只针对全体合伙人，经登记机关审查登记后才具有对抗外部第三人的效力。

（4）合伙协议应当载明的事项。包括合伙企业的名称和主要经营场所等地点；合伙目的和合伙经营范围；合伙人的姓名或者名称、住所；合伙人的出资方式、数额和缴付期限；利润分配、亏损分担方式；合伙事务的执行；入伙与退伙；争议解决办法；合伙企业的解散与清算；违约责任。

（5）合伙协议的内容可以由合伙人约定。包括合伙协议生效、修改、补充的方式；约定合伙人向合伙人以外的人转让财产份额无需经其他合伙人一致同意；约定在同等条件下其他合伙人不具有优先购买权；约定合伙人对合伙企业有关事项作出决议的表决办法；约定应当经全体合伙人一致同意的事项；允许普通合伙人自我交易；约定有限合伙企业利润分配方式、竞业禁止等。

（6）合伙协议禁止约定的事项。不得约定将全部利润分配给部分合伙人（第69条有限合伙协议除外）；不得约定由部分合伙人承担全部亏损。

（7）合伙协议未约定或者约定不明确的事项的处理。优先由合伙人协商决定；协商不成的，依照本法和其他有关法律、行政法规的规定处理。

（8）违约责任。合伙协议属于民事合同，合伙人违约的要对其他合伙人承担违约责任。违约责任包括违约金责任、赔偿金责任、继续履行责任等。

3. 出资

（1）合伙企业法及其他法律法规没有设定最低资本额的，则以认缴金额为合伙企业成立的最低条件。认缴金额以合伙协议为依据，按协议约定的出资方式、数额和缴付期限，履行出资义务；合伙人可按照合伙协议的约定或者经全体合伙人决定，增加或者减少对合伙企业的出资；未履行出资义务的，经其他合伙人一致同意，可以决议将其除名。

（2）法律对有限合伙出资的特殊规定。如在登记事项中，应当载明有限合伙人的姓名和出资额；新入伙的有限合伙人对入伙前有限合伙企业的债务，以其认缴的出资额为限承担责任。

（3）出资形式。一是货币出资；二是实物、知识产权、土地使用权或者其他财产权利出资；三是劳务出资。其中以实物、知识产权、土地使用权或者其他财产权利出资需要评估作价的，可以由全体合伙人协商确定，也可以由全体合伙人委托法定评估机构评估。以劳务出资的评估办法由全体合伙人协商确定，并在合伙协议中载明，但有限合伙人不得以劳务出资。

（4）出资依照法律、行政法规的规定，需要办理财产权转移手续的，应当依法办理。

4. 名称和处所

（1）企业名称又称"字号"，它是此经济组织与彼经济组织用以确定和代表自身，并区别于他人的符号和标记。合伙企业的名称受《合伙企业法》《企业名称登记管理规定》《企业名称登记管理实施办法》的规范。普通合伙、特殊的普通合伙、有限合伙均应当在其名称中表明对应的字样，未表明的由企业登记机关责令限期改正，处以2 000元以上10 000元以下的罚款；更不能有"有限公司""股份公司""股份有限公司"字样出现。

（2）合伙企业的生产经营场所，是指合伙企业从事生产经营活动的所在地。所在地可以是自有的，也可以是租借他人的。

（二）法定登记程序及手续

我国采取的是法人（主体）登记和营业登记合二为一的企业登记制度，由于合伙企业不具备法人资格，因此对符合相关条件的、准予登记并颁发营业执照。

1. 登记机关

《合伙企业登记管理办法》第4条规定："工商行政管理机关是合伙企业登记机关。市、县工商行政管理部门负责本辖区内的合伙企业登记。"无论是合伙企业的设立，还是其分支机构的设立，均应当向企业或该分支机构所在地的企业登记机关申请。获得批准的方可从事经营行为，反之则不能从事经营行为。

2. 设立登记的文件要求及惩戒条款

（1）书件要求。申请设立合伙企业，应当向企业登记机关提交登记申请书、合伙协议书、合伙人身份证明等文件。实践中，依照《企业名称登记管理规定》《关于贯彻实施〈中华人民共和国合伙企业登记管理办法〉有关问题的通知》，还需要提供企业名称预先核准通知书、出资权属证明、经营场所证明、指定委托书、审批文件等材料。

（2）惩戒。提交虚假文件或者采取其他欺骗手段，取得合伙企业登记的，由企业登记机关责令改正，并处以5 000元以上50 000元以下的罚款；情节严重的，撤销企业登记，并处以5万元以上20万元以下的罚款。

3. 登记程序

材料齐全符合法定形式的，当场登记并发给营业执照；或自受理申请之日起20

日内，作出是否登记的决定；不予登记的，登记机关应当给予书面答复，并说明理由。

4. 成立时间

合伙企业营业执照的签发日期，为合伙企业的成立日期。

5. 冒名合伙企业的惩戒

合伙企业领取营业执照前，合伙人不得以合伙企业名义从事合伙业务。未领取营业执照，而以合伙企业或者合伙企业分支机构名义从事合伙业务的，由企业登记机关责令停止，处以 5 千元以上 5 万元以下的罚款。

6. 变更登记的规定

合伙企业登记事项发生变更的，执行合伙事务的合伙人应当自作出变更决定或者发生变更事由之日起 15 日内，向企业登记机关申请办理变更登记。未办理的，由企业登记机关责令限期登记，逾期不登记的，处以 2 千元以上 2 万元以下的罚款；由此给合伙企业、其他合伙人或者善意第三人造成的损失，由执行合伙事务的合伙人赔偿。

（三）税赋

合伙企业实行单层税赋制，即本身不缴纳企业所得税，而由合伙人分别缴纳所得税。

（四）合伙企业财产

1. 财产组成

合伙企业财产由合伙人出资、以合伙企业名义取得的收益和依法取得的其他财产三部分组成。

2. 财产的分割

除法律另有规定外，合伙人在合伙企业清算前，不得请求分割合伙企业的财产；合伙人在合伙企业清算前私自转移或者处分合伙企业财产的，合伙企业不得以此对抗善意第三人。

3. 合伙份额的转让

合伙人之间转让合伙份额的，需对其他合伙人履行告知义务。向合伙人以外的人转让的，除合伙协议另有约定外，须经其他合伙人一致同意，且在同等条件下，其他合伙人有优先购买权。依法受让的准合伙人，在修改合伙协议并生效后，成为合伙人。

4. 合伙份额的出质

合伙人以其在合伙企业中的财产份额出质的，须经其他合伙人一致同意；未经其他合伙人一致同意，其行为无效，由此给善意第三人造成损失的，由行为人依法承担赔偿责任。

5. 合伙利润的分配、亏损的分担

合伙协议有约定的按约定执行；未约定或者约定不明确的由当事人协商决定；协

商不成的按照实缴出资比例实施分配和分担亏损；无法确定出资比例的平均分配和分担亏损。普通合伙中合伙协议不得约定将全部利润分配给部分合伙人或者由部分合伙人承担全部亏损。

三、合伙事务的执行及与第三人的关系

（一）合伙事务的执行

1. 合伙事务执行原则

权利同等原则，即合伙人在执行合伙事务时享有同等的权利，不因合伙出资额的差异导致合伙事务执行权的差异。但是，现实的合伙事务执行却存在另外的思考，现实生活中，往往采用推举制，或者份额大小制来确定合伙事务的执行权。

2. 合伙事务执行方式

按照合伙协议的约定或者经全体合伙人决定，合伙事务执行方式可以分为三种：全体合伙人共同执行；委托一个合伙人单独执行或者数个合伙人共同执行；各合伙人分别执行。若合伙人是法人或其他组织，由其委派的代表执行合伙事务。

3. 合伙人的义务

（1）忠实义务。合伙人不得从事损害本合伙企业利益的行为。

（2）竞业的绝对禁止。合伙人不得自营或者同他人合作经营与本合伙企业相竞争的业务。

（3）自我交易的相对限制。除合伙协议另有约定或者经全体合伙人一致同意外，合伙人不得同本合伙企业进行交易。

（4）违反义务的惩戒。合伙人违反本法规定或者合伙协议的约定，从事与本合伙企业相竞争的业务或者与本合伙企业进行交易的，该收益归合伙企业所有；给合伙企业或者其他合伙人造成损失的，依法承担赔偿责任。

4. 执行合伙事务的权利和义务

（1）由一个或者数个合伙人执行合伙事务的，执行事务合伙人应当定期向其他合伙人报告事务执行情况以及合伙企业的经营和财务状况，其执行合伙事务所产生的收益归合伙企业，所产生的费用和亏损由合伙企业承担。受委托执行合伙事务的合伙人不按照合伙协议或者全体合伙人的决定执行事务的，其他合伙人可以决定撤销该委托。合伙人执行合伙事务（或者合伙企业从业人员利用职务上的便利），将应当归合伙企业的利益据为己有的，或者采取其他手段侵占合伙企业财产的，应当将该利益和财产退还合伙企业；给合伙企业或者其他合伙人造成损失的，依法承担赔偿责任。受托合伙人以外的其他合伙人不再执行合伙事务，但有监督权，有权查阅合伙企业会计账簿等财务资料，以了解合伙企业的经营状况和财务状况。不具有事务执行权的合伙人擅自执行合伙事务，给合伙企业或者其他合伙人造成损失的，承担赔偿责任。

（2）合伙人分别执行合伙事务的，执行事务合伙人可以对其他合伙人执行的事务提出异议，提出异议时，应当暂停该项事务的执行。发生争议的，按合伙事务决议程序进行处理。

5. 合伙事务决议程序

（1）按照合伙协议约定的表决办法办理。

（2）合伙协议未约定或者约定不明确的，实行合伙人一人一票的表决办法。

（3）一般合伙事务的表决，经全体合伙人过半数通过。

（4）重要合伙事务的表决，应当经全体合伙人一致同意。重要合伙事务包括：改变合伙企业的名称、改变合伙企业的经营范围、主要经营场所的地点、处分合伙企业的不动产、转让或者处分合伙企业的知识产权和其他财产权利、以合伙企业名义为他人提供担保、聘任合伙人以外的人担任合伙企业的经营管理人员。

（5）如修改或者补充合伙协议、新合伙人入伙、自我交易、合伙份额出质等事项，也需要全体合伙人一致同意，合伙协议另有约定的除外。

（6）如有合伙人擅自处理必须经全体合伙人一致同意始得执行的合伙事务，给合伙企业或者其他合伙人造成损失的，应当予以赔偿。

6. 外聘管理人员的权利义务

（1）经合伙协议约定或全体合伙人一致同意，可以聘任合伙人以外的人担任合伙企业的经营管理人员，管理合伙企业的日常经营事务。

（2）被聘任的合伙企业的经营管理人员应当在合伙企业授权范围内履行职务，超越合伙企业授权范围内的，或者在履行职务过程中因故意或者重大过失给合伙企业造成损失的，依法承担赔偿责任。

（二）合伙企业与第三人关系

1. 保护善意第三人

《合伙企业法》第37条规定："合伙企业对合伙人执行合伙事务以及对外代表合伙企业权利的限制，不得对抗善意第三人。"

2. 合伙企业与债权人关系

合伙企业对其债务，应先以其全部财产进行清偿。若合伙企业财产不足以清偿到期债务的，合伙人以个人财产用以清偿，或者以个人可支配的家庭财产用以清偿。合伙人之间承担连带责任。另外，合伙人由于承担无限连带责任，清偿数额超过其应分担比例的，有权向其他合伙人追偿。

3. 合伙企业与合伙人债权人的关系

（1）合伙人发生与合伙企业无关的债务，相关债权人不得以其债权抵销其对合伙企业的债务，也不得代位行使合伙人在合伙企业中的权利。

（2）合伙人的自有财产不足清偿其与合伙企业无关的债务的，该合伙人可以以其合伙企业中分取的收益用于清偿；债权人也可以依法请求人民法院强制执行该合伙人在合伙企业中的财产份额用于清偿。

（3）法院在强制执行合伙人财产份额时，应当通知全体合伙人。按照法律规定，在这种情况下，其他合伙人有优先购买权；其他合伙人未购买，且不同意将该财产份额转让给他人的，也可以办理退伙结算，或者办理削减该合伙人相应财产份额的结算。

四、入伙、退伙的规定

（一）入伙

1. 条件

需全体合伙人同意或依据原合伙协议约定，订立书面入伙协议的，原合伙人应当向新合伙人如实告知原合伙企业的经营状况和财务状况。

2. 权利、责任

除入伙协议另有约定外，入伙人与合伙人享有同等权利，承担同等责任。同时，新合伙人对入伙的合伙企业债务承担无限连带责任。

（二）退伙

1. 自愿退伙

合伙协议约定合伙期限的，在合伙企业存续期间，有下列四种情形之一的，合伙人可以自愿退伙：合伙协议约定的退伙事由出现；经全体合伙人一致同意；发生合伙人难以继续参加合伙的事由；其他合伙人严重违反合伙协议约定的义务。

2. 声明退伙

合伙协议未约定合伙期限的，在不给合伙企业经营事务造成不利影响的情况下，合伙人提前 30 日通知其他合伙人后即可退伙。

3. 法定退伙

有下列情形之一的，为当然退伙，自退伙事由实际发生之日退伙生效：①作为合伙人的自然人死亡或者被依法宣告死亡；②个人丧失偿债能力；③作为合伙人的法人或者其他组织依法被吊销营业执照、责令关闭、撤销，或者被宣告破产；④法律规定或者合伙协议约定合伙人必须具有相关资格而丧失该资格；⑤合伙人在合伙企业中的全部财产份额被人民法院强制执行；⑥合伙人被认定为无民事行为能力或者限制民事行为能力人，而其他合伙人未能一致同意其转为有限合伙人或有限合伙企业的。

法定退伙的其他处理方式：①合伙人或其继承人被依法认定为无民事行为能力人或者限制民事行为能力人的，经其他合伙人一致同意，可以依法转为有限合伙人，同时普通合伙企业依法转为有限合伙企业。②合伙人死亡或者被依法宣告死亡的，对该合伙人在合伙企业中的财产份额享有合法继承权的继承人，按照合伙协议的约定或者经全体合伙人一致同意，从继承开始之日起，取得该合伙企业的合伙人资格。

4. 除名退伙

合伙人有下列情形之一的，经其他合伙人一致同意，可以决议将其除名：①未履行出资义务；②因故意或者重大过失给合伙企业造成损失；③执行合伙事务时有不正当行为；④发生合伙协议约定的事由。

除名决议应当书面通知被除名人，被除名人接到除名通知之日，该除名决议生效，被除名人退伙。若因被除名人原因导致通知不到的，可申请法院处理。被除名人对除名决议有异议的，可以自接到除名通知之日起 30 日内，向人民法院提起诉讼。

5. 违法退伙的惩戒

合伙人违反自愿退伙和声明退伙规定退伙的,应当赔偿由此给合伙企业造成的损失。

6. 退伙引起的财产处理

若继承人不愿意成为合伙人的、法律规定或者合伙协议约定合伙人必须具有相关资格而该继承人未取得该资格的、合伙协议约定不能成为合伙人的其他情形的以及全体合伙人未能一致同意合伙人的无民事行为能力、限制民事行为能力的继承人转为有限合伙人的,合伙企业应当将被继承合伙人的财产份额退还该继承人。

7. 退伙结算标准

按照退伙时的合伙企业财产状况进行结算,即按其财产份额计算,并按其造成损失的赔偿责任扣减其应当赔偿的数额,由合伙协议约定或者由全体合伙人决定退还货币或实物;退伙时有未了结的合伙企业事务的,待该事务了结后进行结算。

8. 退伙的责任承担

退伙时合伙企业财产少于合伙企业债务的,退伙人应当按其份额承担责任;退伙人对基于退伙前的原因发生的合伙企业债务,承担无限连带责任。

五、特殊的普通合伙企业

(一) 适用范围

以专业知识和专门技能为客户提供有偿服务的专业服务机构,如会计师事务所、评估师事务所、审计事务所、律师事务所。

采取合伙制的非企业专业服务机构,其合伙人承担责任的形式适用合伙企业法的规定。

(二) 责任制度

1. 是普通合伙框架下的例外责任承担方式

本质上是普通合伙企业,其合伙人原则上要对合伙企业债务承担无限连带责任。

2. 例外责任承担方式

以执业活动中是否因故意或者重大过失造成合伙企业债务是区别责任承担的标准。因上述原因的,该执业合伙人(们)承担无限责任或者无限连带责任,其他合伙人以其在合伙企业中的财产份额承担有限责任;以合伙企业财产先行对外承担责任后,该合伙人应按照合伙协议的约定赔偿合伙企业;非因上述原因的,全体合伙人承担无限连带责任。

3. 执业风险和职业保障

合伙人必须办理执业风险基金、职业保险等。执业风险基金采用单独立户管理,用于偿付合伙人执业活动造成的债务。

第三节　有限合伙企业

一、有限合伙企业的概念

有限合伙指的是由有限合伙人和普通合伙人共同组成的合伙企业。有限合伙人以其出资额为限对该企业承担责任。而普通合伙人则对合伙债务承担无限连带责任。

二、有限合伙人与普通合伙人的转换

（一）有限合伙人人数、人格的规定

（1）有限合伙企业合伙人下限为 2 人，上限为 50 人。
（2）有限合伙人不要求具有完全民事行为能力。
（3）有限合伙企业至少有 1 人为有限合伙人另 1 人为普通合伙人；仅剩有限合伙人的，应当解散；仅剩普通合伙人的，转为普通合伙企业。

（二）有限合伙人的权利

1. 基本权利

有限合伙人不得"执行事务"，也不得对外代表合伙企业，但可以有权选择普通合伙人、选择财务审计机构、有经营建议权、财务知情权、诉讼权，也可以为合伙企业提供担保。

2. 特殊权利

除非合伙协议另有约定除外，原则上有权与本企业进行自我交易、可以竞业经营，也可以出质其财产份额。有权按照合伙协议的约定向合伙人以外的人转让其在有限合伙企业中的财产份额，但应当提前 30 日通知其他合伙人。

3. 有限合伙人与普通合伙人的转换

合伙协议或经全体合伙人一致同意，普通合伙人与有限合伙人身份可转换。出于保护债权人的考虑，无论两种身份如何对换，该合伙人均需对其转换前合伙企业发生的债务承担无限连带责任。

三、有限合伙企业合伙协议与出资

（一）合伙协议

1. 基本载明事项

包括普通合伙协议要求载明的事项：合伙企业的名称和主要经营场所的地点；合伙目的和合伙经营范围；合伙人的姓名或者名称、住所；合伙人的出资方式、数额和缴付期限；利润分配、亏损分担方式；合伙事务的执行；入伙与退伙；争议解决办法；合伙企业的解散与清算；违约责任。

2. 还需载明的事项

执行事务合伙人应具备的条件和选择程序，权限与违约处理办法，除名条件和更换程序；有限合伙人入伙、退伙的条件、程序以及相关责任；有限合伙人和普通合伙人相互转变程序。

（二）出资

（1）出资类型的禁止性规定。有限合伙人不得以劳务出资。

（2）出资方式和责任。有限合伙人应当按照或协议的约定按期足额缴纳出资，且为了起到对外责任承担能力公示的作用，有限合伙企业登记事项中应当载明有限合伙人的姓名或者名称及认缴的出资数额。有限合伙人规定若未按期足额缴纳的，必须承担补缴义务，并依据合伙协议对其他合伙人承担违约责任。

四、有限合伙企业的事务执行

（1）有限合伙人既不执行事务，也不得对外代表合伙企业。

（2）普通合伙人负责事务执行，并可以要求报酬。

（3）有限合伙人违反事务执行规定的法律责任。第三人有理由相信有限合伙人为普通合伙人并与其交易的，该有限合伙人对该笔交易承担与普通合伙人同样的责任；有限合伙人未经授权以有限合伙企业名义与他人进行交易，给有限合伙企业或者其他合伙人造成损失的负赔偿责任。

五、有限合伙人的利润分配与责任承担

（一）分配的特殊规定

合伙协议可以约定有限合伙企业将全部利润分配给部分合伙人。

（二）对企业债务的责任承担

1. 承担有限责任

有限合伙人仅以其认缴的出资额为限对有限合伙企业债务承担有限责任。新入伙的有限合伙人对入伙前有限合伙企业的债务，以其认缴的出资额为限承担责任。有限合伙人退伙后，对基于其退伙前的原因发生的有限合伙企业债务，以其退伙时从有限合伙企业中取回的财产承担责任。

2. 与个人债权人的关系

该有限合伙人首先以其自有财产清偿，不足的可以以其分取的收益清偿；债权人可以通过法院强制执行财产份额用于清偿。强制执行时，应当通知全体合伙人，同等条件下，其他合伙人有优先购买权。

六、有限合伙人的退伙

有限合伙人（自然人）死亡或者被依法宣告死亡的、（法人）终结营业资格的、

丧失必要资格的、全部财产份额被法院强制执行的,当然退伙。

第四节 合伙企业的解散、清算及法律责任

一、合伙企业的解散

(一) 自行解散

自行解散是指合伙企业根据自己的决定或非强制解散的原因引起企业作为经济实体资格消灭的情形。包括:合伙期限届满;合伙人决定不再经营;合伙协议约定的解散事由出现;全体合伙人决定解散。

(二) 强制解散

强制解散是指企业违反了法律法规规定,必须依法强制解散的情形。包括:合伙人不具备法定人数满 30 天;合伙协议约定的合伙目的已经实现或者无法实现;依法被吊销营业执照、责令关闭或者被撤销;依法被宣告破产;法律、行政法规规定的其他原因。

二、清算

(一) 清算的概念

合伙企业解散后,由清算人进行清算;清算期间合伙企业依然存续,但不得开展与清算无关的经营活动。

(二) 清算人的组成

依照合伙企业法的规定,清算人的组成有三种类型,可以任选一种。①由全体合伙人组成;②自合伙企业解散事由出现后 15 日内,经全体合伙人过半数同意,指定一个或者数个合伙人;15 日内未确定的,合伙人或者其他利害关系人有权申请人民法院指定清算人;③委托第三人。

(三) 清算人需执行的事务及顺序

1. 清算期间,清算人可以履行或有权处理以下事务

清理合伙企业财产,分别编制资产负债表和财产清单;处理与清算有关的合伙企业未了结事务;代表合伙企业参加诉讼或者仲裁活动;清理其他债权。

2. 清算顺序

(1) 清算人通知债权人或报纸公告:自被确定之日起 10 日内清算人将合伙企业解散事项通知债权人或 60 日内在报纸上公告。

(2) 对债权人申报债权进行登记:债权人自接到通知书之日起 30 日内、未接到

通知书的自公告之日起 45 日内，向清算人申报债权。

（3）清算人处理合伙企业财产：首先，支付清算费用；第二，支付职工工资、社会保险费用、法定补偿金；第三，缴纳所欠税款；第四，清偿债务；第五，向合伙人返还合伙企业清偿债务后的剩余财产。

（4）清算结束：需要清算人编制清算报告。

（5）申请办理合伙企业注销登记：清算报告经全体合伙人签名、盖章后，由清算人于 15 日内向企业登记机关报送，经企业登记机关审核批准，予以注销登记。

3. 清算人的法律责任

（1）清算人未依法向企业登记机关报送清算报告，或者报送清算报告隐瞒重要事实，或者有重大遗漏的，由企业登记机关责令改正。由此产生的费用和损失，由清算人承担和赔偿。

（2）清算人非法牟利和侵占合伙企业财产，返还企业财产，并赔偿损失。

（3）清算人隐匿转移合伙企业财产，弄虚作假，违反法定程序，损害债权人利益的，赔偿债权人损失。

三、企业注销和破产后普通合伙人的法律责任

（一）企业注销

原普通合伙人对合伙企业存续期间的债务承担无限连带责任。

（二）企业破产

合伙企业不能清偿到期债务的，债权人可以依法向人民法院提出破产清算申请，也可以要求普通合伙人清偿。合伙企业依法被宣告破产的，普通合伙人对合伙企业债务仍应承担无限连带责任。

思考题

1. 合伙的概念、分类和法律特征。
2. 我国法律对普通合伙人及有限合伙人的资格要求。
3. 合伙企业的财产包括哪些类型及盈亏规定。
4. 合伙企业入伙和退伙的法律规定。
5. 合伙企业的解散和清算程序。

第十章　个人独资企业法

本章学习要点

个人独资企业的定义、特征；个人独资企业与其他组织形式的异同；个人独资企业的设立；个人独资企业的事务管理；个人独资企业的解散和清算。

第一节　个人独资企业概述

一、个人独资企业的定义

个人独资企业，是指由一个自然人投资，财产为投资人个人所有，投资人以其个人财产对企业债务承担无限责任的经营实体。

二、个人独资企业的特征

（一）投资主体为自然人

有能力成为个人独资企业投资人的自然人应当具有完全民事行为能力，而且不是法律、行政法规禁止从事营利性活动的人；这里排除了法人、其他组织成为个人独资企业投资人的资格；也排除了非中国国籍人成为投资人的资格。

（二）以个人财产投资企业

法律规定投资的财产为投资人个人所有，个人独资企业投资人对本企业的财产依法享有所有权，其有关权利可以依法进行转让或继承；允许投资人以家庭共有财产作为其个人出资，但为保护第三人，法律规定个人独资企业投资人需在申请企业设立登记时明确。同时规定，个人独资企业改变出资方式致使个人财产与家庭共有财产变换的，个人独资企业可向原登记机关提交改变出资方式文件，申请变更登记。

（三）以个人财产对企业债务承担无限责任

责任承担时由于个人财产与企业财产无法明确分离，应当以企业财产对企业债务承担责任，企业财产不足以清偿债务的，以投资人其他个人财产予以清偿。以其家庭共有财产作为个人出资的，应当依法以家庭共有财产对企业债务承担无限责任。在被判令承担民事赔偿责任、缴纳罚款罚金，但其财产不足以支付时，或者被判处没收财产的，应当先承担民事赔偿责任。

（四）个人独资企业不是独立的企业法人

个人独资企业仅是一个经营实体，它是有别于企业法人的，也是有别于自然人。

三、个人独资企业与其他组织形式的异同

（一）个人独资企业与合伙企业的异同

1. 相同点
出资人均为自然人，出资人对企业债务都承担无限责任，均不是法人。
2. 区别点
①投资人人数：个人独资企业出资人仅为1人，合伙企业出资人为2人以上；②责任承担：个人独资企业由出资人1人以个人财产（或视为个人财产的家庭财产）承担无限责任，合伙企业由全体合伙人承担连带无限责任，但有限合伙和特殊的普通合伙中有例外的责任承担方式；③财产归属：个人独资企业财产归属1人所有，合伙企业财产由全体合伙人共有。

（二）个人独资企业与个体工商户的异同

1. 相同点
均为自然人出资。
2. 区别点
①适用法律不同：个体工商户依据《民法通则》及实施条例进行管理；②财产归属和责任承担方式不同：个人独资企业投资人以个人财产出资，以个人财产对企业债务承担无限责任，仅在企业设立登记时明确以其家庭共有财产作为个人出资的，才依法以家庭共有财产对企业债务承担无限责任；而个体工商户的设立既可以以个人财产出资，也可以以家庭财产出资，债务的承担不以出资论，而以经营者区分，个人工商户属个人经营的，以个人财产承担，属家庭经营的，以家庭财产承担。

（三）个人独资企业与外商独资企业的异同

1. 相同点
出资人均为1人。

2. 区别点

①出资人不同：个人独资企业出资人只能是1个自然人，国籍为中国；外商独资企业出资人既可以是1个自然人也可以是1个法人，国籍并非中国；②适用法律不同：外商独资企业适用《外资企业法》；③责任承担不同：个人独资企业为无限责任，外商独资企业可以是有限责任，也可以是其他责任制。

（四）个人独资企业与国有独资公司的区别

1. 相同点

出资人均为1人。

2. 区别点

①出资人不同：个人独资企业出资人只能是1个自然人；国有独资企业投资人是由国务院或者地方人民政府授权的本级人民政府国有资产监督管理机构。②适用法律不同：国有独资企业适用《公司法》。③责任承担不同：个人独资企业为无限责任，国有独资企业出资人负有限责任。④主体资格不同：个人独资企业不是企业法人，国有独资公司是企业法人。

同时，也有别于公司法规定的"一人公司"。

四、个人独资企业法

《中华人民共和国个人独资企业法》（简称个人独资企业法）是专门用于规范、调整个人独资企业法律行为的法律。《中华人民共和国个人独资企业法》于1999年8月30日由第九届全国人民代表大会常务委员会第十一次会议通过，于2000年1月1日起施行。该法规范了个人独资企业的行为，注重保护个人独资企业及债权人的合法权益，完善了我国企业法律制度，对于明确个人独资企业的法律地位，促进个人独资企业的发展，起到了重要的作用。标志着我国以市场主体划分的法律框架已经初步形成。

第二节　个人独资企业的设立及变更

一、个人独资企业成立条件

（一）投资人为一个自然人

数量上规定投资人仅为一人，因任何原因导致投资人数量变化的，个人独资企业均不能存续。

（二）有合法的企业名称

《个人独资企业法》第11条规定："个人独资企业的名称应当与其责任形式及从事的营业相符合。"《个人独资企业登记管理办法》第6条规定："个人独资企业的名称应当符合名称登记管理有关规定。"名称中不得使用"有限""有限责任"或者"公司"字样。《个人独资企业法》第34条规定,"个人独资企业使用的名称与其在登记机关登记的名称不相符合的,责令限期改正,处以2千元以下的罚款。"

(三) 采用投资人申报出资制度

成立个人独资企业并不要求实际出资,仅以申报的出资即可,同时没有最低注册资本的限制。出资人以个人财产出资或以其家庭共有财产作为个人出资均可,但应当在设立申请书中予以明确。

(四) 有固定的生产经营场所和必要的生产经营条件

法律对生产经营场所仅要求"固定"即可,用于区别其他以自然人为主体的经营户无须生产经营场所的情形,同时要求具备必要的生产经营条件。

(五) 有必要的从业人员

《个人独资企业法》没有对从业人员的人数进行限制,根据本法第6条的规定,"个人独资企业可以依法招用职工。"第19条的规定,"个人独资企业投资人可以自行管理企业事务,也可以委托或者聘用其他具有民事行为能力的人负责企业的事务管理。"这说明,只要依法实施,执行个人独资企业事务的人员都应当认定为"必要的从业人员",所以个人独资企业投资人本人应当理解为是"必要的从业人员"。

二、个人独资企业法定登记程序及手续

我国采取的是法人(主体)登记和营业登记合二为一的企业登记制度,由于个人独资企业不具备法人资格,因此对符合相关条件的、准予登记并颁发营业执照。

(一) 设立登记

1. 登记申请人

《个人独资企业法》第9条规定,"应当由投资人或者其委托代理人向个人独资企业所在地的登记机关提交设立申请书、投资人身份证明、生产经营场所使用证明等文件。"

2. 登记机关及登记地

根据《个人独资企业法》第3条规定:"个人独资企业以其主要办事机构所在地为住所。"之所以为个人独资企业规定住所,可以用以明确个人独资企业的诉讼管辖、法律文书的送达地、登记机关等法律事项。申请设立登记的应当向个人独资企业所在地即住所地国家工商行政管理局提出申请。这里的所在地可以与其生产经营场所不同。

3. 设立登记的文件要求及惩戒条款

《个人独资企业法》第9、10条及《个人独资企业登记管理办法》第6条规定,设立登记应当提供下列文件:①投资人签署的个人独资企业设立申请书,其中设立申请书应当载明企业的名称和住所、投资人的姓名和居所、投资人的出资额和出资方式、经营范围。②投资人身份证明。③企业住所证明。④国家工商行政管理局规定提

交的其他文件，如从事法律、行政法规规定须报经有关部门审批的业务的，应当提交有关部门的批准文件。⑤委托代理人申请设立登记的，应当提交投资人的委托书和代理人的身份证明或者资格证明。

4. 登记程序

登记机关自收到设立申请文件之日起15日内，对符合本法规定条件的，予以登记，发给营业执照；对不符合本法规定条件的，不予登记，并给予书面答复，说明理由。

5. 成立时间

营业执照的签发日期，为个人独资企业成立日期。在领取个人独资企业营业执照前，投资人不得以个人独资企业名义从事经营活动，违反的责令停止经营活动，处以3千元以下的罚款。

（二）设立分支机构

个人独资企业设立分支机构，应当由投资人或者其委托的代理人向分支机构所在地的登记机关申请登记，领取营业执照。分支机构经核准登记后，应将登记情况报该分支机构隶属的个人独资企业的登记机关备案。分支机构的民事责任由设立该分支机构的个人独资企业承担。

（三）变更登记

个人独资企业存续期间登记事项发生变更的，应当在作出变更决定之日起的15日内依法向登记机关申请办理变更登记。违反责令限期办理变更登记；逾期不办理的，处以2千元以下的罚款。

值得注意的是，个人独资企业因转让或者继承致使投资人变化的，个人独资企业可向原登记机关提交转让协议书或者法定继承文件，申请变更登记。但法律未规定变更前后投资人责任承担方式的，可以由受让人承担责任；由转让人承担责任；由转让人和受让人共同承担责任。

（四）惩戒条款

（1）违法不予登记或超时不予答复的惩戒：登记机关对符合法定条件的申请不予登记或者超过法定时限不予答复的，当事人可依法申请行政复议或提起行政诉讼。登记机关及上级部门有关主管人员强令对不符合本法规定条件的个人独资企业予以登记，或者对符合本法规定条件的企业不予登记的，或者对登记机关的违法登记行为进行包庇的，对直接责任人员依法给予行政处分；构成犯罪的，依法追究刑事责任。

（2）骗取登记的惩戒：提交虚假文件或采取其他欺骗手段，取得企业登记的，责令改正，处以5千元以下的罚款；情节严重的，并处吊销营业执照。

（3）针对营业执照的违法行为的惩戒：涂改、出租、转让营业执照的，责令改正，没收违法所得，处以3千元以下的罚款；情节严重的，吊销营业执照。伪造营业执照的，责令停业，没收违法所得，处以5千元以下的罚款。构成犯罪的，依法追究刑事责任。

第三节　个人独资企业的事务管理

一、个人独资企业事务管理模式

个人独资企业事务管理模式可以分为三种：一是投资人自行管理；二是投资人委托他人管理；三是投资人聘任他人管理。

（一）委托或聘用管理合同

（1）合同双方均应当是具有民事行为能力的自然人。

（2）合同形式要件和内容：投资人委托或者聘用他人管理个人独资企业事务，应当与受托人或者被聘用的人签订书面合同，明确委托的具体内容和授予的权利范围。

（3）合同性质：该合同为委托合同，合同所规定的权利义务不得对抗善意第三人。

（二）受托人或被聘用的管理人义务

（1）原则性法律义务。诚信、勤勉义务、遵守法律规定、履行法律义务。

（2）合同义务。按委托协议约定的委托内容和授权利范围行使权利承担义务。

（3）职权义务。投资人对受托人或被聘用的管理人设置了职权限制的，遵守该职权限制。

（4）禁止性规定。《个人独资企业法》第 20 条规定："投资人委托或者聘用的管理个人独资企业事务的人员不得有下列行为：①利用职务上的便利，索取或者收受贿赂；②利用职务或者工作上的便利侵占企业财产；③挪用企业的资金归个人使用或者借贷给他人；④擅自将企业资金以个人名义或者以他人名义开立账户储存；⑤擅自以企业财产提供担保；⑥未经投资人同意，从事与本企业相竞争的业务；⑦未经投资人同意，同本企业订立合同或者进行交易；⑧未经投资人同意，擅自将企业商标或者其他知识产权转让给他人使用；⑨泄露本企业的商业秘密；⑩法律、行政法规禁止的其他行为。"

（三）受托人或被聘用的管理人违反义务的法律后果

（1）受托或受聘管理人员违反合同义务给投资人造成损害的，应当依据合同承担民事赔偿责任。

（2）当受托或受聘管理人员违反合同约定和职权义务给善意第三人造成损失的，首先由投资人承担相应责任，再根据投资人与委托或聘用管理合同约定，由相应违约方承担违约责任。

（3）受托或受聘管理人员违反禁止性规定侵犯个人独资企业财产权益的，责令退还侵占的财产；给企业造成损失的，依法承担赔偿责任；有违法所得的，没收违法所得；构成犯罪的，依法追究刑事责任。

二、个人独资企业经营和事务管理的具体规定

(一) 经营原则

(1) 守法原则。必须遵守法律、行政法规等有关规定。

(2) 守诚实信用原则。其经营行为应当符合国家产业政策，符合经营范围，实事求是。

(3) 不得损害社会公共利益原则。维护公共利益是每一个公民应当履行的责任，作为经营主体的个人独资企业，当然应当遵守这样的义务。

(4) 依法纳税原则。依法纳税是每一个社会主体应当履行的责任，个人独资企业，当然应当遵守这样的义务。

(二) 财务管理

财务管理应当依法设置会计账簿，进行会计核算。会计账簿是记录个人独资企业经营的法律表现形式，要求真实性、客观性、实事求是的反映出个人独资企业经营状态。

(三) 劳动管理和社会保障

(1) 个人独资企业招用职工的，应当依法与职工签订劳动合同，保障职工的劳动安全，按时、足额发放职工工资。

(2) 应当按照国家规定参加社会保险，为职工缴纳社会保险费。

(3) 职工依法建立工会，工会依法开展活动。职工的合法权益受法律保护。

(4) 个人独资企业违反本法规定，侵犯职工合法权益，未保障职工劳动安全，不缴纳社会保险费用的，按照有关法律、行政法规予以处罚，并追究有关责任人员的责任。

第四节　个人独资企业的解散和清算

一、个人独资企业的解散

个人独资企业的解散，是指个人独资企业因法律事由而导致其民事主体资格消灭的行为。它包括三种形式。

(一) 任意解散

任意解散指在不违反法律规定的情况下，投资人有权决定自行解散个人独资企业。

(二) 法定解散

法定解散出现投资人死亡或者被宣告死亡，无继承人或者继承人决定放弃继承时，或法律、行政法规规定的其他情形，个人独资企业应当解散。

（三）强制解散

强制解散被依法吊销营业执照的，个人独资企业应当解散。可能被主管机关处以吊销营业执照处罚的事由有：①个人独资企业提交虚假文件，以欺骗手段取得登记，情节严重的；②涂改、出租、转让营业执照，情节严重的；③企业成立后无正当理由超过六个月未开业或开业后自行停业连续6个月以上的；④法律、法规规定的其他情形，如违反法律禁止性规定的情形。

二、个人独资企业的清算

（一）个人独资企业清算分为两种形式

由投资人自行清算；由债权人申请人民法院指定清算人。

（二）清算人和投资人的义务和惩戒

清算期间，个人独资企业不得开展与清算目的无关的经营活动。在按清算程序清偿债务前，投资人不得转移、隐匿财产。个人独资企业及其投资人在清算前或清算期间隐匿或转移财产，逃避债务的，依法追回其财产，并按照有关规定予以处罚。构成犯罪的，依法追究刑事责任。

（三）清算程序

（1）通知、公告债权人申报债权。投资人自行清算的，应当在清算前15日内书面通知债权人，无法通知的，应当予以公告。债权人应当在接到通知之日起30日内、未接到通知的应当在公告之日起60日内，向投资人申报其债权。

（2）财产清偿程序。①职工工资和社会保险费用；②税款；③其他债务。

（3）用于清偿的财产来源及顺序。①个人独资企业财产；②不足以清偿债务的，以投资人个人的其他财产予以清偿。

（4）责任消灭制度。个人独资企业解散后，原投资人对个人独资企业存续期间的债务仍应承担偿还责任，但债权人在5年内未向债务人提出偿债请求的，该责任消灭。该期间为除斥期间。

（5）注销登记程序。个人独资企业清算结束后，投资人或者人民法院指定的清算人应当编制清算报告，并于15日内到登记机关办理注销登记。

思考题

1. 什么是个人独资企业？其特征是什么？
2. 个人独资企业的设立。
3. 个人独资企业投资人的条件、资格、权利和责任。
4. 个人独资企业变更登记的规定是什么？
5. 个人独资企业解散的清算程序是怎样的？

第十一章　合同法

本章学习要点

合同法的基本原则；合同的订立包括要约、承诺两个阶段；合同的履行原则；合同履行中的三大履行抗辩权；合同的变更和终止；合同的担保方式包括保证和定金两种形式；违约责任的归责原则和承担方式。

第一节　概　述

一、合同的概念和法律特征

（一）合同的概念

合同，又称契约，是指当事人之间设立、变更、终止民事权利义务关系的协议。合同的这一概念，可以从以下几个方面进行理解：其一，合同是一种协议。协议是两人或两人以上的合同当事人对于某种事实或行为在过去、现在、未来，涉及合同当事人的权利和义务以及可能涉及的责任在理解、认识上相一致。而作为合同协议，就是当事人之间为实现一定的经济目的而进行协商的结果，并在认识上趋于一致。其二，合同是平等主体之间达成一致的协议。只有平等的民事主体之间的协议，才是合同当事人之间的协议。其三，合同协议涉及的设立、变更、终止当事人的民事权利义务关系。只有在当事人法律地位平等的基础上涉及的设立、变更、终止权利义务关系的协议，才是合同的协议。

合同在现代经济运行中占有十分重要的地位，而合同法是现代经济运行不可缺少的法律。它对于保护合同当事人的合法权益，维护市场交易秩序，为合同当事人提供行为规则具有十分重要的意义。

（二）合同的法律特征

1. 合同必须是双方或多方当事人的意思表示一致

双方或多方当事人的意思表示一致的行为，是指双方或多方想要达到的目的一致。例如，买卖合同中，双方想转移标的物的所有权以取得利益，这是共同的目的。

意思表示不一致，合同就不能成立，这是订立合同的前提条件。因为合同是双方或者多方的法律行为，不是单方的法律行为。

2. 合同是合法的民事行为

合同之所以发生法律效力，是由于当事人订立、履行合同的行为，遵守了法律、行政法规，尊重社会公德，没有触犯社会公共利益，而为国家承认和保护；否则，则得不到国家法律的保护，当事人达不到目的，还有可能承担法律责任。

3. 合同依法成立时，即具有法律约束力

合同依法成立时，当事人在合同中约定的权利义务就发生法律效力。当事人应当履行自己的义务，非依法律规定或经对方当事人同意，不得擅自变更或者解除合同。

二、合同法的概念和基本原则

（一）合同法的概念

合同法是调整合同法律关系的法律规范的总称。我国的合同法是为了保护合同当事人的合法权益，维护社会经济秩序，促进社会主义现代化建设而制定的法律。

（二）合同法的基本原则

1. 诚实信用原则

当事人在合同关系中应当诚实、恪守信用，以诚待人，不得尔虞我诈、弄虚作假，扰乱市场秩序。诚实信用原则，是道德观念的法制化，是市场经济内在的要求，是合同法的核心原则，被称为"帝王条款"。

2. 自愿原则

当事人依法享有自愿订立合同的权利，任何单位和个人不得非法干预。自愿原则即意思自治原则，当事人在法律规定的范围内，可以按照自己的意愿订立合同，自主地选择缔约对象、决定合同内容及缔约方式。

3. 公平原则

当事人应当遵循公平的原则，确定各方的权利和义务。当事人之间要互利，不得损害对方利益。判断公平的标准，是从社会正义的角度，体现社会的价值观、是非观，包括人们公认的合理标准。比如，一方当事人取得一定的经济利益，以其向对方履行相应的义务为必要条件。

4. 合同当事人的法律地位平等

当事人在合同关系中的法律地位是平等的，是平等的民事主体。当事人之间应当平等协商订立合同，任何一方不得将自己的意志强加给另一方。例如，大型国有公司和私营企业之间订立合同，双方的法律地位是完全平等的。

第二节 合同的订立与履行

一、合同的订立

（一）合同订立的概念

合同的订立，是指合同各方当事人为意思表示并达成合意的状态。

合同的订立与合同的成立不尽相同，前者是合同各方接触洽谈的动态行为与达成合意的静态结果的统一体，而后者只是标志合同产生和存在的静态状况。

合同的订立也不同于合同的生效。合同的生效，是指国家通过法律对合同所作的肯定性评价。合同订立后，并不都立即生效。成立的合同只有符合法律的要求时才生效，有的合同则因法律规定或无效、或被撤销、或效力待定。因而，合同生效只能是对成立的合同而言。

（二）合同订立的程序

合同的订立程序，也就是双方当事人的意思表示达成一致的过程。当事人相互协商的过程，也就是合同订立的过程。通常认为在此过程中有两个主要阶段，即要约和承诺。

1. 要约

要约，即订约提议，是指一方当事人向对方提出的，以订立合同为目的的意思表示。

要约必须具备三个条件：

（1）要约的当事人具有特定性。要约人必须是特定的，要约的相对人一般也为特定的人，但在特殊情况下也可为不特定的人。例如，悬赏广告即是向不特定的人发出的。要约方式通常是书面形式，一经发出，在有效的答复期限内对要约人产生约束力。

（2）要约的内容必须具体、明确、肯定。也就是说，要约中必须明确提出准备与对方签订合同的主要条件，以便受要约人确切知道要约的内容。

（3）要约必须传递给受要约人或其代理人。否则，要约就没有法律效力。口头要约在对方了解其内容时发生法律效力。书面要约一般在送达对方或其代理人时发生法律效力。

要约可以撤回和撤销。撤回要约的通知应当在要约到达受要约人之前或者与要约同时到达受要约人。撤销要约的通知应当在受要约人发出承诺通知前到达受要约人。如果相对人超过要约的有效期限答复，即使完全同意要约的内容，要约人也不受要约的约束。

要约邀请，是指希望他人向自己发出要约而做出的意思表示。要约邀请本身不发生任何法律效力，如公司向客户寄送报价单、价目表、商品目录、拍卖广告、招股说明书等。

2. 承诺

承诺，是指受要约人明确同意要约的内容，并向要约人明确表示愿意与要约人签订合同的意思表示。经受要约人承诺，要约人即受该意思表示约束。

承诺有效成立的必备条件：

（1）承诺的内容应当与要约的内容一致。如果对要约的实质内容进行了修改、补充或附加了条件，都不能认为是承诺，而应视为一项新的要约。实质性内容包括有关合同的标的、数量、质量、价款或者报酬、履行期限、履行地点和方式、违约责任和解决争议的方法等。

（2）承诺必须由受要约人向要约人做出。否则，由第三人所表示的承诺，仍不能成立合同。但对不特定人所表示的要约，如悬赏广告，则不论何人都可承诺。我国合同法规定，承诺对要约的内容做出非实质性变更的，除要约人及时表示反对或者要约表明承诺不得对其内容做任何变更的以外，该承诺有效。合同内容以承诺的内容为准。所谓实质性变更，是指有关合同标的的数量、质量、价款、履行期限、履行地点和方式、违约责任和解决争议方法等内容的变更。

（3）承诺应当在要约确定的期限内到达要约人，否则对要约人无约束力。

承诺可以撤回，撤回的通知应当在承诺通知到达要约人之前或者与承诺通知同时到达要约人。如果承诺只采用对话方式做出或者承诺是通过行为方式做出的，就不存在撤回承诺的问题。

承诺生效时合同成立。承诺生效的地点是合同成立的地方，合同的内容以承诺的内容为准。

3. 合同订立的形式

合同订立的形式，是合同双方当事人意思表示一致的法律行为的外在表现，包括口头形式、书面形式和其他形式。

（1）口头形式，是指当事人用谈话方式所订立的合同。口头形式的优点是简便易行，方便经济交往，在日常生活中大量采用。但一旦发生争议，往往因"口说无凭"，致使当事人很难举证，人民法院或者仲裁机构也不易分清当事人的责任。因此，口头合同一般仅用于能够即时清结的合同，法人之间签订的合同、不能立即履行的合同等，不宜采用口头形式。

（2）书面形式，是指以文字方式表述当事人之间所定合同内容的形式。书面形式有合同书、信件和数据电文（包括电报、电传、传真、电子数据交换和电子邮件）等可以有形地表现所载内容的形式。法律、行政法规规定或者当事人约定采用书面形式订立合同的，应采用书面形式。但当事人未采用书面形式而一方已履行主要义务，对方接受的，该合同成立。

书面形式有一般书面形式和特殊书面形式。一般书面形式，即用文字方式来表现合同内容的形式。特殊书面形式，是指除了用文字方式来表现合同内容外，还必须有对书面合同进行公证、鉴定，由主管机关批准、登记等形式。

书面形式的优点是有据可查，发生纠纷时便于人民法院或仲裁机构依法审判或裁决。书面形式适用价款或酬金数额较大的合同或者关系复杂的合同。

（3）其他形式，是指采用除口头和书面之外的形式来表现合同内容的形式，一般包括以推定或者默示进行意思表示。

二、合同的履行

（一）合同履行的概念和原则

合同的履行，是指双方当事人按照合同的约定，各自完成自己所承担的义务。全部完成的称全部履行，部分完成的称部分履行，完全没有履行的称不履行。

合同履行的原则，是指双方当事人在履行合同的过程中必须遵守的原则。一般认为履行合同应遵循如下原则：

（1）诚实履行原则，是指当事人应当遵守诚实信用原则，根据合同的性质、目的和交易习惯，履行通知、协助、保密等义务。据此原则，合同的当事人应当依照诚实信用原则行使债权、履行债务。当事人应当严格履行合同，不得擅自变更或解除合同。当事人除应当按照合同约定履行自己的义务外，也要履行合同未作约定但依诚信原则也应承担的协助、保密、防止损失扩大等附随义务。

（2）标的履行原则，是指当事人必须按照合同约定的标的履行，不能以其他标的代替。凡是标的为物的，应履行合同约定的标的物；标的为行为的，也应履行合同约定的行为。但是，有下列情形之一的除外：①法律上或事实上不能履行；②债务的标的不适于强制履行或者履行费用过高；③债权人在合理期限内未要求履行。

（3）适约履行原则，是指当事人除按合同约定的标的履行外，还必须严格按照合同约定的主要条款履行，即按照合同约定的数量、质量、价金、结算办法、期限、地点和方式等履行。它是衡量合同履行程度，落实违约责任的依据。

（二）合同约定不明的履行规定

（1）质量要求不明确的，按照国家标准履行；没有国家标准，有行业标准的，按照行业标准履行；没有国家标准、行业标准的，按照通常标准或者符合合同目的的特定标准履行。

（2）价款或者报酬不明确的，按照订立合同时履行地的市场价格履行。依法应当执行政府定价或者政府指导价的，按照规定履行。执行政府定价或者政府指导价，在合同约定的政府交付期限未发生价格调整的，按照交付时的价格计价。逾期交付标的物的，遇价格上涨时，按照原价格执行；价格下降时，按照新价格执行。逾期提取标的物或者逾期付款的，遇价格上涨时，按照新价格执行；价格下降时，按照原价格执行。

（3）履行地点不明确，给付货币的，在接受货币一方所在地履行；交付不动产的，在不动产所在地履行；其他标的，在履行义务一方所在地履行。

（4）履行期限不明确的，债务人可以随时履行，债权人可以随时要求履行，但应当给对方必要的时间。

（5）履行方式不明确的，按照有利于实现合同目的的方式履行。

（6）履行费用的负担不明确的，由履行义务一方负担。

（三）双务合同履行中的抗辩权

合同履行中的抗辩权，是指在符合法定条件时，当事人一方有对抗对方当事人履行请求权，并拒绝履行其义务的权利，但这一般发生在双务合同履行中。抗辩权包括同时履行抗辩权、后履行抗辩权和不安抗辩权。

（1）同时履行抗辩权，是指在应当同时履行的双务合同中，一方当事人确有证据证明另一方当事人在同时履行的时间不能履行或者不能适当履行，到履行期时其享有不履行或者部分履行的权利。

合同法规定，当事人互付债务，没有先后履行顺序的，应当同时履行。负有对等给付义务的一方当事人，在对方未为对等给付之前，有拒绝履行自己债务的权利。一方在对方履行债务不符合约定时，有权拒绝其相应的履行要求。

（2）后履行抗辩权，是指在双务合同中，负有先履行义务的一方当事人未履行其义务的，后履行一方有权拒绝其履行要求。先履行一方履行义务不符合约定的，后履行一方有权拒绝其相应的履行要求。

后履行抗辩权属于延期抗辩权，只是暂时阻止对方当事人请求权的行使，并非永久的抗辩权。当对方当事人完全履行了合同义务，后履行抗辩权消灭，当事人应当履行自己的义务。当事人行使后履行抗辩权致使合同迟延履行的，迟延履行责任应当由对方当事人承担。

（3）不安抗辩权，是指双务合同成立后，负有先履行义务的当事人有确切证据证明对方不能履行义务，或者有不能履行合同义务的可能时，在对方没有履行或者提供担保之前，有权中止履行合同义务。

合同法规定，负有先履行义务的当事人，有确切证据证明对方有下列情形之一的，可以中止履行，并及时通知对方：经营状况严重恶化；转移财产、抽逃资金，以逃避债务；丧失商业信誉；有丧失或可能丧失履行债务能力的其他情形的。对方提供适当担保时，应当恢复履行。中止履行后，对方在合理期限内未恢复履行能力，并且未提供适当担保的，中止履行的一方可以解除合同。没有上述情形的确切证据，而中止履行的，应当承担违约责任。

不安抗辩权对于保护先履行一方当事人的合法权益，防止合同欺诈，促使对方履行义务，保护交易安全具有重要意义。

第三节　合同的变更和终止

一、合同的变更

广义的合同变更包括两种情形。

（一）合同主体不变，合同的内容、标的发生变化

合同的当事人经过要约、承诺方式订立合同，一经有效成立，即具有法律效力，当事人应当按照合同的约定履行义务。任何一方未经对方同意，都不得改变合同的内容。但是，在合同订立过程中，当事人可能未预见到合同在履行中发生的所有问题，因此，鉴于合同因双方合意而产生，当然可因双方合意而变更。只要变更这一行为符合民事法律行为的有效要件，变更后的合同内容就取代了原合同的内容，当事人就应当依照变更的内容履行合同。

合同变更需要当事人协商一致，但有的情况下，仅有当事人协商一致还不够，还应履行法定的程序。例如，《中华人民共和国外资企业法》第10条规定，"外资企业分立、合并或者其他重要事项变更，应当报审查批准机关批准，并向工商行政管理机关办理登记变更手续。"因此，根据《合同法》第77条第2款的规定，"法律、行政法规规定变更合同应当办理批准、登记手续的，依照其规定。"如果没有履行法定程序，即使当事人已协议变更了合同，变更的内容也不发生法律效力。当事人对合同变更的内容约定不明确的，推定为未变更。

（二）合同的内容、标的不变，合同的主体发生变动

这种变更即通常所说的合同的转让。合同的转让，是指一方当事人将合同的权利和义务全部或者部分转让给第三方。合同的转让只是合同主体的变更，不改变合同的权利和义务。

债权人可以将合同的权利全部或者部分转让给第三方，但下列情形除外：根据合同性质不得转让的；按照当事人约定不得转让的；依照法律规定不得转让的。债权人转让权利的，应当通知债务人，未经通知，该转让对债务人不发生效力。债权人转让权利的通知不得撤销，但经受让人同意的除外。债务人将合同的义务全部或者部分转移给第三人的，应当经债权人同意。

二、合同的终止

（一）合同的终止

合同的终止，虽产生于生效的合同中，但基于法定事由或当事人约定的情形发生，使合同的债权、债务归于消灭，债权人不再享有合同权利，债务人也无须再履行合同义务的法律制度。

（二）合同终止的原因

由于合同的性质决定其为有期限的民事法律关系，就合同当事人权利义务终止，依合同法的规定，由如下原因构成。

1. 债务已经按照约定履行

合同依法生效后，只有双方当事人依约定诚实履行才能达到合同订立的预期法律

目的。债务依合同约定履行,一方面将使合同债权得以满足,另一方面也将使合同债务归于消灭,产生合同权利义务终止的效果。

2. 合同解除

合同解除,是指合同有效成立后在完全履行前,当出现法律规定的合同解除条件时,或因当事人一方或双方的意思表示而使合同关系归于消灭的行为。

合同解除适用于合法有效的合同,它包括约定解除和法定解除。

约定解除是指依据合同自愿原则,当事人在法律规定的范围内享有通过协商一致自愿解除合同的权利。当事人也可以约定一方解除合同的条件,条件成熟时,合同当事人可以解除合同。

法定解除,是指合同生效后,没有履行或没有完全履行前,在法律规定的解除事由出现时,当事人可以行使解除权而使合同关系消灭。法定解除合同的事由有:不可抗力,预期违约,迟延履行,其他违约行为致使不能实现合同目的,以及法律规定的其他情形,如不安抗辩权的行使。

合同解除权有其除斥期间,超过此期间,权利归于消灭。合同解除后,尚未履行的,终止履行;已经履行的,根据履行的情况和合同性质,当事人可以要求恢复原状,采取其他补救措施,并有权要求赔偿损失。

还需注意的是,在出现法定或约定的合同解除事由时,当事人一方主张解除合同的,应通知对方。合同自通知到达对方时解除,对方有异议的,可以请求人民法院或仲裁机构确认解除的效力。法律、行政法规规定解除合同应办理批准、登记手续的,必须依规定办理。

3. 合同的权利义务终止

合同的权利义务终止,可因债务抵消、混同、免除、提存(详见第七章债权制度)等而终止。

(三)合同的权利义务终止的法律效力

合同的权利义务终止后,当事人应当遵循诚实信用原则,根据交易习惯履行通知、协议、保密等义务。由于合同的权利义务终止,合同将不再履行,同时也不溯及既往。

第四节 合同的担保

合同的担保,是当事人在订立合同时,根据法律规定或双方的约定,为确保合同履行而采取的方式或者措施。

担保具有附随性,以合同的合法有效为其存在的前提,主合同无效时,除另有约定者外,担保合同无效。合同依法变更或解除,担保关系也将随之变化。合同的义务全面履行,担保关系也就终止。担保合同可以单独订立,也可以在合同中列出担保条款。

《中华人民共和国担保法》(以下简称担保法)规定设定担保的范围包括借贷、买卖、货物运输、加工承揽等经济活动。担保活动应遵循平等、自愿、公平、诚实信用的原则。担保法还规定第三人为债务人向债权人提供担保时，可以要求债务人提供反担保。反担保也适用担保法的规定。

担保的方式为保证和定金两种。

一、保证

保证是由保证人以自己的名义和债权人约定，当债务人不履行债务时，保证人按照约定履行或者承担责任的行为。

保证方式分为一般保证和连带责任保证。

所谓一般保证，是当事人在保证合同中约定，债务人不能履行债务时，由保证人承担保证责任的保证。一般保证的保证人在主合同纠纷未经审判或者仲裁，并就债务人财产依法强制执行仍不能履行债务前，对债权人可以拒绝承担保证责任，但有下列情形之一的除外：

第一，债务人住所变更，致使债权人要求其履行债务发生重大困难的；

第二，人民法院受理债务人破产案件，中止执行程序的；

第三，保证人以书面形式放弃上述权利的。

所谓连带责任保证，是指当事人在保证合同中约定，保证人与债务人对债务承担连带责任的保证。连带责任保证的债务人在主合同规定的债务履行期届满没有履行债务的，债权人可以要求债务人履行其债务，也可以要求保证人在其保证范围内承担保证责任。当事人对保证方式没有约定或者约定不明确的，按照连带保证责任承担保证责任。

担保法规定：具有代偿能力的法人、其他组织或者公民，可以作保证人。国家机关不得为保证人，但经国务院批准为使用外国政府或者国际经济组织贷款进行转贷的除外。学校、幼儿园、医院等以公益为目的的事业单位、社会团体不得为保证人。企业法人的分支机构、职能部门不得为保证人。企业法人的分支机构有法人书面授权的，可以在授权范围内提供保证。对于同一债务，允许2个以上保证人保证。

保证人应当按照保证合同约定的保证份额承担保证责任。没有约定份额的，保证人承担连带责任。债权人可以要求任何一个保证人承担全部保证责任，保证人都负有担保全部债权实现的义务。已经承担保证责任的保证人，有权向债务人追偿，或者要求承担连带责任的其他保证人清偿其应承担的份额。

保证应当订立书面保证合同，其内容包括：

第一，保证的主债权种类、数额；

第二，债务人履行债务的期限；

第三，保证的方式；

第四，保证担保的范围；

第五，保证的期间；

第六，双方认为需要约定的其他事项。

保证担保的范围包括主债权及利息、违约金、损害赔偿金和实现债权的费用。保证合同另有约定的按照约定执行；没有约定或约定不明的，应当对全部债务承担责任。保证期间，债权、债务的转让应依法律规定进行。债权人、债务人协议变更主合同，应经保证人书面同意；否则，保证人不再承担责任。

一般保证的保证人与债权人未约定保证期间的，保证期间为主债务履行期届满之日起6个月内。在保证期间内，债权人未对债务人提起诉讼或者申请仲裁的，保证人免除保证责任。连带责任保证的保证人与债权人未约定保证期间的，债权人有权自主债务履行期满之日起6个月内要求保证人承担保证责任。在保证期间内，债权人未要求保证人承担保证责任的，保证人免除保证责任。

同一债权既有保证又有物的担保的，保证人对物的担保以外的债权承担责任。债权人放弃物的担保的，保证人在债权人放弃权利的范围内免除保证责任。对于主合同当事人双方串通，骗取保证人提供保证的，或者主合同债权人采取欺诈、胁迫等手段，使保证人在违背真实意思的情况下提供保证的，保证人不承担民事责任。

二、定金

定金是当事人一方在对方尚未履行合同义务前，先行给付对方一定数量的货币作为履行合同的担保。

定金合同是一种担保形式，而定金的担保作用是通过定金罚则来实现的。合同法规定，当事人可以约定一方向对方给付定金作为债权担保。合同履行后，定金可以抵作价款或者收回。给付定金的一方不履行义务的，无权要求返还定金；接受定金的一方不履行或者不完全履行义务的，应当双倍返还定金。涉及定金的合同从实际交付定金之日起生效。定金的数额由当事人约定，但不得超过主合同标的额的20%。定金与预付款有一定的相同之处，但其使用情况不同。预付款是一方当事人在合同履行前给付对方一定数额的货款，是一种支付手段，不具有担保作用。定金具有担保的作用，但当合同履行时也可冲抵货款。

第五节 违约责任

一、违约责任的概念

违约责任，是指合同当事人违反合同的约定所应当承担的法律责任。违约责任制度是保证当事人履行合同约定义务的重要措施。它使合同具有法律约束力，有利于促进合同的履行，保证经济秩序的正常运行。

二、违约责任的归责原则

违约责任的归责原则，是指确定违约当事人的民事责任原则，也就是说判定当事人在什么情况下，承担违约责任的原则。

根据合同法规定，违约责任以严格责任为主，过错责任为辅。严格责任原则，是指违约发生后确定违约当事人的责任，不考虑当事人有无过错（过错包括故意和过失），只考虑违约结果是否因为当事人的行为所造成的一种归责原则；过错责任是指一方违反合同的义务，不履行或者不适当履行合同时，应以是否有过错作为确定责任的要件和确定责任范围的依据。

三、承担违约责任的方式

根据合同法，承担违约责任的方式主要有：实际履行、采取补救措施、要求赔偿、支付约定的违约金等。

（一）实际履行

实际履行是指一方当事人在拒不履行合同或不适当履行合同的情况下，另一方不愿解除合同，也不愿接受违约方以金钱赔偿方式代替履行合同，而坚持要求违约方履行合同约定的给付的一种违约责任的承担方式。实际履行在以下违约情况下适用：债务人无正当理由拒不履行合同的，债权人可以要求其实际履行；债务人不适当履行合同的，债权人可以要求其实际履行。债权人迟延受领的，债务人可以要求其实际履行受领债务人的给付。

实际履行也有例外情形：法律上或事实上不能履行的；债务的标的不适于强制履行或者履行费用过高的；债权人在合理期限内未要求履行的。

（二）采取补救措施

债务人在履行合同有某些不适当或者有不能履行合同的情况下，可以采取补救措施，实现合同目的。合同法规定，质量不符合约定的，应当按照当事人约定承担违约责任。对违约责任没有约定或者约定不明确，经协议不能达成补充协议，也没有合同有关条款或者交易习惯能确定的，受损害方根据标的性质以及损失的大小，可以合理选择要求对方承担修理、更换、重作、退货、减少价款或者报酬等违约责任。

（三）赔偿损失

当事人一方不履行合同义务或者履行合同义务不符合约定的，在履行义务或者采取补救措施后，对方还有其他损失的，应当赔偿损失。

在法律没有特别规定或当事人没有另行约定的情况下，应按照完全赔偿原则赔偿全部损失，包括直接损失和间接损失。直接损失是指财产上的直接减少。间接损失也称可得利益损失，是指失去的可以预期取得的利益。当事人一方违约后，对方应当采取适当措施防止损失的扩大；没有采取适当措施致使损失扩大的，不得就扩大的损失要求赔偿。当事人因防止损失扩大而支出的合理费用，由违约方承担。

（四）违约金

违约金是指由当事人通过协商预先确定，或者法律直接规定的，在违约后生效的独立于履行行为以外的给付。

合同法规定，当事人可以约定一方违约时应当根据违约情况向对方支付一定数额的违约金。违约金分为法定违约金和约定违约金。违约金责任不以实际损失为条件，如果当事人约定或法律规定了违约金，只要当事人违约，就应当支付相应的违约金，而不论其是否有实际损失。约定的违约金低于造成的损失的，当事人可以请求人民法院或者仲裁机构予以增加；约定的违约金过分高于造成的损失的，当事人可以请求人民法院或者仲裁机构予以适当减少。当事人就迟延履行约定违约金的，违约方支付违约金后，还应当履行债务。

思考题

1. 简述合同法的基本原则。
2. 简述合同的订立程序。
3. 简述不安抗辩权的概念及适用情形。
4. 定金和违约金有何区别？
5. 简述违约责任的归责原则。
6. 简述违约责任的承担方式。
7. 合同的一般条款。
8. 无效合同的构成。

第十二章　证券法

本章学习要点

通过本章学习，了解和掌握证券的概念；证券的种类；证券立法的原则，调整对象，证券的发行、交易与上市；禁止交易、收购与信息披露；投资者保护、场所与公司；证券结算、服务与协会；监督与法律责任。

第一节　证券概述

一、证券定义及特征

（一）证券的概念

证券是指表示各类财产的所有权或债权的书面凭证。证券法所指的证券是指代表特定的财产权益，可均分且可转让或者交易的凭证或者投资性合同。

（二）证券的特征

(1) 证券是一种权利凭证。证券记载一定的权益事项，是对特定财产关系的确认，代表投资者的一定权利，可据此明确投资者和筹资者的关系。

(2) 证券是一种要式凭证。证券是一种具有严格形式要求的书面凭证，是一种规范化的书面凭证，可以在市场上流通。对证券形式的统一性要求包括证券的式样、记载内容证券的印制程序和机构等。

(3) 证券是一种流通凭证。证券可以根据当事人的意志在法定范围内转让，当事人通过转让证券实现转让权利的法律效果，如买卖、赠与等。这种流通性是当事人处分自己权利的体现。

(4) 证券是一种收益凭证。在通常情况下，财产权利包括了收益权。一方面，证券持有人依法享有包括收益权在内的财产权，并获得财产所产生的相关收益，如取得股息或者债券利息；另一方面，证券持有人可以通过转让证券获得收益，而且该收益可能超过财产本身的价值。

二、证券的种类

(一) 分类依据

按其性质不同,证券可以分为证据证券、凭证证券和有价证券三类;按照是否能给使用者带来收入,证券可以分为有价证券和无价证券两类;按证券所载内容,证券可以分为资本证券、货币证券和商品证券三类。狭义上的证券主要指的是证券市场中的证券产品,其中包括产权市场产品如股票,债权市场产品如债券,衍生市场产品如股票期货、期权、利率期货等。《中华人民共和国证券法》(简称证券法)第 2 条以列举方式规定的证券品种包括,股票、公司债券、存托凭证、政府债券、证券投资基金份额、资产支持证券、资产管理产品及国务院已发认定的其他证券。

(二) 具体种类

1. 股票

股票是股份有限公司发行的,证明股东持有公司股份,按其份额享有权益的要式证券。

股票按是否记名分为记名股票和无记名股票;按股东权利不同分为普通股和优先股;按股票上是否载明股份金额,分为面值股票和无面值股票;按是否公开发行分为公开发行的股票与非公开发行的股票;按持有人分为国家股、法人股、非法人组织股、个人股。

2. 公司债券

公司债券是指公司依照法定程序发行的,约定在一定期限还本付息的有价证券。

公司债券根据企业性质分为普通公司债券和特别公司债券,如可转换公司债券、绿色公司债券、创新创业公司债券、可续期公司债券、熊猫公司债券。可转换公司债券,指公众公司依照法定程序发行的,在一定时间内依据约定条件可以转换成股票的公司债券;其中公众公司指上市公司以及股票公开转让的非上市公众公司。根据有无担保分为有担保公司债券和无担保公司债券。按照债券发行对象和方式分为公募公司债券和私募公司债券;《证券法》第 9 条规定,"向不特定对象发行证券和向特定对象发行证券累计超过 200 人,但依法实施员工持股计划的员工人数不计算在内。"

3. 存托凭证

存托凭证指由存托人签发、以境外证券为基础在中国境内发行、代表境外基础证券权益的证券。

4. 政府债券

政府债券又称公债券,指中央和地方政府为筹措经济建设资金、弥补财政赤字或国库收支差额等特定目的而以债务人身份发行并承诺在一定期限内还本付息的豁免证券。上市交易的政府债券受《证券法》约束。

按发行主体分为中央政府债券"国债"和地方政府债券"地方公债"。按是否发放凭证分为凭证式政府债券和记账式政府债券；凭证式政府债券仅限国债，又称"储蓄国债"，票面形式类似银行定期存单可记名和挂失，不能上市流通但可提前兑取；记账式政府债券可以上市流通。按偿还期限长短分为长期债券（10年以上）、中期债券（3~10年）和短期债券（3年以下）。按是否对利率实行保值补贴分为保值政府债券和不保值政府债券。按利息支付方式分为到期时一次还本付息的利随本清政府债券、按年或半年付息到期一次还本的付息政府债券和低于面值价格发行到期按债券面值偿还本金的零息政府债券。

5. 证券投资基金份额

投资基金分为产业投资基金、风险投资基金、证券投资基金三种基本形式。证券投资基金指通过公开或者非公开发行基金份额来募集资金，然后由基金管理人管理，基金托管人托管、为基金份额持有人的利益，以资产组合方式进行证券投资的基金形式。证券投资基金受《中华人民共和国证券法》和《中华人民共和国证券投资基金法》双重约束。

证券投资基金按自身运作方式分为封闭式和开放式两种；封闭式基金至基金份额总额在基金合同期限内固定不变，基金份额持有人不得申请赎回的基金；开放式基金至基金份额总额不固定，基金份额可以在基金合同约定的时间和场所申购或者赎回的基金。证券投资基金按募集方式分为公募基金和私募基金。按组织形式分为契约型基金和公司合伙型基金。按80%以上投资方向分为股票基金、债券基金、货币市场基金、基金中的基金和混合基金。

基金份额持有人为证券投资基金的委托人与受益人，证券投资基金份额是证券投资基金的证券形式，类似股票相对于股份。证券投资基金份额的基金财产只能对证券领域投资，含上市交易和公开发行股份有限公司的股票、债券、基金份额等证券及其衍生品种。证券投资基金份额的转让方式包括，通过证券交易所上市实现封闭式基金的基金份额转让，通过基金管理人赎回实现开放式基金的基金份额转让。

6. 资产支持证券

资产证券化是指把缺乏流动性、但具有未来稳定现金流收入的资产汇集起来，通过机构性重组和信用增级等措施，将其转变成可以在证券市场上发行和流通的证券，由此实现融资的过程。属于债券的一种。其类型分为信贷资产支持证券和企业资产支持证券两种类型。资产支持证券是资产证券化的证券表现形式。

7. 资产管理产品

资产管理产品是我国对"集合投资计划"的统称，指银行等金融机构，向公众投资者或特定的合格投资者募集资金并受托担任其资产管理人，在托管人独立托管下，为资产委托人的利益，运用委托财产进行投资的一种标准化的证券产品。俗称"理财产品"。

8. 其他证券品种

《证券法》第2条将"国务院已发认定的其他证券"纳入证券法管理的范围。其品种涵盖金融债券、权证、股票期权等。

金融债券是指依法在中国境内设立的金融机构法人在全国银行间债券市场发行的、按约还本付息的有价证券。

权证是指标的证券发行人或其以外的第三人发行的，约定持有人在规定期间内或特定到期日，有权按约定价格向发行人购买或出售标的证券，或以现金结算方式收取结算差价的有价证券。

股票期权指由证券交易所统一制定的、规定卖方有权在将来额定时间按照特定价格买入或者卖出约定股票、跟踪股票指数的交易性开放式指数基金等标的证券的标准化合约。

第二节 证券法

一、证券法概念

广义证券法指一切与证券相关的法律规范的总称。狭义证券法，指调整和规范证券种类、证券发行关系、证券交易关系、证券市场监督管理关系以及其他相关法律规范的总称，具体指《中华人民共和国证券法》。

《中华人民共和国证券法》由中华人民共和国第十三届全国人民代表大会常务委员会第十五次会议于2019年12月28日修订通过，自2020年3月1日起生效。

二、证券法立法宗旨和原则

（一）立法宗旨

证券法的立法目的在于规范证券发行和交易行为，保护投资者的合法权益，维护社会经济秩序和社会公共利益，促进社会主义市场经济的发展。

（二）立法原则

证券法规定，证券活动和证券管理应当遵守以下原则：公开、公平、公正、平等、自愿、有偿、诚实信用、守法原则、政府适当干预及禁止欺诈、内幕交易和操纵证券市场的原则。

三、证券法调整的对象

（1）平等主体间证券发行、上市、交易及服务活动中的法律关系。它具体包括：在中华人民共和国境内，股票、公司债券、存托凭证和国务院依法认定的其他证券的发行和交易，政府债券、证券投资基金份额的上市交易。对境外扰乱境内市场秩序损害境内投资者合法权益的行为追究法律责任。

（2）证券监督管理机关在进行证券监督管理中的法律关系。它具体包括：国务院就资产支持证券、资产管理产品发行、交易制定管理办法。国务院证券监督管理机构及其依法设立并授权的派出机构，对全国证券市场实行集中统一监督管理。国家审计机关对证券交易场所、证券公司、证券登记结算机构、证券监督管理机构进行审计监督。证券业和银行业、信托业、保险业实行分业经营、分业管理。

第三节 证券发行、交易与上市

一、证券发行

（一）证券发行的概念和分类

证券发行是指发行人为筹集资金或设立公司依照法定条件和程序向社会公众或特定对象销售或交付证券的行为。

证券发行是按证券品种分为股票发行与其他证券品种的发行。

证券发行是按发行对象分为公开发行与非公开发行。《证券法》第9条规定"向不特定对象"或"向特定对象发行证券累计超过200人"为公开发行，其中"依法实施员工持股计划的员工人数不计算在内"即员工持股计划对象超过200人豁免执行公开发行条件和程序。非公开发行证券，不得采用广告、公开劝诱和变相公开方式，以及上市公司证券非公开发行对象不超过10名。

证券发行是按是否通过承销商分为直接发行与间接发行。通过承销商发行的为间接发行。

证券发行是按发行时间和次数分为首次发行与再次发行。首次发行又分为公司设立时的首次发行和存续公司的首次发行，存续公司的首次公开发行即IPO。上市公司的再次发行分为"增发"和"配股"。

证券发行是按发行人是否为上市公司分为上市公司发行和非上市公司发行。

1. 证券发行

证券发行管理制度大致分为登记制和核准制两大类。

证券发行登记制，又称注册制，是当今世界各国（地区）普遍采用的证券发行审核制度。其核心是采取公开问答方式向投资者就影响价值判断和投资决策所必需的信息，进行真实、准确、完整、充分的信息披露。发行人只要按规定将有关资料完全公开，并对所提供信息的真实性、完整性和可靠性承担法律责任，监管机构就不得以发行人的财务状况未达到一定标准而拒绝其发行。

证券发行核准制指发行人申请发行证券，不仅要求正确真实的公开申请文件，符合法定条件并通过证券主管机关形式及实质性审查后方能进行证券发行的制度。

2. 证券发行注册制度

我国《证券法》确定了全面实施注册制。《证券法》第9条规定，"公开发行证券，必须符合法律、行政法规规定的条件，并依法报经国务院证券监督管理机构或者国务院授权的部门注册。未经依法注册，任何单位和个人不得公开发行证券。证券发行注册制的具体范围、实施步骤，由国务院规定。"《证券法》规定，公司设立时公开发行股票和公司成立后公开发行证券两种情形下，需履行如下证券公开发行申请程序及保障程序。

（1）报送募资申请和文件。《证券法》第11条规定，设立股份有限公司公开发行股票，向证监会报送：①公司章程；②发起人协议；③发起人姓名或者名称，发起人认购的股份数、出资种类及验资证明；④招股说明书；⑤代收股款银行的名称及地址；⑥承销机构名称及有关的协议；⑦依法应当聘请的保荐人出具的发行保荐书。

公司成立后公开发行新股报送和公开发行公司债券向国务院授权部门或中国证监会报送：①公司营业执照；②公司章程；③股东大会决议；④招股说明书或者其他公开发行募集文件或债券募集办法；⑤财务会计报告；⑥代收股款银行的名称及地址；⑦依法应当聘请的保荐人出具的发行保荐书；⑧承销机构名称及有关的协议；⑦其他文件。

(2) 审核发行申请。《证券法》第 21 条第 2 款规定，"按照国务院的规定，证券交易所等可以审核公开发行证券申请，判断发行人是否符合发行条件、信息披露要求，督促发行人完善信息披露内容。"

(3) 注册。《证券法》第 22 条规定，"国务院证券监督管理机构或者国务院授权的部门应当自受理证券发行申请文件之日起 3 个月内，依照法定条件和法定程序作出予以注册或者不予注册的决定，发行人根据要求补充、修改发行申请文件的时间不计算在内。不予注册的，应当说明理由。"

(4) 发行人公告、公开发行文件。《证券法》第 23 条规定，"证券发行申请经注册后，发行人应当依照法律、行政法规的规定，在证券公开发行前公告公开发行募集文件，并将该文件置备于指定场所供公众查阅。发行证券的信息依法公开前，任何知情人不得公开或者泄露该信息。发行人不得在公告公开发行募集文件前发行证券。"

(5) 保障程序。包括：①对已注册的违法申请进行事后撤销。《证券法》第 24 条规定，"国务院证券监督管理机构或者国务院授权的部门对已作出的证券发行注册的决定，发现不符合法定条件或者法定程序，尚未发行证券的，应当予以撤销，停止发行。已经发行尚未上市的，撤销发行注册决定，发行人应当按照发行价并加算银行同期存款利息返还证券持有人；发行人的控股股东、实际控制人以及保荐人，应当与发行人承担连带责任，但是能够证明自己没有过错的除外。股票的发行人在招股说明书等证券发行文件中隐瞒重要事实或者编造重大虚假内容，已经发行并上市的，国务院证券监督管理机构可以责令发行人回购证券，或者责令负有责任的控股股东、实际控制人买回证券。"②提示注册与经营、投资风险没有关联，即《证券法》第 25 条规定，"股票依法发行后，发行人经营与收益的变化，由发行人自行负责；由此变化引致的投资风险，由投资者自行负责。"③规范参与证券发行申请注册人员的行为，即《证券法》第 21 条第 3 款规定，"参与证券发行申请注册的人员，不得与发行申请人有利害关系，不得直接或者间接接受发行申请人的馈赠，不得持有所注册的发行申请人的证券，不得私下与发行申请人进行接触。"

3. 证券发行核准制度

证券发行核准制度是我国证券发行审核的基础性制度，根据《证券法》《公司法》等有关法律法规的规定，公开发行股票、可转换公司债券、公司债券和国务院依法认定的其他证券，必须依法报中国证监会核准。即证券发行人提出发行申请，保荐机构（主承销商）向中国证监会推荐，中国证监会进行合规性初审后，提交发行审核委员会审核,最终经中国证监会核准后发行的制度。

(1) 证券发行上市保荐制度是其中的重点。该制度指在证券发行、上市期间由特定证券公司担任保荐人,推荐发行人证券发行上市,持续督导发行人履行相关义务的制度。主要包括《证券法》第10条规定的以下内容:①发行人申请首次公开发行股票并上市、上市公司发行新股、可转换公司债券或公开发行法律、行政法规规定实行保荐制度和其他证券的,应当聘请具有保荐资格的机构担任保荐机构。中国证监会或证券交易所只接受由保荐机构推荐的发行或上市申请文件。②保荐机构及保荐代表人应当尽职调查,对发行人申请文件、信息披露资料进行审慎核查,向中国证监会、证券交易所出具保荐意见,并对相关文件的真实性、准确性和完整性负连带责任。③保荐机构及其保荐代表人对其所推荐的公司上市后的一段期间负有持续督导义务,并对公司在督导期间的不规范行为承担责任。④保荐机构要建立完备的内部管理制度。⑤中国证监会对保荐机构实行持续监管。

(2) 发行审核委员会制度。发行审核委员会制度是证券发行核准制的重要组成部分。《证券法》规定国务院证券监督管理机构设发行审核委员会(简称发审委)。发审委审核发行人股票发行申请和可转换公司债券等中国证监会认可的其他证券的发行申请。发审委的主要职责是:根据有关法律、行政法规和中国证监会的规定,审核股票发行申请是否符合相关条件;审核保荐机构、会计师事务所、律师事务所、资产评级机构等证券服务机构及相关人员为股票发行所出具的有关材料及意见书;审核中国证监会有关职能部门出具的初审报告;对股票发行申请进行独立表决,依法对发行申请提出审核意见。中国证监会依照法定条件和法定程序作出予以核准或者不予核准股票发行申请的决定,并出具相关文件。

4. 证券发行承销

证券发行承销指证券公司根据承销协议和法律规定,协助证券发行人销售其所发行的证券的行为。发行人向不特定对象发行的证券,法律法规规定应当由证券公司承销的,发行人有权自主选择承销的证券公司或由主承销和参与承销的证券公司组成的承销团,并与其签订承销协议。

证券承销的方式分为代销和包销。证券代销是指证券公司代发行人发售证券,在承销期结束时,将未售出的证券全部退还给发行人的承销方式;代销期限届满,向投资者出售的股票数量未达到拟公开发行股票数量70%的,为发行失败,发行人应当按照发行价并加算银行同期存款利息返还股票认购人。证券包销是指证券公司将发行人的证券按照协议全部购入或者在承销期结束时将售后剩余证券全部自行购入的承销方式。

承销协议载明事项,根据《证券法》第31条、32条规定包括,①当事人的名称、住所及法定代表人姓名;②证券的种类、数量、金额及发行价格,溢价发行价格由发行人与承销的证券公司协商确定;③期限及起止日期,法律规定证券的代销、包销期限最长不得超过90日;④付款方式及日期;⑤费用和结算办法;⑥违约责任等。

证券公司承销责任和义务,根据《证券法》第29条规定包括,①核查发行文件;②不得虚假宣传;③不得以不正当手段招揽业务;④依法依规承销,信息披露有误停止承销及时纠正;⑤连带赔偿;⑥优先出售给认购人,不得为本公司预留和预购。

5. 股票与其他证券品种的发行（公司债券、存托凭证）

（1）股票发行。我国《证券法》第二章规定了设立股份有限公司公开发行股票、公司首次公开发行股票、上市公司发行新股三种股票发行方式。

设立股份有限公司公开发行股票，应当符合《中华人民共和国公司法》第76条关于设计股份有限公司一般条件规定、第84条"发起人认购的股份不得少于公司股份总数的35%"和经国务院批准的国务院证券监督管理机构规定的其他条件。

公司首次公开发行新股需符合《证券法》第12条第1款规定条件，"①具备健全且运行良好的组织机构；②具有持续盈利能力；③最近3年财务会计报告被出具无保留意见审计报告；④发行人及其控股股东、实际控制人最近3年不存在贪污、贿赂、侵占财产、挪用财产或者破坏社会主义市场经济秩序的刑事犯罪；⑤经国务院批准的国务院证券监督管理机构规定的其他条件。"

（2）公司债券发行。《证券法》第15条第1款规定公开发行债券的条件，"①具备健全且运行良好的组织机构；②最近三年平均可分配利润足以支付公司债券一年的利息；③国务院规定的其他条件。"发行可转换公司债券的，按照《证券法》第15条第3款规定还应当遵守上市公司发行新股的规定；但是，按照公司债券募集办法，上市公司通过收购本公司股份的方式进行公司债券转换的除外。《证券法》第17条规定了不得再次公开发行公司债券的两种情形，"①对已公开发行的公司债券或者其他债务有违约或者延迟支付本息的事实，仍处于继续状态；②违反证券法规定，改变公开发行公司债券所募资金的用途。"

（3）存托凭证发行。《证券法》第12条第3款规定，"公开发行存托凭证的，应当符合首次公开发行新股的条件以及国务院证券监督管理机构规定的其他条件。"

二、证券上市

（一）证券上市概念

证券上市指依法发行的证券通过法定程序进入证券交易所挂牌交易的过程及资格。

（二）证券上市条件

《证券法》取消了对上市条件的具体规定，交由证券交易所上市规则来规范；证券交易所规定的上市条件，应当对发行人的经营年限、财务状况、最低公开发行比例和公司治理、诚信记录等提出要求。

（三）证券上市程序

《证券法》第46条规定证券上市程序有：①向证券交易所提出申请；②由证券交易所依法审核同意；③双方签订上市协议。政府债券上市交易由证券交易所根据国务院授权的部门的决定安排。

(四) 证券上市终止程序及救济程序

《证券法》第48条、第49条规定，符合证券交易所规定的主动退市或强制退市等终止上市情形的，由证券交易所按照业务规则终止其上市交易。证券交易所需作出终止证券上市交易决定，公告并报国务院证券监督管理机构备案。对证券交易所作出的不予上市交易、终止上市交易决定不服的，可以向证券交易所设立的复核机构申请复核。

三、证券交易

(一) 证券交易概念

证券交易是指当事人买卖依法发行并交付证券的合同行为。广义的交易包括了证券发行行为即通过一级市场取得证券的行为；狭义的交易仅包括在二级市场上的买卖行为。

(二) 证券交易的分类

证券交易按照标的分为股票交易、债券交易和其他证券品种交易。按照是否上市分为上市交易和非上市交易（场外交易）。按照交易价格形成方式分为集中交易和非集中交易；集中交易的交易价格通过集合竞价形成，以"时间优先"和"价格优先"的原则成交；非集中交易有做市商制和协议制两种。按买卖双方是否给予对方信用，分为现货交易、期货交易和融资融券交易。按证券卖出后是否回购分为一般交易和回购交易；回购交易包括质押式回购交易、证券投资基金的回赎和回售、上市公司股份回购。按外部表现形式分为纸面证券交易和无纸化证券交易。

(三) 证券交易的限制

1. 转让期限的限制

我国《证券法》第36条、第42条、第44条、141条规定，依法发行的证券，《中华人民共和国公司法》和其他法律对其转让期限有限制性规定的，在限定的期限内不得转让。具体规定包括，①发起人持有的公司股份自公司成立之日起1年内不得转让；②公司董事、监事、高级管理人员在任职期间每年转让股份不超过其所持本公司股份总数的25%，自上市交易之日起1年内不得转让，离职半年内不得转让；③公司公开发行股份前已发行的股份，自上市交易之日起1年内不得转让；④上市公司持有5%以上股份的股东、实际控制人、董事、监事、高级管理人员，以及其他持有发行人首次公开发行前发行的股份或者上市公司向特定对象发行的股份的股东，转让其持有的本公司股份的，不得违反法律、行政法规和国务院证券监督管理机构关于持有期限、卖出时间、卖出数量、卖出方式、信息披露等规定，并应当遵守证券交易所的业务规则；⑤上市公司、股票在国务院批准的其他全国性证券交易场所交易的公司持有5%以上股份的股东、董事、监事、高级管理人员（包括其配偶、父母、子女及利用的他人），将其持有的该公司的股票或者其他具有股权性质的证券在买入后 6 个月内卖出，或者在卖出后 6 个月内又买入，由此所得收益归该公司所有，公司董事会应当收回其所得收益。但是，证券公司因购入包销售后剩余股票而持有 5% 以上股份，以及有国务院证券监督管理机构规定的其他情形的除外。公司董事会不收回收益的，股东有权要求董事会在 30 日内执行，且负有责任的董事依法承担连带责任。公司董事会未在上述期限内收回收益的，股东有权为了公司的利益以自己的名义直接向人民法院提起诉讼。⑥为证券发行出具审计报告或者法律意见书等文件的证券服务机构和人员，在该证券承销期内和期满后 6 个月内，不得买卖该证券。⑦为发行人及其控股股东、实际控制人，或者收购人、重大资产交易方出具审计报告或者法律意见书等文件的证券服务机构和人员，自接受委托之日起至上述文件公开后 5 日内，不得买卖该证券。实际开展上述有关工作之日早于接受委托之日的，自实际开展上述有关工作之日起至上述文件公开后 5 日内，不得买卖该证券。

2. 特定主体买卖证券的限制

证券交易场所、证券公司和证券登记结算机构的从业人员，证券监督管理机构的工作人员以及法律、行政法规规定禁止参与股票交易的其他人员，在任期或者法定限期内，不得直接或者以化名、借他人名义持有、买卖股票或者其他具有股权性质的证券，也不得收受他人赠送的股票或者其他具有股权性质的证券。

任何人在成为前款所列人员时，其原已持有的股票或者其他具有股权性质的证券，必须依法转让。

实施股权激励计划或者员工持股计划的证券公司的从业人员，可以按照国务院证券监督管理机构的规定持有、卖出本公司股票或者其他具有股权性质的证券。

（1）《证券法》第 40 条规定，"证券交易场所、证券公司和证券登记结算机构的从业人员，证券监督管理机构的工作人员以及法律、行政法规规定禁止参与股票交易的其他人员，在任期或者法定限期内，不得直接或者以化名、借他人名义持有、买卖股票或者其他具有股权性质的证券，也不得收受他人赠送的股票或者其他具有股权性质的证券。"原已持有的股票或者其他具有股权性质的证券，必须依法转让。

（2）"实施股权激励计划或者员工持股计划的证券公司的从业人员，可以按照国务院证券监督管理机构的规定持有、卖出本公司股票或者其他具有股权性质的证券。"

（3）我国《证券法》第 41 条规定，"证券交易场所、证券公司、证券登记结算机构、证券服务机构及其工作人员应当依法为投资者的信息保密，不得非法买卖、提供或者公开投资者的信息。不得泄露所知悉的商业秘密。"

第四节 禁止交易、收购与信息披露

一、禁止的交易行为

（一）禁止内幕交易

《证券法》第5条规定，"证券的发行、交易活动，必须遵守法律、行政法规；禁止欺诈、内幕交易和操纵证券市场的行为。"同时，《证券法》第50条要求，证券交易内幕交易主体利用内幕信息从事证券交易活动的行为是应当禁止的内幕交易行为。

1. 内幕交易主体

内幕交易主体包括内幕信息的知情人和非法获取内幕信息的人。

根据《证券法》第51条规定，内幕信息的知情人包括，"①发行人及其董事、监事、高级管理人员；②持有公司5%以上股份的股东及其董事、监事、高级管理人员，公司的实际控制人及其董事、监事、高级管理人员；③发行人控股或者实际控制的公司及其董事、监事、高级管理人员；④由于所任公司职务或者因与公司业务往来可以获取公司有关内幕信息的人员；⑤上市公司收购人或者重大资产交易方及其控股股东、实际控制人、董事、监事和高级管理人员；⑥因职务、工作可以获取内幕信息的证券交易场所、证券公司、证券登记结算机构、证券服务机构的有关人员；⑦因职责、工作可以获取内幕信息的证券监督管理机构工作人员；⑧因法定职责对证券的发行、交易或者对上市公司及其收购、重大资产交易进行管理可以获取内幕信息的有关主管部门、监管机构的工作人员；⑨国务院证券监督管理机构规定的可以获取内幕信息的其他人员。"

2. 内幕信息的范围

《证券法》第52条规定，"证券交易活动中，涉及发行人的经营、财务或者对该发行人证券的市场价格有重大影响的尚未公开的信息"，及第80条第2款、第81条第2款规定的可能对股票或债券交易价格产生较大影响的尚未披露的重大事件，为内幕信息。

上市交易股票交易价格重大事件包括：①公司的经营方针和经营范围的重大变化；②公司的重大投资行为，公司在一年内购买、出售重大资产超过公司资产总额30%，或者公司营业用主要资产的抵押、质押、出售或者报废一次超过该资产的30%；③公司订立重要合同、提供重大担保或者从事关联交易，可能对公司的资产、负债、权益和经营成果产生重要影响；④公司发生重大债务和未能清偿到期重大债务的违约情况；⑤公司发生重大亏损或者重大损失；⑥公司生产经营的外部条件发生的重大变化；⑦公司的董事、三分之一以上监事或者经理发生变动，董事长或者经理无法履行职责；⑧持有公司5%以上股份的股东或者实际控制人持有股份或者控制公司的情况发生较大变化，公司的实际控制人及其控制的其他企业从事与公司相同或者相似业务的情况发生较大变化；⑨公司分配股利、增资的计划，公司股权结构的重要变化，公司减资、合并、分立、解散及申请破产的决定，或者依法进入破产程序、被责令关闭；⑩涉及公司的重大诉讼、仲裁，股东大会、董事会决议被依法撤销或者宣告无效；⑪公司涉嫌犯罪被依法立案调查，公司的控股股东、实际控制人、董事、监事、高级管理人员涉嫌犯罪被依法采取强制措施；⑫国务院证券监督管理机构规定的其他事项。

上市交易公司债券交易价格重大事件包括：①公司股权结构或者生产经营状况发生重大变化；②公司债券信用评级发生变化；③公司重大资产抵押、质押、出售、转让、报废；④公司发生未能清偿到期债务的情况；⑤公司新增借款或者对外提供担保超过上年末净资产的20%；⑥公司放弃债权或者财产超过上年末净资产的10%；⑦公司发生超过上年末净资产10%的重大损失；⑧公司分配股利，作出减资、合并、分立、解散及申请破产的决定，或者依法进入破产程序、被责令关闭；⑨涉及公司的重大诉讼、仲裁；⑩公司涉嫌犯罪被依法立案调查，公司的控股股东、实际控制人、董事、监事、高级管理人员涉嫌犯罪被依法采取强制措施；⑪国务院证券监督管理机构规定的其他事项。

3. 内幕交易行为方式

《证券法》第53条规定，内幕交易行为方式包括：①买卖该公司的证券；②泄露该信息；③建议他人买卖该证券。

4. 内幕交易行为后果

我国《证券法》第53条第3款规定，"内幕交易行为给投资者造成损失的，应当依法承担赔偿责任。"

（二）禁止利用未公开信息交易

1. 利用未公开信息交易行为范围

我国《证券法》第54条第1款规定了，"禁止证券交易场所、证券公司、证券登记结算机构、证券服务机构和其他金融机构的从业人员、有关监管部门或者行业协会的工作人员，利用因职务便利获取的内幕信息以外的其他未公开的信息，违反规定，从事与该信息相关的证券交易活动，或者明示、暗示他人从事相关交易活动。利用未公开信息进行交易给投资者造成损失的，应当依法承担赔偿责任。"

2. 行为后果

《证券法》第54条第2款规定，"利用未公开信息进行交易给投资者造成损失的，应当依法承担赔偿责任。"第191条第2款规定应当承担行政责任。以及按照《刑法》承担刑事责任。

（三）禁止操纵市场行为

1. 操纵市场行为范围

《证券法》第55条第1款规定，"禁止任何人以下列手段操纵证券市场，影响或者意图影响证券交易价格或者证券交易量。①单独或者通过合谋，集中资金优势、持股优势或者利用信息优势联合或者连续买卖；②与他人串通，以事先约定的时间、价格和方式相互进行证券交易；③在自己实际控制的账户之间进行证券交易；④不以成交为目的，频繁或者大量申报并撤销申报；⑤利用虚假或者不确定的重大信息，诱导投资者进行证券交易；⑥对证券、发行人公开作出评价、预测或者投资建议，并进行反向证券交易；⑦利用在其他相关市场的活动操纵证券市场；⑧操纵证券市场的其他手段。"

2. 操纵市场行为后果

《证券法》第55条第2款规定，"操纵证券市场行为给投资者造成损失的，应当依法承担赔偿责任。"

（四）禁止编造传播虚假信息或者误导性信息

1. 行为范围

《证券法》第56规定，"禁止任何单位和个人编造、传播虚假信息或者误导性信息，扰乱证券市场。"包括，①禁止证券交易场所、证券公司、证券登记结算机构、证券服务机构及其从业人员，证券业协会、证券监督管理机构及其工作人员，在证券交易活动中作出虚假陈述或者信息误导。②各种传播媒介传播证券市场信息必须真实、客观，禁止误导。

2. 行为后果

《证券法》第56条规定，"编造、传播虚假信息或者误导性信息，扰乱证券市场，给投资者造成损失的，应当依法承担赔偿责任。"

（五）禁止损害客户利益

1. 行为范围

《证券法》第57条规定，"禁止证券公司及其从业人员从事下列损害客户利益的行为：①违背客户的委托为其买卖证券；②不在规定时间内向客户提供交易的确认文件；③未经客户的委托，擅自为客户买卖证券，或者假借客户的名义买卖证券；④为牟取佣金收入，诱使客户进行不必要的证券买卖；⑤其他违背客户真实意思表示，损害客户利益的行为。"

2. 行为后果

《证券法》第57条规定，损害客户利益，给客户造成损失的，应当依法承担赔偿责任。

（六）其他禁止的交易行为

我国《证券法》第三章规定的其他禁止交易行为包括，①非依法发行的证券不得买卖。②传播媒介及其从事证券市场信息报道的工作人员不得从事与其工作职责发生利益冲突的证券买卖。③任何单位和个人不得违反规定，出借自己的证券账户或者借用他人的证券账户从事证券交易。④依法拓宽资金入市渠道，禁止资金违规流入股市。禁止投资者违规利用财政资金、银行信贷资金买卖证券。

二、上市公司收购

(一) 上市公司收购的概念

上市公司收购是指通过证券交易所的证券交易,投资者持有或者通过协议、其他安排与他人共同持有一家上市公司已经发行的有表决权股份达一定程度,导致其获得或可能获得对该公司实际控制权的行为。

(二) 收购方式

《证券法》第62条规定,"投资者可以采取要约收购、协议收购及其他合法方式收购上市公司。"其他合法方式包括,国有股权行政划转、司法裁决、继承、赠与以及证券监管机构根据法律授权认定的其他方式。

(三) 大宗持股权益变动披露制度 (举牌制度)

1. 三种披露情形及买卖限制

通过证券交易所的证券交易,投资者持有或者通过协议、其他安排与他人共同持有一个上市公司已发行的有表决权股份达到5%时,应当在该事实发生之日起3日内,向国务院证券监督管理机《证券法》第63条规定了如下三种披露情形。①"通过证券交易所的证券交易,投资者持有或者通过协议、其他安排与他人共同持有一个上市公司已发行的有表决权股份达到5%时,应当在该事实发生之日起3日内,向国务院证券监督管理机构、证券交易所作出书面报告,通知该上市公司,并予公告,在上述期限内不得再行买卖该上市公司的股票,但国务院证券监督管理机构规定的情形除外。②投资者持有或者通过协议、其他安排与他人共同持有一个上市公司已发行的有表决权股份达到5%后,其所持该上市公司已发行的有表决权股份比例每增加或者减少5%,应当依照前款规定进行报告和公告,在该事实发生之日起至公告后3日内,不得再行买卖该上市公司的股票,但国务院证券监督管理机构规定的情形除外。③投资者持有或者通过协议、其他安排与他人共同持有一个上市公司已发行的有表决权股份达到5%后,其所持该上市公司已发行的有表决权股份比例每增加或者减少1%,应当在该事实发生的次日通知该上市公司,并予公告。"

违反上述①、②情形规定买入上市公司有表决权的股份的,在买入后的36个月内,对该超过规定比例部分的股份不得行使表决权。第③种情形下,并未限制买卖。

2. 披露公告要求

《证券法》第64条规定,披露公告应当包括下列内容,"①持股人的名称、住所;②持有的股票的名称、数额;③持股达到法定比例或者持股增减变化达到法定比例的日期、增持股份的资金来源;④在上市公司中拥有有表决权的股份变动的时间及方式。"

(四) 要约收购制度

1. 要约收购

强制要约收购。《证券法》第65条规定,"通过证券交易所的证券交易,投资者持有或者通过协议、其他安排与他人共同持有一个上市公司已发行的有表决权股份达到30%时,继续进行收购的,应当依法向该上市公司所有股东发出收购上市公司全部或者部分股份的要约。"

"收购上市公司部分股份的要约的强制约定,被收购公司股东承诺出售的股份数额超过预定收购的股份数额的,收购人按比例进行收购。"

股份种类不同收购条件可不同,收购条件适用全部股东。收购人可以针对上市公司发行的不同种类的股份提出不同的收购条件;收购要约提出的各项收购条件,适用于被收购公司的所有股东。

收购要约约定的收购期限。不得少于30日,且不得超过60日。收购人在收购期限内,不得卖出被收购公司的股票,也不得采取要约规定以外的形式和超出要约的条件买入被收购公司的股票。

在收购要约确定的承诺期限内,收购人不得撤销其收购要约。收购人需要变更收购要约的,应当及时公告,载明具体变更事项,且不得降低收购价格、减少预定收购股份数额、缩短收购期限等。

收购要约内容及公告。《证券法》第66条规定,"发出收购要约,收购人必须公告上市公司收购报告书,并载明下列事项,①收购人的名称、住所;②收购人关于收购的决定;③被收购的上市公司名称;④收购目的;⑤收购股份的详细名称和预定收购的股份数额;⑥收购期限、收购价格;⑦收购所需资金额及资金保证;⑧公告上市公司收购报告书时持有被收购公司股份数占该公司已发行的股份总数的比例。"

(五) 协议收购制度

《证券法》第71条、第73条规定了协议收购的程序。①收购开始。协议收购始于收购方与目标公司股东的协商谈判。②豁免要约收购。协议收购在收购人持有目标公司已发行股份达到30%时,除非中国证监会豁免,否则强制进入要约收购程序。③收购协议的报告和公告。达成协议后,收购人必须在3日内将该收购协议向国务院证券监督管理机构及证券交易所作出书面报告,并予公告;在公告前不得履行收购协议。

《证券法》第72条规定,协议收购"协议双方可临时委托证券登记结算机构保管协议转让的股票,并将资金存放于指定的银行"。

(六) 上市公司收购完成

1. 收购期限届满的法律后果

《证券法》第74条、第76条规定的收购期限届满的法律后果可能包括:①目标公司退市;②目标公司股东有权利向收购人强制出售股票;③目标公司变更企业形式；④目标公司解散及法人主体资格丧失。

2. 收购完成后股份转让的限制

《证券法》第 75 条规定，"在上市公司收购中，收购人持有的被收购的上市公司的股票，在收购行为完成后的 18 个月内不得转让。"

三、信息披露

信息披露制度指证券市场上的有关当事人在证券发行、上市和交易等一系列环节中，依照法律法规、证券主管机关管理规则及证券交易场所有关规定，以一定方式向社会公众公布或向证券主管部门或自律机构提交、申报与证券有关的信息而形成的一整套行为规范和活动准则的总称。

（一）信息披露制度的基本原则

信息披露制度的基本原则包括，真实披露、全面披露、准确披露、及时披露、要式披露、自愿披露，同步披露，即证券同时在境内境外公开发行、交易的，其信息披露义务人在境外披露的信息，应当在境内同时披露。

（二）信息披露义务人和担保人

信息披露义务人包括：发行人、上市公司、控股股东、实际控制人、大额股份持有人、上市公司收购人、破产管理人及其高级管理人员、证券交易所等。

信息披露担保人指与信息披露义务人一起承担法律责任的主体，包括发行人的控股股东、实际控制人、董事、监事、高级管理人员和其他直接责任人员以及保荐人、承销的证券公司及其直接责任人员等。

董事、监事、高级管理人员的确认义务和权利。发行人的董事、高级管理人员有义务对证券发行文件和定期报告签署书面确认意见；发行人的监事会有义务审核，监事有义务签署书面确认意见；董事、监事、高级管理人员不能保证发行人披露信息的真实、准确、完整的，发行人应当披露其异议；发行人不披露的，董事、监事、高级管理人员可以申请披露。

（三）持续信息披露制度

持续信息披露制度包括定期披露制度和临时披露。

《证券法》第 79 条规定了年度报告和中期报告两种定期披露制度。年度报告应当在每一会计年度结束之日起 4 个月内报送并公告，其中的年度财务会计报告应当经符合证券法规定的会计师事务所审计；中期报告应当在每一会计年度的上半年结束之日起 2 个月内报送并公告。实践中还包括季度报告、业绩预告、业绩快报等定期披露制度。

临时披露主要包括，《证券法》第 80 条第 1 款和第 81 条第 1 款规定的，发生可能对上市公司股票或债券交易价格产生较大影响和投资人尚未得知的重大事件时，上市公司应当立即将有关该重大事件的情况向证监会和证交所提交临时报告，并予公告,说明事件起因、目前状态和可能产生的法律后果。

第五节 投资者保护、场所与公司

一、证券投资者保护

(一)证券投资者

证券投资者一般指为了获得利息、股息或资本收益而进行证券投资的自然人、法人和其他组织。

按主体类型划分,证券投资者主要分为自然人投资者和机构投资者两大类型。其中,机构投资者又分为,①境内专业机构投资者,如基金、证券、保险、信托机构等;②境外合格机构投资者,如QFII、RFII等投资机构;③产业资本,如各类产业集团及投资公司;④政府持股机构,如中央地方国资委、财政部、中央汇金、建银投资及地方国资运营平台等。

按财产状况、金融资产状况、投资知识和经验、专业能力等专业因素划分,投资者分为普通投资者和专业投资者。专业投资者的标准由国务院证券监督管理机构规定。普通投资者与证券公司发生纠纷的,证券公司应当证明其行为符合法律、行政法规以及国务院证券监督管理机构的规定,不存在误导、欺诈等情形。证券公司不能证明的,应当承担相应的赔偿责任。

(二)投资者适当性管理制度

1. 证券公司投资者适当性管理义务

《证券法》第88条规定的证券公司投资者适当性管理义务包括三个方面,①了解义务,即"证券公司向投资者销售证券、提供服务时,应当按照规定充分了解投资者的基本情况、财产状况、金融资产状况、投资知识和经验、专业能力等相关信息"。②告知义务,即"如实说明证券、服务的重要内容,充分揭示投资风险";"销售、提供与投资者上述状况相匹配的证券、服务"。③拒绝义务,在投资人"拒绝提供或者未按照要求提供真实信息时,证券公司应当告知其后果,并按照规定拒绝向其销售证券、提供服务"。

2. 违反义务的后果

证券公司违反投资者适当性管理义务的①②③项义务导致投资者损失的,应当承担相应的赔偿责任。

(三)上市公司股东权代理征集制度

股东代理征集,指符合法定条件的自然人或者机构,公开请求上市公司股东委托其代为出席股东大会,并代为行使提案权、表决权等股东权利的行为。

1. 征集人

征集人包括：①上市公司董事会、独立董事；②持有1%以上有表决权股份的股东；③依照法律、行政法规或者国务院证券监督管理机构的规定设立的投资者保护机构。

2. 代为行使的股东权范围

代为行使的股东权范围：①出席股东大会；②行使提案权、表决权。

3. 征集方式

征集方式包括：①自行征集；②委托证券公司、证券服务机构征集。

4. 合法征集要求

合法征集要求有以下3点：①征集人应当披露征集文件，上市公司应当予以配合。②禁止以有偿或者变相有偿的方式公开征集股东权利。③非法征集导致上市公司或者其股东遭受损失的，应当依法承担赔偿责任。

（四）上市公司现金分红制度

《证券法》第91条规定，"上市公司应当在章程中明确分配现金股利的具体安排和决策程序，依法保障股东的资产收益权。上市公司当年税后利润，在弥补亏损及提取法定公积金后有盈余的，应当按照公司章程的规定分配现金股利。"

（五）债券持有人保护制度

1. 债券持有人会议制度

公开发行公司债券的，应当设立债券持有人会议，并应当在募集说明书中说明债券持有人会议的召集程序、会议规则和其他重要事项。

2. 受托管理人制度

公开发行公司债券的，发行人应当为债券持有人聘请债券受托管理人，并订立债券受托管理协议。受托管理人应当由本次发行的承销机构或者其他经国务院证券监督管理机构认可的机构担任，债券持有人会议可以决议变更债券受托管理人。债券受托管理人应当勤勉尽责，公正履行受托管理职责，不得损害债券持有人利益。债券发行人未能按期兑付债券本息的，债券受托管理人可以接受全部或者部分债券持有人的委托，以自己名义代表债券持有人提起、参加民事诉讼或者清算程序。

（六）纠纷化解机制

1. 纠纷调解制度

申请调解。投资者与发行人、证券公司等发生纠纷的，双方可以向投资者保护机构申请调解。

强制调解。普通投资者与证券公司发生证券业务纠纷，普通投资者提出调解请求的，证券公司不得拒绝。

2. 纠纷诉讼制度

代表人诉讼制度。《证券法》第95条规定，"投资者提起虚假陈述等证券民事赔偿诉讼时，诉讼标的是同一种类，且当事人一方人数众多的，可以依法推选代表人进行诉讼""可能存在有相同诉讼请求的其他众多投资者的，人民法院可以发出公告，说明该诉讼请求的案件情况，通知投资者在一定期间向人民法院登记。人民法院作出的判决、裁定，对参加登记的投资者发生效力"。

投资者保护机构代表诉讼制度。①发行人的董事、监事、高级管理人员执行公司职务时违反法律、行政法规或者公司章程的规定给公司造成损失，发行人的控股股东、实际控制人等侵犯公司合法权益给公司造成损失，投资者保护机构持有该公司股份的，可以为公司的利益以自己的名义向人民法院提起诉讼，持股比例和持股期限不受《中华人民共和国公司法》规定的限制。②投资者保护机构受50名以上投资者委托，可以作为代表人参加投资者提起虚假陈述等证券民事赔偿诉讼，并为经证券登记结算机构确认的权利人依照前款规定向人民法院登记，但投资者明确表示不愿意参加该诉讼的除外。

投资者保护机构支持诉讼制度。投资者保护机构对损害投资者利益的行为，可以依法支持投资者向人民法院提起诉讼。

3. 纠纷先行赔付制度

发行人因欺诈发行、虚假陈述或者其他重大违法行为给投资者造成损失的，发行人的控股股东、实际控制人、相关的证券公司可以委托投资者保护机构，就赔偿事宜与受到损失的投资者达成协议，予以先行赔付。先行赔付后，可以依法向发行人以及其他连带责任人追偿。

二、证券交易场所

（一）证券交易所定义和性质

证券交易场所是已发行证券的流通市场，包括证券交易所市场（场内交易）和其他交易市场（场外交易），其他交易市场又包括全国中小企业股份转让系统（新三板）、区域性股权市场、银行间债券市场、商业银行柜台交易市场。

《证券法》第37条规定，"公开发行的证券，应当在依法设立的证券交易所上市交易或者在国务院批准的其他全国性证券交易场所交易。非公开发行的证券，可以在证券交易所、国务院批准的其他全国性证券交易场所、按照国务院规定设立的区域性股权市场转让。"

证券交易所、国务院批准的其他全国性证券交易场所为证券集中交易提供场所和设施，组织和监督证券交易，实行自律管理，依法登记，取得法人资格；可以根据证券品种、行业特点、公司规模等因素设立不同的市场层次。按照国务院规定设立的区域性股权市场为非公开发行证券的发行、转让提供场所和设施。

证券交易所履行自律管理职能，应当遵守社会公共利益优先原则，维护市场的公平、有序、透明。

（二）证券交易所设立及组织机构

1. 名称

证券交易所必须在其名称中标明证券交易所字样。其他任何单位或者个人不得使用证券交易所或者近似的名称。

2. 章程

设立证券交易所必须制定章程。证券交易所章程的制定和修改，必须经国务院证券监督管理机构批准。

3. 总经理、负责人及聘用从业人员的要求

①证券交易所设总经理一人，由国务院证券监督管理机构任免。②不得担任证券交易所的负责人的情形，包括《中华人民共和国公司法》第146条规定的情形：因违法行为或者违纪行为被解除职务的证券交易场所、证券登记结算机构的负责人或者证券公司的董事、监事、高级管理人员，自被解除职务之日起未逾5年；因违法行为或者违纪行为被吊销执业证书或者被取消资格的律师、注册会计师或者其他证券服务机构的专业人员，自被吊销执业证书或者被取消资格之日起未逾5年。③不得招聘为证券交易所的从业人员的情形，包括因违法行为或者违纪行为被开除的证券交易场所、证券公司、证券登记结算机构、证券服务机构的从业人员和被开除的国家机关工作人员。④回避制度。证券交易所的负责人和其他从业人员执行与证券交易有关的职务时，与其本人或者其亲属有利害关系的，应当回避。

4. 财产

财产包括：①证券交易所可以自行支配的各项费用收入，应当首先用于保证其证券交易场所和设施的正常运行并逐步改善。②风险基金。证券交易所应当从其收取的交易费用和会员费、席位费中提取一定比例的金额设立风险基金。风险基金由证券交易所理事会管理；风险基金提取的具体比例和使用办法，由国务院证券监督管理机构会同国务院财政部门规定；证券交易所应当将收存的风险基金存入开户银行专门账户，不得擅自使用。

5. 会员制特别条件

会员制特别条件有：①实行会员制的证券交易所设理事会、监事会。进入实行会员制的证券交易所参与集中交易的，必须是证券交易所的会员。②证券交易所不得允许非会员直接参与股票的集中交易。③实行会员制的证券交易所的财产积累归会员所有，其权益由会员共同享有，在其存续期间，不得将其财产积累分配给会员。

（三）证券交易所职能

1. 制定实施证券交易规则

证券交易所依照法律、行政法规和国务院证券监督管理机构的规定，制定上市规则、交易规则、会员管理规则和其他有关业务规则，并报国务院证券监督管理机构批准。在证券交易所从事证券交易，应当遵守证券交易所依法制定的业务规则。违反业务规则的，由证券交易所给予纪律处分或者采取其他自律管理措施。

2. 公开证券交易信息

证券交易所应当为组织公平的集中交易提供保障,实时公布证券交易即时行情,并按交易日制作证券市场行情表,予以公布。证券交易即时行情的权益由证券交易所依法享有。未经证券交易所许可,任何单位和个人不得发布证券交易即时行情。

3. 实时监控证券交易

证券交易所对证券交易实行实时监控,并按照国务院证券监督管理机构的要求,对异常的交易情况提出报告。

4. 处理异常交易

异常交易指因不可抗力、意外事件、重大技术故障、重大人为差错等突发性事件而影响证券交易的正常进行。①证券交易所可以按照业务规则采取技术性停牌、临时停市等处置措施;②出现重大异常,按交易结果进行交收将对证券交易正常秩序和市场公平造成重大影响的,证券交易所按照业务规则可以采取取消交易、通知证券登记结算机构暂缓交收等措施;③同时根据需要,可以按照业务规则对出现重大异常交易情况的证券账户的投资者限制交易;④及时报告国务院证券监督管理机构;⑤证券交易所对异常交易采取措施造成的损失,不承担民事赔偿责任,但存在重大过错的除外。

5. 处置重大异常波动

①证券交易所应当加强对证券交易的风险监测,出现重大异常波动的,证券交易所可以按照业务规则采取限制交易、强制停牌等处置措施,并向国务院证券监督管理机构报告。②严重影响证券市场稳定的,证券交易所可以按照业务规则采取临时停市等处置措施并公告。③证券交易所对重大异常波动采取措施造成的损失,不承担民事赔偿责任,但存在重大过错的除外。

(四)证券交易所业务管理与监督

1. 投资者服务业务

服务关系建立。①投资者与证券公司签订证券交易委托协议,并在证券公司实名开立账户,以书面、电话、自助终端、网络等方式,委托该证券公司代其买卖证券。②证券公司为投资者开立账户,应当按照规定对投资者提供的身份信息进行核对。③证券公司不得将投资者的账户提供给他人使用。④投资者应当使用实名开立的账户进行交易。

服务内容及服务程序。证券公司根据投资者的委托,按照证券交易规则提出交易申报,参与证券交易所场内的集中交易,并根据成交结果承担相应的清算交收责任。证券登记结算机构根据成交结果,按照清算交收规则,与证券公司进行证券和资金的清算交收,并为证券公司客户办理证券的登记过户手续。

2. 上市公司服务业务

上市公司可以向证券交易所申请其上市交易股票的停牌或者复牌,但不得滥用停牌或者复牌损害投资者的合法权益。证券交易所可以按照业务规则的规定,决定上市交易股票的停牌或者复牌。

三、证券公司

（一）证券公司设立、变更和终止

1. 证券公司

证券公司又称券商，作为专门从事证券业务的组织。《证券法》第120条规定，证券公司是"经国务院证券监督管理机构核准，取得经营证券业务许可证"，可以部分或者全部经营"证券经纪、证券投资咨询、与证券交易/证券投资活动有关的财务顾问、证券承销与保荐、证券融资融券、证券做市交易、证券自营"等证券业务的组织。

2. 证券公司设立的条件

证券公司设立的条件有：①合法章程。②主要股东及公司的实际控制人具有良好的财务状况和诚信记录，最近3年无重大违法违规记录。③合法实缴注册资本；其中，经营证券经纪、证券投资咨询、与证券交易/证券投资活动有关的财务顾问的，注册资本最低限额为人民币5千万元；经营一项证券承销与保荐、证券融资融券、证券做市交易、证券自营的注册资本最低限额为人民币1亿元，经营两项的注册资本最低限额为人民币5亿元。④董事、监事、高级管理人员、从业人员符合证券法规定的条件，其中，董事、监事、高级管理人员应当正直诚实、品行良好，熟悉证券法律、行政法规，具有履行职责所需的经营管理能力；有《中华人民共和国公司法》第146条规定的情形，因违法行为或者违纪行为被解除职务未逾5年的证券交易场所、证券登记结算机构的负责人或者证券公司的董事、监事、高级管理人员，因违法行为或者违纪行为被吊销执业证书或者被取消资格未逾5年的律师、注册会计师或者其他证券服务机构的专业人员，不得担任证券公司的董事、监事、高级管理人员；证券公司任免董事、监事、高级管理人员，应当报国务院证券监督管理机构备案；其中，证券公司从事证券业务的人员应当品行良好，具备从事证券业务所需的专业能力；因违法行为或者违纪行为被开除的证券交易场所、证券公司、证券登记结算机构、证券服务机构的从业人员和被开除的国家机关工作人员，不得招聘为证券公司的从业人员；国家机关工作人员和法律、行政法规规定的禁止在公司中兼职的其他人员，不得在证券公司中兼任职务。⑤有完善的风险管理与内部控制制度。⑥有合格的经营场所、业务设施和信息技术系统。⑦法律、行政法规和经国务院批准的国务院证券监督管理机构规定的其他条件。

3. 证券公司设立的程序

证券公司设立的程序有：①申请公司名称预先核准。②申请国务院针对监督管理机构审批，国务院证券监督管理机构应当自受理证券公司设立申请之日起6个月内，依照法定条件和法定程序并根据审慎监管原则进行审查，作出批准或者不予批准的决定，并通知申请人；不予批准的，应当说明理由。③工商设立登记，即证券公司设立申请获得批准的，申请人应当在规定的期限内向公司登记机关申请设立登记，领取营业执照。④申请证券业务许可证，即自领取营业执照之日起15日内，向国务院证监督管理机构申请经营证券业务许可证。国务院证券监督管理机构应当自受理申请之日起3个月内,依照法定条件和程序进行审查,作出核准或者不予核准的决定,并通知申请人;不予核准的,应当说明理由。未取得经营证券业务许可证,证券公司不得经营证券业务。

4. 证券公司的变更

证券公司变更证券业务范围,变更主要股东或者公司的实际控制人,合并、分立、停业、解散、破产,应当经国务院证券监督管理机构核准。

5. 证券公司的终止

证券公司违法经营或者出现重大风险,严重危害证券市场秩序、损害投资者利益的,国务院证券监督管理机构可以对该证券公司采取责令停业整顿、指定其他机构托管、接管或者撤销等监管措施。

(二)证券公司的内部治理与业务管理

(1) 隔离防范利益冲突。证券公司应当建立健全内部控制制度,采取有效隔离措施,防范公司与客户之间、不同客户之间的利益冲突。

(2) 不得混合操作业务。证券公司必须将其证券经纪业务、证券承销业务、证券自营业务、证券做市业务和证券资产管理业务分开办理,不得混合操作。

(3) 自名经营。证券公司的自营业务必须以自己的名义进行,不得假借他人名义或者以个人名义进行。必须使用自有资金和依法筹集的资金。不得将其自营账户借给他人使用。

(4) 证券公司应当依法审慎经营,勤勉尽责,诚实守信。证券公司的业务活动,应当与其治理结构、内部控制、合规管理、风险管理以及风险控制指标、从业人员构成等情况相适应,符合审慎监管和保护投资者合法权益的要求。依法享有自主经营的权利,其合法经营不受干涉。

(5) 证券公司客户的交易结算资金应当存放在商业银行,以每个客户的名义单独立户管理。不得将客户的交易结算资金和证券归入其自有财产。禁止任何单位或者个人以任何形式挪用客户的交易结算资金和证券。证券公司破产或者清算时,客户的交易结算资金和证券不属于其破产财产或者清算财产。非因客户本身的债务或者法律规定的其他情形,不得查封、冻结、扣划或者强制执行客户的交易结算资金和证券。

(6) 证券公司应当建立客户信息查询制度,确保客户能够查询其账户信息、委托记录、交易记录以及其他与接受服务或者购买产品有关的重要信息。证券公司应当妥善保存客户开户资料、委托记录、交易记录和与内部管理、业务经营有关的各项信息,任何人不得隐匿、伪造、篡改或者毁损。上述信息的保存期限不得少于20年。

(7) 经纪业务特别规定。证券公司办理经纪业务,应当置备统一制定的证券买卖委托书,供委托人使用。采取其他委托方式的,必须作出委托记录。客户的证券买卖委托,不论是否成交,其委托记录应当按照规定的期限,保存于证券公司。证券公司接受证券买卖的委托,应当根据委托书载明的证券名称、买卖数量、出价方式、价格幅度等,按照交易规则代理买卖证券,如实进行交易记录;买卖成交后,应当按照规定制做买卖成交报告单交付客户。证券交易中确认交易行为及其交易结果的对账单必须真实，保证账面证券余额与实际持有的证券相一致。证券公司办理经纪业务，不得接受客户的全权委托而决定证券买卖、选择证券种类、决定买卖数量或者买卖价格。证券公司不得允许他人以证券公司的名义直接参与证券的集中交易。证券公司不得对客户证券买卖的收益或者赔偿证券买卖的损失作出承诺。证券公司的从业人员在证券交易活动中，执行所属的证券公司的指令或者利用职务违反交易规则的，由所属的证券公司承担全部责任。证券公司的从业人员不得私下接受客户委托买卖证券。

（8）融资融券业务特别规定。证券公司除依照规定为其客户提供融资融券外，不得为其股东或者股东的关联人提供融资或者担保。证券公司从事证券融资融券业务，应当采取措施，严格防范和控制风险，不得违反规定向客户出借资金或者证券。

（三）证券公司的外部监督管理

（1）国务院证券监督管理机构有权对证券公司净资本和其他风险控制指标作出规定。

（2）增高调整注册资本金最低限额。国务院证券监督管理机构根据审慎监管原则和各项业务的风险程度，可以调整注册资本最低限额。

（3）提取交易风险准备金。证券公司从每年的业务收入中提取交易风险准备金，用于弥补证券经营的损失，其提取的具体比例由国务院证券监督管理机构会同国务院财政部门规定。

（4）国家设立证券投资者保护基金。证券投资者保护基金由证券公司缴纳的资金及其他依法筹集的资金组成，其规模以及筹集、管理和使用的具体办法由国务院规定。

（5）强制信息报告。证券公司应当按照规定向国务院证券监督管理机构报送业务、财务等经营管理信息和资料。国务院证券监督管理机构有权要求证券公司及其主要股东、实际控制人在指定的期限内提供有关信息、资料。证券公司及其主要股东、实际控制人向国务院证券监督管理机构报送或者提供的信息、资料，必须真实、准确、完整。

（6）接受审计或评估。国务院证券监督管理机构认为有必要时，可以委托会计师事务所、资产评估机构对证券公司的财务状况、内部控制状况、资产价值进行审计或者评估。

（7）治理结构、合规管理、风险控制指标违规惩处。证券公司的治理结构、合规管理、风险控制指标不符合规定的，国务院证券监督管理机构应当责令其限期改正；逾期未改正，或者其行为严重危及该证券公司的稳健运行、损害客户合法权益的，国务院证券监督管理机构可以区别情形，对其采取下列措施：①限制业务活动，责令暂停部分业务，停止核准新业务；②限制分配红利，限制向董事、监事、高级管理人员支付报酬、提供福利；③限制转让财产或者在财产上设定其他权利；④责令更换董事、监事、高级管理人员或者限制其权利；⑤撤销有关业务许可；⑥认定负有责任的董事、监事、高级管理人员为不适当人选；⑦责令负有责任的股东转让股权，限制负有责任的股东行使股东权利。证券公司整改后,应当向国务院证券监督管理机构提交报告。国务院证券监督管理机构经验收,治理结构、合规管理、风险控制指标符合规定的,应当自验收完毕之日起3日内解除对其采取的前款规定的有关限制措施。

(8)虚假出资、抽逃出资惩处。证券公司的股东有虚假出资、抽逃出资行为的,国务院证券监督管理机构应当责令其限期改正,并可责令其转让所持证券公司的股权。股东按照要求改正违法行为、转让所持证券公司的股权前,国务院证券监督管理机构可以限制其股东权利。

(9)董事、监事、高级管理人员违规惩处。证券公司的董事、监事、高级管理人员未能勤勉尽责,致使证券公司存在重大违法违规行为或者重大风险的,国务院证券监督管理机构可以责令证券公司予以更换。

(10)停业整顿、指定托管、监管或撤销。在证券公司被责令停业整顿、被依法指定托管、接管或者清算期间,或者出现重大风险时,经国务院证券监督管理机构批准,可以对该证券公司直接负责的董事、监事、高级管理人员和其他直接责任人员采取:①通知出境入境管理机关依法阻止其出境;②申请司法机关禁止其转移、转让或者以其他方式处分财产,或者在财产上设定其他权利的措施。

(11)其他禁止性规定。①未经国务院证券监督管理机构批准,任何单位和个人不得以证券公司名义开展证券业务活动。②除证券公司外,任何单位和个人不得从事证券承销、证券保荐、证券经纪和证券融资融券业务。③证券公司经营证券资产管理业务的,应当符合《中华人民共和国证券投资基金法》等法律、行政法规的规定。

第六节 证券登记结算、服务机构与协会

一、证券登记结算机构

(一)证券登记结算机构定义

《证券法》第145条规定,"证券登记结算机构为证券交易提供集中登记、存管与结算服务,不以营利为目的",经国务院证券监督管理机构批准,依法登记的法人主体。

(二)证券登记结算机构的设立、职能、基本业务规程、解散

1. 证券登记机构设立条件

证券登记机构设立条件:①名称标明证券登记结算字样;②自有资金不少于人民币2亿元;③具有证券登记、存管和结算服务所必需的场所和设施;④国务院证券监督管理机构规定的其他条件。

2. 证券登记机构职能

证券登记机构职能包括:①证券账户、结算账户的设立;②证券的存管和过户;③证券持有人名册登记;④证券交易的清算和交收;⑤受发行人的委托派发证券权

益；⑥办理与上述业务有关的查询、信息服务；⑦国务院证券监督管理机构批准的其他业务。

3. 基本业务规程

基本业务规程是：①投资者委托证券公司进行证券交易，应当通过证券公司申请在证券登记结算机构开立证券账户。证券登记结算机构应当按照规定为投资者开立证券账户。投资者申请开立账户，应当持有证明中华人民共和国公民、法人、合伙企业身份的合法证件。国家另有规定的除外。②证券登记结算机构作为中央对手方提供证券结算服务的，是结算参与人共同的清算交收对手，进行净额结算，为证券交易提供集中履约保障。③证券登记结算机构为证券交易提供净额结算服务时，应当要求结算参与人按照货银对付的原则，足额交付证券和资金，并提供交收担保。在交收完成之前，任何人不得动用用于交收的证券、资金和担保物。结算参与人未按时履行交收义务的，证券登记结算机构有权按照业务规则处理前款所述财产。④证券登记结算机构按照业务规则收取的各类结算资金和证券，必须存放于专门的清算交收账户，只能按业务规则用于已成交的证券交易的清算交收，不得被强制执行。

4. 证券登记结算机构解散

应当经国务院证券监督管理机构批准。

（三）证券登记结算机构的义务

1. 运营方式

在证券交易所和国务院批准的其他全国性证券交易场所交易的证券的登记结算，应当采取全国集中统一的运营方式。上述要求以外的证券，其登记、结算可以委托证券登记结算机构或者其他依法从事证券登记、结算业务的机构办理。

2. 制定并遵守章程和业务规则

证券登记结算机构应当依法制定章程和业务规则，并经国务院证券监督管理机构批准。证券登记结算业务参与人应当遵守证券登记结算机构制定的业务规则。

3. 法定存管或保管义务

在证券交易所或者国务院批准的其他全国性证券交易场所交易的证券，应当全部存管在证券登记结算机构。证券登记结算机构不得挪用客户的证券。

4. 记录与妥善保管登记结算资料的义务

记录与妥善保管登记结算资料的义务有：①证券登记结算机构应当向证券发行人提供证券持有人名册及有关资料。②应当根据证券登记结算的结果，确认证券持有人持有证券的事实，提供证券持有人登记资料。③应当保证证券持有人名册和登记过户记录真实、准确、完整，不得隐匿、伪造、篡改或者毁损。④证券登记结算机构应当妥善保存登记、存管和结算的原始凭证及有关文件和资料。其保存期限不得少于20年。

5. 业务保障义务

业务保障义务包括：①具有必备的服务设备和完善的数据安全保护措施；②建立完善的业务、财务和安全防范等管理制度；③建立完善的风险管理系统。

6. 设立结算风险基金义务

设立结算风险基金义务有：①证券登记结算机构应当设立证券结算风险基金，用于垫付或者弥补因违约交收、技术故障、操作失误、不可抗力造成的证券登记结算机构的损失。②证券结算风险基金从证券登记结算机构的业务收入和收益中提取，并可以由结算参与人按照证券交易业务量的一定比例缴纳。③证券结算风险基金的筹集、管理办法，由国务院证券监督管理机构会同国务院财政部门规定。④证券结算风险基金应当存入指定银行的专门账户，实行专项管理。⑤证券登记结算机构以证券结算风险基金赔偿后，应当向有关责任人追偿。

二、证券服务机构

（一）证券服务机构定义、核准及备案

1. 证券服务机构

证券服务机构指勤勉尽责、恪尽职守，按照相关业务规则为证券的交易及相关活动提供服务的会计师事务所、律师事务所以及从事证券投资咨询、资产评估、资信评级、财务顾问、信息技术系统服务的服务机构。

2. 核准

核准是指从事证券投资咨询服务业务，应当经国务院证券监督管理机构核准；未经核准，不得为证券的交易及相关活动提供服务。

3. 备案

从事其他证券服务业务，应当报国务院证券监督管理机构和国务院有关主管部门备案。

（二）证券服务机构的法定义务

1. 保管保密义务

证券服务机构应当妥善保存客户委托文件、核查和验证资料、工作底稿以及与质量控制、内部管理、业务经营有关的信息和资料，任何人不得泄露、隐匿、伪造、篡改或者毁损。上述信息和资料的保存期限不得少于10年，自业务委托结束之日起算。

2. 勤勉尽责义务

证券服务机构为证券的发行、上市、交易等证券业务活动制作、出具审计报告及其他鉴证报告、资产评估报告、财务顾问报告、资信评级报告或者法律意见书等文件，应当勤勉尽责，对所依据的文件资料内容的真实性、准确性、完整性进行核查和验证。其制作、出具的文件有虚假记载、误导性陈述或者重大遗漏，给他人造成损失的，应当与委托人承担连带赔偿责任，但是能够证明自己没有过错的除外。

（三）证券投资咨询机构从业规范

证券投资咨询机构及其从业人员从事证券服务业务不得有如下行为，因此给投资者造成损失的，应当依法承担赔偿责任。①代理委托人从事证券投资；②与委托人约

定分享证券投资收益或者分担证券投资损失;③买卖本证券投资咨询机构提供服务的证券;④法律、行政法规禁止的其他行为。

三、证券业协会

(一)证券业协会的定义、性质及组织形式

中国证券业协会是承担证券业自律性组织职能的社会团体法人。证券公司为证券业协会会员。证券业协会的权力机构为全体会员组成的会员大会。证券业协会章程由会员大会制定,并报国务院证券监督管理机构备案。证券业协会设理事会。理事会成员依章程的规定由选举产生。

(二)证券业协会职责

证券业协会职责包括:①教育和组织会员及其从业人员遵守证券法律、行政法规,组织开展证券行业诚信建设,督促证券行业履行社会责任;②依法维护会员的合法权益,向证券监督管理机构反映会员的建议和要求;③督促会员开展投资者教育和保护活动,维护投资者合法权益;④制定和实施证券行业自律规则,监督、检查会员及其从业人员行为,对违反法律、行政法规、自律规则或者协会章程的,按照规定给予纪律处分或者实施其他自律管理措施;⑤制定证券行业业务规范,组织从业人员的业务培训;⑥组织会员就证券行业的发展、运作及有关内容进行研究,收集整理、发布证券相关信息,提供会员服务,组织行业交流,引导行业创新发展;⑦对会员之间、会员与客户之间发生的证券业务纠纷进行调解;⑧证券业协会章程规定的其他职责。

第七节 证券监督与法律责任

一、证券监督管理机构

(一)证券监督管理机构定义

《证券法》第7条、第168条规定,证券监督管理机构,是指依法对证券发行、交易及其相关活动履行监管职责的主体。我国证券法所称的证券监督管理机构主要指中国证券监督管理委员会。依法对证券市场实行监督管理,维护证券市场公开、公平、公正,防范系统性风险,维护投资者合法权益,促进证券市场健康发展。

(二)证券监督管理机构的职责和履职执法措施

1. 职责

职责包括:①依法制定有关证券市场监督管理的规章、规则,并依法进行审批、核准、注册,办理备案;②依法对证券的发行、上市、交易、登记、存管、结算等行为,进行监督管理;③依法对证券发行人、证券公司、证券服务机构、证券交易场

所、证券登记结算机构的证券业务活动，进行监督管理；④依法制定从事证券业务人员的行为准则，并监督实施；⑤依法监督检查证券发行、上市、交易的信息披露；⑥依法对证券业协会的自律管理活动进行指导和监督；⑦依法监测并防范、处置证券市场风险；⑧依法开展投资者教育；⑨依法对证券违法行为进行查处；⑩法律、行政法规规定的其他职责。

2. 履职执法措施

履职执法措施有：①对证券发行人、证券公司、证券服务机构、证券交易场所、证券登记结算机构进行现场检查。②进入涉嫌违法行为发生场所调查取证。③询问当事人和与被调查事件有关的单位和个人，要求其对与被调查事件有关的事项作出说明；或者要求其按照指定的方式报送与被调查事件有关的文件和资料。④查阅、复制与被调查事件有关的财产权登记、通讯记录等文件和资料。⑤查阅、复制当事人和与被调查事件有关的单位和个人的证券交易记录、登记过户记录、财务会计资料及其他相关文件和资料；对可能被转移、隐匿或者毁损的文件和资料，可以予以封存、扣押。⑥查询当事人和与被调查事件有关的单位和个人的资金账户、证券账户、银行账户以及其他具有支付、托管、结算等功能的账户信息，可以对有关文件和资料进行复制；对有证据证明已经或者可能转移或者隐匿违法资金、证券等涉案财产或者隐匿、伪造、毁损重要证据的，经国务院证券监督管理机构主要负责人或者其授权的其他负责人批准，可以冻结或者查封，期限为 6 个月；因特殊原因需要延长的，每次延长期限不得超过 3 个月，冻结、查封期限最长不得超过 2 年。⑦在调查操纵证券市场、内幕交易等重大证券违法行为时，经国务院证券监督管理机构主要负责人或者其授权的其他负责人批准，可以限制被调查的当事人的证券买卖，但限制的期限不得超过 3 个月；案情复杂的，可以延长 3 个月。⑧通知出境入境管理机关依法阻止涉嫌违法人员、涉嫌违法单位的主管人员和其他直接责任人员出境。⑨为防范证券市场风险，维护市场秩序，可以采取责令改正、监管谈话、出具警示函等措施。

（三）行政和解

行政和解是指国务院证券监督管理机构对涉嫌证券违法的单位或者个人进行调查期间，被调查的当事人书面申请，承诺在国务院证券监督管理机构认可的期限内纠正涉嫌违法行为，赔偿有关投资者损失，消除损害或者不良影响的，国务院证券监督管理机构可以决定中止调查。被调查的当事人履行承诺的，国务院证券监督管理机构可以决定终止调查；被调查的当事人未履行承诺或者有国务院规定的其他情形的，应当恢复调查，具体办法由国务院规定。国务院证券监督管理机构决定中止或者终止调查的，应当按照规定公开相关信息。

（四）证券监督管理机构及其工作人员的义务

1. 忠于职守

国务院证券监督管理机构工作人员必须忠于职守、依法办事、公正廉洁，不得利用职务便利牟取不正当利益，不得泄露所知悉的有关单位和个人的商业秘密。

2. 明示身份

国务院证券监督管理机构依法履行职责，进行监督检查或者调查，其监督检查、调查的人员不得少于2人，并应当出示合法证件和监督检查、调查通知书或者其他执法文书。监督检查、调查的人员少于2人或者未出示合法证件和监督检查、调查通知书或者其他执法文书的，被检查、调查的单位和个人有权拒绝。

3. 立法执法公开

国务院证券监督管理机构制定的规章、规则和监督管理工作制度应当依法公开。依据调查结果，对证券违法行为作出的处罚决定，应当公开。

4. 信息共享

国务院证券监督管理机构应当与国务院其他金融监督管理机构建立监督管理信息共享机制。

5. 涉嫌犯罪移送

国务院证券监督管理机构依法履行职责，发现证券违法行为涉嫌犯罪的，应当依法将案件移送司法机关处理；发现公职人员涉嫌职务违法或者职务犯罪的，应当依法移送监察机关处理。

6. 任职限制

国务院证券监督管理机构工作人员在任职期间，或者离职后在《中华人民共和国公务员法》规定的期限内，不得到与原工作业务直接相关的企业或者其他营利性组织任职，不得从事与原工作业务直接相关的营利性活动。

（五）监管配合、举报奖励及跨境监管

1. 配合调查

国务院证券监督管理机构依法履行职责，被检查、调查的单位和个人应当配合，如实提供有关文件和资料，不得拒绝、阻碍和隐瞒。国务院证券监督管理机构依法履行职责，进行监督检查或者调查时，有关部门应当予以配合。

2. 举报奖励

对涉嫌证券违法、违规行为，任何单位和个人有权向国务院证券监督管理机构举报。对涉嫌重大违法、违规行为的实名举报线索经查证属实的，给予举报人奖励。对举报人的身份信息保密。

3. 跨境监管

国务院证券监督管理机构可以和其他国家或者地区的证券监督管理机构建立监督管理合作机制，实施跨境监督管理。境外证券监督管理机构不得在中华人民共和国境内直接进行调查取证等活动。未经国务院证券监督管理机构和国务院有关主管部门同意，任何单位和个人不得擅自向境外提供与证券业务活动有关的文件和资料。

二、证券法律责任

证券法律责任，指证券法所规定的证券法律关系主体在证券发行、交易及相关活动中，因违反证券法律法规而应当承担的否定性法律后果。包括民事责任、行政责任、刑事责任。

(一) 证券发行的法律责任

(1) 擅自公开或变相公开发行证券。责令停止发行，退还所募资金并加算银行同期存款利息，处以非法所募资金金额5%以上50%以下的罚款；对擅自公开或者变相公开发行证券设立的公司，由依法履行监督管理职责的机构或者部门会同县级以上地方人民政府予以取缔。对直接负责的主管人员和其他直接责任人员给予警告，并处以50万元以上500万元以下的罚款。

(2) 发行人在其公告的证券发行文件中隐瞒重要事实或者编造重大虚假内容。尚未发行证券的，处以200万元以上2 000万元以下的罚款；已经发行证券的，处以非法所募资金金额10%以上一倍以下的罚款。对直接负责的主管人员和其他直接责任人员，处以100万元以上1 000万元以下的罚款。发行人的控股股东、实际控制人组织、指使从事该违法行为的，没收违法所得，并处以违法所得10%以上一倍以下的罚款；没有违法所得或者违法所得不足2 000万元的，处以200万元以上2 000万元以下的罚款。对直接负责的主管人员和其他直接责任人员，处以100万元以上1 000万元以下的罚款。

(3) 保荐人出具有虚假记载、误导性陈述或者重大遗漏的保荐书，或者不履行其他法定职责。责令改正，给予警告，没收业务收入，并处以业务收入1倍以上10倍以下的罚款；没有业务收入或者业务收入不足100万元的，处以100万元以上1 000万元以下的罚款；情节严重的，并处暂停或者撤销保荐业务许可。对直接负责的主管人员和其他直接责任人员给予警告，并处以50万元以上500万元以下的罚款。

(4) 证券公司承销或者销售擅自公开发行或者变相公开发行的证券。责令停止承销或者销售，没收违法所得，并处以违法所得1倍以上10倍以下的罚款；没有违法所得或者违法所得不足100万元的，处以100万元以上1 000万元以下的罚款；情节严重的，并处暂停或者撤销相关业务许可。给投资者造成损失的，应当与发行人承担连带赔偿责任。对直接负责的主管人员和其他直接责任人员给予警告，并处以50万元以上500万元以下的罚款。

(5) 证券公司违反承销证券法定义务。责令改正，给予警告，没收违法所得，可以并处50万元以上500万元以下的罚款；情节严重的，暂停或者撤销相关业务许可。对直接负责的主管人员和其他直接责任人员给予警告，可以并处20万元以上200万元以下的罚款；情节严重的，并处以50万元以上500万元以下的罚款。

(6) 发行人违反法定义务擅自改变公开发行证券所募集资金的用途。责令改正，处以50万元以上500万元以下的罚款；对直接负责的主管人员和其他直接责任人员给予警告，并处以10万元以上100万元以下的罚款。发行人的控股股东、实际控制人从事或者组织、指使从事该违法行为的，给予警告，并处以50万元以上500万元以下的罚款；对直接负责的主管人员和其他直接责任人员，处以10万元以上100万元以下的罚款。

(二) 证券交易的法律责任

(1) 在限制转让期内转让证券，或者转让股票不符合法律、行政法规和国务院证券监督管理机构规定。责令改正，给予警告，没收违法所得，并处以买卖证券等值以下的罚款。

(2) 禁止参与股票交易的人员违法持有、买卖证券。法律、行政法规规定禁止参与股票交易的人员，违反《证券法》第40条的规定，直接或者以化名、借他人名义持有、买卖股票或者其他具有股权性质的证券的，责令依法处理非法持有的股票、其他具有股权性质的证券，没收违法所得，并处以买卖证券等值以下的罚款；属于国家工作人员的，还应当依法给予处分。

(3) 证券服务机构及其从业人员违法买卖证券。责令依法处理非法持有的证券，没收违法所得，并处以买卖证券等值以下的罚款。

(4) 上市公司、股票在国务院批准的其他全国性证券交易场所交易的公司的董事、监事、高级管理人员持有该公司5%以上股份的股东违法买卖该公司股票或者其他具有股权性质的证券。给予警告，并处以10万元以上100万元以下的罚款。

(5) 违法采取程序化交易影响证券交易所系统安全或者正常交易秩序。责令改正，并处以50万元以上500万元以下的罚款。对直接负责的主管人员和其他直接责任人员给予警告，并处以10万元以上100万元以下的罚款。

(6) 内幕交易、利用未公开信息进行交易。责令依法处理非法持有的证券，没收违法所得，并处以违法所得1倍以上10倍以下的罚款；没有违法所得或者违法所得不足50万元的，处以50万元以上500万元以下的罚款。单位从事内幕交易的，还应当对直接负责的主管人员和其他直接责任人员给予警告，并处以20万元以上200万元以下的罚款。国务院证券监督管理机构工作人员从事内幕交易的，从重处罚。

(7) 操纵证券市场。责令依法处理其非法持有的证券，没收违法所得，并处以违法所得1倍以上10倍以下的罚款；没有违法所得或者违法所得不足100万元的，处以100万元以上1000万元以下的罚款。单位操纵证券市场的，还应当对直接负责的主管人员和其他直接责任人员给予警告，并处以50万元以上500万元以下的罚款。

(8) 编造、传播虚假信息或者误导性信息，扰乱证券市场。没收违法所得，并处以违法所得1倍以上10倍以下的罚款；没有违法所得或者违法所得不足20万元的，处以20万元以上200万元以下的罚款。

(9) 在证券交易活动中作出虚假陈述或者信息误导。责令改正，处以20万元以上200万元以下的罚款；属于国家工作人员的，还应当依法给予处分。

(10) 传播媒介及其从事证券市场信息报道的工作人员违法从事与其工作职责发生利益冲突的证券买卖。没收违法所得，并处以买卖证券等值以下的罚款。

(11) 证券公司及其从业人员违法从事有损害客户利益的行为。给予警告，没收违法所得，并处以违法所得1倍以上10倍以下的罚款；没有违法所得或者违法所得不足10万元的，处以10万元以上100万元以下的罚款；情节严重的，暂停或者撤销相关业务许可。

(12) 违法出借自己的证券账户或者借用他人的证券账户从事证券交易。责令改正，给予警告，可以处50万元以下的罚款。

(13) 收购人未按照证券法规定履行上市公司收购的公告、发出收购要约义务。

责令改正，给予警告，并处以50万元以上500万元以下的罚款。对直接负责的主管人员和其他直接责任人员给予警告，并处以20万元以上200万元以下的罚款。收购人及其控股股东、实际控制人利用上市公司收购，给被收购公司及其股东造成损失的，应当依法承担赔偿责任。

（14）信息披露义务人未按照证券法规定报送有关报告或者履行信息披露义务。责令改正，给予警告，并处以50万元以上500万元以下的罚款；对直接负责的主管人员和其他直接责任人员给予警告，并处以20万元以上200万元以下的罚款。发行人的控股股东、实际控制人组织、指使从事上述违法行为，或者隐瞒相关事项导致发生上述情形的，处以50万元以上500万元以下的罚款；对直接负责的主管人员和其他直接责任人员，处以20万元以上200万元以下的罚款。

（15）信息披露义务人报送的报告或者披露的信息有虚假记载、误导性陈述或者重大遗漏。责令改正，给予警告，并处以100万元以上1000万元以下的罚款；对直接负责的主管人员和其他直接责任人员给予警告，并处以50万元以上500万元以下的罚款。发行人的控股股东、实际控制人组织、指使从事上述违法行为，或者隐瞒相关事项导致发生上述情形的，处以100万元以上1000万元以下的罚款；对直接负责的主管人员和其他直接责任人员，处以50万元以上500万元以下的罚款。

（三）证券公司从业监管法律责任

（1）证券公司违法未履行或者未按照规定履行投资者适当性管理义务。责令改正，给予警告，并处以10万元以上100万元以下的罚款。对直接负责的主管人员和其他直接责任人员给予警告，并处以20万元以下的罚款。

（2）违法征集股东权利。责令改正，给予警告，可以处50万元以下的罚款。

（3）非法开设证券交易场所。县级以上人民政府予以取缔，没收违法所得，并处以违法所得1倍以上10倍以下的罚款；没有违法所得或者违法所得不足100万元的，处以100万元以上1000万元以下的罚款。对直接负责的主管人员和其他直接责任人员给予警告，并处以20万元以上200万元以下的罚款。

（4）证券交易所允许非会员直接参与股票的集中交易。责令改正，可以并处50万元以下的罚款。

（5）证券公司未对投资者开立账户提供的身份信息进行核对。责令改正，给予警告，并处以5万元以上50万元以下的罚款。对直接负责的主管人员和其他直接责任人员给予警告，并处以10万元以下的罚款。

（6）证券公司违法将投资者的账户提供给他人使用。责令改正，给予警告，并处以10万元以上100万元以下的罚款。对直接负责的主管人员和其他直接责任人员给予警告，并处以20万元以下的罚款。

（7）擅自设立证券公司、非法经营证券业务或者未经批准以证券公司名义开展证券业务活动。责令改正，没收违法所得，并处以违法所得1倍以上10倍以下的罚款；没有违法所得或者违法所得不足100万元的，处以100万元以上1000万元以下的罚款。对直接负责的主管人员和其他直接责任人员给予警告，并处以20万元以上200

万元以下的罚款。对擅自设立的证券公司，由国务院证券监督管理机构予以取缔。

（8）证券公司违法提供证券融资融券服务。没收违法所得，并处以融资融券等值以下的罚款；情节严重的，禁止其在一定期限内从事证券融资融券业务。对直接负责的主管人员和其他直接责任人员给予警告，并处以20万元以上200万元以下的罚款。

（9）提交虚假证明文件或者采取其他欺诈手段骗取证券公司设立许可、业务许可或者重大事项变更核准。撤销相关许可，并处以100万元以上1000万元以下的罚款。对直接负责的主管人员和其他直接责任人员给予警告，并处以20万元以上200万元以下的罚款。

（10）证券公司未经核准变更证券业务范围，变更主要股东或者公司的实际控制人，合并、分立、停业、解散、破产。责令改正，给予警告，没收违法所得，并处以违法所得1倍以上10倍以下的罚款；没有违法所得或者违法所得不足50万元的，处以50万元以上500万元以下的罚款；情节严重的，并处撤销相关业务许可。对直接负责的主管人员和其他直接责任人员给予警告，并处以20万元以上200万元以下的罚款。

（11）证券公司违法为其股东或者股东的关联人提供融资或者担保。责令改正，给予警告，并处以50万元以上500万元以下的罚款。对直接负责的主管人员和其他直接责任人员给予警告，并处以10万元以上100万元以下的罚款。股东有过错的，在按照要求改正前，国务院证券监督管理机构可以限制其股东权利；拒不改正的，可以责令其转让所持证券公司股权。

（12）证券公司未采取有效隔离措施防范利益冲突，或者未分开办理相关业务、混合操作。责令改正，给予警告，没收违法所得，并处以违法所得1倍以上10倍以下的罚款；没有违法所得或者违法所得不足50万元的，处以50万元以上500万元以下的罚款；情节严重的，并处撤销相关业务许可。对直接负责的主管人员和其他直接责任人员给予警告，并处以20万元以上200万元以下的罚款。

（13）证券公司违法从事证券自营业务。责令改正，给予警告，没收违法所得，并处以违法所得1倍以上10倍以下的罚款；没有违法所得或者违法所得不足50万元的，处以50万元以上500万元以下的罚款；情节严重的，并处撤销相关业务许可或者责令关闭。对直接负责的主管人员和其他直接责任人员给予警告，并处以20万元以上200万元以下的罚款。

（14）证券公司违法将客户的资金和证券归入自有财产，或者挪用客户的资金和证券。责令改正，给予警告，没收违法所得，并处以违法所得1倍以上10倍以下的罚款；没有违法所得或者违法所得不足100万元的，处以100万元以上1000万元以下的罚款；情节严重的，并处撤销相关业务许可或者责令关闭。对直接负责的主管人员和其他直接责任人员给予警告，并处以50万元以上500万元以下的罚款。

（15）证券公司接受客户的全权委托买卖证券、对客户的收益或者赔偿客户的损失作出承诺。责令改正，给予警告，没收违法所得，并处以违法所得1倍以上10倍以下的罚款；没有违法所得或者违法所得不足50万元的，处以50万元以上500万元以下的罚款；情节严重的，并处撤销相关业务许可。对直接负责的主管人员和其他直接责任人员给予警告，并处以20万元以上200万元以下的罚款。

(16) 证券公司允许他人以证券公司的名义直接参与证券的集中交易。责令改正，可以并处 50 万元以下的罚款。

(17) 证券公司的从业人员私下接受客户委托买卖证券。责令改正，给予警告，没收违法所得，并处以违法所得 1 倍以上 10 倍以下的罚款；没有违法所得的，处以 50 万元以下的罚款。

(18) 证券公司及其主要股东、实际控制人未报送、提供信息和资料，或者报送、提供的信息和资料有虚假记载、误导性陈述或者重大遗漏。责令改正，给予警告，并处以 100 万元以下的罚款；情节严重的，并处撤销相关业务许可。对直接负责的主管人员和其他直接责任人员，给予警告，并处以 50 万元以下的罚款。

（四）其他证券从业主体监管法律责任

(1) 擅自设立证券登记结算机构。由国务院证券监督管理机构予以取缔，没收违法所得，并处以违法所得 1 倍以上 10 倍以下的罚款；没有违法所得或者违法所得不足 50 万元的，处以 50 万元以上 500 万元以下的罚款。对直接负责的主管人员和其他直接责任人员给予警告，并处以 20 万元以上 200 万元以下的罚款。

(2) 证券投资咨询机构违法擅自从事证券服务业务或者从事证券服务业务有证券法第 161 条规定行为。责令改正，没收违法所得，并处以违法所得 1 倍以上 10 倍以下的罚款；没有违法所得或者违法所得不足 50 万元的，处以 50 万元以上 500 万元以下的罚款。对直接负责的主管人员和其他直接责任人员，给予警告，并处以 20 万元以上 200 万元以下的罚款。

(3) 会计师事务所、律师事务所以及从事资产评估、资信评级、财务顾问、信息技术系统服务的机构从事证券服务业务未报备案。责令改正，可以处 20 万元以下的罚款。

(4) 证券服务机构未勤勉尽责，所制作、出具的文件有虚假记载、误导性陈述或者重大遗漏。责令改正，没收业务收入，并处以业务收入 1 倍以上 10 倍以下的罚款，没有业务收入或者业务收入不足 50 万元的，处以 50 万元以上 500 万元以下的罚款；情节严重的，并处暂停或者禁止从事证券服务业务。对直接负责的主管人员和其他直接责任人员给予警告，并处以 20 万元以上 200 万元以下的罚款。

(5) 发行人、证券登记结算机构、证券公司、证券服务机构未按照规定保存有关文件和资料。责令改正，给予警告，并处以 10 万元以上 100 万元以下的罚款；泄露、隐匿、伪造、篡改或者毁损有关文件和资料的，给予警告，并处以 20 万元以上 200 万元以下的罚款；情节严重的，处以 50 万元以上 500 万元以下的罚款，并处暂停、撤销相关业务许可或者禁止从事相关业务。对直接负责的主管人员和其他直接责任人员给予警告，并处以 10 万元以上 100 万元以下的罚款。

（五）国务院证券监管管理机构履职的法律责任

(1) 国务院证券监督管理机构依法将有关市场主体遵守本法的情况纳入证券市场诚信档案。

(2) 国务院证券监督管理机构或者国务院授权的部门不依法履行职责。对直接负责的主管人员和其他直接责任人员,依法给予处分。不依法履行职责的情形包括:①对不符合本法规定的发行证券、设立证券公司等申请予以核准、注册、批准的;②违反本法规定采取现场检查、调查取证、查询、冻结或者查封等措施的;③违反本法规定对有关机构和人员采取监督管理措施的;④违反本法规定对有关机构和人员实施行政处罚的;⑤其他不依法履行职责的行为。

(3) 国务院证券监督管理机构或者国务院授权的部门的工作人员,不履行本法规定的职责,滥用职权、玩忽职守,利用职务便利牟取不正当利益,或者泄露所知悉的有关单位和个人的商业秘密。依法追究法律责任。

(4) 拒绝、阻碍证券监督管理机构及其工作人员依法行使监督检查、调查职权。由证券监督管理机构责令改正,处以 10 万元以上 100 万元以下的罚款,并由公安机关依法给予治安管理处罚。

(六) 刑事、民事、行政责任

(1) 违反证券法构成犯罪的,依法追究刑事责任。

(2) 违反证券法应当承担民事赔偿责任和缴纳罚款、罚金、违法所得,违法行为人的财产不足以支付的,优先用于承担民事赔偿责任。

(3) 市场禁入是指在一定期限内直至终身不得从事证券业务、证券服务业务,不得担任证券发行人的董事、监事、高级管理人员,或者一定期限内不得在证券交易所、国务院批准的其他全国性证券交易场所交易证券的制度。违反证券法律法规情节严重的,国务院证券监督管理机构可以对有关责任人员采取证券市场禁入的措施。

(4) 依法收缴的罚款和没收的违法所得,全部上缴国库。

(5) 当事人对证券监督管理机构或者国务院授权的部门的处罚决定不服的,可以依法申请行政复议,或者依法直接向人民法院提起诉讼。

思考题

1. 证券的特征是什么?
2. 证券的种类有哪些?

第十三章 票据法

本章学习要点

本章的内容主要包括《中华人民共和国票据法》（简称票据法）及其特点；票据关系；票据行为及其种类；票据的权利及取得。

第一节 票据法概述

一、票据法的概念和特点

（一）票据法的概念

票据法是调整票据经济关系的法律规范的总称。票据法有广义和狭义之分。广义上的票据法，又称"实质票据法"，是指一切有关票据的法律规范的总和；狭义上的票据法又称"形式票据法"，是指由国家立法机关按照一定体系编制颁布的票据法的法律（即法典意义上的票据法）。本章所称的票据法是广义上的票据法。

票据法是以票据经济关系作为自己的调整对象的。票据经济关系是指票据的签发、转让、承兑、保证、流通过程中形成的以经济利益为内容的各种经济关系。其内容具体包括：①票据出票所形成的经济关系；②票据背书所形成的经济关系；③票据承兑所形成的经济关系；④票据保证所形成的经济关系；⑤票据贴现所形成的经济关系；⑥票据付款所形成的经济关系；⑦票据追索所形成的经济关系；⑧其他票据经济关系。应注意的是，票据法调整对象有别于票据关系（即票据法律关系），前者是一种经济利益关系，后者是一种法律关系，是一种权利义务关系。在民商分立的国家，票据法是商法的一个部分；在民商合一的国家，票据法属民法的判例法。

（二）票据法的特点

1. 专业性

票据法中的许多规定都是专业性的（或者说是技术性的），如对票据格式严格要求、票据行为的无因性和文义性、背书的连续、票据抗辩等。票据法的技术性规定，其目的在于促进票据业务的使用流通和保全票据权利的安全。

2. 及时性

票据法的许多规定都体现了及时性特征，如票据时效较短、提示期限较短、票据格式统一简化等。票据法强调及时性，其目的在于确保票据的迅速流通，加速商品经济的运转。

3. 强制性

票据法中的规定，既有强制性（或叫强行性）规定，也有任意性规定，但更多的是强制性规定。强制性规定包括关于票据种类及格式、票据行为、票据丧失时的保护、票据时效等方面的规定。例如，我国《票据法》第8条规定，"票据金额以中文大写和数码同时记载，二者必须一致，二者不一致的，票据无效。"又如，第12条第2款规定，"持票人因重大过失取得不符合本法规定的票据的，不得享有票据权利。"任意性规定（如持票人可以背书转让票据、汇票付款人有承兑的自由）也必须依法进行。票据法偏重于强制性规定，其目的在于确保票据的安全迅速流通，保障票据当事人的合法权益。

4. 国际性

各国大多制定了自己的票据法，各自的具体规定也不尽相同（如对票据性质的认定、票据记载事项、票据时效等方面）。从国际上看，大陆法系国家的票据法基本统一；大陆法系国家的票据法与英美法系国家的票据法也有不少共同之处，目前票据法共同化的趋势仍然存在。票据法存在共同点，其原因在于：票据是商品经济的产物，票据法是适应商品经济要求而产生的。商品经济的共同性必然带来票据的共同性，从而导致票据法的共同性。

应注意的是，我国票据法除具有票据法的上述特点之外，还有如下特点：

第一，简便实用。我国现行《票据法》总计7章（总则、汇票、本票、支票、涉外票据的法律适用、法律责任、附则）111条。其条文规定都体现了简便实用的特点，表现在：①从规定的范围看，其他国家票据法有的一些规定，我国票据法未作规定，如参加承兑、参加付款、复本、保付、划线等。②从规定的内容上看，我国票据法的规定严于其他国家票据法的规定，如票据记载事项、记载事项的更改、背书的方式、承兑附条件的处理后果等。

第二，具有中国特色的规定。我国票据法借鉴吸收了国际票据立法的成果、经验，但也有一些独特的规定，如汇票区别为银行汇票和商业汇票、票据时效期限更短、票据形式的要求更严格等。

我国票据法存在上述特点，是基于我国国情特别强调票据的安全性的；继承了以前的一些有效做法，是因为票据法繁细化的条件还不具备。

二、有关票据的法律关系

有关票据的法律关系，是有关法律对票据当事人之间基于票据行为所发生的经济关系进行调整后所形成的权利义务关系，它包括票据法律关系（简称票据关系）和非票据法律关系（简称非票据关系），非票据关系包括票据法关系和非票据法关系（如下所示）。

$$
\text{有关票据的法律关系}\begin{cases} \text{票据关系} \\ \text{非票据关系}\begin{cases} \text{票据法关系} \\ \text{非票据法关系} \end{cases} \end{cases}
$$

（一）票据关系概述

票据关系是指票据法对因票据行为而引起的当事人之间形成的经济关系加以调整而构成的权利义务关系。票据关系不同于票据经济关系。

票据关系是票据法的主干内容，它包括主体、内容和客体这三个构成要素。票据关系的主体是票据当事人，其客体是一定数量的金钱，其内容则是票据权利和票据义务。

由票据法规范规定的，能引起票据关系发生、变更、终止的客观情况就是票据法律事实，它包括事件和行为。票据行为包括票据法律行为和非票据法律行为，但主要是指票据法律行为。

依照票据行为的不同，票据关系可以分成如下种类：①出票引起的票据关系，包括出票人与收款人之间交付票据的法律关系，也包括出票人向收款人承担付款、担保承兑、担保付款的法律关系；②背书引起的票据关系，包括背书人（指通过背书而转让票据的人）向被背书人（指因背书而受让票据的人）交付票据的法律关系，也包括背书人向被背书人担保承兑、担保付款的法律关系；③承兑引起的法律关系，指承兑人（是指在汇票上做承兑行为后的付款人）和持票人之间的由承兑人负绝对付款责任的法律关系；④票据保证引起的法律关系，指票据保证人、被保证人、收款人之间的由保证人承担保证责任的法律关系；⑤其他票据关系。

依照票据关系的主次，票据关系可以分成基本（或主）票据关系和附属（或从）票据关系。前者是指因出票而引起的法律关系，后者是指基本票据法律关系之外的其他票据关系。

（二）票据当事人

票据当事人，是指参加票据关系、享有票据权利、承担票据义务的主体，包括组织和个人。票据当事人的资格和范围，应符合票据法的规定。

从范围上看，票据当事人包括出票人、背书人、保证人、付款人、持票人。这里的付款人是票据当事人，是从付款人整体角度去说的，并不意味着付款人都是票据债务人。事实上，在本票中，出票人即为付款人，付款人负有绝对付款义务；在汇票中，付款人是否付款要看汇票是否已承兑，在未承兑之前，付款人无付款义务，仅处于可承兑的地位，但在承兑之后则有付款义务；在支票中，保付支票的付款人有付款的义务，保付支票以外的其他支票付款人应否付款，要看出票人与付款人之间是否有资金关系或信用关系。

从种类上看,可以根据不同标准,对票据当事人进行分类。

(1) 依出票时是否存在,票据当事人分为基本当事人和非基本当事人。基本当事人是指出票时即已存在的票据当事人。非基本当事人是指出票时不存在而是在出票后因其他票据行为而加入票据关系中的票据当事人,包括背书人、保证人、承兑人、保付人(指保付支票的付款人)。

(2) 根据其享有的权利、承担的义务,票据当事人可分为票据债权人和票据债务人。票据关系实质上是一种债权、债务关系,其主体分别处于债权人和债务人的位置。票据债务人是指为一定票据行为并签章于票据上的当事人,包括出票人、背书人、承兑人、保证人、保付人。票据债权人一般是指持票人。票据出票人或者背书人被宣告破产的,而付款人或者承兑人不知其事实而付款或者承兑,因此所产生的追索权可以登记为破产债权,付款人或者承兑人为债权人。

当然,对于持票人,应视情况区别对待。持票人大致包括合法持票人和非法持票人。合法持票人包括善意有偿持票人和善意无偿持票人。善意有偿持票人和善意无偿持票人在享有的权利上不同。非法持票人指因恶意或重大过失而取得票据的人,非法持票人不享有票据权利。

对于票据债务人,依其票据行为发生的先后,分为前手和后手。根据我国票据法的规定,前手是指在票据签章人或者持票人之前签章的其他票据债务人,后手则是指在票据签章人之后签章的其他票据债务人。

对于票据债务人,还可以根据其责任(或履行义务的先后)分为主债务人(又叫第一债务人)和从债务人(又叫第二债务人)。主债务人是指负有绝对付款义务的人,包括汇票承兑人、本票出票人、保付支票保付人。从债务人是指负担保承兑和担保付款义务的人,包括汇票出票人、支票出票人、票据的背书人。持票人行使票据权利时,应先向主债务人请求履行票据债务,不能或无法获得付款时,才可以向从债务人主张票据权利。

(三) 非票据关系

非票据关系是指与票据有关但不是基于票据行为而产生的法律关系,包括票据法上的非票据关系和民法上的非票据关系。

票据法上的非票据关系主要包括:票据返还关系和利益返还关系。票据返还关系包括非法取得票据人与正当权利人之间的票据返还关系,以及已获付款的持票人与付款人之间的票据返还关系。票据法规定票据返还关系的目的在于保护票据当事人的合法权益,促进票据的流通。利益返还关系包括因时效届满或因手续欠缺而丧失票据债权时,持票人与出票人(或承兑人)之间的利益返还关系。

民法上的非票据关系,又叫票据基础关系或票据实质关系,主要包括票据原因关系、票据资金关系、票据预约关系。

票据原因关系,又叫票据原因,是票据当事人之间票据授受原因的法律关系,包括出票人与收款人(或背书人与被背书人)之间的买卖、借贷、赠与等关系。

票据资金关系，又叫票据资金，是指票据出票人与付款人之间的资金关系，如出票人在付款人处存有资金、付款人对出票人欠有债务、付款人承诺为出票人垫付资金。出票人与付款人存在资金关系，是付款人代替出票人付款的原因。

票据预约关系，又叫票据预约，是指出票人与收款人之间或背书人与被背书人之间就票据授受所达成的约定，这种约定的内容包括票据种类、金额、到期日、付款地等票据事项。

票据关系与票据基础关系既相互独立又相互牵连。票据关系在原则上独立于票据基础关系，这体现了票据的无因性。但是，直接当事人之间可用原因关系来对抗票据关系。持票人无偿或不付相当对价而取得票据的，其权利不得优于其前手的权利。除另有约定外，票据债权应优先于原因债权行使。

票据关系与票据法上的非票据关系之间既相互联系又相互区别：两者都是经票据法调整而形成的，与票据有关的法律关系；但两者之间又有区别，如两者在权利内容、权利产生根据等方面都不同。所以，我们应区别对待票据关系和票据法上的非票据关系。

第二节 票据行为

一、概述

（一）票据行为的定义

票据行为是指以发生票据权利义务为目的而依据票据法所实施的债权、债务的法律行为。票据行为的定义表明三个方面。

1. 票据行为是一种法律行为

其目的是发生票据权利义务，而且行为具备法定要件。票据行为凡出票、背书、承兑、参加承兑、保证等种种法律效果均以实现行为人预期之发生票据权利为目的。

2. 票据行为以发生票据权利义务为内容

不同的法律行为有不同的内容，票据法中，行为人实施票据行为，其意思表示中所含效果只能是发生票据权利义务，不能是其他目的（例外的是，设质背书是在背书人票据权利上为债权人设定权利质权，不为发生票据权利义务；委托取款背书是为持票人设授票据代理权，并不转移票据权利义务）。票据行为的效力，仅为发生票据权利义务，不产生其他后果。这样，就决定了票据行为只能以发生票据权利义务为内容。反之，如果以发生他种权利义务为目的而为法律行为，则绝不能产生票据行为的效果。

3. 票据行为是依照票据法实施的要式法律行为

首先，票据法向社会规定了票据行为的模式。行为人欲发生票据权利义务，只能而且只需依照票据法规定的行为模式。违反票据法规定的行为模式的，尽管可能符合其他法律，但仍不能发生票据权利义务。例如，票据保证行为，票据法规定须由保证人在票据上（或票据粘单上）签名并记载保证内容的文字；倘若行为人另外使用纸张订立书面保证合同，从民法角度看，保证成立，但却不符合票据保证模式，不产生票据保证权利义务。其次，票据行为是要式行为。①票据行为须为书面形式。②票据行为须在国家规定的专门机构提供的特制全空白票据上实施，否则不发生票据效力。③特定票据行为，须在法定之特别位置实施。例如，背书行为，只可在票据背面书写特定文字并签名，假设在正面进行，就不构成背书。最后，票据行为是法定要式行为。行为人不得以约定改变法定要式。票据法实行严格的票据行为要式原则，凡行为不符合法定要式者，为绝对无效。相反，只要具备法定要式，即使其他条件欠缺，票据也可有效。这样做的目的，是为了保障票据的安全可靠，使用和流通简便、迅速，使人们乐于使用票据。如果使用票据不如其他支付手段简便安全，人们自然就难以接受它。

（二）票据行为的特点

1. 要式性

票据行为必须是合法行为，其中法律更强调行为形式的合法，即各种票据行为都必须严格依照法定形式、格式进行。"依照票据法以及经国务院批准的《票据管理实施办法》的规定，票据当事人使用的不是中国人民银行规定的统一格式票据的，按照《票据管理实施办法》的规定认定，但在中国境外签发的票据除外"（见《最高人民法院关于审理票据纠纷案件若干问题的规定》第40条）。比如，采用书面形式，必须签章、记载法定事项。要式性的作用在于明确、统一票据格式。

2. 文义性

它是指在票据上签章的人应依票据文义承担票据义务、责任，不允许用票据以外的证明方法加以变更或增补。

3. 独立性

它是指票据行为一旦成立，就与其基础关系相分离，票据上各种行为独立发生法律效力，其中任何一个行为的无效（此处无效，是指实质上无效，而不是指形式上无效），不影响其他行为的效力。票据行为的独立性并不否认特定票据行为之间的连带性，如出票人、背书人、承兑人和保证人对持票人负连带责任；保证人为两人以上的，保证人之间负连带责任。"票据的背书人、承兑人、保证人在票据上的签章不符合票据法以及《票据管理实施办法》规定的，或者无民事行为能力人、限制民事行为能力人在票据上签章的，其签章无效，但不影响人民法院对票据上其他签章效力的认定"（见《最高人民法院关于审理票据纠纷案件若干问题的规定》第46条）。"具有下列情形之一的票据，未经背书转让的，票据债务人不承担票据责任；已经背书转让的，票据无效但不影响其他真实签章的效力：出票人签章不真实的；出票人为无民事行为能力人的；出票人为限制民事行为能力人的"（见《最高人民法院关于审理票据纠纷案件若干问题的规定》第66条）。"依照票据法第14条、第103条、第104条的规定，伪造、变造票据者除应当依法承担刑事、行政责任外，给他人造成损失的，还应当承担民事赔偿责任；被伪造签章者不承担票据责任"（见《最高人民法院关于审理票据纠纷案件若干问题的规定》第 67 条)。

二、出票

(一) 出票的概念

出票,又叫票据的发行、发票,它是指出票人签发票据并将其付给收款人而构成的法律关系产生的票据行为。根据我国《票据法》第 20 条的规定,"出票是指出票人签发票据并将其交付给收款人的票据行为。"本书对此定义作如下说明:①出票是一种票据法律行为;②出票由签发票据和向收款人交付票据两种行为构成。

(二) 出票的记载形式

出票的记载形式应符合票据法的规定。各国票据法一般规定,票据记载形式应为书面的。随着现代技术的发展,票据记载形式也可能随之有所变化。

(三) 出票的记载事项种类

出票时票据的记载事项,不仅关系到票据的效力,而且关系到票据当事人的权利、义务和责任。因此,票据的记载事项具有重要意义。

各国票据法对票据记载事项的具体规定不尽相同,但一般把票据记载事项分成应记载事项、得记载事项和不得记载事项。应记载事项又可分成绝对应记载事项和相对应记载事项。

绝对应记载事项,是指必须记载,否则票据无效的事项。根据我国票据法第 22 条、第 76 条和第 85 条的规定,绝对应记载事项包括:

(1) 票据种类文句。它是指该票据必须标明是何种票据(指汇票、本票、支票)。

(2) 无条件支付的委托(指汇票和支票)或承诺(指本票)。

(3) 确定的金额。票据金额以中文大写和数码同时记载,两者必须一致,两者不一致的,票据无效。我国的这项规定不同于其他国家的做法,也和我国以前的做法不同。应注意的是,支票上的金额可以由出票人授权补记,未授权补记前的支票,不得使用。

(4) 汇票和支票的付款人名称。

(5) 汇票和本票的收款人名称。

(6) 出票日期。票载出票日期可能与实际出票日期不一致,应以票载出票日期为准。

(7) 出票人签章。票据上的签章,为签名、盖章或者签名加盖章。法人和其他使用票据的单位在票据上的签章,为该法人或者该单位的盖章加其法定代表人或者其授权的代理人的签章。在票据上的签名,应为该当事人的本名。"银行汇票、银行本票的出票人以及银行承兑汇票的承兑人在票据上未加盖规定的专用章而加盖该银行的公章,支票的出票人在票据上未加盖与该单位在银行预留签章一致的财务专用章而加盖该出票人公章的,签章人应当承担票据责任。""票据出票人在票据上的签章上不符合票据法以及下述规定的,该签章不具有票据法上的效力:商业汇票上的出票人的签章,为该法人或者该单位的财务专用章或者公章加其法定代表人、单位负责人或者其授权的代理人的签名或盖章。银行汇票上的出票人的签章和银行承兑汇票的承兑人的签章,为该银行汇票专用章加其法定代表人或者其授权的代理人的签名或者盖章。银行本票上的出票人的签章,为该银行的本票专用章加其法定代表人或者其授权的代理人的签名或者盖章。支票上的出票人的签章,出票人为单位的,为与该单位在银行预留签章一致的财务专用章或者公章加其法定代表人或者其授权的代理人的签名或者盖章;出票人为个人的,为与该个人在银行预留签章一致的签名或者盖章"(见《最高人民法院关于审理票据纠纷案件若干问题的规定》第42条、第41条)。

票据上未记载上述七项事项之一的,该票据无效。

相对的应记载事项,是指应记载,如不记载就由法律另行规定从而不影响票据效力的事项。根据我国票据法第23条、第77条、第87条的规定,"汇票上未记载付款日期的,为见票即付;汇票上未记载出票地的,出票人的营业场所、住所或者经常居住地为出票地",本票以出票人的营业场所为出票地;票据上未记载付款地的,汇票以付款人的营业场所、住所或者经常居住地为付款地,本票以出票人的营业场所为付款地,支票以付款人的营业场所为付款地。另外,根据2000年11月21日起施行的《最高人民法院关于审理票据纠纷案件若干问题的规定》第6条的规定,"票据支付地是指票据上载明的付款地;票据上未载明付款地的,汇票付款人或者代理付款人的营业场所、住所或者经常居住地,本票出票人的营业场所,支票付款人或者代理付款人的营业场所所在地为票据付款地。"

得记载事项,是指可以由当事人任意记载,经记载后该事项即具有票据法上的效力的事项。比如,出票人可以在支票上记载自己为收款人。

不得记载事项,是指记载本身无效或者可使票据无效或不产生票据效力的事项。比如,记载须在一定条件下才能付款,则该票据无效。又比如,当事人在票据上进行已付对价的记载,则该记载事项不具有票据上的效力。

与其他国家的有关规定相比,我国票据法关于票据绝对应记载事项的规定较多,而关于得记载的事项的规定较少,这表明我国票据法的规定比较严格。

(四) 票据记载事项的更改

更改,是指有权改变的人对票据事项的改变。根据我国《票据法》第9条的规定,"票据金额、日期、收款人名称不得更改,更改的票据无效。对票据上的其他记载事项,原记载人可以更改,更改时应由原记载人签章证明。""依照《票据法》第9条以及《票据管理实施办法》的规定,票据金额的中文大写与数码不一致,或者票据载明的金额、出票日期或签发日期、收款人名称更改,或者违反规定加盖银行部门印章代替专用章,付款人或者代理付款人对此类票据付款的,应当承担责任;因更改银行汇票的实际结算金额引起纠纷而提起诉讼,当事人请求认定汇票效力的,人民法院应当认定该银行汇票无效"(见《最高人民法院关于审理票据纠纷案件若干问题的规定》第43条、第44条)。

(五) 出票人的义务

根据我国《票据法》第10条、第21条、第74条、第88条、第89条的规定,"票据的签发、取得和转让,应遵循诚实信用的原则,具有真实的交易关系和债权债务关系。""汇票出票人必须与付款人具有真实的委托付款关系,而且具有支付汇票金额的可靠资金来源,不得签发无对价的汇票以骗取银行或其他票据当事人的资金。""本票出票人必须具有支付本票金额的可靠资金来源。"支票出票人不得签发与其预留本名的签名式样或者印鉴不符的支票,禁止签发空头支票,需按规定开立支票存款账户和领用支票。"因出票人签发空头支票、与其预留本名的签名式样或者印鉴不符的支票给他人造成损失的,支票的出票人和背书人应当依法承担民事责任"(见《最高人民法院关于审理票据纠纷案件若干问题的规定》第73条)。

(六) 出票的效力

《票据法》第26条规定了出票的效力。按照该条规定,"出票人签发汇票后,即承担保证该汇票承兑和付款的责任。出票人在汇票得不到承兑或者付款时,应当向持票人清偿本法第70条、第71条规定的被追索金额和费用。"

出票的效力表现在:①出票人对持票人负担了保证汇票获得承兑和付款的担保责任。从积极方面讲:出票人交付之汇票,应是形式合法无缺陷的;出票人与付款人具有真实的委托付款关系;出票人有支付汇票金额的可靠资金关系,以此保证持票人于汇票到期日向付款人提示汇票,请示承兑或请示付款时,能够顺利得到承兑和付款。从消极方面讲:持票人在汇票得不到承兑或者付款时,得向出票人行使追索权,出票人负有清偿所签发汇票的票面金额、利息和因追索而发生的费用的法定责任。②收款人成为持票人,享有票据权利。收款人取得票据,就取得了票据权利。但是,除见票即付的汇票外,其他三种到期日的汇票,须经付款人承兑,才得请求付款,因此,持票人在汇票获得承兑之前的付款请求权,属于期待权。持票人亦有追索权,但未发生汇票被拒绝承兑或付款情由时,不得行使之。③授予付款人承兑和付款之资格。出票是出票人的单方法律行为,不能给付款人设定义务,付款人在承兑之前不负担票据责任,而且,就是否承兑来说,也是付款人自己的权利。由于出票人委托付款人付款,付款人同意的,先行承兑,承兑之后,就负担了票据付款责任;不同意的,不予承兑,没有任何责任。所以,出票只是给付款人授予付款人资格,付款人承兑前不是票据债务人,承兑后,由于在票据上做了承兑字样之记载并签章,便成为第一债务人,持票人得向其主张票据权利。"违反规定区域出票,背书转让银行汇票,或者违反票据管理规定跨越票据交换区域出票、背书转让银行本票、支票的,不影响出票人、背书人依法应当承担的票据责任"(见《最高人民法院关于审理票据纠纷案件若干问题的规定》第57条)。

三、背书

（一）背书

"背书是指在票据背面或者粘单上记载有关事项并签章的票据行为。"这是我国《票据法》第 27 条第 4 款对背书的定义。本书对这一定义作如下说明：①背书是持票人的票据行为。持票人，是指合法取得票据并持有票据的人。②背书是在票据背面记载背书目的的事项的票据行为。首先，背书应在票据背面，不能在票据正面，以免与其他票据行为混淆。其次，背书应明确记载背书目的。最后，背书须合乎法定形式。③背书是附属票据行为。背书发生于出票之后，以出票为前提和基础。④背书有广、狭两种含义。背书的广义，包括转让背书、设质背书、委托取款背书；狭义则仅指转让背书。

（二）背书的种类

对于背书，可根据不同标准进行分类：根据背书目的，分为转让背书和非转让背书。前者是指持票人以转让票据权利为目的的背书，后者是指为其他目的的背书。大多数的背书是转让背书。

第一，转让背书依其是否存在特殊情形，分为一般转让背书和特殊转让背书。

一般转让背书，是指不存在特殊情形的转让背书。它又根据记载事项的不同，分为完全背书和空白背书。完全背书是指应记载被背书人姓名或名称并由背书人签章的背书；空白背书则是指不记载被背书人姓名或名称而仅由背书人签章的背书。我国票据法只承认完全背书，不承认空白背书（见《最高人民法院关于审理票据纠纷案件若干问题的规定》第 49 条）。"依照票据法第 27 条和第 30 条的规定，背书人未记载被背书人名称即将票据交付他人的，持票人在票据被背书人栏内记载自己的名称与背书人的记载具有同等法律效力"；完全背书应记载背书日期，背书未记载背书日期的，视为在票据到期日前背书。这也表现了我国票据法的特点。

特殊转让背书，是指存在特殊情形的转让背书，它包括禁止转让的背书、无担保背书、回头背书、期后背书。禁止转让的背书，是指在出票人或背书人在票据上做禁止转让记载的情况下背书人所作的背书。无担保背书，是指背书人在票据上记载不担保承兑或不担保付款责任的背书。回头背书，是指以已在票据上签章的出票人、背书人等票据债务人作为被背书人的背书。期后背书，是指到期日后所作的背书（此种情况又叫到期日后背书）。

第二，非转让背书依其作用分成委任背书和设质背书。

委任背书是指把行使票据权利的权限授予他人的背书，应记载"委托收款"字样，并由背书人签章。设质背书是指背书人以票据权利为被背书人设定质权的背书，应记载"质押"字样，并由背书人签章。

（三）背书的原则

1. 自由原则

票据的流通性决定了背书的自由性。为了促进和实现票据的流通，各国票据法都允许背书转让票据，实行背书自由原则。但为兼顾出票人和背书人的意愿和权利，各国法律对背书又做了若干禁止或限制，如允许出票人或背书人做禁止转让的记载等。

2. 整体原则

票据是完全有价证券，票据权利的转让离不开票据的移转。为确保票据权利的确定性，各国票据法都禁止部分背书和分割背书的规定。所谓部分背书，是指仅将票据金额的一部分背书给被背书人的背书。所谓分割背书，是指将票据金额分别转让给数个被背书人的背书。根据我国《票据法》第33条的规定，"将汇票金额的一部分转让的背书或者将汇票金额分别转让给二人以上的背书无效。"这就是背书的整体性（又叫不可分性）原则。

3. 单纯性原则

背书不应是附条件的，否则就会影响票据的流通。与其他国家的规定一样，我国《票据法》第33条规定，"背书不得附有条件。背书附有条件的，所附条件不具有汇票上的效力。"这就是背书的单纯性原则。

（四）背书的效力

背书的效力，依是否转让背书而有所不同，可以分为转让背书的效力和非转让背书的效力。我国《票据法》第37条规定，"背书人以背书转让汇票后，即承担保证其后手所持汇票承兑和付款的责任。背书人在汇票得不到承兑或者付款时，应当向持票人清偿本法第70条、第71条规定的金额和费用。"对非转让背书的效力，该法在第35条中做了规定。

不同的背书，其法律效力不同。

一般转让背书具有如下效力：①权利移转效力。这是指票据权利随背书而移转。②资格授予效力。这是指持有连续背书票据的最后被背书人被推定为合法权利人。③权利担保效力。这是指背书人有担保票据承兑与付款的义务，以及后手应对其直接前手背书的真实性负责。

特殊转让背书的效力表现在：①回头背书的效力原则上与一般转让背书相同，但持票人为出票人的，对其前手无追索权；持票人为背书人的，对其后手无追索权。②关于期后背书的效力，其表现是票据被拒绝承兑、被拒绝付款或者超过付款提示期限的，不得背书转让；背书转让的，背书人应承担票据责任。③关于禁止转让背书的效力，其表现是出票人在票据上记载"不得转让"字样的，票据不得转让；背书人在票据上记载"不得转让"字样，其后手再背书转让的，原背书人对后手的被背书人不承担保证责任。④关于无担保背书及其效力，我国票据法未作规定（国际上一般的做法是无担保背书的背书人免除票据担保责任）。

非转让背书的效力表现在：委托背书不发生票据权利移转效力，只是被背书人有权代背书人行使被委托的票据权利；可再为委托背书，但不得以背书转让票据权利。而设质背书的被背书人取得质权，为实现其质权可以行使票据权利；可再为委托背书，但不得再为转让或设质背书。因票据质权人以质押票据再行背书质押或者背书转让引起纠纷而提起诉讼的，人民法院应当认定背书行为无效。依照票据法第35条第2款的规定，以汇票设定质押时，出质人在汇票上只记载了"质押"字样未在票据上签章的，或者出质人未在汇票、粘单上记载"质押"字样而另行签订质押合同、质押条款的，不构成票据质押（见《最高人民法院关于审理票据纠纷案件若干问题的规定》第47条、第55条）。

此外，"违反规定区域出票，背书转让银行汇票，或者违反票据管理规定跨越票据交换区域出票、背书转让银行本票、支票的，不影响出票人、背书人依法应当承担的票据责任。依照票据法第36条的规定，票据被拒绝承兑、被拒绝付款或者超过提示付款期限，票据持有人背书转让的，背书人应当承担票据责任"（见《最高人民法院关于审理票据纠纷案件若干问题的规定》第57条、第58条）。

四、承兑

（一）承兑

承兑是指汇票付款人承诺在汇票到期日支付汇票金额的票据行为。

根据该定义，承兑有如下含义：①承兑是一种票据行为。承兑，是"承诺兑付汇票金额"的简化。②承兑是汇票付款人实施的票据行为。首先，承兑是汇票特有的票据行为；其次，承兑仅是汇票上记载的付款人的票据行为，其他的票据当事人，无承兑的资格；最后，承兑以承兑人的签章和记载承兑事项为必要条件。③承兑以承诺在汇票到期日无条件支付汇票金额为内容。承兑是付款人同意依汇票文义负担付款义务的票据行为，因此，承兑的意思表示只能以无条件支付汇票金额为内容，不能是其他，也不能附条件。

（二）承兑的种类

第一，根据记载事项的不同，承兑分为正式承兑和略式承兑。正式承兑是指由付款人在汇票正面记载"承兑"字样并签章的承兑；略式承兑是指没有"承兑"字样，仅由付款人在汇票正面签章的承兑。我国票据法只允许正式承兑，不允许略式承兑。

第二，根据是否有限制，承兑分为单纯承兑和不单纯承兑。单纯承兑是指完全依票据文义，不给予任何限制的承兑；不单纯承兑是指对票据文义附加限制、变更的承兑，主要包括部分承兑（是指只对票据金额的一部分的承兑）和附条件承兑（是对其附加条件的承兑，如承兑时加注"到期日前收到出票人资金的，才付款"的字样）。

（三）承兑的效力

承兑的效力，是指承兑使当事人之间发生的票据法上的权利义务。我国票据法第44条、第53条、第65条和第68条，对承兑的效力做了规定。依据这些规定，承兑有下述几方面的效力：①付款人成为承兑人，是汇票第一债务人。付款人承兑之后，进入票据关系，成为汇票关系当事人。②承兑人负担了无条件支付汇票金额的票据责任。我国《票据法》第44条规定，"付款人承兑汇票后，应当承担到期付款的责任"；第54条规定，"持票人依照本法第53条规定提示付款的，付款人必须在当日足额付款"；第53条第2款规定，"持票人未按照前款规定的期限提示付款的，在作出说明后，承兑人或者付款人仍应当继续对持票人承担付款责任"；第65条规定，"持票人不能出示拒绝证明、退票理由书或者未按照规定期限提供其他合法证明的，只丧失对其前手的追索权，承兑人仍应当对持票人承担责任。"③承兑人对持票人负有票据利益返还义务。持票人因超过票据权利时效或者因票据记载事项欠缺而丧失票据权利的，可以请求承兑人返还其与未支付的票据金额相当的利益。

五、保证

（一）票据法上的保证

票据法上的保证是指票据债务人之外的人所为的，以担保特定票据债务人的债务清偿为内容的票据行为。这个定义说明：①保证是一种票据行为。保证以保证人在票据上记载保证意思和签名为要件，按照签名者依票据文义负责的法则，保证人成为票据债务人。②保证以票据债务之外的人为保证人，以特定的票据债务人为被保证人。票据债务人不能担当保证人，因他已经负有票据债务，根据票据债务人对持票人负连带责任的法则，再由票据债务人为其他票据债务人担保，没有实际意义。③保证以担保被保证人的债务清偿为内容。保证制度之宗旨，在于由保证人担保清偿票据债务，当被保证人的债务不能清偿时，保证人应依票据文义代位清偿。

（二）保证的种类

根据不同标准，可以对票据保证进行分类。

第一，依保证金额的不同，票据保证分为全部保证和部分保证。前者是对票据金额的全部所作的票据保证，后者是对票据金额的一部分所作的票据保证。根据我国票据法的立法精神，我国所称的票据保证应指全部保证，而不包括部分保证。

第二，依保证人数量的不同，票据保证分为共同保证和单独保证。前者是指两人以上共同进行的保证，后者是指保证人为一人的保证。

第三，根据是否附有条件，票据保证分为无条件保证和附条件保证。前者是指保证人为保证行为时不附任何条件的保证，后者是指保证人为保证行为时附加了条件的保证（如保证人为保证行为时记载：在被保证人即承兑人交货后才承担保证责任）。我国《票据法》第48条规定："保证不得附有条件；附有条件的，不影响对汇票的保证责任。"

（三）保证的效力

保证使保证人负担票据责任，使持票人有了更多的付款请求对象；保证人清偿票据债务后，持有票据，有追索权。

（1）保证人的票据责任。①"保证人对合法取得汇票的持票人所享有的汇票权利，承担保证责任"（《票据法》第49条）。②保证人对形式合法的票据，负保证责任；形式不合法的汇票，不产生票据权利，被保证人的债务亦因之无效，保证责任即无从发生（《票据法》第49条）。③保证人与被保证人对持票人承担连带责任。④保证人为两人以上的，保证人之间承担法定的连带责任。

（2）保证人清偿被保证债务之后的票据权利义务。保证人清偿被保证债务后，被保证人的后手的票据责任解除，前手的票据责任未解除。被保证人对清偿票据债务的保证人，负担票据责任。"保证人清偿汇票债务后，可以行使持票人对被保证人或其前手追索权"（《票据法》第52条）。

第三节　票据的种类

对于票据，可以从不同的角度进行划分。例如，根据出票人的不同，票据可以分为银行票据和商业票据；根据是否载明收款人的姓名或名称，票据可以分为记名式票据、无记名式票据、指示式票据；根据票据行为发生地的不同，票据可以分为国内票据和国际票据；根据票据性质的不同，票据可以分为汇票、本票、支票。以上是最常用的分类。但是，在日常经济运行中，最常用的是汇票、本票和支票三种票据。

一、汇票

根据我国《票据法》第19条的规定，"汇票是出票人签发的，委托付款人在见票时或在指定日期无条件支付确定的金额给收款人或者持票人的票据。"

根据不同标准，还可对汇票作不同的分类：

第一，根据是否记载收款人名称或姓名，汇票可以分为记名式汇票、指示式汇票、无记名式汇票。

第二，根据出票人的不同，汇票分为银行汇票和商业汇票。银行汇票是指出票人、付款人都是银行的汇票。

第三，根据付款期间的不同，汇票分为即期汇票和远期汇票。

第四，根据当事人的不同，汇票分为一般汇票和变式汇票。

第五，根据票据行为发生地的不同，汇票分为本国汇票和外国汇票。

第六，根据与单据的关系，汇票分为光票汇票和跟单汇票。

二、本票（又叫期票）

根据我国《票据法》第73条的规定，"本票是出票人签发的，承诺自己在见票时无条件支付确定的金额给收款人或者持票人的票据。"根据不同标准可以对本票作不同分类：根据出票人的不同，本票可以分为银行本票和商业本票；根据其到期日的不同，本票可以分为即期本票和远期本票；根据票据行为地的不同，本票可以分为本国本票和外国本票。

三、支票

根据我国《票据法》第81条的规定,"支票是出票人签发的,委托办理支票存款业务的银行或其他金融机构在见票时无条件支付确定的金额给收款人或者持票人的票据。"

根据不同标准,可以对支票进行分类:①根据当事人的不同,支票分为一般支票和变式支票;②根据票据行为地的不同,支票分为本国支票和外国支票;③根据其用途和保障程度的不同,支票可以分为普通支票、现金支票、转账支票、划线支票、保付支票。

按照我国《票据法》第90条的规定,"支票限于见票即付,不得另行记载付款日期。"因而,不存在远期支票。但是,票据法并未明文禁止支票记载出票日期为未来特定日期,从而在实践中可能出现支票支付时间发生在未来的情况。

第四节 票据权利

一、概述

(一) 票据权利

"票据权利,是指持票人向票据债务人请求支付票据金额的权利,包括付款请求权和追索权。"根据我国《票据法》第4条第4款对票据权利的定义,应做如下理解:①票据权利是票据金额给付请求权。②票据权利享有者,是合法持票人。③票据权利相对之义务,是票据责任。④票据权利是含有付款请求权和追索权的债权。

(二) 票据权利的特点

第一,债权性。从本质上讲,票据权利属于债权,具有债权的基本特征。
第二,不可分性。票据权利与票据不可分离。
第三,双重性。票据权利是两次请求权的结合。
因此,票据权利不同于票据法上的权利,不能混淆。

(三) 票据权利的种类

根据行使顺序的不同,票据权利分为付款请求权和追索权。付款请求权,又叫主票据权利、直接票据权利、第一次请求权,它是指持票人对主债务人所享有的请求支付票据金额的权利,包括对本票出票人、汇票付款人(从严格意义上说仅指承兑人)、支票付款人(从严格意义上说仅指保付人)的付款请求权。

追索权,又叫从票据权利、间接票据权利、第二次请求权,它是指在主票据权利不能实现时,持票人对从债务人所享有的请求偿付票据金额及有关费用的权利。

付款请求权不同于追索权,但却密不可分。付款请求权是持票人必须首先行使的票据权利,只有在付款请求权不能实现时,才可以行使追索权。

二、票据权利的取得

（一）原始取得

因出票行为取得票据或具备善意之要件而从无票据处分权人手中取得票据的，是原始取得。它分为下述两种情况：①依出票行为取得票据。就原始取得而言，有两点应注意，即票据形式合法和票据取得行为合法。②善意取得，是指持票人从无票据处分权人手中无过失地受让票据，依法定条件取得票据权利的法律事实。

（二）继受取得

继受取得，是指受让人从票据权利人手中以法定方式取得票据，从而取得票据权利。继受取得包括因票据权利人背书转让、无记名票据的交付、票据赠与、继承、公司合并等取得票据而享有票据权利的多种方式。

三、票据权利的行使、保全和保护

（一）票据权利的行使

票据权利的行使是指票据债权人请求票据债务人履行票据债务的行为，它有广义和狭义之分。广义上的行使包括转让票据、提示承兑、提示付款。狭义上的行使仅指提示付款。

（二）票据权利的保全

票据权利的保全是指票据债权人为防止票据权利的丧失而采取的行为。其方法有提示承兑、提示付款、时效中断和作成拒绝证书。2000年11月21日起施行的《最高人民法院关于审理票据纠纷案件若干问题的规定》第8条规定，"人民法院在审理、执行票据纠纷案件时，对具有下列情形之一的票据，经当事人申请并提供担保，可以依法采取保全措施或者执行措施：①不履行约定义务，与票据债务人有直接债权债务关系的票据当事人所持有的票据；②持票人恶意取得的票据；③应付对价而未付对价的持票人持有的票据；④记载有"不得转让"字样而用于贴现的票据；⑤记载有"不得转让"字样而用于质押的票据；⑥法律或者司法解释规定有其他情形的票据。"

持票人行使或保全票据权利，应在票据当事人的营业场所和营业时间内进行，无营业场所的，应在其住所进行。"当事人因申请票据保全错误而给他人造成损失的，应当依法承担民事责任"（见《最高人民法院关于审理票据纠纷案件若干问题的规定》第72条）。

（三）票据权利的保护

票据权利的保护是指为顺利实现票据权利而采取的救济措施，包括票据丧失的补救、空白票据的补充。

票据丧失，是指票据脱离持票人的控制，包括毁灭、被盗、遗失。票据丧失，失票人可以及时通知票据的付款人挂失止付，但未记载付款人或无法确定付款人及其代理付款人的票据除外。"出票人已经签章的授权补记的支票丧失后，失票人依法向人民法院申请公示催告的，人民法院应当依法受理"（见《最高人民法院关于审理票据纠纷案件若干问题的规定》第25条）。收到挂失止付通知的付款人，应暂停支付。失票人应在通知挂失止付后3日内，也可以在票据丧失后，依法向人民法院申请公示催告或者向人民法院提起诉讼。在这里"申请公示催告的失票人，是指按照规定可以背书转让的票据在丧失票据占有以前的最后合法持票人"（见《最高人民法院关于审理票据纠纷案件若干问题的规定》第26条）。这是票据丧失时的法定补救途径。

在票据丧失而申请或适用公示催告问题上，需要注意的是："人民法院决定受理公示催告申请，应当同时通知付款人及代理付款人停止支付，并自立案之日起3日内发出公告。付款人或者代理付款人收到人民法院发出的止付通知，应当立即停止支付，直至公示催告程序终结。非经发出止付通知的人民法院许可擅自给付的，不得免除票据责任。人民法院决定受理公示催告申请后发布的公告应当在全国性的报刊上登载。依照《中华人民共和国民事诉讼法》（以下简称民事诉讼法）第196条的规定，公示催告期间，国内票据为自公告发布之日起60日内，涉外票据可根据具体情况适当延长，但最长不得超过90日。依照民事诉讼法第197条第2款的规定，在公示催告期间，因质押、贴现而接受该票据的持票人主张票据权利的，人民法院不予支持，但公示催告期间届满以后人民法院做出除权判决以前取得该票据的除外。对于伪报票据丧失的当事人，人民法院在查明事实，裁定终结公示催告或者诉讼程序后，可以参照民事诉讼法第102条的规定，追究伪报人的法律责任"（见《最高人民法院关于审理票据纠纷案件若干问题的规定》第30条至第39条）。此外，"代理付款人在人民法院公示催告公告发布以前按照规定程序善意付款后，承兑人或者付款人以已经公示催告为由拒付代理付款人已经垫付的款项的，人民法院不予支持"（见《最高人民法院关于审理票据纠纷案件若干问题的规定》第23条）。

空白票据，是指出票人有意在出票时将票据上应记载事项不记完全，留待持票人以后补充的票据。比如，我国票据法允许支票上未记载金额和收款人名称的，经出票人授权，可以补记。"空白授权票据的持票人行使票据权利时未对票据必须记载事项补充完全，因付款人或者代理付款人拒绝接收该票据而提起诉讼的，人民法院不予支持"（见《最高人民法院关于审理票据纠纷案件若干问题的规定》第45条）。"对票据未记载事项或者未完全记载事项作补充记载，补充事项超出授权范围的，出票人对补充后的票据应当承担票据责任。给他人造成损失的，出票人还应当承担相应的民事责任"（见《最高人民法院关于审理票据纠纷案件若干问题的规定》第68条）。

四、票据权利的限制和消灭

（一）票据权利的限制

票据权利的限制，是指对票据权利行使的限制，主要指票据抗辩。

票据抗辩，是指票据债务人依法对持票人提出的付款请求予以拒绝的行为。它分为物的抗辩和人的抗辩。前者是指票据本身内容上的抗辩，可以在一切特定或不特定当事人之间抗辩（如票据无效）；后者是特定票据债务人与特定债权人之间的抗辩。其中，据以抗辩的根据就是抗辩事由。

我国票据法关于票据抗辩的规定主要有：①票据债务人不得以自己与出票人或者与持票人的前手之间的抗辩事由对抗持票人，但持票人明知存在抗辩事由而取得票据的除外。②票据债务人可以对不履行约定义务的与自己有直接债权、债务关系的持票人进行抗辩。③因恶意或重大过失取得票据的，不得享有票据权利。④无偿或不以相当价值取得票据的，其享有的票据权利不得优于其前手的权利。⑤欠缺绝对应记载事项的票据无效，更改票据金额、日期和收款人名称的票据无效。

此外，2000年11月21日起施行的《最高人民法院关于审理票据纠纷案件若干问题的规定》第14条至第16条还对票据抗辩做了相应规定。其内容包括：第一，"票据债务人以票据法第10条、第21条的规定为由，对业经背书转让票据的持票人进行抗辩的，人民法院不予支持。"第二，"票据债务人依照票据法第12条、第13条的规定，对持票人提出下列抗辩的，人民法院应予支持：与票据债务人有直接债权债务关系并且不履行约定义务的；以欺诈、偷盗或者胁迫等非法手段取得票据，或者明知有前列情形，出于恶意取得票据的；明知票据债务人与出票人或者与持票人的前手之间存在抗辩事由而取得票据的；因重大过失取得票据的；其他依法不得享有票据权利的。"第三，"票据债务人依照票据法第9条、第17条、第18条、第22条和第31条的规定，对持票人提出下列抗辩的，人民法院应予支持：①欠缺法定必要记载事项或者不符合法定格式的；②超过票据权利时效的；③人民法院做出的判决已经发生法律效力的；④以背书方式取得但背书不连续的；⑤其他依法不得享有票据权利的。"

（二）票据权利的消灭

票据权利的消灭，是指票据上的付款请求或者追索权因法定事由的出现而不再存在。按照我国票据法第17条、第18条、第60条和第72条的规定，下列事由使票据权利消灭：①付款。票据债务人付款之时，持票人将票据交付付款人，票据关系终止，票据权利自然终止。②被追索人清偿票据债务及追索费用。持票人遇有不获承兑、不获付款时，得向背书前手或者出票人及其他有被追索义务的人行使追索权，请求偿还票面金额、利息及为追索所支付的费用。被追索人清偿完债务后取得票据，原有票据权利即归消灭。③票据时效期限届满。持票人不行使票据权利的事实持续到票据时效期限届满，其付款请求权或追索权即消灭。④票据记载事项欠载。⑤保全手续欠缺。

思考题

1. 简述票据法及其特点。
2. 简述票据关系。
3. 简述票据当事人。

4. 什么是非票据关系？
5. 简述票据行为及其特点。
6. 什么是出票及其效力？
7. 什么是背书及其效力？
8. 什么是承兑及其效力？
9. 什么是保证及其效力？
10. 什么是票据权利？票据权利的取得方式有哪些？

第十四章 知识产权法

本章学习要点

知识产权的概念、范围和特征；专利权的主体和客体；授予专利权的条件；专利权的法律责任；授予商标权的条件；注册商标专用权的法律责任；驰名商标及地理标志的管理；著作权的客体和内容；著作权的限制与法律责任。

第一节 知识产权的概念和范围

一、知识产权的概念、范围、特征

（一）知识产权的概念和范围

知识产权其原意为"知识（财产）所有权"或者"智慧（财产）所有权"，也称为智力成果权，是人们就其智力劳动成果所依法享有的专有权利。通常是国家赋予创造者对其智力成果在一定时期内享有的专有权或独占权。

广义的知识产权包括一切人类智力创作的成果，即《建立世界知识产权公约》中所划分的范围。狭义的知识产权，也称传统的知识产权，包括工业产权和著作权两大部分。

我国法律主要涵盖专利权、商标权、著作权以及邻接权、集成电路布图设计权、植物新品种权、商业秘密权、商号权、地理标志权、特殊标志、非物质文化遗产、传统工艺美术、传统医药、科技成果奖励权、域名权等。将计算机软件纳入著作权调整范围，但数据库特别权利、商品化权等能否成为独立的知识产权，在理论界存在较大分歧。

（二）知识产权的特征

1. 无形性

知识产权是一种无形财产权。知识产权人对知识产权的占有不发生有形控制，使用不发生有形的损耗；多人对同一知识产权的占有和处分可以共存互不排斥。知识产权人收取知识产权的法定孳息。知识产权不存在因实物形态的消灭而导致其本身消灭的情形。

2. 专有性

专有性又称独占性，是法律赋予知识产权人的一种排他性权利。它表现为任何人未经知识产权人的许可，不得以生产经营为目的的实施或使用知识产权的客体，否则承担法律责任。对专利权而言，同样的发明创造只能被授予一项专利权，对商标权而言，两个或两个以上的申请人在同一种商品（服务）或者类似商品（服务）上，以相同或者近似的商标申请注册的，只能被授予一项商标权。

3. 地域性

地域性指知识产权只在所确认和保护的地域内有效；即除签订有国际公约或双边互惠协定外，经一国法律所保护的某项权利只在该国范围内发生法律效力。

4. 时间性

时间性指只在规定期限保护，即法律对各项权利的保护，都规定有一定的有效期，各国法律对保护期限的长短可能一致，也可能不完全相同，只有参加国际协定或进行国际申请时，才对某项权利有统一的保护期限。

二、知识产权法及我国的立法概况

知识产权法是指因调整知识产权的归属、行使、管理和保护等活动中产生的社会关系的法律规范的总称。

中国知识产权立法起步较晚但发展迅速，现已建立起符合国际先进标准的法律体系。从中国立法现状看，知识产权法仅是一个学科概念，并不是一部具体的制定法。其主要由著作权法、专利法、商标法等若干法律、行政法规或规章、司法解释、相关国际条约等共同构成。2005年我国成立了国家知识产权战略制定工作领导小组，2008年6月颁布了《国家知识产权战略纲要》，从知识产权创造、使用、保护、管理等方面对知识产权工作作出了全面部署。2013年3月1日首部知识产权国家标准《企业知识产权管理规范》颁布，标志着我国知识产权体系建设迈入新的台阶。

三、知识产权国际公约

知识产权国际公约是知识产权国际保护的规则。我国主要参加了以下公约：保护工业产权巴黎公约；商标国际注册马德里协定；世界版权公约；伯尔尼保护文学和艺术作品公约；国际专利分类斯特拉斯堡协定；与贸易有关的知识产权协议；世界知识产权组织版权条约。

第二节 专利法

一、概述

（一）专利权的概念

专利权是指专利主管机关依照专利法授予专利的所有人或者他们的继受人在一定期限内依法享有的对该专利制造、使用或销售的专有权和专用权。专利权具有如下特征。

1. 独占性

同一内容的发明创造或者设计只能授予一次专利，即使有两个发明人或者设计人分别独立地完成相同的发明创造或者设计，专利权授予申请在先者。专利权在法定期限内就其权利要求范围享有垄断使用的权利，其他任何人未经专利权人或者其合法受让人许可，都不得以营利为目的实施该专利，否则构成侵权。

2. 公开性

专利权设立的实质就是"以公开换保护"，一方面，权利人以所属技术领域的技术人员能够实现为准向公众公开技术方案，划定权利保护边界，以获取垄断保护。另一方面，促进技术的传播和进步，减少重复创造。

3. 依法授予和维持

专利权的授予需经过法定程序获得，并需缴纳费用以维持权利的有效性。

（二）专利法的概念和我国立法体系

专利法是确认发明人、专利权人或其权利继受人对其发明享有专有权，规定专利权的取得与消灭、专利权的实施与保护，以及其他专利权人的权利和义务的法律规范的总称。《中华人民共和国专利法》（简称专利法）于1984年3月12日颁布，1985年4月1日正式实施，并于1992年9月4日、2000年8月25日和2008年12月27日三次修正。

二、专利权的法律关系

（一）专利权的主体

专利权的主体，即专利权人，指依法享有专利权并承担与此相应义务的人。专利权主体具体可分为以下4种发明。

1. 非职务发明

非职务发明创造申请专利的，申请被批准后，该发明人或者设计人为专利权人。

2. 职务发明

执行本单位的任务或者主要是利用本单位的物质技术条件所完成的发明创造为职

务发明创造。职务发明创造申请专利的权利属于该单位；申请被批准后，该单位为专利权人。单位与发明人或者设计人就专利申请权及专利权归属订有合同的，从其约定。

被授予专利权的单位应当对职务发明创造的发明人或者设计人给予奖励；发明创造专利实施后，根据其推广应用的范围和取得的经济效益，对发明人或者设计人给予合理的报酬。

执行本单位的任务所完成的职务发明创造，是指在本职工作中作出的发明创造；履行本单位交付的本职工作之外的任务所作出的发明创造；退休、调离原单位后或者劳动、人事关系终止后一年内作出的，与其在原单位承担的本职工作或者原单位分配的任务有关的发明创造。这里的本单位包括临时工作单位。这里的物质技术条件是指本单位的资金、设备、零部件、原材料或者不对外公开的技术资料等。发明人或者设计人是指对发明创造的实质性特点作出创造性贡献的人；在完成发明创造过程中，只负责组织工作的人、为物质技术条件的利用提供方便的人或者从事其他辅助工作的人，不是发明人或者设计人。

3. 合作发明

两个以上单位或者个人合作完成的发明创造、一个单位或者个人接受其他单位或者个人委托所完成的发明创造，除另有协议的以外，申请专利的权利属于完成或者共同完成的单位或者个人；申请被批准后，申请的单位或者个人为专利权人。

4. 委托发明

专利申请权或者专利权的共有人对权利的行使有约定的，从其约定。没有约定的，共有人可以单独实施或者以普通许可方式许可他人实施该专利；许可他人实施该专利的，收取的使用费应当在共有人之间分配；除以上情形外，行使共有的专利申请权或者专利权应当取得全体共有人的同意。

（二）专利权的客体

专利权的客体，即专利法保护的对象，指能取得专利权，可以受专利法保护的发明创造。

1. 发明创造的范围

（1）发明，指对产品、方法或者其改进所提出的新的技术方案。

（2）实用新型，指对产品的形状、构造或者其结合所提出的适于实用的新的技术方案。

（3）外观设计，指对产品的形状、图案或者其结合以及色彩与形状、图案的结合所作出的富有美感并适于工业应用的新设计。

2. 发明和实用新型专利的授权条件

（1）新颖性，指该发明或者实用新型不属于现有技术，即不属于申请日以前在国内外为公众所知的技术；也没有任何单位或者个人就同样的发明或者实用新型在申请日以前向国务院专利行政部门提出过申请，并记载在申请日以后公布的专利申请文件或者公告的专利文件中。在专利侵权纠纷中，被控侵权人有证据证明其实施的技术或者设计属于现有技术或者现有设计的，不构成侵犯专利权。

（2）创造性，指与现有技术相比，该发明具有突出的实质性特点和显著的进步，该实用新型具有实质性特点和进步。

（3）实用性，是指该发明或者实用新型能够制造或者使用，并且能够产生积极效果。

3. 外观设计专利的授权条件

（1）新颖性，即不属于现有设计。

（2）创造性，与现有设计或者现有设计特征的组合相比，应当具有明显区别。

（3）合法性，不得与他人在申请日以前已经取得的合法权利相冲突。

4. 新颖性保持的特殊规定

申请专利的发明创造在申请日以前6个月内，有下列情形之一的，不丧失新颖性：

（1）在中国政府主办或者承认的国际展览会上首次展出的；

（2）在规定的学术会议或者技术会议上首次发表的；

（3）他人未经申请人同意而泄露其内容的。

5. 不授予专利权的情形

（1）科学发现；

（2）智力活动的规则和方法；

（3）疾病的诊断和治疗方法；

（4）动物和植物品种，但其生产方法除外；

（5）用原子核变换方法获得的物质；

（6）对平面印刷品的图案、色彩或者二者的结合作出的主要起标识作用的设计；

（7）违反法律、社会公德或者妨害公共利益的发明创造；

（8）违反法律、行政法规的规定获取或者利用遗传资源，并依赖该遗传资源完成的发明创造。遗传资源，是指取自人体、动物、植物或者微生物等含有遗传功能单位并具有实际或者潜在价值的材料；专利法所称依赖遗传资源完成的发明创造，是指利用了遗传资源的遗传功能完成的发明创造。

（三）专利权的内容

专利权的内容，指依据法律规定，专利权人享有的具体的权利。

1. 标示权

标示权指专利权人享有在其专利产品或者该产品的包装上标明专利标记和专利号的权利。值得注意的是，标记权与发明人或设计人的署名权不同，发明人或者设计人有在专利文件中写明自己是发明人或者设计人的权利。

2. 排他权

除法律另有规定外，专利权人有权禁止任何单位或者个人未经许可实施其专利。

（1）涉及发明和实用新型专利权的不得为生产经营目的制造、使用、许诺销售、销售、进口其专利产品，或者使用其专利方法以及使用、许诺销售、销售、进口依照该专利方法直接获得的产品。

（2）涉及外观设计专利权的不得为生产经营目的制造、许诺销售、销售、进口其外观设计专利产品。

3. 实施许可权

实施许可权指专利权人可以许可他人实施其专利技术并收取专利使用费。许可他人实施专利的，当事人应当订立书面合同。发明专利申请公布后，申请人可以要求实施其发明的单位或者个人支付适当的费用。许可类型包括：独占许可、排他许可、普通许可、交叉许可和分许可。

（1）独占许可，受让人在规定的范围内享有对合同规定的专利技术的使用权，让与人或任何第三方都不得同时在该范围内具有对该项专利技术的使用权。

（2）排他许可，受让人在规定的范围内享有对合同规定的专利技术的使用权，让与人仍保留在该范围内的使用权，但排除任何第三方在该范围内对同一专利技术的使用权。

（3）普通许可，除被许可方外，专利权人有权自行实施及许可第三方实施专利。

（4）交叉许可，持有专利权的双方或多方，相互许可专利权。

（5）分许可，专利权人允许被许可人将其取得的使用权再许可给第三人使用，被许可人与第三人签订的许可合同为分许可。

专利权人与他人订立的专利实施许可合同的，许可关系自合同生效而生效，备案仅具备对抗第三人效力。以专利权出质的，质权自登记设立生效。

4. 转让权

专利权可以转让。转让专利权的，当事人应当订立书面合同，并向国务院专利行政部门登记，由国务院专利行政部门予以公告，专利权的转让自登记之日起生效。中国单位或者个人向外国人转让专利权的，必须经国务院有关主管部门批准。

专利申请权和专利权均可以转让，转让自向国务院专利行政部门登记之日起生效。

三、专利的申请、审查、审批和无效

（一）专利的申请

1. 申请文件

申请发明或者实用新型专利的，提交请求书、说明书及其摘要和权利要求书等文件。

申请外观设计专利的，提交请求书、能清楚显示被要求专利保护产品的该外观设计的图片或者照片以及对该外观设计的简要说明等文件。

2. 申请日的确定

申请日是指依照专利法规定，国务院专利行政部门收到专利申请文件之日或邮寄寄出邮戳日为申请日。申请日的重要意义在于，它是专利申请先申请原则、新颖性原则、抵触申请、临时保护原则适用的准绳，也是审查期限的计算依据，更是专利权保

护期的起始日。

3. 申请优先权

申请人就一项发明创造提出申请之后，在一定期限内，又向外国或再次在本国申请时，申请人所具有的以第一次提出申请的日期作为后来提出申请的日期的权利。

（1）在外国先提出申请的优先权：申请人自发明或者实用新型在外国第一次提出专利申请之日起12个月内，或者自外观设计在外国第一次提出专利申请之日起6个月内，又在中国就相同主题提出专利申请的，依照该外国同中国签订的协议或者共同参加的国际条约，或者依照相互承认优先权的原则，享有优先权。

（2）本国重复申请优先权：申请人自发明或者实用新型在中国第一次提出专利申请之日起12个月内，又向国务院专利行政部门就相同主题提出专利申请的，享有优先权。

4. 专利申请的修改

申请人可以对其专利申请文件进行修改，但是，对发明和实用新型专利申请文件的修改不得超出原说明书和权利要求书记载的范围，对外观设计专利申请文件的修改不得超出原图片或者照片表示的范围。

5. 专利申请的撤回

申请人可以在被授予专利权之前随时撤回其专利申请。

（二）专利的审查和批准

1. 同一发明创造只授予一项专利权的原则

（1）先申请原则，两个以上的申请人分别就同样的发明创造申请专利的，专利权授予最先申请的人。

（2）申请数量的要求。一件专利申请应当限于一项发明、实用新型或外观设计。但属于一个总的发明构思的两项以上的发明或者实用新型、同一产品两项以上的相似外观设计，或者用于同一类别并且成套出售或者使用的产品的两项以上外观设计，可以作为一件申请提出。

（3）放弃实用新型授权发明专利的规定，同一申请人同日对同样的发明创造既申请实用新型专利又申请发明专利，先获得的实用新型专利权尚未终止，且申请人声明放弃该实用新型专利权的，可以授予发明专利权。

2. 发明专利的审查和批准

发明专利审查须经初步审查、公布、实质性审查、授权决定和登记五大步骤后方公告授权。

其中初步审查合格后，自申请日期满18个月专利申请自行公布；经请求提前公开的可提前公布。自申请日起3年内，审查部门认为必要自行提出或经申请人提出实审请求后，进入实质性审查；申请人无正当理由逾期不请求或提供资料的，该申请即被视为撤回。

实质审查认为不符合专利法规定的，申请人应当在通知要求的指定期限内陈述意见或修改申请；无正当理由逾期不答复的，该申请即被视为撤回；经陈述意见或者修改后仍然被认为不符合专利法规定，专利申请予以驳回。

实质审查没有发现驳回理由的，授予发明专利权，发给发明专利证书，同时予以登记和公告。发明专利权自公告之日起生效。

3. 实用新型和外观设计专利的审查和批准

实用新型和外观设计专利申请无实质性审查环节，经初步审查没有发现驳回理由的，授予发明专利权，发给发明专利证书，同时予以登记和公告。权利同样自公告之日起生效。

4. 专利申请的复审

专利申请人对国务院专利行政部门驳回申请的决定不服的，可以自收到通知之日起3个月内，向专利复审委员会请求复审。专利申请人对专利复审委员会的复审决定不服的，可以自收到通知之日起3个月内向人民法院起诉。

（三）专利权的无效

宣告无效的专利权视为自始无效。自专利权授权公告之日起，任何单位或者个人认为该专利权的授予不符合本法有关规定的，可以请求专利复审委员会宣告该专利权无效。对无效宣告决定或者维持专利权的决定不服的，可以自收到通知之日起3个月内向人民法院起诉，无效宣告请求程序的对方当事人作为第三人参加诉讼。

宣告专利权无效的决定，对在宣告专利权无效前人民法院作出并已执行的专利侵权的判决、调解书，已经履行或者强制执行的专利侵权纠纷处理决定，以及已经履行的专利实施许可合同和专利权转让合同，不具有追溯力；但不返还专利侵权赔偿金、专利使用费、专利权转让费，明显违反公平原则的，应当全部或者部分返还。因专利权人的恶意给他人造成的损失，应当给予赔偿。

四、专利权的限制与法律责任

（一）专利权的限制

专利权限制是指专利法规定的，允许第三人在某些特殊情况下可以不经专利权人许可而实施其专利，且其实施行为并不构成侵权的一种法律制度。专利权的限制分为强制许可、不视为侵犯专利权的行为和国家计划许可。

1. 强制许可

（1）对具备实施条件单位的强制许可。

根据具备实施条件的单位或者个人的申请，针对发明和实用新型专利，专利权人自专利权被授予之日起满3年，且自提出专利申请之日起满4年，无正当理由未实施或者未充分实施其专利的；或专利权人行使专利权的行为被依法认定为垄断行为，为消除或者减少该行为对竞争产生的不利影响而给予的。

（2）公益性强制许可。

针对发明和实用新型专利，在国家出现紧急状态或者非常情况时，或者为公共利益目的，可以实施强制许可。

(3) 药品专利强制许可。

为了公共健康目的，对取得专利权的药品，给予制造并将其出口到符合我国参加的有关国际条约规定的国家或者地区的强制许可。

(4) 依赖性专利的强制许可与反许可。

一项取得专利权的发明或者实用新型比前已经取得专利权的发明或者实用新型具有显著经济意义的重大技术进步，其实施又有赖于前一发明或者实用新型的实施的，根据后一专利权人的申请，可以给予实施前一专利的强制许可。强制许可生效后，也可以反向强制许可。

(5) 强制许可的权利义务。

取得实施强制许可的单位或者个人不享有独占的实施权，并且无权允许他人实施，但应当付给专利权人合理的使用费。

2. 不视为侵犯专利权的行为

(1) 专利产品或者依照专利方法直接获得的产品，由专利权人或者经其许可的单位、个人售出后，使用、许诺销售、销售、进口该产品的；

(2) 在专利申请日前已经制造相同产品、使用相同方法或者已经做好制造、使用的必要准备，并且仅在原有范围内继续制造、使用的；

(3) 临时通过中国领陆、领水、领空的外国运输工具，依照其所属国同中国签订的协议或者共同参加的国际条约，或者依照互惠原则，为运输工具自身需要而在其装置和设备中使用有关专利的；

(4) 专为科学研究和实验而使用有关专利的；

(5) 为提供行政审批所需要的信息，制造、使用、进口专利药品或者专利医疗器械的，以及专门为其制造、进口专利药品或者专利医疗器械的。

3. 国家计划许可

国有企业事业单位的发明专利，对国家利益或者公共利益具有重大意义的，经国务院批准，可以决定在批准的范围内推广应用，允许指定的单位实施，由实施单位按照国家规定向专利权人支付使用费。

(二) 专利权的法律责任

1. 专利权保护期

自申请日起计算，发明专利权的期限为 20 年，实用新型专利权和外观设计专利权的期限为 10 年。专利权人应当自被授予专利权的当年开始缴纳年费，没有按照规定缴纳年费的，或专利权人以书面声明放弃其专利权的，专利权在期限届满前终止。

2. 专利权保护范围

(1) 发明或者实用新型专利权的保护范围以其权利要求的内容为准，说明书及附图可以用于解释权利要求的内容。

(2) 外观设计专利权的保护范围以表示在图片或者照片中的该产品的外观设计为准，简要说明可以用于解释图片或者照片所表示的该产品的外观设计。

3. 专利侵权纠纷

专利侵权纠纷是未经专利权人许可，实施其专利，即侵犯其专利权，引起的纠纷。

(1) 解决途径。

解决途径包括自行协商，人民法院起诉和行政调处。通过行政调处认定侵权行为成立的，可以责令侵权人立即停止侵权行为；当事人不服的，可以自收到处理通知之日起15日内依照《中华人民共和国行政诉讼法》向人民法院起诉；侵权人期满不起诉又不停止侵权行为的，管理专利工作的部门可以申请人民法院强制执行。应当事人的请求调解侵权赔偿数额不成的，当事人依照《中华人民共和国民事诉讼法》向人民法院起诉。

(2) 举证责任。

专利侵权纠纷涉及新产品制造方法的发明专利的，采用举证责任倒置。制造同样产品的单位或者个人应当提供其产品制造方法不同于专利方法的证明。

专利侵权纠纷涉及实用新型专利或者外观设计专利的，由专利权人或者利害关系人主张专利权评价报告，作为审理、处理专利侵权纠纷的证据。

4. 假冒专利

专利权人有权在其专利产品或者该产品的包装上标明专利标识。假冒他人专利是指未经专利权人许可，擅自使用其专利标记的行为。该行为应承担民事、行政甚至刑事责任。

5. 侵犯专利权的赔偿数额的确定方法

(1) 按照权利人因被侵权所受到的实际损失确定；

(2) 按照侵权人因侵权所获得的利益确定；

(3) 参照该专利许可使用费的倍数合理确定；

(4) 包括权利人为制止侵权行为所支付的合理开支；

(5) 法院在1万至100万元之间酌情裁定。

6. 诉前保全

专利权人或者利害关系人有证据证明他人正在实施或者即将实施侵犯专利权的行为，如不及时制止将会使其合法权益受到难以弥补的损害的，可以提供担保后向人民法院申请，采取责令停止有关行为的措施。

7. 诉前证据保全

为了制止专利侵权行为，在证据可能灭失或者以后难以取得的情况下，专利权人或者利害关系人可以提供担保后向人民法院申请保全证据。

8. 诉讼时效

(1) 侵犯专利权的诉讼时效。自专利权人或者利害关系人知道或者应当知道侵权行为之日起2年有效。

(2) 专利权人要求支付发明专利申请公布后至专利权授予前使用费的诉讼时效。自专利权人知道或者应当知道他人使用其发明之日起2年有效；但专利权人于专利权授予之日前即已知道或者应当知道的，自专利权授予之日起计算。

第三节 商标法

一、概述

(一) 商标权的概念与分类

商标权是商标专用权的简称,是指商标主管机关依法授予商标所有人对其注册商标受国家法律保护的专有权。商标注册人依法支配其注册商标并禁止他人侵害的权利,包括商标注册人对其注册商标的排他使用权、收益权、处分权、续展权和禁止他人侵害的权利。

(二) 商标的概念与分类

商标是商品的生产者、经营者在其生产、制造、加工、拣选或者经销的商品上或者服务的提供者在其提供的服务上采用的,用于区别商品或服务来源的,包括文字、图形、字母、数字、三维标志、颜色组合和声音等,或上述要素的组合,具有显著特征的标志。根据不同划分标准,可以将商标分成不同种类:

第一,按商标的结构,可将商标划分为文字商标、图形商标、字母商标、数字商标、三维标志商标、颜色组合商标、声音商标和组合商标。

第二,按商标的用途,可将商标分为商品商标和服务商标。

第三,按商标的作用和功能,可将注册商标划分为普通商标、集体商标和证明商标。

(三) 商标法的概念和我国立法体系及立法原则

商标法是确认商标专用权,规定商标注册、使用、转让、保护和管理的法律规范的总称。《中华人民共和国商标法》(简称商标法)于1982年8月23日颁布,于1983年3月1日起施行,并于1993年2月22日、2001年10月27日、2013年8月30日和2019年4月23日进行了4次修订。商标法立法遵循的基本原则有:

(1) 保护生产经营者商标专用权与维护消费者利益相结合的原则。
(2) 注册取得商标专用权的原则。
(3) 自愿注册为主强制注册为辅的原则。

二、商标权的法律关系

(一) 商标权的主体

商标权的主体是指依法对某项商标享有专用权的人。两个以上的自然人、法人或者其他组织可以共同向商标局申请注册同一商标,共同享有和行使该商标专用权。

（二）商标权的客体

商标权的客体是指法律对商标权所保护的具体对象，是商标权的物化载体。商标权的客体是注册商标。

（三）商标权的内容

商标权的内容是指商标所有人享有占有、使用、收益和处分商标的权利。商标权的内容可分为：

（1）标记权，商标注册人有权标明"注册商标"或者注册标记。

（2）使用权，商标注册人有权以核准注册的标识和核定使用的商品为限使用注册商标。使用包括将商标用于商品、商品包装或者容器以及商品交易文书上，或者将商标用于广告宣传、展览以及其他商业活动中。

（3）经营权，商标注册人有权将商标许可、转让、质押给他人。

（4）获得保护的权利，商标注册人有权依照商标法就商标侵权行为获取法律保护。

（四）商标权的限制

1. 通用元素的正当使用

注册商标中含有的本商品的通用名称、图形、型号，或者直接表示商品的质量、主要原料、功能、用途、重量、数量及其他特点，或者含有的地名，注册商标专用权人无权禁止他人正当使用。

2. 自身特性的正当使用

三维标志注册商标中含有的商品自身的性质产生的形状、为获得技术效果而需有的商品形状或者使商品具有实质性价值的形状，注册商标专用权人无权禁止他人正当使用。

3. 在先使用的正当使用

商标注册人申请商标注册前，他人已经在同一种商品或者类似商品上先于商标注册人使用与注册商标相同或者近似并有一定影响的商标，注册商标专用权人无权禁止该使用人在原使用范围内继续使用该商标，但可以要求其附加适当区别标识。

三、授予商标权的条件和注册制度

（一）授予商标权的实质条件

授予商标权的商标应当具备显著特性，便于识别以区别于其他商标。商标显著特性可以有两种方式体现：一是标志本身固有的显著性特性；二是通过使用获得显著性特性。

(二) 授予商标权的禁止条件

1. 授予商标权应当具备合法性

（1）禁止损害在先权，申请商标注册不得与他人在先取得的合法权利相冲突，如与初步审定的商标、已注册商标相冲突等则为无效。

（2）禁止非法代理，即未经授权，代理人或者代表人以自己的名义将被代理人或者被代表人的商标进行注册，被代理人或者被代表人提出异议的，不予注册并禁止使用。

（3）禁止非法抢注，即以不正当手段抢先注册他人已经使用并有一定影响的商标；就同一种商品或者类似商品申请注册的商标与他人在先使用的未注册商标相同或者近似，申请人与该他人具有前款规定以外的合同、业务往来关系或者其他关系而明知该他人商标存在，该他人提出异议的，不予注册。

2. 特定标志不予注册并禁止使用

（1）同中华人民共和国的国家名称、国旗、国徽、国歌、军旗、军徽、军歌、勋章等相同或者近似的，以及同中央国家机关的名称、标志、所在地特定地点的名称或者标志性建筑物的名称、图形相同的。

（2）同外国的国家名称、国旗、国徽、军旗等相同或者近似的，但经该国政府同意的除外。

（3）同政府间国际组织的名称、旗帜、徽记等相同或者近似的，但经该组织同意或者不易误导公众的除外。

（4）与表明实施控制、予以保证的官方标志、检验印记相同或者近似的，但经授权的除外。

（5）同"红十字""红新月"的名称、标志相同或者近似的。

（6）带有民族歧视性的。

（7）带有欺骗性，容易使公众对商品的质量等特点或者产地产生误认的。

（8）有害于社会主义道德风尚或者有其他不良影响的。

（9）县级以上行政区划的地名或者公众知晓的外国地名，不得作为商标。但是，地名具有其他含义或者作为集体商标、证明商标组成部分的除外；已经注册的使用地名的商标继续有效。

（10）商标中有商品的地理标志，而该商品并非来源于该标志所标示的地区，误导公众的，不予注册并禁止使用。但是，已经善意取得注册的继续有效。

（11）就相同或者类似商品申请注册的商标是复制、摹仿或者翻译他人未在中国注册的驰名商标，容易导致混淆的；就不相同或者不相类似商品申请注册的商标是复制、摹仿或者翻译他人已经在中国注册的驰名商标，误导公众，致使该驰名商标注册人的利益可能受到损害的。

3. 特定标志不得作为商标注册（但经过使用取得显著特征，便于识别的除外）

（1）仅有本商品的通用名称、图形和型号的；

（2）仅直接表示商品的质量、主要原料、功能、用途、重量、数量及其他特点的；

（3）仅由商品自身的性质产生的形状、为获得技术效果而需有的商品形状或者使商品具有实质性价值的形状的三维标志；

（4）其他缺乏显著特征的。

（三）限制申请

注册商标被撤销、被宣告无效或者期满不再续展的，自撤销、宣告无效或者注销之日起一年内，商标局对与该商标相同或者近似的商标注册申请，不予核准。

（四）商标的注册制度

1. 注册申请

（1）在先申请为主和先使用为辅的原则。

两个或者两个以上的商标注册申请人，在同一种商品或者类似商品上，以相同或者近似的商标申请注册的，初步审定并公告申请在先的商标；同一天申请的，初步审定并公告使用在先的商标，驳回其他人的申请，不予公告。

（2）提出申请的要求。

提出商标注册申请，应当按规定的商品分类表填报使用商标的商品类别和商品名称；可以通过一份申请就多个类别的商品申请注册同一商标；需要在核定使用范围之外的商品上取得商标专用权的，应当另行提出注册申请；注册商标需要改变其标志的，应当重新提出注册申请。

（3）优先权。

依照国际条约、两国协议，或者相互承认优先权的原则给予优先权的，商标注册申请人自其商标在外国第一次提出商标注册申请之日起 6 个月内，又在中国提出的，需在中国提出注册申请时一并提出书面声明及在 3 个月内提交第一次申请文件副本。

商标在中国政府主办的或者承认的国际展览会展出的商品上首次使用的给予优先权。自该商品展出之日起 6 个月内，该商标的注册申请人可以要求并享有优先权，同时需在提出商标注册申请时一并提出书面声明，并且在 3 个月内提交展出其商品的展览会名称、在展出商品上使用该商标的证据、展出日期等证明文件。

2. 注册申请的审查

注册商标申请审查通常经历如下程序，自商标局收到商标注册申请文件之日至初步审定并公告之日止，法定审查期限为 9 个月。

（1）形式审查。

就商标申请文件或者注册文件是否符合申请要件和形式，是否存在明显错误进行审查；存在明显错误的可以由商标注册申请人或者注册人提出更正申请，也可由商标局依职权更正，更正错误不涉及商标申请文件或者注册文件的实质性内容。

（2）实质审查。

商标局审查商标注册时首先进行实质审查，即是否属于"不得作为商标使用"且不属于"不得作为商标注册"的标识，并审查是否满足《商标法》第 9 条"申请注册的商标,应当有显著特征,便于识别,并不得与他人在先取得的合法权利相冲突"等是否符合商标法的规定。

(3) 初步审定并公告。

对于符合实质要件的商标,商标局予以初步审定并公告。

(4) 异议期与异议审查。

对初步审定合格并公告的商标,自公告之日起3个月内,在先权利人、利害关系人及其他任何人认为违反相关规定的,可以向商标局提出异议。商标异议的审查,对初步审定公告的商标提出异议的,由商标局进行异议审查。审查期限为12个月,自公告期满之日起计算,特殊情况可延长6个月。

(5) 核准注册并公告。

公告期满无异议的,予以核准注册,发给商标注册证,并予公告。

经审查异议不成立而准予注册的,商标注册申请人取得商标专用权的时间自初步审定公告3个月期满之日起计算。自该商标公告期满之日起至准予注册决定做出前,对他人在同一种或者类似商品上使用与该商标相同或者近似的标志的行为不具有追溯力;但是,因该使用人的恶意给商标注册人造成的损失,应当给予赔偿。

3. 商标复审

(1) 因驳回申请的复审。

商标注册申请人对商标局做出的驳回申请、不予公告决定不服的,可以向商标评审委员会申请复审。法定审查期限为9个月,自商标评审委员收到申请之日起计算,特殊情况可延长3个月。当事人对商标评审委员会的决定不服的,可以向人民法院起诉。

(2) 因商标异议的复审。

被异议人对商标局做出的不予注册决定不服的,可以向商标评审委员会申请复审;审查期限为12个月,自商标评审委员收到申请之日起计算,特殊情况可延长6个月。被异议人对商标评审委员会的决定不服的,可以向人民法院起诉。本复审所涉及的在先权利的确定必须以人民法院正在审理或者行政机关正在处理的另一案件的结果为依据的,可以中止审查。中止原因消除后恢复审查。

(3) 因属于禁止作为商标使用和注册商标被宣告无效的复审。

当事人对商标局做出宣告注册商标无效的决定不服的,可以向商标评审委员会申请复审。当事人对商标评审委员会的决定不服的,可以向人民法院起诉。

(4) 因商标撤销或不撤销的复审。

当事人对商标局撤销或者不予撤销注册商标的决定不服的,可以向商标评审委员会申请复审。审查期限为9个月,自商标评审委员收到申请之日起计算,特殊情况可延长3个月。当事人对商标评审委员会的决定不服的,可以向人民法院起诉。

(5) 不提出复审申请和不提出起诉的法律效力。

法定期限届满,当事人对商标局做出的决定不申请复审或者对商标评审委员会做出的复审决定不向人民法院起诉的,驳回申请决定、不予注册决定、宣告注册商标无效决定、撤销注册商标决定或者复审决定生效。

4. 商标无效

(1) 因商标异议的无效。

异议人对商标局做出的准予注册决定不服的，可以向商标评审委员会请求宣告该注册商标无效。

(2) 因属于禁止作为商标使用和注册商标的无效。

商标局有权依职权对违反商标法第10条、第11条、第12条规定的，或者是以欺骗手段或者其他不正当手段取得注册的注册商标宣告该无效；法定审查期限为9个月，自商标评审委员会收到申请之日起计算，特殊情况可延长3个月。

涉嫌同样事由的，其他单位或者个人有权请求商标评审委员会宣告注册商标无效；法定审查期限为9个月，自商标评审委员会收到申请之日起计算，特殊情况可延长3个月。当事人对商标评审委员会的裁定不服的，可以向人民法院起诉。

(3) 因驰名商标、地理标志、非法代理、近似、同时申请、在先权冲突引起的无效。

已经注册的商标，违反本法第13条第2款和第3款、第15条、第16条第1款、第30条、第31条、第32条规定的，自商标注册之日起5年内，在先权利人或者利害关系人可以请求商标评审委员会宣告该注册商标无效。对恶意注册的，驰名商标所有人不受5年的时间限制。无效审查的法定审查期限为12个月，自商标评审委员收到申请之日起计算，特殊情况可延长6个月。当事人对商标评审委员会做出维持注册商标或者宣告注册商标无效的裁定不服的，可以向人民法院起诉。无效审查所涉及在先权利的确定必须以人民法院正在审理或者行政机关正在处理的另一案件的结果为依据的，可以中止审查。中止原因消除后恢复审查。

(4) 不提出复审申请和不提出起诉的法律效力。

法定期限届满，当事人对商标局宣告注册商标无效的决定不申请复审或者对商标评审委员会的复审决定、维持注册商标或者宣告注册商标无效的裁定不向人民法院起诉的，商标局的决定或者商标评审委员会的复审决定生效。

被宣告无效的注册商标，由商标局予以公告，该注册商标专用权为自始无效。

宣告注册商标无效的决定或者裁定，对宣告无效前人民法院做出并已执行的商标侵权案件的判决、裁定、调解书和工商行政管理部门做出并已执行的商标侵权案件的处理决定以及已经履行的商标转让或者使用许可合同不具有追溯力。但是，因商标注册人的恶意给他人造成的损失，应当给予赔偿；若不返还商标侵权赔偿金、商标转让费、商标使用费，明显违反公平原则的，应当全部或者部分返还。

5. 注册商标的续展和注销

注册商标的有效期为10年，自核准注册之日起计算。注册商标有效期满，需要继续使用的，商标注册人应当在期满前12个月内按照规定办理续展手续；在此期间未能办理的，可以给予6个月的宽展期。每次续展注册的有效期为10年，自该商标上一届有效期满次日起计算。期满未办理续展手续的，注销其注册商标。商标局对续展注册的商标予以公告。

6. 注册商标的变更、转让和许可

(1) 注册商标的变更。

注册商标专用权人就变更注册人名义、地址或者其他注册事项可以提出变更申请。

(2) 注册商标的转让。

转让人和受让人签订转让协议,并共同向商标局提出申请。商标注册人对其在同一种商品上注册的近似商标,或者在类似商品上注册的相同或者近似的商标,应当一并转让。对容易导致混淆或者有其他不良影响的转让,商标局不予核准;转让注册商标经核准后,予以公告,受让人自公告之日起享有商标专用权。

(3) 注册商标的许可。

商标注册人可以通过签订商标使用许可合同,许可他人使用其注册商标。许可人应当监督被许可人使用其注册商标的商品质量。被许可人应当保证使用该注册商标的商品质量。经许可使用他人注册商标的,必须在使用该注册商标的商品上标明被许可人的名称和商品产地。许可他人使用其注册商标的,许可人应当将其商标使用许可报商标局备案,由商标局公告。商标使用许可未经备案不得对抗善意第三人。

四、商标使用的管理

商标使用的管理是指商标局对注册商标、未注册商标的使用进行监督管理,并对违反商标法规定的行为予以制裁的活动。

(一) 注册商标的撤销

1. 非法使用导致的撤销

商标注册人在使用注册商标的过程中,自行改变注册商标、注册人名义、地址或者其他注册事项的,由地方工商行政管理部门责令限期改正;期满不改正的,由商标局撤销其注册商标。这里的使用,是指将商标用于商品、商品包装或者容器以及商品交易文书上,或者将商标用于广告宣传、展览以及其他商业活动中,用于识别商品来源的行为。

2. 注册商标3年不使用导致的撤销

注册商标成为其核定使用的商品的通用名称或者没有正当理由连续3年不使用的,任何单位或者个人可以向商标局申请撤销该注册商标。连续3年不使用的商标撤销注册的审查期限9个月,特殊情况可延长3个月。

3. 商标撤销的法律效力

被撤销的注册商标专用权自商标局公告之日起终止。

(二) 其他非法使用情形的处置

1. 必须注册的商标而未注册使用的

违反商标法第6条规定的,责令限期申请注册,并以违法经营额5万元分界,界上处违法经营额20%以下,界下1万元以下罚款。

2. 以未注册商标冒充注册商标或将不得作为商标使用的标识作为商标使用的

由地方工商行政管理部门予以制止，限期改正，并可以予以通报，以违法经营额 5 万元分界，界上处违法经营额 20% 以下，界下 1 万元以下罚款。

3. 利用"驰名商标"违法宣传的

违反《商标法》第 14 条第 5 款规定，"将'驰名商标'字样用于商品、商品包装或者容器上，或者用于广告宣传、展览以及其他商业活动中。"责令改正，并处 10 万元罚款。

五、注册商标专用权的法律责任

（一）侵犯注册商标专用权的行为

（1）未经商标注册人的许可，在同一种商品上使用与其注册商标相同的商标；

（2）未经商标注册人的许可，在同一种商品上使用与其注册商标近似的商标，或者在类似商品上使用与其注册商标相同或者近似的商标，容易导致混淆的；

（3）销售侵犯注册商标专用权的商品的；

（4）伪造、擅自制造他人注册商标标识或者销售伪造、擅自制造注册商标标识的；

（5）未经商标注册人同意，更换其注册商标并将该更换商标的商品又投入市场的；

（6）故意为侵犯他人商标专用权行为提供便利条件，帮助他人实施侵犯商标专用权行为的；

（7）给他人的注册商标专用权造成其他损害的。

（二）救济途径

（1）当事人协商解决；

（2）商标注册人或者利害关系人向人民法院起诉；

（3）工商行政管理部门依职权查处或依商标注册人或者利害关系人请求处理。

（三）赔偿依据

侵犯商标专用权的赔偿数额，按照权利人因被侵权所受到的实际损失确定；实际损失难以确定的，可以按照侵权人因侵权所获得的利益确定；权利人的损失或者侵权人获得的利益难以确定的，参照该商标许可使用费的倍数合理确定；均不能确定的，由人民法院根据侵权行为的情节判决给予 300 万元以下的赔偿。对恶意侵犯商标专用权，情节严重的，可以在按照上述方法确定数额的 1 倍以上 3 倍以下确定赔偿数额。赔偿数额应当包括权利人为制止侵权行为所支付的合理开支。

（四）诉前保全和证据保全

1. 诉前保全

商标注册人或者利害关系人有证据证明他人正在实施或者即将实施侵犯其注册商标专用权的行为，如不及时制止将会使其合法权益受到难以弥补的损害的，可以依法在起诉前向人民法院申请采取责令停止有关行为和财产保全的措施。

2. 证据保全

为制止侵权行为，在证据可能灭失或者以后难以取得的情况下，商标注册人或者利害关系人可以依法在起诉前向人民法院申请保全证据。

六、驰名商标制度和地理标志制度

（一）驰名商标制度

驰名商标是指在市场上享有较高声誉并为相关公众所熟知的商标，受到法律特殊保护的一项法律制度。我国《驰名商标认定和保护规定》第2条规定，"驰名商标是在中国为相关公众广为知晓并享有较高声誉的商标。相关公众包括与使用商标所标示的某类商品或者服务有关的消费者，生产前述商品或者提供服务的其他经营者以及经销渠道中所涉及的销售者和相关人员等。"

1. 驰名商标的认定

（1）认定条件。

驰名商标的认定条件包括五个方面，一是相关公众对该商标的知晓程度；二是该商标使用的持续时间；三是该商标的任何宣传工作的持续时间、程度和地理范围；四是该商标作为驰名商标受保护的记录；五是该商标驰名的其他因素。

（2）认定途径。

驰名商标的认定途径包括四个途径，一是商标注册审查中由商标局认定；二是商标争议处理中由商标评审委员会认定；三是查处商标违法案件过程中由商标局认定；四是商标民事、行政案件审理过程中最高人民法院指定的人民法院认定。

2. 驰名商标的限制与保护

生产、经营者不得将"驰名商标"字样用于商品、商品包装或者容器上，或者用于广告宣传、展览以及其他商业活动中。将他人注册商标、未注册的驰名商标作为企业名称中的字号使用，误导公众，构成不正当竞争行为的，依照《中华人民共和国反不正当竞争法》处理。

（二）地理标志制度

1. 地理标志的概念

地理标志，我国2019年修订后的《商标法》增设了地理标志方面的规定，其第16条第2款规定："前款所称地理标志，是指标示某商品来源于某地区，该商品的特定质量、信誉或者其他特征，主要由该地区的自然因素或人为因素所决定的标志。"由于地理标志在商标中具有特殊性，所以就地理标志在内容、构成、管理等方面做一介绍。我国的地理标志管理由如下三个部门实施。

2. 地理标志管理

（1）国家工商行政管理局的商标局实施注册商标的地理标志管理。

商标法及实施细则规定，地理标志可以作为证明商标或集体商标的方式进行保护，并由工商行政管理局的商标局实施管理。

以地理标志作为证明商标注册的，其商品符合使用该地理标志条件的自然人、法人或者其他组织可以要求使用该证明商标，控制该证明商标的组织应当允许。

以地理标志作为集体商标注册的，其商品符合使用该地理标志条件的自然人、法人或者其他组织，可以要求参加以该地理标志作为集体商标注册的团体、协会或者其他组织，该团体、协会或者其他组织应当依据其章程接纳为会员；不要求参加以该地理标志作为集体商标注册的团体、协会或者其他组织的，也可以正当使用该地理标志，该团体、协会或者其他组织无权禁止。

（2）国家质检总局实施的地理标志产品管理。

依据2005年7月15日起施行的《地理标志产品保护规定》，国家质检总局依职权对地理标志产品进行管理。

地理标志产品是指产自特定地域，所具有的质量、声誉或其他特性本质上取决于该产地的自然因素和人文因素，经审核批准以地理名称进行命名的产品。它包括两种类型，一是来自本地区的种植、养殖产品；二是原材料全部来自本地区或部分来自其他地区，并在本地区按照特定工艺生产和加工的产品。

申请质监局地理标志产品，由当地县级以上人民政府指定的地理标志产品保护申请机构或人民政府认定的协会和企业提出。获准使用地理标志产品专用标志资格的生产者，未按相应标准和管理规范组织生产的，或者在两年内未在受保护的地理标志产品上使用专用标志的，国家质检总局将注销其地理标志产品专用标志使用注册登记，停止其使用地理标志产品专用标志并对外公告。

（3）农业部实施的农产品地理标志管理。

依据2008年2月1日起施行的《农产品地理标志管理办法》，农业部以职权对农产品地理标志进行管理。

该办法所指的农产品是指来源于农业的初级产品，即在农业活动中获得的植物、动物、微生物及其产品。所称的农产品地理标志，是指标示农产品来源于特定地域，产品品质和相关特征主要取决于自然生态环境和历史人文因素，并以地域名称冠名的特有农产品标志。

农产品地理标志依登记获取农业部保护，登记申请人为县级以上地方人民政府根据下列条件择优确定的农民专业合作经济组织、行业协会等组织。符合条件的单位和个人，可以向登记证书持有人申请使用农产品地理标志。

第四节　著作权法

一、概述

（一）著作权的概念与特征

著作权，也称版权，指著作权人对作品依法享有的权利。著作权包括著作引起的人身权和财产权两方面的权利。著作权除了具有知识产权所共有的无形性、专有性、时间性、地域性等特征外，还具有如下特征：

第一，自动取得。著作权随作品创作完成而自动产生，不需申请与审查，未发表作品也享有著作权。

第二，人身权保护不受期限限制。著作权的人身权归作者享有不能转让；除发表权外，保护期不受时间限制。

（二）著作权法的概念及我国立法体系

著作权法是调整文学、艺术和科技等作品的创作、归属和使用所涉及的各种社会关系的法律规范的总称。1991年6月1日《中华人民共和国著作权法》生效，2001年10月27日和2010年2月26日，全国人大常委会两次对本法进行了修改。自著作权法颁布以来，陆续配套出台了计算机软件及网络著作权、出版、录音录像和播放、集体管理、行政执法等行政法规及司法解释。其中，新修订的《中华人民共和国著作权法实施条例》《信息网络传播权保护条例》和《计算机软件保护条例》已于2013年3月1日起正式实施。

二、著作权的法律关系

（一）著作权的主体

著作权的主体，指享有著作权权利和承担著作权义务的人，即著作权人。著作权法第九条规定，著作权人包括作者和其他依照本法享有著作权的公民、法人或者其他组织。除法律另有规定外，著作权属于作者。

作者包括：公民，创作作品的公民；法人或者其他组织，由法人或者其他组织主持，代表法人或者其他组织意志创作，并由法人或者其他组织承担责任的作品，法人或者其他组织视为作者。如无相反证明，在作品上署名的公民、法人或者其他组织为作者。著作权法还规定了如下情形的著作权归属。

1. 演绎作品的著作权人

《著作权法》第12条规定，"改编、翻译、注释、整理已有作品而产生的作品，其著作权由改编、翻译、注释、整理人享有，但行使著作权时不得侵犯原作品的著作权。"

2. 合作作品的著作权人

《著作权法》第13条规定，"两人以上合作创作的作品，著作权由合作作者共同享有。没有参加创作的人，不能成为合作作者。"

"合作作品可以分割使用的，作者对各自创作的部分可以单独享有著作权，但行使著作权时不得侵犯合作作品整体的著作权。"

3. 汇编作品的著作权人

《著作权法》第14条规定，"汇编作品，其著作权由汇编人享有，但行使著作权时，不得侵犯原作品的著作权。"

4. 影视作品的著作权人

《著作权法》第15条规定，"电影作品和以类似摄制电影的方法创作的作品的著作权由制片者享有,但编剧、导演、摄影、作词、作曲等作者享有署名权,并有权按照与制片者签订的合同获得报酬;其中剧本、音乐等可以单独使用的作品的作者有权单独行使其著作权。"

5. 职务作品的著作权人

(1) 著作权有条件归作者的情形。

公民为完成法人或者其他组织工作任务所创作的作品,著作权由作者享有;该法人或者其他组织有权在其业务范围内优先使用。作者向单位交付作品之日视为作品完成,作品完成两年内未经该单位同意,作者不得许可第三人以与单位使用的相同方式使用该作品;经单位同意,作者许可第三人以与单位使用的相同方式使用作品所获报酬,由作者与单位按约定的比例分配。这里的"工作任务"是指公民在该法人或者该组织中应当履行的职责。

(2) 著作权有条件归法人或者其他组织情形。

存在下列情形之一的,主要是利用法人或者其他组织的物质技术条件创作,即该法人或者该组织为公民完成创作专门提供了资金、设备或者资料,并由法人或者其他组织承担责任的工程设计图、产品设计图、地图、计算机软件等职务作品;或法律、行政法规规定;或合同约定著作权由法人或者其他组织享有的职务作品;作者享有署名权,著作权的其他权利由法人或者其他组织享有,法人或者其他组织可以给予作者奖励。

6. 委托作品的著作权人

(1) 通过合同约定,确定著作权归属委托人或者受托人。

(2) 合同未作明确约定或者没有订立合同的,著作权属于受托人。

7. 原件所有权转移的作品的著作权人

《著作权法》第18条规定,"美术等作品原件所有权的转移,不视为作品著作权的转移,但美术作品原件的展览权由原件所有人享有。"

8. 作者身份不明的作品著作权归属

由作品原件所有人行使除署名权以外的著作权,作者身份确定后,由作者或者继承人行使著作权。

(二) 著作权的客体

著作权的客体,即著作权所保护的对象,一般是指作者创作并受著作权法保护的作品。

1. 作品和创作

作品是指文学、艺术和科学领域内具有独创性并能以某种有形的形式复制的智力成果。

作品由创作产生的,创作则是指直接产生文学、艺术和科学作品的智力活动。为他人创作进行组织工作,提供咨询意见、物质条件,或者进行其他辅助工作,不是创作。

2. 作品的类型

(1) 法定类型为:

文字作品,小说、诗词、散文、论文等以文字形式表现的作品。

口述作品，即兴的演说、授课、法庭辩论等以口头语言形式表现的作品。

音乐作品，歌曲、交响乐等能够演唱或者演奏的带词或者不带词的作品。

戏剧作品，话剧、歌剧、地方戏等供舞台演出的作品。

曲艺作品，相声、快书、大鼓、评书等以说唱为主要形式表演的作品。

舞蹈作品，通过连续的动作、姿势、表情等表现思想情感的作品。

杂技艺术作品，杂技、魔术、马戏等通过形体动作和技巧表现的作品。

美术作品，绘画、书法、雕塑等以线条、色彩或者其他方式构成的有审美意义的平面或者立体的造型艺术作品。

建筑作品，以建筑物或者构筑物形式表现的有审美意义的作品。

摄影作品，借助器械在感光材料或者其他介质上记录客观物体形象的艺术作品。

电影作品和以类似摄制电影的方法创作的作品，是指摄制在一定介质上，由一系列有伴音或者无伴音的画面组成，并且借助适当装置放映或者以其他方式传播的作品。

图形作品，为施工、生产绘制的工程设计图、产品设计图，以及反映地理现象、说明事物原理或者结构的地图、示意图等作品。

模型作品，为展示、试验或者观测等用途，根据物体的形状和结构，按照一定比例制成的立体作品。

计算机软件，计算机程序及其有关文档。

民间文学艺术作品。

汇编作品，汇编若干作品、作品的片段或者不构成作品的数据或者其他材料，对其内容的选择或者编排体现独创性的作品。

法律、行政法规规定的其他作品。

（2）不受著作权法保护的对象为：

法律、法规，国家机关的决议、决定、命令和其他具有立法、行政、司法性质的文件及其官方正式译文。

时事新闻，即通过报纸、期刊、广播电台、电视台等媒体报道的单纯事实消息。

历法、通用数表、通用表格和公式。

依法禁止出版、传播的作品。

（三）著作权的内容

著作权的内容，是指根据法律的规定，著作权人对其作品实施控制、利用、支配的等行为，并为著作权人带来人身或财产方面利益的权利。

1. 著作权中的人身权

（1）发表权，即决定作品是否公之于众的权利；

（2）署名权，即表明作者身份，在作品上署名的权利；

（3）修改权，即修改或者授权他人修改作品的权利；

（4）保护作品完整权，即保护作品不受歪曲、篡改的权利。

2. 著作权中的财产权

著作权人可以行使下列权利并获得报酬，也可以许可他人行使，可以全部或者部分转让。

(1) 复制权,即以印刷、复印、拓印、录音、录像、翻录、翻拍等方式将作品制作一份或者多份的权利;

(2) 发行权,即以出售或者赠与方式向公众提供作品的原件或者复制件的权利;

(3) 出租权,即有偿许可他人临时使用电影作品和以类似摄制电影的方法创作的作品、计算机软件的权利,计算机软件不是出租的主要标的的除外;

(4) 展览权,即公开陈列美术作品、摄影作品的原件或者复制件的权利;

(5) 表演权,即公开表演作品,以及用各种手段公开播送作品的表演的权利;

(6) 放映权,即通过放映机、幻灯机等技术设备公开再现美术、摄影、电影和以类似摄制电影的方法创作的作品等权利;

(7) 广播权,即以无线方式公开广播或者传播作品,以有线传播或者转播的方式向公众传播广播的作品,以及通过扩音器或者其他传送符号、声音、图像等类似工具向公众传播广播的作品权利;

(8) 信息网络传播权,即以有线或者无线方式向公众提供作品,使公众可以在其个人选定的时间和地点获得作品、表演或者录音录像制品的权利;

(9) 摄制权,即以摄制电影或者以类似摄制电影的方法将作品固定在载体上的权利;

(10) 改编权,即改变作品,创作出具有独创性的新作品的权利;

(11) 翻译权,即将作品从一种语言文字转换成另一种语言文字的权利;

(12) 汇编权,即将作品或者作品的片段通过选择或者编排,汇集成新作品的权利;

(13) 应当由著作权人享有的其他权利。

(四) 权利的保护期

1. 权利起算点

著作权自作品创作完成之日起产生。其中:

(1) 首先在中国境内出版的外国人、无国籍人的作品,自首次出版之日起受保护。

(2) 软件著作权自软件开发完成之日起产生。

2. 著作权中的人身权保护期

《著作权法》第20条规定,"作者的署名权、修改权、保护作品完整权的保护期不受限制。"其中作者生前未发表的作品,如果作者未明确表示不发表,作者死亡后50年内,其发表权可由继承人或者受遗赠人行使;没有继承人又无人受遗赠的,由作品原件的所有人行使。

3. 著作权中的财产权保护期

(1) 公民的作品。

公民的作品其保护期为作者终生及其死亡后50年,截止于作者死亡后第50年的12月31日;如果是公民的合作作品,截止于最后死亡的作者死亡后第50年的12月

31 日。公民死亡后，著作权依照继承法的规定转移。

（2）法人或者其他组织的作品、著作权（署名权除外）由法人或者其他组织享有的职务作品；电影作品和以类似摄制电影的方法创作的作品、摄影作品。

发表权和财产权的保护期为 50 年，截止于作品首次发表后第 50 年的 12 月 31 日，但作品自创作完成后 50 年内未发表的，著作权法不再保护。

法人或者其他组织变更、终止后，其在保护期内的著作权由承受其权利义务的法人或者其他组织享有；没有承受其权利义务的法人或者其他组织的，由国家享有。

（3）作者身份不明的作品。

财产权保护期截止于作品首次发表后第 50 年的 12 月 31 日；作者身份确定后适用上述规定。

（4）计算机软件。

法人或者其他组织的软件保护期为 50 年，截止于软件首次发表后第 50 年的 12 月 31 日，但软件自开发完成之日起 50 年内未发表的不再保护。

三、著作权的限制与法律责任

（一）著作权的限制

1. 合理使用

著作权合理使用是指在特定的条件下，法律允许他人自由使用以及享有著作权的作品，而不必征得权利人的许可，以及不向其支付报酬的合法行为。具体情形包括：

（1）为个人学习、研究或者欣赏，使用他人已经发表的作品；

（2）为介绍、评论某一作品或者说明某一问题，在作品中适当引用他人已经发表的作品；

（3）为报道时事新闻，在报纸、期刊、广播电台、电视台等媒体中不可避免地再现或者引用已经发表的作品；

（4）报纸、期刊、广播电台、电视台等媒体刊登或者播放其他报纸、期刊、广播电台、电视台等媒体已经发表的关于政治、经济、宗教问题的时事性文章，但作者声明不许刊登、播放的除外；

（5）报纸、期刊、广播电台、电视台等媒体刊登或者播放在公众集会上发表的讲话，但作者声明不许刊登、播放的除外；

（6）为学校课堂教学或者科学研究，翻译或者少量复制已经发表的作品，供教学或者科研人员使用，但不得另行发表；

（7）国家机关为执行公务在合理范围内使用已经发表的作品；

（8）图书馆、档案馆、纪念馆、博物馆、美术馆等为陈列或者保存版本的需要，复制本馆收藏的作品；

（9）免费表演已经发表的作品，该表演未向公众收取费用，也未向表演者支付报酬；

（10）对设置或者陈列在室外公共场所的艺术作品进行临摹、绘画、摄影、录像；

(11) 将中国公民、法人或者其他组织已经发表的以汉语言文字创作的作品翻译成少数民族语言文字作品在国内出版发行;

(12) 将已经发表的作品改成盲文出版。

2. 法定许可

著作权法定许可是指在一些特定的情形下,对未经他人许可而有偿使用他人享有著作权的作品的行为依法不认定为侵权的法律制度。具体情形包括:

(1) 教科书的法定许可。

实施九年制义务教育和国家教育规划而编写出版的教科书,除作者事先声明不许使用之外,可以不经著作权人许可在教科书中汇编已经发表的作品片段或者短小的文字作品、音乐作品或者单幅的美术作品、摄影作品,但应当按照规定支付报酬,指明作者姓名、作品名称,并且不得侵犯著作权人依照著作权法享有的其他权利。

(2) 报刊转载的法定许可。

作品刊登后,除著作权人声明不得转载、摘编的以外,其他报刊可以转载或者作为文摘、资料刊登,但应当按照规定向著作权人支付相应报酬。

(3) 制作录音制品的法定许可。

录音制作者使用他人已经合法录制的音乐作品制作成录音制品,可以不必征得权利人许可,但应当按照规定向其支付相应报酬;著作权人声明不许使用的除外。

(4) 播放已发表作品的法定许可。

广播电台、电视台播放他人已发表的作品、已经出版的录音制品,可以不经著作权人许可,但应当支付相应报酬,当事人另有约定的除外。

(二) 著作权的法律责任

侵犯著作权的行为,应由侵权人承担民事、行政或刑事责任。

1. 民事责任

著作权法规定,下列侵权行为应当承担民事责任:未经著作权人许可,发表其作品的;未经合作作者许可,将与他人合作创作的作品当作自己单独创作的作品发表的;没有参加创作,为谋取个人名利,在他人作品上署名的;歪曲、篡改他人作品的;剽窃他人作品的;未经著作权人许可,以展览、摄制电影和以类似摄制电影的方法使用作品,或者以改编、翻译、注释等方式使用作品的,本法另有规定的除外;使用他人作品,应当支付报酬而未支付的;未经电影作品和以类似摄制电影的方法创作的作品、计算机软件、录音录像制品的著作权人或者与著作权有关的权利人许可,出租其作品或者录音录像制品的,本法另有规定的除外;未经出版者许可,使用其出版的图书、期刊的版式设计的;未经表演者许可,从现场直播或者公开传送其现场表演,或者录制其表演的;其他侵犯著作权以及与著作权有关的权益的行为。相关民事责任类型包括,停止侵害、消除影响、赔礼道歉、赔偿损失等。

2. 行政责任和刑事责任

著作权法还规定,下列行为除应当承担民事责任外,损害公共利益情节严重的承担行政责任或刑事责任:未经著作权人许可,复制、发行、表演、放映、广播、汇编、通过信息网络向公众传播其作品的,本法另有规定的除外;出版他人享有专有出版权的图书的;未经表演者许可,复制、发行录有其表演的录音录像制品,或者通过信息网络向公众传播其表演的,本法另有规定的除外;未经录音录像制作者许可,复制、发行、通过信息网络向公众传播其制作的录音录像制品的,本法另有规定的除外;未经许可,播放或者复制广播、电视的,本法另有规定的除外;未经著作权人或者与著作权有关的权利人许可,故意避开或者破坏权利人为其作品、录音录像制品等采取的保护著作权或者与著作权有关的权利的技术措施的,法律、行政法规另有规定的除外;未经著作权人或者与著作权有关的权利人许可,故意删除或者改变作品、录音录像制品等的权利管理电子信息的,法律、行政法规另有规定的除外;制作、出售假冒他人署名的作品的。

相关行政责任类型包括:由著作权行政管理部门责令停止侵权行为,没收违法所得,没收、销毁侵权复制品,处以罚款等。相关刑事责任类型包括,侵犯著作权罪和销售侵权复制品罪。

3. 赔偿标准

侵犯著作权或者与著作权有关的权利的,侵权人应当按照权利人的实际损失给予赔偿;实际损失难以计算的,可以按照侵权人的违法所得给予赔偿。赔偿数额还应当包括权利人为制止侵权行为所支付的合理开支。权利人的实际损失或者侵权人的违法所得不能确定的,由人民法院根据侵权行为的情节,判决给予 50 万元以下的赔偿。

4. 诉前保全与证据保全

(1) 诉前财产保全和禁止令,著作权人或者与著作权有关的权利人有证据证明他人正在实施或者即将实施侵犯其权利的行为,如不及时制止将会使其合法权益受到难以弥补的损害的,可以在起诉前向人民法院申请采取责令停止有关行为和财产保全的措施。

(2) 证据保全,为制止侵权行为,在证据可能灭失或者以后难以取得的情况下,著作权人或者与著作权有关的权利人可以在起诉前向人民法院申请保全证据。

(三) 外国作品的著作权保护

外国人、无国籍人的几种情形的外国作品、表演、录音制品、广播电视节目受本法保护。

(1) 根据其作者所属国或者经常居住地国同中国签订的协议或者共同参加的国际条约享有的著作权,受本法保护。

(2) 作品首先在中国境内出版的或在中国境外首先出版后,30 日内在中国境内出版的,依照本法享有著作权。

(3) 未与中国签订协议或者共同参加国际条约的国家的作者以及无国籍人的作品首次在中国参加的国际条约的成员国出版的,或者在成员国和非成员国同时出版的,受本法保护。

四、著作权的其他管理

（一）权利的许可和质押

使用他人作品应当同著作权人订立许可使用合同，许可使用的权利是专有使用权的，应当采取书面形式，但是报社、期刊社刊登作品除外。

与著作权人订立专有许可使用合同、转让合同的采用自愿备案制。以著作权出质的，质押合同经质押登记方可生效。

（二）著作权集体管理

著作权集体管理是指著作权人授权有关组织代为集中管理著作权、邻接权的制度。其主要作用在于协调著作权人与社会公众的利益关系，保证著作权人权利的实现，减少和避免纠纷。我国目前已成立的音乐、音像、文字、摄影、电影等几大著作权协会，并依照《著作权集体管理条例》的规定开展著作权集体管理活动。

五、邻接权

邻接权，又称"作品传播者权"，意思是与著作权邻近的权利。邻接权是在传播作品中产生的权利，保护的对象是进行传播的行动，而不是创作文学艺术作品的行为。我国著作权法主要保护了四个方面，即出版者对其出版的图书和期刊的版式设计享有的权利，表演者对其表演享有的权利，录音录像制作者对其制作的录音录像制品享有的权利，广播电台、电视台对其播放的广播、电视节目享有的权利。同时也规定了相应的义务，即上述权利人行使权利，不得损害被使用作品和原作品著作权人的权利；上述权利人使用他人的作品的，除法律另有规定外应当获得许可或签订合同，并可支付相应的报酬。

思考题

1. 知识产权有哪些类型？各自的概念是什么？
2. 著作权的内容包括哪些？著作权人身权的保护期限？
3. 什么是邻接权？其主要类型有哪些？
4. 授予商标权的条件有哪些？
5. 侵犯注册商标专用权的行为有哪些？权利如何救济？
6. 驰名商标的管理要求和法律责任是什么？
7. 地理标志的管理渠道有哪些？

第十五章 竞争法

本章学习要点

制定竞争法的必要性；反不正当竞争法的概念及表现形式；违反反不正当竞争法的法律责任；反垄断法的概念及表现形式；违反反垄断法的法律责任等。

第一节 竞争法概述

竞争是市场经济的产物，也是市场经济赖以运行的基本条件。通过竞争使社会资源流向市场急需和最能创造利润的行业，从而实现社会资源的合理配置；通过竞争使那些主动采用先进技术和先进管理模式的企业和个人获得较高的利润，促使经营者不断地改进生产技术和管理方式，推动生产力的发展。竞争能够促进市场经济的发育和完善，促进社会的进步和发展。但是，竞争也具有消极的一面，如盲目的竞争、不合理和不平等的竞争可能引起市场资源的大量浪费，造成市场的混乱，甚至会使市场经济秩序遭到破坏。而竞争的这些副作用却是市场本身无法克服的，因此，为了维护国家的整体利益和长远利益，许多国家都运用法律手段对市场竞争进行宏观调控。

当代各国都普遍重视竞争法律制度的建设和完善。1889 年加拿大制定了世界上第一部竞争法——《预防和禁止贸易合并法》；随后，美国制定了《维护贸易与商业不受非法限制与垄断危害法案》（又称《谢尔曼法》）；1923 年，德国制定了第一部反垄断法即《卡特尔条例》。第二次世界大战以后，在各国纷纷制定本国竞争法的同时，国际上也在酝酿制定统一的竞争法体系。

1980 年 12 月，第三十五届联合国大会正式通过了《控制限制性商业行为的公平原则和规则的多边协定》。1993 年 9 月 2 日，我国第八届全国人民代表大会常务委员会第三次会议通过了《中华人民共和国反不正当竞争法》（以下简称反不正当竞争法），并于 1993 年 12 月 1 日起施行，2017 年 11 月 4 日和 2019 年 4 月 23 日对其进行修正。

在我国现实经济生活中不正当竞争行为已不是偶然现象。有些不正当竞争行为，如制造销售假冒伪劣商品，盗版现象，已经发展成了一大社会公害，严重地影响着国民经济的健康持续发展。因此，通过强有力的法律手段，对各种不正当竞争行为进行制止和惩罚，对于进一步发展和完善我国的社会主义市场经济体制有着深远的意义。《反不正当竞争法》第1条明确规定："为了促进社会主义市场经济健康发展，鼓励和保护公平竞争，制止不正当竞争行为，保护经营者和消费者的合法权益，制定本法。"

第二节　反不正当竞争法

一、反不正当竞争法的定义和调整对象

反不正当竞争法是指调整旨在制止不正当竞争过程中产生的经济关系的法律规范的总称。从一些国家和地区的竞争立法来看，现代竞争法体系包括反垄断、反限制竞争和反不正当竞争等内容。学术界通常认为，不正当竞争包括广义的违反诚实信用商业道德的不正当竞争行为、垄断和限制竞争行为，以及狭义的垄断行为。我国反不正当竞争法规定："不正当竞争行为是指经营者违反本法规定，损害其他经营者的合法权益，扰乱社会经济秩序的行为。"由此不难看出，不正当竞争行为是一种不合法的竞争行为，其特征是：

第一，它是一种违反诚实信用商业道德的行为。诚实信用是商业交往和市场竞争的基本原则，要求经营者必须诚实守信，积极履行法定义务及合同义务，不得采用欺诈手段获取非法利益。

第二，它是一种侵犯竞争者和消费者合法权益的行为。不正当竞争行为的实质，就是采取非法手段使自己在竞争中处于有利地位或是排除竞争对手，谋取利益的行为。这就不可避免地损害了其他经营者和广大消费者的权利，具有极大的社会危害性。

第三，不正当竞争行为是严重扰乱社会经济秩序的行为。市场经济赖以存在和发展的基础在于公平竞争，通过平等自由的竞争机制实现优胜劣汰和社会资源的合理配置。不正当竞争行为违反了这一规则，严重地危害了社会经济秩序，妨碍了市场经济持续健康地发展。

反不正当竞争法调整的对象具体包括三个方面：一是在确立反不正当竞争管理监督体制中产生的经济关系；二是在确定不正当竞争行为中产生的经济关系；三是在制裁不正当竞争行为中产生的经济关系。

二、不正当竞争行为的表现形式

不正当竞争行为的表现形式是指不正当竞争行为在市场经济中的存在方式。根据我国《反不正当竞争法》的规定，在我国不正当竞争行为表现形式主要有以下九个方面。

（一）欺骗性标志交易行为

欺骗性标志交易行为主要是指以不正当手段侵犯他人的注册商标权、商品名称权、企业名称权、产品质量标记权等财产或人身权利的行为。这里所讲的不正当竞争手段，是指弄虚作假、模仿、擅自使用等行为。它们的突出特点是违法者以假乱真，以假充真、以次充好，欺骗经营者和消费者，使他们形成错误的认识而同意进行交易。这是一种产生早、使用面广、发生频率高和危害性大的不正当竞争行为。许多国家的法律都给予严厉禁止。我国的反不正当竞争法具体列举了以下几类违法行为：

1. 假冒他人的注册商标

注册商标是受国家法律保护的商标，注册商标人为此享有商标专用权。假冒他人的注册商标，既是侵犯他人商标专用权的行为，也是不正当竞争的行为。

2. 侵犯知名商品专有权

知名商品通常是品质良好，信誉较高，在市场上为消费者所熟知的商品。知名商品品牌，是品牌开发者付出无数艰辛和巨大代价换来的。在市场竞争中，知名商品因为能够创造巨大的利润而很容易成为一些不法经营者的侵害对象，往往会使知名商品的生产经营者和消费者的利益都受到严重损害。因此，为了维护国家利益和社会经济秩序，必须对侵犯知名商品专有权的行为加以制止。侵犯知名商品专有权的行为有以下表现：擅自使用知名商品特有的名称、包装、装潢；或者使用与知名商品近似的名称、包装、装潢，与他人的知名商品相混淆，致使购买者误认为是该知名商品。

3. 冒用企业名称

冒用企业名称即指擅自使用他人的企业名称或者姓名，使人误认为是他人的商品。企业名称或者姓名一经登记，登记者便享有专有权。未经企业许可而使用他人企业名称或者姓名的行为，为不正当竞争行为。

4. 虚假表示

虚假表示是指在商品上伪造或者冒用认证标志、名优标志等质量标志，伪造产地的行为。产品质量标记是产品生产经营者依法用以表示其产品质量的特殊符号。其中的认证标志、名优标志等是国家确认的能够表明产品质量合格且品质优良的符号。只有那些经法定程序认可的产品，才能被使用。商品产地是工业产权的一种。在国际上，国际条约（如《保护工业产权巴黎公约》）和许多国家的法律都有保护产地的条款。伪造产地既是一种侵权行为，同时也可能给购买者造成误解，带来损失，所以它是不正当竞争行为。

（二）商业贿赂行为

我国《反不正当竞争法》第 7 条第 1 款规定："经营者不得采用财物或者其他手段贿赂下列单位或者个人，以谋取交易机会或者竞争优势：①交易相对方的工作人员；②受交易相对方委托办理相关事务的单位或者个人；③利用职权或者影响力影响交易单位或者个人。"根据法律的规定和实践，不当推销或购买商品的行为主要有以下几种：

1. 商业贿赂行为

这里所讲的贿赂行为包括送以财物、帮助资助子女出国或到外地旅游等。在认定这一问题时，要注意区分合法的费用支出或返还与贿赂的界限。根据规定，经营者销售或购买商品时，可以以明示方式给对方折扣，可以给中间人佣金。给予或接受折扣、佣金的，都必须如实入账。如果不入账，暗中给对方单位或个人回扣，对方单位或者个人暗中接受回扣的，以行贿受贿论处。这样规定，既尊重了国际惯例，又便于实施管理监督。

2. 不正当有奖销售行为

有奖销售是经销商惯用的一种市场竞争行为。有奖销售大多是指经营者以提供赠品、金钱或其他条件作为诱惑手段推销商品的行为。这种行为所带来的社会影响，总的来讲是利少弊多。它对社会具有腐蚀作用，不仅会助长一些人的投机侥幸心理，而且有碍人们改善经营管理，提高产品和服务质量。因此，许多国家的法律都加以禁止。我国从现实情况，以保护国家和消费者利益，维护市场秩序出发，在法律规定下允许一定范围的有奖销售，同时，又对以下有奖销售作了禁止性规定：①采用谎称有奖或者内定人员中奖的欺骗方式进行有奖销售；②利用有奖销售的手段推销质次价高的商品；③抽奖或有奖销售，最高奖的金额超过5 000元的。

（三）虚假广告和宣传

广告是现代社会推销商品，了解商品和服务信息的基本手段。为保障广告的真实性，各国法律都制定了严格的管理规则。广告法规定广告内容必须真实、健康、清晰、明白，不得以任何形式欺骗用户和消费者。反不正当竞争法明文禁止的虚假广告和宣传主要有两类：

1. 经营者做虚假广告

经营者做虚假广告即经营者利用广告或者其他方法，对商品质量、制作成分、性能、用途、生产者、有效期限、产地等作引人误解的虚假宣传。这类虚假广告是较为普遍的。

2. 广告经营者代理、设计、制作、发布虚假广告

这类行为是指广告经营者在明知是虚假广告或者应当知道是虚假广告的情况下实施的广告行为。

以上这两类虚假广告和宣传的行为，其社会危害性很大，因此必须加以制止。

（四）侵犯商业秘密

商业秘密是指具有经济价值和实用性并经权利人采取保密措施的不为公众知晓的技术、信息、知识和经验的总称。保护商业秘密，是各国立法的共同特点。一些国家在反不正当竞争法中作了此项规定，如德国，有的则制定专门的法律予以保护。在经济活动中，侵犯商业秘密的形式很多，归纳起来主要有以下表现：

第一，以盗窃、利诱、胁迫或者其他不正当手段获取权利人的商业秘密。这是获取他人的商业秘密的最常用的不正当手段。违法者在实施这一行为时，其主观上都是

故意的。

第二，披露、使用或者允许他人使用以不正当手段获取权利人的商业秘密。披露，是指未经允许而通过一定渠道故意泄露权利人的商业秘密。披露以非正当手段获取的商业秘密，其社会危害性更大。使用或允许他人使用的商业秘密，必须是以正当手段获得的，使用或允许他人使用非正当手段获取的商业秘密，即构成不正当竞争。

第三，违反约定或者违反权利人有关商业保密要求，披露、使用或者允许他人使用其所掌握的商业秘密。合法取得商业秘密的人，有合法使用和保密的义务。违反这一义务，就是一种侵权行为和不正当竞争行为。

第四，第三人明知或者应知前面三种违法行为，获取、使用或者披露他人商业秘密的，视为侵犯商业秘密。

(五) 不正当的价格竞争

商品和服务价格应当由经营者遵循平等、公平原则，按价值规律和市场情况自主确定，任何竞争者都不得违背这一精神。不正当利用价格竞争包括以下三种情况：

第一，采取高价购买或者以低于成本的价格销售商品的手段，实行亏损性经营，排挤竞争对手。这种竞争的目的，是为了独占市场，实行垄断。

第二，价格歧视，是指经营者以不正当理由，对相同经营者就商品价格或者其他交易条件实施差别待遇。经营者在经营活动中，有权自主决定交易价格和其他交易内容。但是，如经营者以挤垮或排挤竞争对手为目的，对相同经营者实施差别待遇，就违反了平等原则。

第三，不当价格限制，是指经营者利用自己的特殊地位对他人销售的商品限定价格。这是对他人定价权的限制。因为，他人合法销售商品，有权自主依法确定价格，其他经营者无权对此进行限制。但是，每一位经营者都有执行国家价格法、保护消费者合法权益的义务，所以，国家有权监督相同经营者的合法经营。

在实践中，有些商品在价格上虽然表现为低于成本，但它们是在生产经营活动中遵循价值规律和市场供求关系不得已的行为，因此不能把这些行为视为不正当竞争行为。根据反不正当竞争法第11条第2款规定，下列行为不属于不正当竞争行为：①销售鲜活商品；②处理有效期限即将到期的商品或者其他积压的商品；③季节性降价，这主要是指那些季节性强的商品的降价处理；④因清偿债务、转产、歇业而降价销售商品。

(六) 强制搭售商品或者附加不合理的条件

搭售商品或附加不合理的条件，在我国一些地区和市场中流行。产生这种现象的深层次原因在于我国存在着较广泛的卖方市场，这使得销售者强制搭售商品或附加不合理的条件成为可能。这种行为，不仅违背了消费者的意愿，更重要的是它严重损害了消费者的物质利益，损害了社会主义市场经济的形象。

（七）附不正当约束条件的交易

附不正当约束条件的交易通常有两种表现形式：一是违反消费者的意愿搭售商品；二是在签订合同时提出或强迫对方接受不合理的条件，以限制对方进行正常的经营活动，如限制选择原材料、限制改进和发展技术、限制选择或扩大市场等。

（八）不正当招标投标

招标投标是国际上通行的竞争方式，在我国也已被广泛采用。我国现行招标投标中，已经存在不正当的招标投标行为，如虚假招标、垄断招标、歧视投标人等，这些行为破坏了正常的招标秩序。

（九）诋毁他人商业信誉和商品声誉

信誉和声誉是指人们对经营者及其商品的信任和喜爱。信誉和声誉高的经营者，在经营活动中就能够赚取更多的利润，不断提高经济效益，在市场竞争中立于不败之地；反之，则容易受到市场冲击，甚至破产、倒闭。所以，商业信誉和商品声誉虽然是经营者的人身权，但同时又与其财产权利相联系。诋毁、贬低竞争对手的商业信誉和商品声誉，就是侵犯他人人身权利和财产权利的行为。在实际经济活动中，诋毁、贬低对手的方式有多种表现，如散布假消息、"张冠李戴"等。

三、不正当竞争的适用除外

不正当竞争的适用除外是指对那些因符合市场经济的发展目的，虽然在形式上符合不正当竞争要件的竞争行为，国家给予特殊确认和允许。各国立法几乎都有这些规定。

我国是发展中的社会主义国家，为了加快改革开放的步伐，提高经营者的竞争能力，应当对有利于社会经济发展和社会公共利益的行为予以特殊保护、促进和许可。例如，为降低成本、提高产品质量和经济效益，统一商品规格、共同研究开发商品或市场的；为促进生产经营、分工协作而进行专业化发展的；为促进出口，相互约定共同参与国际竞争的；为提高贸易效益，就商品进口采取共同行为的；为适应市场变化，制止销售严重下降，生产明显过剩而采取共同行为的；中小企业为促进自身发展，增强竞争能力，采取共同行为的，以上这些行为不适用反不正当竞争法的规定。

四、违反反不正当竞争法的法律责任

不正当竞争行为是一种侵犯用户和消费者利益以及国家利益，扰乱社会经济秩序的行为，具有严重的社会危害性。因此，各国立法都规定了严厉的制裁措施。

从我国现行有关法律和法规规定来看，违反反不正当竞争法的行为，要分别承担经济责任、行政责任和刑事责任。其具体内容是：

第一，仿冒他人的注册商标，擅自使用他人的企业名称或者姓名，伪造或者冒用认证标志、名优标志，伪造产地，对产品质量作引人误解虚假表示的，按商标法和产品质量法的规定处理。

经营者擅自使用知名商品特有的名称、包装和装潢，或者使用与知名商品近似的名称、包装和装潢，造成和他人的知名商品相混淆，使购买者误认为是该知名商品的，监督检查部门应当责令其停止违法行为，没收违法所得，可以根据情节处以违法所得 1 倍以上 3 倍以下的罚款；情节严重的，可以吊销营业执照。销售伪劣商品，构成犯罪的，依法追究刑事责任。

第二，以财物或者其他手段进行贿赂以销售商品或者购买商品，构成犯罪的，依法追究刑事责任；不构成犯罪的，监督检查部门可以根据情节处以 1 万元以上 20 万元以下的罚款；有违法所得的，予以没收。

第三，经营者以广告或者其他方法，对商品作引人误解的虚假宣传的，监督检查部门应当责令其停止违法行为，消除影响，可以根据情节处以 1 万元以上 20 万元以下的罚款。广告的经营者，在明知或者应知的情况下，代理、设计、制作、发布虚假广告的，监督检查部门应当责令其停止违法行为，没收违法所得，并依法处以罚款。

第四，违反反不正当竞争法的规定，侵犯他人商业秘密的，监督检查部门应当责令其停止违法行为，可以根据情节处以 1 万元以上 20 万元以下的罚款。

第五，违反反不正当竞争法规定，进行有奖销售的，监督检查部门应当责令其停止违法行为，可以根据情节处以 1 万元以上 10 万元以下的罚款。

第六，投标者串通投标，抬高标价或者压低标价；投标者和招标者相互勾结，以排挤竞争对手的公平竞争的，其中标无效。监督检查部门可以根据情节处以 1 万元以上 20 万元以下的罚款。

第七，经营者有违反反不正当竞争法规定的行为被责令暂停销售，并转移、隐匿、销毁与不正当竞争行为有关的财物的，检查监督部门可以根据情节处以被销售、转移、隐匿、销毁财物的价款的 1 倍以上 3 倍以下的罚款。

第八，检查监督不正当竞争行为的国家机关工作人员滥用职权、玩忽职守，构成犯罪的，依法追究刑事责任；不构成犯罪的，给予行政处分。

第九，监督检查不正当竞争行为的国家机关工作人员徇私舞弊，对明知有违反不正当竞争法规定构成犯罪的经营者故意包庇不使他人受追诉的，依法追究刑事责任。

第三节　反垄断法

十届全国人大常委会第 29 次会议于 2007 年 8 月 30 日审议通过了《中华人民共和国反垄断法》（简称反垄断法），并定于 2008 年 8 月 1 日正式实施。中国之所以需要反垄断法，决定性是它的经济体制。反垄断法是市场经济国家特有的法律制度，是它们一百多年来的成功经验和合理做法，中国反垄断法的颁布有力地向世人宣告，中国配置资源的手段已经从政府的行政命令变为市场机制，中国已经基本建成了社会主义市场经济体制。

一、中国反垄断立法的宗旨和意义

关于反垄断法立法的宗旨,各国学者至今有很大的争论。德国学界占主导地位的观点是,反垄断法就是为了保护竞争。美国芝加哥学派的观点是,反垄断法就是为了提高经济效率。但总体上说,世界各国反垄断立法的目的已经接近一致,即其直接目的是反对垄断和保护市场竞争,其最终目的是提高经济效益和维护消费者的利益。我国《反垄断法》在这方面也顺应世界各国立法潮流,在《反垄断法》第1条规定:"为了预防和制止垄断行为,保护市场竞争,提高经济运行效率,维护消费者合法权益和社会公共利益,促进社会主义市场经济健康发展,制定本法。"

在市场经济条件下,只有竞争才能使社会资源得到优化配置,企业才能具有创新和发展的动力,消费者才能得到较大的社会福利,因此,市场竞争是市场经济不可缺少的机制。然而,另一方面市场经济本身没有维护公平和自由竞争的机制。恰恰相反,为了减少竞争压力和逃避竞争风险,企业总是想方设法地限制竞争,如世界拉面协会中国分会最近多次组织、策划和协调方便面的涨价幅度。此前我国也出现过多起企业联合限价或者限产的事件。随着加入世界贸易组织和国内市场进一步对外开放,外国资本、外国企业和外国商品已经全方位地进入我国。这些情况说明,制定一部比较完善的反垄断法,这不仅有利于在我国建立一个公平自由的市场竞争环境,有利于提高我国资源配置效率和企业生产效率,提高消费者的社会福利,而且也有利于我国实施全方位的对外开放政策,有利于我国的市场规则和经贸法制与世界接轨,从而也有利于提高我国在国际社会的威望和地位。

二、反垄断法在我国法律体系中的地位

反垄断法在市场经济国家的地位是由市场经济的本质决定的。因为在市场经济条件下,经营者必须要把他们的产品或者服务带到市场上接受消费者的检验和评判,这个过程就是市场竞争的过程,因此可以说,市场经济就是竞争的经济,市场经济就是建立在竞争的基础上。因为反垄断法不仅从国家和社会的角度是一个优化配置资源和推动国民经济发展的法律手段,而且从企业和个人的角度是保障他们参与市场竞争自由权利的法律武器,反垄断法在市场经济国家有着极其重要的地位。它在美国被称为"自由企业的大宪章",在德国被称为"经济宪法",在日本被称为"经济法的核心"。

反垄断法在我国法律体系中的地位取决于我国的经济体制。在计划经济条件下,制定和颁布反垄断法在我国是不可想象的事情。在社会主义市场经济体制下,因为市场机制和竞争机制在我国配置资源中也起着基础性的作用,是发展国民经济的根本手段,而且实践表明,绝大多数的垄断包括企业垄断和行政垄断都是不合理的现象,其本质不过是限制价格机制调节社会生产和优化配置资源的功能。从短期看,垄断导致产品价格上涨和质量下降,损害消费者利益;从长期看,垄断导致企业生产效率低下和国家经济短缺。更重要的是,垄断会遏制一个国家和民族的竞争精神,而竞争精神才是国家经济发展的真正动力。因此,反垄断法在我国法律体系中有着极其重要的地位,是经济法的核心。

三、反垄断法的基本内容

反垄断法的任务就是防止市场上出现垄断,并对合法的垄断企业进行监督,防止它们滥用市场优势地位。反垄断法的经济学原理是,一个企业如果取得垄断地位或者市场支配地位,它势必抬高产品价格,减少对市场的供给。因此,反垄断法的任务就是防止市场上出现垄断,并对合法的垄断企业进行监督,防止它们滥用市场优势地位。我国反垄断法主要有以下几项任务:

(一) 禁止垄断协议

反垄断法把竞争者之间的限制竞争协议称为横向协议,或者"卡特尔"。反垄断法第13条主要禁止下列横向协议:①固定价格;②限制数量;③分割市场;④限制购买新技术或者限制开发新产品;⑤联合抵制。第一至第三类协议因为损害竞争的程度非常严重,各国反垄断法一般将它们称为核心卡特尔或者恶性卡特尔,任何情况下都不给予豁免。鉴于竞争者之间有些限制竞争有利于提高经济效率,如为改进技术和节约成本进行的合作研发、统一产品的规格或型号、推动中小企业之间的合作,或者有利于社会公共利益如节约能源、保护环境,反垄断法第15条对某些限制竞争协议做出了豁免的规定。

根据《反垄断法》第13条第2款,限制竞争协议除了竞争者之间的书面或者口头协议,还包括企业集团或者行业协会制定的具有排除、限制竞争影响的决定和竞争者之间的协同行为。鉴于某些行业协会在市场竞争中发挥的负面作用,如协调本行业企业的产品价格,该法第46条强调指出,"行业协会违反本法规定,组织本行业的经营者达成垄断协议的,反垄断执法机构可以处50万元以下的罚款;情节严重的,社会团体登记管理机关可以依法撤销登记。"

除了横向协议,反垄断法在其第二章还对纵向即卖方和买方之间的限制竞争协议做出两项禁止性规定,一是固定转售价格,二是限定最低转售价格,因为这些限制不仅严重损害销售商的定价权,而且严重损害消费者的利益。其他类型的纵向协议如独家销售、独家购买、限制地域等,因为它们在很多情况下有合理性,应当适用合理原则。

(二) 禁止滥用市场支配地位

反垄断法虽然不反对合法垄断,但因合法垄断者同样不受竞争的制约,从而可能滥用其市场优势地位,损害市场竞争和消费者的利益,因此我国反垄断法第三章规定,禁止滥用市场支配地位。

根据《反垄断法》第17条,滥用市场支配地位的行为主要包括:"①以不公平高价销售商品或者以不公平低价购买商品;②没有正当理由,以低于成本的价格销售商品;③没有正当理由,拒绝与交易相对人进行交易;④没有正当理由,限定交易相对人只能与其进行交易或者只能与其指定的经营者进行交易;⑤没有正当理由搭售商品,或者在交易中附加其他不合理的条件;⑥没有正当理由,对条件相同的交易相对人在交易价格等交易条件上实行差别待遇。"此外，该法第55条还规定，"经营者滥用知识产权、排除、限制竞争的行为，适用本法。"这说明知识产权和一般财产权一样，不能得到反垄断法的豁免。

根据《反垄断法》第17条第2款，"市场支配地位，是指经营者在相关市场内具有能够控制商品的价格、数量或者其他交易条件，或者能够阻碍、影响其他经营者进入相关市场能力的市场地位。"这即是说，市场支配地位是一种经济现象，反映了企业与市场竞争的关系，即拥有这种地位的企业不受竞争制约，不必考虑其竞争者或交易对手就可以自由定价或者自由做出其他经营决策。为了使这个关于市场支配地位的定义具有可操作性，反垄断法第18条提出了认定市场支配地位的一系列因素，包括经营者的市场份额、相关市场竞争状况、经营者控制市场的能力、经营者的财力和技术条件、其他经营者对该经营者在交易上的依赖程度、其他经营者进入相关市场的难易程度等。为了提高法律稳定性和当事人的可预见性，我国反垄断法还借鉴德国法，提出以下情况下可以推断市场支配地位：一个经营者在相关市场的份额达到1/2的；两个经营者在相关市场的份额合计达到2/3的；三个经营者在相关市场的份额合计达到3/4的。但是，这些推断不具法定推断的效力，即当事人可以证明自己不具有市场支配地位。

（三）控制经营者集中

经营者集中有利于提高企业的规模经济，促进企业间的人力、物力、财力以及技术方面的合作，从而有利于提高企业效率和竞争力。然而，如果允许它们无限制地并购企业，就不可避免地会消灭市场上的竞争者，导致垄断性的市场结构。因此，我国反垄断法第四章规定了控制经营者的集中。

根据反垄断法第20条，经营者集中的方式包括经营者合并，取得股份或者资产，以合同方式或者其他方式取得对另一企业的控制权。控制经营者集中的制度主要是集中申报和审批制度。根据反垄断法第20条，经营者集中达到国务院规定的申报标准的，应事先进行申报，未申报的不得实施集中。

根据《反垄断法》第28条，"经营者集中具有或者可能具有排除、限制竞争效果的，国务院反垄断执法机构应做出禁止集中的决定。"然而，因为经济是非常复杂和活跃的，有些合并即便具有排除、限制竞争的负面影响，同时也可能有利于提高市场竞争强度或者企业的经济效率。因此，第28条第2款规定，"经营者能够证明集中对竞争产生的有利影响明显大于不利因素，或者符合社会公共利益的，国务院反垄断执法机构可作出对经营者集中不予禁止的决定。"根据第26条，反垄断执法机构审查经营者集中时，主要考虑经营者在相关市场上的份额及其市场支配力、相关市场集中度、经营者集中对市场进入和技术进步的影响、经营者集中对消费者和其他经营者的影响，此外，还有对国民经济发展的影响。根据第29条，反垄断执法机构的批准决定中可附加限制性条件，以减少集中对竞争的不利影响。

(四) 禁止行政垄断

尽管要不要反对行政垄断在我国反垄断立法中一直存在着争议，通过的《反垄断法》第 8 条明确规定，"行政机关和法律、法规授权的具有管理公共事务的职能的组织不得滥用行政权力，排除、限制竞争。"反垄断法第五章还列举了滥用行政权力排除、限制竞争的行为，包括强制交易；妨碍商品在地区间自由流通；排斥或限制外地企业参与本地招投标活动；排斥或限制外地资金流入本地市场；强制经营者从事垄断行为；制定排除、限制竞争的行政法规。上述这些规定说明，滥用行政权力限制竞争的行为在本质上都是一种歧视行为，即对市场条件下本来应该有着平等地位的市场主体实施了不平等的待遇，其后果是扭曲竞争，妨碍建立统一、开放和竞争的大市场，使社会资源不能得到合理和有效的配置。因此，反行政垄断是我国反垄断法的一项重要任务。

《反垄断法》第 51 条规定，"行政机关和法律、法规授权的具有管理公共事务职能的组织滥用行政权力，实施排除、限制竞争行为的，由上级机关责令改正；对直接负责的主管人员和其他直接责任人员依法给予处分。"这个规定虽然说明，反垄断法没有把行政垄断的管辖权交给反垄断行政执法机关。尽管如此，反垄断法中关于行政垄断的规定仍然是意义重大，因为这不仅表明我国立法者对行政垄断持坚决反对的态度，从而有利于提高各级政府机构的反垄断意识，而且也表明反对行政垄断是我国的主流观点，从而有利于倡导和培育竞争文化。

四、我国反垄断法的特色

我国反垄断法的特色首先在于它鲜明地立足于国情。例如关于行政垄断的规定。此外，《反垄断法》第 4 条规定，"国家制定和实施与社会主义市场经济相适应的竞争规则，完善宏观调控，健全统一、开放、竞争、有序的市场体系。"这说明我国反垄断法虽然毫无疑问应当促进市场竞争，但还必须从国情出发，使这部法律与社会主义市场经济相适应。出于这个考虑，该法第 5 条规定，"经营者可以通过公平竞争、自愿联合，依法实施集中，扩大经营规模，提高市场竞争能力。"第 7 条规定，"国有经济占控制地位的关系国民经济命脉和国家安全的行业以及依法实行专营专卖的行业，国家对其经营者的合法经营活动予以保护，并对经营者的经营行为及其商品和服务的价格依法实施监管和调控，维护消费者利益，促进技术进步。"这些规定说明，我国在制止滥用市场势力损害消费者利益的同时，还鼓励关系国家安全和国民经济命脉的重要行业和关键领域的国有企业做大做强，以提高它们的国际竞争力。这些协调我国竞争政策与产业政策以及与其他经济政策关系的规定说明，竞争政策固然很重要，但它不是国家唯一的经济政策。特别在当前经济转型时期，我国立法者确有必要考虑很多问题。因此，一部法律体现多个立法目的甚至相互冲突的目的是可以理解的。

我国反垄断法的第二个特色就是它在很多方面借鉴了竞争政策发达国家和地区的先进经验，特别是借鉴了美国法和欧洲法的经验。如反垄断法借鉴美国反托拉斯法的效果原则，在第 2 条规定了这个法具有域外适用的效力。这即是说，一个在外国订立的价格卡特尔或者一个在外国发生的并购活动，如果对我国市场竞争有严重不利影响，我国反垄断法对之有管辖权。鉴于卡特尔的严重危害和隐蔽性，我国反垄断法借鉴了美国反托拉斯法的宽恕政策，规定经营者能够主动向反垄断执法机构报告垄断协议的有关情况并提供重要证据的，可以酌情减免处罚。这个规定有利于分化瓦解违法者联盟，提高反垄断执法的效率。我国反垄断法还借鉴了欧盟竞争法中的承诺制度，规定被调查的经营者如果承诺采取具体措施消除垄断行为后果的，如反垄断执法机构认为这个承诺可以解除它对限制竞争的担忧，它可以把接受承诺作为解决问题的办法。我国反垄断法还借鉴了很多德国法的经验，如豁免卡特尔的规定、认定市场支配地位的因素以及关于市场支配地位的推断等。借鉴世界各国反垄断立法潮流，我国反垄断法与1993年颁布的反不正当竞争法相比，大幅度提高了行政罚款的金额，对实施垄断协议和滥用市场支配地位的行为可处违法者上一营业年度市场销售额10%以下的罚款，从而大大提高了反垄断法的威慑力。

第四节　反倾销和反补贴法

一、反倾销与反补贴法概述

反倾销与反补贴法是指调控国际贸易中反倾销与反补贴经济关系的一系列法律规范的总称。它是国家及国际组织在对倾销和补贴进行调查、认定、裁决以及采取反倾销反补贴措施等过程中所应遵守的法律规则，具体由两部分组成：一是反倾销法，用以调整国际贸易中的倾销与反倾销关系；二是反补贴法，用以调整国际贸易中的补贴与反补贴关系。由于两者在许多方面具有共性，而且相互之间关系密切，因此将其放在一起进行讨论。

反倾销立法始于20世纪初，加拿大1904年的《关税法》对于出口加拿大价格低于出口国公平市场价格的进口商品征收反倾销税。第一次世界大战后，加拿大、新西兰、日本、德国、罗马尼亚等国家制定有关反倾销法律条文。1948年，关贸总协定成立后制定出第一个反倾销的国际规则。关贸总协定在其正文第6条"反倾销和反补贴税"及附件九中，对倾销与反倾销首次做了统一的原则说明，后来各国立法把这一国际规则逐步纳入国内法。1963年开始的多边贸易谈判肯尼迪回合，正式制定了1967年执行关贸总协定第六条的协定，也称《反倾销法典》。1974年开始的多边贸易谈判东京回合上，对其做了较大修改，形成了1980年1月1日起生效的东京回合关贸总协定反倾销法典。1994年乌拉圭回合形成新的反倾销法典，于1995年正式生效。目前，几乎所有发达国家都制定了反倾销法，越来越多的发展中国家也制定了反倾销法。我国1994年颁布的对外贸易法对反倾销做了原则规定。1997年3月25日国务院颁布了《中华人民共和国反倾销和反补贴条例》，对反倾销、反补贴作了具体规定。此外，1994年4月和1996年3月我国对外贸易经济合作部分别发布了《关于中国出口产品在国外发生的反倾销案件的应诉规定》和《关于处罚低价出口行为的暂行规定》，我国反倾销的法律制度已基本确立。此后，随着我国加入WTO，于2001

年11月26日公布的《中华人民共和国反倾销条例》和《中华人民共和国反补贴条例》，于2004年3月31日修订。此外，《中华人民共和国对外贸易法》也于2004年4月6日在中华人民共和国第十届全国人民代表大会常务委员会第八次会议上做了比较大幅度的修订，这标志着我国的反倾销和反补贴制度开始与国际接轨。

二、倾销与损害确认

（一）倾销的概念

倾销是指进口产品的出口价格低于其正常价值的行为。正常价值是从一国向另一国出口的产品的价格。

我国对外贸易法规定的正常价值按下列方法确认：

第一，进口产品的同类产品，在出口国（地区）国内市场的正常贸易过程中有可比价格的，以该可比价格为正常价值；

第二，进口产品的同类产品，在出口国（地区）国内市场的正常贸易过程中没有销售的，或者该同类产品的价格、数量不能据以进行公平比较的，以该同类产品出口到一个适当第三国（地区）的可比价格或者以该同类产品在原产国（地区）的生产成本加合理费用、利润为正常价值。

进口产品不直接来自原产国（地区）的，按照前款第（1）项规定确定正常价值；但是，在产品仅通过出口国（地区）转运、产品在出口国（地区）无生产或者在出口国（地区）中不存在可比价格等情形下，可以以该同类产品在原产国（地区）的价格为正常价值。

出口价格按照以下方法确认。

第一，进口产品有实际支付价款或者应当支付价款的价格的，以该价格为出口价格。

第二，进口产品没有出口价格或者其价格不可靠的，以根据该进口产品首次转售给独立购买人的价格推定的价格为出口价格；但是，该进口产品未转售给独立购买人或者未按进口时的状态转售的，可以以外经贸部根据合理基础推定的价格为出口价格。

我国对外贸易法规定的倾销幅度是指进口产品的出口价格低于其正常价值的差额。对进口产品的出口价格和正常价值应当按照公平合理的方式进行比较，确定倾销幅度。

（二）存在产业损害的确定

产业损害是适用反倾销制裁措施的又一法律要件。倾销行为即使客观存在，但如果没有对进口国的产业造成损害，进口国同样不能实施反倾销措施。反倾销法上的损害包括倾销对国内已经建立的相关产业造成实质损害或者产生实质损害的威胁，或者对国内已经建立的相关产业造成实质阻碍。我国对外贸易法在确定倾销产品对国内产业造成的损害时，应审查以下几个因素。

（1）倾销进口产品的数量，包括倾销进口产品的绝对数量或者相对于国内同类产品生产或者消费的数量是否大量增加，或者倾销进口产品大量增加的可能性。

（2）倾销进口产品的价格，包括倾销进口产品的价格削减或者对国内同类产品的价格产生大幅度抑制、压低等影响。

(3) 倾销进口产品对国内产业的相关经济因素和指标的影响。

(4) 倾销进口产品的出口国（地区）、原产国（地区）的生产能力和出口能力，被调查产品的库存情况。

(5) 造成国内产业损害的其他因素。

三、反倾销调查

为了确保出口产品倾销、产业损害及其两者之间因果关系的合理认定及相关反倾销活动的顺利进行，反倾销的国际国内立法一般均就反倾销调查这一程序性活动做出较为具体、明确的规定。尤其是《1994年反倾销协议》对这一问题的规定更是系统、全面。根据我国新修订的《中华人民共和国反倾销条例》第16条规定，"商务部应当自收到申请人提交的申请书及有关证据之日起60天内，对申请是否由国内产业或者代表国内产业提出、申请书内容及所附具的证据等进行审查，并决定立案调查或者不立案调查。在决定立案调查前，应当通知有关出口国（地区）政府。"

美国的反倾销法规定提出反倾销申诉的主体包括：美国生产相同或相似商品的制造商、制造商协会、工会；经营相同或相似商品的批发商或商会。他们都可以向国际贸易委员会和商务部提出投诉，然后由这两个部门同时进行调查，并进行初裁和终裁。我国进口商品的相同或者类似产品的国内生产者或者有关组织，可以向商务部提出反倾销调查的书面申请。

（一）反倾销程序

1. 反倾销申请

发生外国商品的倾销，国内产业或者代表国内产业的自然人、法人或者有关组织（以下统称申请人），可以依照《中华人民共和国反倾销条例》的规定向商务部提出反倾销调查的书面申请。申请书的主要内容如下。

(1) 申请人的名称、地址及有关情况。

(2) 对申请调查的进口产品的完整说明，包括产品名称、所涉及的出口国（地区）或者原产国（地区）、已知的出口经营者或者生产者、产品在出口国（地区）或者原产国（地区）国内市场消费时的价格信息、出口价格信息等。

(3) 对国内同类产品生产的数量和价值的说明。

(4) 申请调查进口产品的数量和价格对国内产业的影响。

(5) 申请人认为需要说明的其他内容。

2. 反倾销审查与调查

商务部应当自收到申请人提交的申请书及有关证据之日起60天内，对申请是否由国内产业或者代表国内产业提出、申请书内容及所附具的证据等进行审查，并决定立案调查或者不立案调查。

3. 立案调查的决定

由商务部予以公告，并通知申请人、已知的出口经营者和进口经营者、出口国

（地区）政府以及其他有利害关系的组织、个人（以下统称利害关系方）。立案调查的决定一经公告，商务部应当将申请书文本提供给已知的出口经营者和出口国（地区）政府。商务部可以采用问卷、抽样、听证会、现场核查等方式向利害关系方了解情况，进行调查。商务部应当为有关利害关系方提供陈述意见和论据的机会。

商务部根据调查结果，就倾销、损害和二者之间的因果关系是否成立做出初裁决定，并予以公告。

初裁决定确定倾销、损害以及二者之间的因果关系成立的，商务部应当对倾销及倾销幅度、损害及损害程度继续进行调查，并根据调查结果做出终裁决定，予以公告。在做出终裁决定前，应当由商务部将终裁决定所依据的基本事实通知所有已知的利害关系方。

四、反倾销措施

为抵制倾销、消除损害和保护国内产业，反倾销法规定了行为、损害、因果关系这种三位一体的反倾销条件。当三个条件同时具备时，进口国便可采取反倾销措施。普遍适用的反倾销措施主要包括三种：临时措施、价格承诺和征收反倾销税。

（一）临时措施

临时措施是指在产业已开始的反倾销调查程序中，为了及时有效保护国内产业，对被初步确认为倾销并对国内产业造成损害的进口产品所采取的征收临时税或要求提供担保的措施。《1994年反倾销协议》规定，"在初步裁决确认存在倾销和损害的事实后，进口国为防止本国产业进一步受到损害，可以采取临时限制进口措施。"这种临时措施可以表现为征收临时税的形式，也可以表现为要求倾销行为人提供保证金或债券保证等担保形式，其金额相当于临时估计的反倾销税。

采取临时措施的条件如下。

（1）已经发起反倾销调查为此发出公告，且已给予利害关系人提交信息和提出意见的充分机会。

（2）已做出关于倾销和由此产生的对国内产业的损害的旨定性初步裁决。

（3）有关主管机关判断临时措施对防止在调查期间造成损害是必要的。

（二）价格承诺

价格承诺是指进口国当局与出口商之间达成的关于出口商主动提高产品出口价格消除因倾销所导致的国内产业损害，并被进口国所接受的一种协议。反倾销调查开始后，进出口国有关机关就倾销调查做出肯定性初步裁决的情况下，主管当局认为倾销的损害结果将可以消除，则可以中止或终止调查；但如主管当局认为接受其价格承诺是不现实的或不能消除损害，则可以拒绝其价格承诺。

价格承诺一经双方达成生效便对双方产生法律约束力，各方均必须按协议内容严格履行。对进口国当局而言，可以暂时中止或终止调查程序，不采取临时措施或征收反倾销税。

对于出口商而言，按照承诺规定应采取以下法律行为：修改出口价格或停止以倾销价格向该进口国出口；有义务应进口国当局的要求定期向其提供执行该承诺的有关信息资料，包括有关的数据证明。

（三）征收反倾销税

在有关当局最终确认进口产品构成了倾销，并因此而对进口国某一相同或类似产品的产业造成了实质性的损害，就可对该倾销产品征收反倾销税。征收反倾销税的税额应是正常价格与出口价格之间的差额，不可超过这一差额征收，但可少于该差额征收。对征收反倾销税的进口产品，如已在此之前实施了临时措施，当临时措施的金额超过应征收反倾销税的金额，则超过部分应予尽快退还。

五、反补贴及相关法律规定

（一）补贴的概念

补贴是指出口国（地区）政府或者其任何公共机构提供的并为接受者带来利益的财政资助以及任何形式的收入或者价格支持。这里的"任何形式"是指政府通过财政、税收、金融等方面的优惠措施而为厂商提供的资助或赠与，如减免或退让国家税款、提供低息或无息贷款、提供担保、减免运费等。

（二）反补贴法律规定

根据关贸总协定第 6 条反倾销税和反补贴税、第 16 条补贴以及乌拉圭回合达成的《补贴与反补贴措施协议》中有关补贴规定，构成补贴行为的情况有两种：一是政府或非政府机构做出的财政支持，如资金赠与、贷款和投资、贷款担保、财政收入的扣除或税收减免等；二是政府或非政府机构做出的价格支持，如对初级产品的输出给予直接或间接的支持，以使该产品出口售价低于同类产品国内销售价格。《补贴与反补贴措施协议》规定：最不发达国家和人均国民生产总值低于 1 000 美元的发展中国家不受禁止性出口补贴规则的约束，并在一定时间以后才受其他禁止性补贴规则的制约。其他发展中国家，将在建立世贸组织的协议生效后 8 年，履行禁止出口补贴的义务，并在一定时间后，遵守其他禁止性补贴规则。对于那些处于从中央计划经济向市场经济过渡进程中的国家，将在建立世贸组织协议生效后的 7 年内，逐步取消禁止性补贴措施。

《中华人民共和国对外贸易法》第 43 条对反补贴措施做了规定："进口的产品直接或者间接地接受出口国家或者地区给予的任何形式的专向性补贴，对已建立的国内产业造成实质损害或者产生实质损害威胁，或者对建立国内产业造成实质阻碍的，国家可以采取反补贴措施，消除或者减轻这种损害或者损害的威胁或者阻碍。"我国 2001 年 12 月颁布、2004 年 3 月 31 日修订的《中华人民共和国反补贴条例》，内容比较全面、系统，并且较好地反映了我国的实际情况和 WTO《补贴与反补贴措施协议》的要求，对于建立和完善我国的反补贴法律制度，维护公平竞争秩序，保护国家经济利益和国内产业具有重要意义。但仍存在一些不足，如我国反补贴条例规定了专向性补贴，并指出具有专向性的补贴是进行调查、采取反补贴措施的补贴，却未就不可诉补贴做出规定，从而可能使一些具有专向性的不可诉补贴缺乏排除适用反补贴措施的依据。其他诸如立法层次低、反规避措施过于简单等反倾销条例所具有的缺陷，反补贴条例同样存在，需要进一步的完善。

思考题：
1. 简述制定竞争法的必要性。
2. 简述不正当竞争行为的表现形式。
3. 垄断的种类和表现形式。
4. 简答违反垄断法的法律责任。
5. 反不正当竞争的概念及特征。
6. 什么是商业贿赂行为？
7. 什么是商业秘密？
8. 什么是不正当价格竞争？
9. 什么是商业信誉？
10. 什么是经济垄断？

第十六章　破产法

本章学习要点

破产和破产法的概念；破产法适用的范围；破产清算程序；重整程序和和解程序；破产管理人制度等。

企业破产是市场经济条件下的一种客观经济现象。它是指企业在市场竞争中，由于各种原因不能清偿到期债务，通过重整、和解或者清算等法律程序，使得债权、债务关系依据重整计划或者和解协议得以调整，或者通过变卖债务人财产，使得债权人公平受偿。破产法律制度是规范企业破产程序，公平清理债权、债务，保护债权人和债务人的合法权益，维护社会主义市场经济秩序的一项重要法律制度，也是中国特色社会主义法律体系的一项重要组成内容。

为实现十届全国人大常委会提出的在本届人大期间基本形成中国特色社会主义法律体系的宏伟目标，十届全国人大常委会第二十三次会议于 2006 年 8 月 27 日审议通过了《中华人民共和国企业破产法》（简称企业破产法）。该法于 2007 年 6 月 1 日起施行，1986 年通过的《中华人民共和国企业破产法（试行）》同时废止。与《中华人民共和国企业破产法（试行）》相比较，这部新的法律设立了重整制度、管理人制度，进一步完善了破产程序中有关实体权利的规定。新破产法有其先进性和创新性，一是其实现了对破产制度的统一；二是新破产法与原破产法相比，更注重对债权人的保护，破产管理人分工有序，提高破产过程的效率；三是新破产法强调维护企业职工权益；四是新破产法为企业重整提供了制度基础。总之，新破产法的颁布和实施，为我国的经济建设和建立良好有序的经济秩序起到了积极的作用，同时也为促进中国的法治进程具有重要意义。

第一节　破产法的适用范围

1986 年，中国推出了第一部破产法——《中华人民共和国企业破产法（试行）》，但这部法律只适用于全民所有制企业，而且冠以"试行"二字。这一"试行"，一直试行了 20 年。20 年间，中国诞生了数以百万计的个体、私营企业，它们都没有破产的规则可循，债权人利益无法得到有效保障。《中华人民共和国企业破产法（试行）》第 2 条规定，"本法适用于全民所有制企业。"而对于非全民所有制的企业法人的破产，则适用民事诉讼法规定的破产还债程序。前述企业法人破产程序的双轨制带有浓厚的计划经济体制的色彩。

为了充分体现市场经济体制下企业法人在法律适用上的平等性原则，为不同所有制形式的企业法人的债权人提供平等的保护，企业破产法调整、扩大了适用范围，明确规定所有企业法人的破产案件审理程序均统一适用该法，该法没有规定的，适用民事诉讼法的有关规定。《中华人民共和国企业破产法》在第 2 条中规定："企业法人不能清偿到期债务，并且资产不足以清偿全部债务或者明显缺乏清偿能力的，依照本法规定清理债务。企业法人有前款规定情形，或者有明显丧失清偿能力可能的，可以依照本法规定进行重整。"这就将破产法的适用范围扩大到所有的企业法人，包括国有企业、法人型私营企业、三资企业，上市公司与非上市公司，有限责任公司与股份有限公司，甚至金融机构。

破产不再是国有企业的"专利"，国有企业的破产从行政破产走向市场化破产；政府由过去全面主导国企破产，到今后即使不是全部，至少也是绝大部分退出破产事务，只在有限时间、有限范围保留了它的作用（除了国企与金融机构破产事宜，基本上已没有政府的影子）。政府基本退出破产事务，意味着所有企业将受到同一"劣汰"原则的约束，国有企业的特殊地位不复存在。市场里的投资、交易将更为公平，优胜劣汰的竞争法则将有效发挥作用。市场中的利益格局和利益预期也将随之发生重大变化。

但是，需要注意的是：企业破产法仅适用于具有独立法人资格的企业，而不适用于不具有独立法人资格的其他企业（如合伙企业、个人独资企业）。

第二节 破产清算程序

破产清算程序具体又包括破产债权的申报、确定破产财产的范围、破产宣告三个步骤。

一、破产债权的申报

在法院决定受理破产案件后，符合清算条件的，法院应当裁定进入清算程序。此时，法院首先要采取必要的保全措施，发出通知或公告，要求债权人在法定期限内申报债权。债权人逾期申报的，将产生失权或其他不利后果。例如，在破产财产开始分配后申报的债权不能作为破产债权。在法律上，对债权的真实性的审查属于法院的职权，但在某个债权人申报债权之后，其他债权人可以向法院提出异议，破产管理人也可以对债权的真实性提出异议。

二、确定破产财产的范围

所谓破产财产，是指能够依据破产程序分配给债权人的、属于债务人的所有财产，包括债务人在破产宣告时所有的或者经营管理的全部财产，债务人在破产宣告后至破产程序终结前取得的财产,以及应当由债务人行使的其他财产权利。如果在破产企业中有属于他人的财产的,所有人享有取回权,企业破产法规定,人民法院受理破产申请后,债务人占有的不属于债务人的财产,该财产的权利人可以通过管理人取回。但是,在重整程序中,债务人合法占有的他人财产,该财产的权利人在重整期间要求取回的,应当符合事先约定的条件。人民法院受理破产申请时,出卖人已将买卖标的物向作为买受人的债务人发运,债务人尚未收到且未付清全部价款的,出卖人可以取回在运途中的标的物。但是,管理人可以支付全部价款,请求出卖人交付标的物。破产财产的多寡不仅直接关系到对债权人的清偿问题,而且也涉及破产费用的支付。如果破产财产不足以支付破产费用,那么破产程序就无法进行,所以,法院在受理破产案件后就应当审查破产财产的问题。

三、破产宣告

法院认为债务人达到破产条件的,应当做出破产宣告,进行破产清算。破产财产的分配方案由管理人提出,提交债权人会议讨论通过,并最终由法院裁定许可。在清偿债务过程中,应坚持两个原则,一是物权优先于债权;二是一般债权平等受偿的原则。所谓物权优先于债权,主要是指对破产债权享有担保物权的人可以优先于一般债权受偿。一般债权平等受偿原则是指将破产企业的剩余财产在破产债权人之间进行平均分配,各个债权不论其发生先后、数额多寡、其主体性质如何,都要按照债权的平等原则,依债权的比例进行分配。破产财产全部分配完毕以后,破产程序终结,破产人未能清偿的债务,依法予以免除。

这里需要对金融机构的破产做特别说明。金融机构发生重大经营风险、出现破产时,应当及时依法进行重整或者破产清算。但是,金融机构的破产与一般企业的破产相比,有其特殊性。一些国家专门针对金融机构的破产专门立法加以规定。我国商业银行法、证券法等有关法律对商业银行、证券公司、保险公司等金融机构的破产有一些原则性的规定,但是规定的内容简单,操作性不强。为了进一步完善金融机构破产程序,企业破产法作了以下三方面的规定:

(1)商业银行、证券公司、保险公司等金融机构有企业破产法第2条规定的情形的,国务院金融监督管理机构可以向人民法院提出对该金融机构进行重整或者破产清算的申请。赋予金融监督管理机构申请主体资格,有利于对出现重大经营风险的金融机构及时得以重整或者清算,尤其是在金融机构或者其债权人都不主动提出破产申请的情况下,为避免风险进一步扩大,由金融监管机构提出破产申请是必要的。

(2)国务院金融监督管理机构依法对出现重大经营风险的金融机构采取接管、托管等措施的,可以向人民法院申请中止以该金融机构为被告或者被执行人的民事诉讼或者执行程序。之所以作这样的规定,是考虑到金融机构破产涉及的债权人人数众多,债权债务关系复杂,关系金融安全和社会稳定,需要慎重处理。在实践中,对出现重大经营风险的金融机构,通常是先由金融监管机构依照有关金融法律的规定实施接管、托管等措施,对不能恢复正常运行,再进入破产程序。为了防止在此期间一些债权人通过向当地法院提起诉讼和要求强制执行,抢先取得金融机构的财产,造成金融监督管理机构采取的接管、托管等措施无法正常进行，有必要暂时中止涉及该金融机构的民事诉讼和执行程序。

（3）授权国务院依据企业破产法和其他有关法律的规定制定金融机构破产的实施办法。

第三节　重整程序

重整程序、破产清算程序和和解程序并称为现代破产制度的三大基本程序。与企业破产法（试行）相比较，破产重整制度是企业破产法新引入的一项制度，是对可能或已经发生破产原因但又有希望再生的债务人，通过各方利害关系人的协商，并借助法律强制性地调整他们之间的利益，对债务人进行生产经营上的整顿和债权、债务关系上的清理，以期摆脱财务困境，重获经营能力的特殊法律制度。通过破产重整，可以使债务人重获新生，避免因企业破产清算而带来的职工下岗等一系列社会问题，体现了现代破产法实施破产预防的程序目的。企业破产法对破产重整制度的规定主要包括以下内容。

一、破产重整的原因

对债务人实施破产重整，主要目的在于对其进行挽救，因此破产重整的原因，相对宽松。按照企业破产法的规定，破产重整的原因包括两种：①企业法人不能清偿到期债务，并且资产不足以清偿全部债务或者明显缺乏清偿能力的。即当企业法人具有一般破产原因的，可以对其实施重整。②企业法人有明显丧失清偿能力可能的。即企业法人不具备破产原因，但有可能丧失清偿能力的，虽然不能对其实施破产清算或者破产和解，但为了挽救企业，也可以对其进行破产重整。

二、破产重整的申请人

按照企业破产法的规定，可以申请对债务人进行破产重整的包括三类当事人：债权人、债务人以及出资额占债务人注册资本1/10以上的出资人。企业破产法规定，债权人、债务人可以直接向人民法院申请对债务人实施破产重整；如果是债权人申请对债务人实施破产清算，在破产宣告前，债务人或者出资额占债务人注册资本1/10以上的出资人可以向人民法院申请重整。

由上述规定可以看出，申请对债务人进行重整的条件比申请破产清算的条件要宽。适当放宽申请重整的条件，有利于提高重整成功的可能性，鼓励债务人在企业陷入困境时尽早寻求重整保护，通过法定程序与债权人展开谈判，引入战略投资者，从而使企业摆脱困境，恢复生机。同时，允许占债务人注册资本一定比例的出资人也可以申请重整，有助于增强债务人进行重整的主动性和积极性，提高重整成功的可能性。

三、重整期间

重整期间又称重整保护期，企业破产法设立这段期间的目的在于使得管理人或者债务人能够在这段法定的保护期内提出重整计划草案,供债权人分组表决通过、人民法院认可。重整期间为债务人提供了充分的保护。依照企业破产法的规定,其间对各方当事人的行为要进行一定的限制:

(1) 在重整期间,经债务人申请,人民法院批准,债务人可以在管理人的监督下自行管理财产和营业事务。即在重整期间,可以恢复债务人对其财产的管理权。

(2) 在重整期间,对债务人的特定财产享有的担保权暂停行使。但是,担保物有损坏或者价值明显减少的可能,足以危害担保权人权利的,担保权人可以向人民法院请求恢复行使担保权。

(3) 在重整期间,债务人合法占有的他人财产,该财产的权利人请求取回的,应当符合事先约定的条件。

(4) 在重整期间,债务人的出资人不得请求投资收益分配。

(5) 在重整期间,债务人的董事、监事、高级管理人员除经人民法院同意,不得向第三人转让其持有的债务人的股权。

上述规定,为管理人或者债务人顺利提出重整计划,促使债务人重整成功提供了良好的外部环境。

四、重整计划的制作和批准

按照企业破产法的规定,重整计划草案由管理人或者债务人制作。重整计划草案应当包括以下内容:债务人的经营方案;债权分类;债权调整方案;债权受偿方案;重整计划的执行期限;重整计划执行的监督期限;有利于债务人重整的其他方案。

重整计划草案制作完成后,由债权人会议分组进行表决。按照企业破产法的规定,债权人会议应依照以下债权分类分成四个组:对债务人的特定财产享有担保权的债权;债务人所欠职工的工资和医疗、伤残补助、抚恤费用,所欠的应当划入职工个人账户的基本养老保险、基本医疗保险费用,以及法律、行政法规规定应当支付给职工的补偿金;债务人所欠税款和普通债权。同时,当重整计划草案涉及出资人权益调整事项的,应当设出资人组,对该事项进行表决。

按照企业破产法的规定,出席会议的同一表决组的债权人过半数同意重整计划草案,并且其所代表的债权额占该组债权总额的 2/3 以上的,即为该组通过重整计划草案。各表决组均通过重整计划草案的,重整计划即为通过。

重整计划通过后,经人民法院裁定批准后,即行实施。同时,为了增加重整计划通过的可能性,企业破产法还赋予了人民法院强制批准权,即重整计划草案虽然未获通过,但符合法定条件的,人民法院也可以强制批准重整计划。

五、重整失败

按照企业破产法的规定,债务人或者管理人未在法定期间提出重整计划草案、重整期间出现法定事由、重整计划草案未获通过、重整计划未获人民法院批准、债务人不执行或者不能执行重整计划的,为重整失败,人民法院应宣告债务人破产,对其实施破产清算。

第四节 和解程序

所谓和解程序，是指破产程序开始后，债务人和债权人在法院的主持下，就债务人延期清偿债务、减少债务数额等事项达成协议，从而中止破产程序的制度。适用和解程序有利于使债务人获得复苏的机会，同时，也使债权人有可能获得比破产清算更多的债务清偿。和解是避免破产的一项重要法律制度，在破产程序开始以后，甚至在破产宣告以后，无论是债权人，还是债务人，只要认为和解对其是有利的，都可以提出和解。一旦达成和解协议，破产清算程序即告中止，债务人应当按照和解协议的规定清偿债务，债权人也应当按照和解协议接受履行。如果在和解程序进行中，出现债务人不履行和解协议、财产状况继续恶化或有损害债权人利益的违法行为，债权人可以申请结束和解程序，恢复破产清算程序。这样，既可以使有挽救希望的企业避免破产宣告，减少职工失业，也可以最大限度地实现债权人利益，同时还可以节省破产费用的支出。

企业破产法规定的和解制度具有以下特点。

一、和解是独立于重整和破产清算程序的一种再建型破产制度

与重整制度一样，企业破产法规定，企业法人在具备破产原因，或虽未具备破产原因，但有明显丧失清偿能力可能的，债务人可以直接向人民法院申请和解。此外，债务人也可以在人民法院受理破产申请后、宣告债务人破产前，向人民法院申请和解。自此，和解不再只是局限于破产清算程序及整顿中的措施，而成为一项独立的再建型破产制度。

二、和解的申请主体仅限于债务人

与重整程序不同的是，和解的申请主体仅限于债务人。无论是债权人还是债务人的出资人均不享有向人民法院申请和解的权利。

三、和解程序更加尊重当事人的私权利

与重整计划一样，和解协议并非获得债权人会议通过后就发生法律效力。和解协议在获得债权人会议通过后，还需人民法院裁定认可方始发生法律效力。但是，人民法院在认可和解计划和批准重整计划方面存在很大的不同。在重整中，未获得债权人会议部分表决组通过的重整计划仍可能被人民法院裁定批准，而在和解中，未获得债权人会议通过的和解协议，是不可能被人民法院裁定认可的。因此，较之重整程序，公权力对和解的干预程度更低，而对私权力的尊重程度更大。

四、别除权人不享有对和解协议进行表决的权利

别除权人系指对债务人的特定财产享有担保权的债权人。在重整程序中，别除权人有权参加债权人会议，并对重整计划草案进行表决。相应的，被人民法院裁定批准

的重整计划对别除权人也具有约束力。而在和解程序中,别除权人不是和解债权人,不享有对和解协议进行表决的权利。相应的,为了保障别除权人的优先受偿权,根据企业破产法的规定,被人民法院认可的和解协议对别除权人没有约束力,自人民法院裁定和解之日起,别除权人可以行使权利。

第五节 破产管理人制度

破产程序开始以后,为了加强对债务人财产的管理,防止债务人随意处置财产,保护债权人的利益,需要由专门的机构来具体实施对债务人财产的管理、处分、整理、变价、分配等工作。按照企业破产法的规定,这一工作由管理人负责。管理人制度是企业破产法新创设的一项制度,法律以专章对这一制度进行了规定。

管理人制度是国外破产法中普遍规定的一项重要制度。我国1986年通过的《中华人民共和国企业破产法(试行)》规定了清算组制度,清算组成员由人民法院从企业上级主管部门、政府财政部门等有关部门和专业人员中指定。清算组负责破产财产的保管、清理、估价、处理和分配,对人民法院负责并报告工作。清算组在一定程度上担当管理人的职能。但是,《中华人民共和国企业破产法(试行)》有关清算组制度的规定过于原则、简单。企业破产法将清算组制度修改完善为管理人制度,并设专章予以规定。这一方面是与国外通行的破产法律制度相衔接;另一方面,企业破产法通过对管理人的任职资格、指定办法,管理人的职责以及义务等问题做出具体细致的规定,有利于增强法律的可操作性,从而提高破产程序的效率,更好地保护债权人和债务人的合法权益。

一、管理人的资格

按照企业破产法的规定,管理人由有关部门、机构的人员组成的清算组或者依法设立的律师事务所、会计师事务所、破产清算事务所等社会中介机构担任。即以机构担任管理人作为一般原则。同时,对于有些规模较小、债权债务关系比较简单的企业,也可以考虑由法院通过有关机构指定符合条件的个人担任管理人。因此,企业破产法规定,人民法院根据债务人的实际情况,可以在征询有关社会中介机构的意见后,指定该机构具备相关专业知识并取得执业资格的人员担任管理人。

同时,鉴于管理人工作的重要性,企业破产法还对管理人的消极资格进行了规定,以下四类人不得担任管理人:因故意犯罪受过刑事处罚的人员;曾被吊销相关专业证书的人员;与破产案件有利害关系的人员;具有人民法院认为不宜担任管理人的其他情形的人员。

二、管理人的指定及其报酬的确定

从一些国家和地区破产制度立法的经验来看,指定管理人和确定管理人报酬的立法模式大致有两种:一种是法院主导,即由法院来指定管理人和确定管理人的报酬,采用这种模式的国家和地区有日本、瑞典以及我国台湾地区等;另一种是债权人会议主导，即允许债权人会议选任（或者在法院已经指定的情况下另行选任）管理人和确定管理人的报酬，采用这种模式的国家主要有美国和德国等。我国企业破产法在指定管理人和确定管理人的报酬这一问题上采取了法院主导的模式。但是，为了保障管理人依法、公正执行职务，企业破产法同时赋予债权人会议和债权人委员会监督管理人的职权。依据企业破产法第三章的有关规定，管理人由人民法院指定，依法履行职务，向人民法院报告工作并接受债权人会议和债权人委员会的监督。

按照企业破产法的规定，管理人由受理破产案件的人民法院指定，其报酬由人民法院确定。人民法院裁定受理破产申请，就要同时指定管理人，管理人被指定后，没有正当理由不得辞去职务，并且其辞去职务应当经人民法院许可。同时，由于管理人要负责债务人财产的管理和分配，其行为将对债权人产生重大影响。因此企业破产法规定，债权人会议认为管理人不能依法、公正执行职务或者有其他不能胜任职务情形的，可以申请人民法院予以更换。但是，是否更换管理人，仍要由人民法院决定。

上述规定一方面维护了人民法院指定管理人和确定管理人报酬的权威性；另一方面，考虑到管理人的指定及其费用的确定事关债权人的切身利益，赋予债权人会议和债权人委员会监督职能也是必要的。同时，为了保障人民法院指定管理人和确定管理人报酬的公正性，法律赋予最高人民法院规定制定管理人和确定管理人报酬的办法，最高人民法院可以通过制定具体办法来确保人民法院指定管理人和确定管理人报酬的公正性。

三、管理人的职责、权利及义务

（1）管理人应当履行的职责主要包括：接管债务人的财产、印章和账簿、文书等资料；调查债务人财产状况，制作财产状况报告；决定债务人的内部管理事务；决定债务人的日常开支和其他必要开支；在第一次债权人会议召开之前，决定继续或者停止债务人的营业；追回债务人的董事、监事和高级管理人员利用职权从企业获取的非正常收入和侵占的企业财产；在债权申报过程中，对申报的债权进行审查，并编制债权表；管理和处分债务人的财产；在人民法院受理破产申请后，在债务人的出资人尚未完全履行出资义务的情况下，要求该出资人缴纳所认缴的出资；代表债务人参加诉讼、仲裁或者其他法律程序；提议召开债权人会议，并负责对已知的债权人进行通知；管理人在重整期间负责管理债务人财产和营业事务的，管理人应当制作重整计划草案；自人民法院裁定批准重整计划之日起，在重整计划规定的监督期内，监督重整计划的执行；在破产清算程序中，按照债权人会议通过的或者人民法院裁定的破产财产变价方案，适时变价出售破产财产；在破产清算程序中，负责拟订破产财产分配方案；在人民法院做出终结破产裁定后，向破产人的原登记机关办理注销登记；人民法院认为管理人应当履行的其他职责。

（2）除履行上述职责外，管理人享有以下权利：请求人民法院撤销其受理破产申请前一年内，涉及债务人财产的下列行为：①无偿转让财产的；②以明显不合理的价格进行交易的；③对没有财产担保的债务提供财产担保的；④对未到期的债务提前清偿的；⑤放弃债权的。请求人民法院撤销其在受理破产申请前6个月内，债务人在具有破产原因的情形下，仍对个别债权人进行清偿的行为。向受让人或占有人追回其因企业破产法第31条、第32条或者第33条规定的行为而取得的债务人的财产。

（3）管理人应当履行的义务主要包括：勤勉尽责，忠实执行职务；列席债权人会议，向债权人会议报告职务执行情况，并回答询问；接受债权人会议和债权人委员会的监督；没有正当理由，未经人民法院许可，不得辞去职务；实施下列行为，应当及时报告债权人委员会（在设立债权人委员会的情况下）或人民法院（在未设立债权人委员会的情况下）：①涉及土地、房屋等不动产权益的转让；②探矿权、采矿权、知识产权等财产权的转让；③全部库存或者营业的转让；④借款；⑤设定财产担保；⑥债权和有价证券的转让；⑦履行债务人和对方当事人均未履行完毕的合同；⑧放弃权利；⑨担保物的取回；⑩对债权人利益有重大影响的其他财产处分行为。

（4）管理人违反职责和义务应当承担的法律责任。管理人未依照企业破产法规定勤勉尽责，忠实执行职务的，人民法院可以依法处以罚款；给债权人、债务人或者第三人造成损失的，依法承担赔偿责任。

四、管理人的法律地位及其与人民法院、债权人的关系

企业破产法规定，管理人由人民法院指定。在企业破产法的起草过程中，管理人应当由人民法院指定还是由债权人会议选任，是一个争议较大的问题。争议围绕着管理人的法律地位展开，主要存在"法定机构说"和"债权人代表说"这两种主张的分野。

法定机构说认为，管理人是一个法定机构，不代表某个特定方的利益，而代表参与者的利益，因此主张管理人由法院委任和监督。债权人代表说认为，管理人仅仅是债权人利益的代表，因此应由债权人会议选任。

企业破产法在上述两种主张中进行了折中。一方面，规定管理人由人民法院指定，管理人的报酬由人民法院确定，管理人向人民法院报告工作；另一方面，规定当债权人会议认为管理人不能依法、公正执行职务或者有其他不能胜任职务情形的，可以申请人民法院予以更换，管理人应接受债权人会议和债权人委员会的监督，债权人会议对管理人的报酬有异议的，有权向人民法院提出。

第六节 职工债权在破产程序中的地位

维护和保障破产企业职工的合法权益，是我国破产制度立法的一项重要指导思想。企业破产法的许多规定，都体现了这一诉求：

（1）企业破产法在总则中明确规定，人民法院审理破产案件，应当依法保障企业职工的合法权益。

（2）债务人提出破产申请的应当向人民法院提交企业职工安置预案以及职工工资的支付和社会保险费用的缴纳情况；债权人提出申请的，人民法院向债务人送达受理裁定后，债务人应当在法定期限内向人民法院提交上述情况。

（3）职工债权无须申报，即可生效。按照企业破产法的规定，债务人所欠职工的

工资和医疗、伤残补助、抚恤费用,所欠的应当划入职工个人账户的基本养老保险、基本医疗保险费用,以及法律、行政法规规定应当支付给职工的补偿金,不必申报,由管理人调查后列出清单予以公示,即可生效。职工对清单记载有异议的,可以要求管理人更正;管理人不予更正的,职工可以向人民法院提起诉讼。

(4) 按照企业破产法的规定,债权人会议应当由职工和工会的代表参加,并对有关事项发表意见。如果债权人会议决定设立债权人委员会,其中应当有一名职工代表或者工会代表。

(5) 职工债权在破产清偿顺序中处于优先地位。按照企业破产法的规定,破产财产首先用于清偿破产费用和共益债务,然后按照下列顺序清偿:①破产人所欠职工的工资和医疗、伤残补助、抚恤费用,所欠的应当划入职工个人账户的基本养老保险、基本医疗保险费用,以及法律、行政法规规定应当支付给职工的补偿金;②破产人欠缴的除前项规定以外的社会保险费用和破产人所欠税款;③清算费用;④普通破产债权。由于破产法制定时与现实经济的发展存在一定的差异性,破产清算程序的清偿拟:①职工工资和社保费用限制在一定的时间内;②设置担保债权的清偿;③破产人欠交的税款;④因破产涉及相关费用;⑤普通债权。

(6) 为充分地保护职工利益,特定的职工债权可以在债务人有担保的财产中优先于担保权人受偿。按照企业破产法的规定,企业破产法公布之日前,即2006年8月27日之前债务人所欠职工的工资和医疗、伤残补助、抚恤费用,所欠的应当划入职工个人账户的基本养老保险、基本医疗保险费用,以及法律、行政法规规定应当支付给职工的补偿金,在依照企业破产法规定的清偿顺序清偿后没有满足的部分,在对债务人有担保的特定财产中优先于对该特定财产享有担保权的权利人受偿。作上述规定的理由在于:对破产法公布之前企业拖欠的职工工资等费用,作为历史遗留问题,采取一些特殊措施较为彻底地解决是必要的。由于这部分历史欠账已是一个定量,其优先于有担保的债权受偿可能带来的风险基本上是可预期、可控制的。对破产法公布之后新形成的拖欠问题,应当积极研究治本之策,通过进一步完善有关劳动和社会保障制度建设,加大执法力度等来加以解决,不宜在破产法中规定这部分拖欠也在有担保的债权前优先清偿。

思考题

1. 如何理解法律上的破产?
2. 简述破产的法定条件。
3. 破产管理人有哪些职权?
4. 简述破产财产的构成和分配顺序。
5. 什么是破产申请?
6. 什么是债权人会议?
7. 什么是和解与重整?

第十七章 经济纠纷的解决

本章学习要点

本章的内容主要包括经济纠纷产生的原因；经济纠纷的分类；经济纠纷的协商、调解、仲裁与诉讼。重点要掌握解决经济纠纷的四种方式的各自特点，仲裁制度中的仲裁协议与仲裁程序，诉讼制度中的管辖、时效与诉讼程序。

第一节 经济纠纷的解决概述

一、经济纠纷的概念及其产生的原因

经济纠纷，是指经济法主体之间因经济权利与经济义务的矛盾而引起的争议。经济纠纷，是经济领域和经济生活中的一种常见现象。其产生的原因是多方面的，但就一般情况而言，可归结为经济方面的原因和当事人认识方面的原因。在市场经济条件下，市场主体之间以及市场主体与市场规制主体之间，均有各自的物质利益，而物质利益关系的内在矛盾，反映在法律上必然表现为经济权利与经济义务、经济权力与经济责任的冲突，这种冲突即为经济方面的原因产生的纠纷。参与经济法律关系的当事人，基于各自的经济法制意识水平上的差异，必然导致经济法律行为及后果的冲突，这种冲突即为认识方面的原因产生的纠纷。对此，科学地找出经济纠纷发生的原因，并及时用法律加以调整，对于维护当事人各自的合法权益，维护市场秩序，其作用和意义是显而易见的。

二、经济纠纷的分类

经济纠纷，可从不同角度和标准进行分类，常见的划分主要有以下两类。

（一）按纠纷性质不同划分

第一，行政管理行为纠纷，指市场规制主体与市场主体之间因经济权力与经济责

任的矛盾所引起的纠纷，如征税纠纷、罚没纠纷等。

第二，合同纠纷，指市场主体之间在经营活动中因经济权利与经济义务的矛盾所引起的纠纷，如各类经济合同纠纷、损害赔偿纠纷等。

第三，侵权纠纷，指市场主体在市场经营活动中因侵害其他市场主体的经济权利而产生的经济纠纷，如专利侵权纠纷、商标侵权纠纷、商号侵权纠纷等。

（二）按纠纷当事人是否涉外划分

第一，国内经济纠纷，指国内经济法主体之间因经济权利和经济义务的矛盾所引起的各种类型的纠纷。它既包括调控管理行为纠纷，也包括生产经营行为纠纷。

第二，涉外经济纠纷，指中方当事人与外方当事人之间因经济权利和经济义务的矛盾所引起的各种类型的纠纷。它包括商贸、运输和海事纠纷，外商投资者与我国经济调控管理机关在税务、劳务等方面的纠纷。

不管什么类型的经济纠纷，一旦发生就应积极地解决，使纠纷当事人尽早从纠纷中解脱，以便将精力用于正常的生产经营活动。解决经济纠纷的方式主要有协商、调解、仲裁和诉讼四种方式。

第二节　经济纠纷协商与调解

一、经济纠纷协商

经济纠纷协商是指经济纠纷当事人之间本着互谅互让的原则，自我协商解决他们之间纠纷的一种方式。在经济纠纷中，经济合同纠纷占的比例很大。就经济合同纠纷而言，因为合同的签订是双方在自愿基础上，通过平等协商而达成协议，纠纷发生以后，双方完全可以通过协商解决他们之间的纠纷。其他经济纠纷也可以通过协商解决。这种解决纠纷的方式是在完全自愿和平等的基础之上进行的，有利于维护双方当事人的经济利益，有利于维持双方业已形成的经济协作关系，也有利于协议达成后的执行。事实上，大量的经济纠纷发生后，都是通过协商解决的。协商具有方便、灵活，兼顾双方当事人利益的特点。只要双方当事人以解决纠纷为目的，心平气和、互谅互让，就可以顺利解决经济纠纷。总之，双方自行协商解决经济纠纷是既省力又省钱的好办法。因此，无论是国内的经济纠纷，还是涉外的经济纠纷，都可以首先考虑这种解决方式。世贸组织在解决成员国之间的贸易争端时，一直遵循首选协商解决争端这一原则。

二、经济纠纷调解

经济纠纷调解是指双方当事人在自愿的基础上，请求共同信任的第三人出面调停，促使当事人双方达成和解的一种纠纷解决方式。

这种方式适用于双方协商不能达成一致意见，或不愿自行协商解决的情况，大多出现在当事人有共同的主管单位的情况下。因此，调解人可以是双方共同的主管单位，也可以是双方共同信赖的人。调解必须以自愿为前提。调解要在查清事实，明确双方责任，分清是非的基础上进行，不能无原则地"和稀泥"。调解方案应符合法律规定，并充分反映当事人的意愿。调解不是解决经济纠纷的必经程序。调解协议达成之前一方拒绝继续调解或协议达成后一方拒绝在调解书上签字的，调解无效。

调解相对于仲裁、诉讼，没有程序上的严格限制。调解人是双方当事人所信赖的人。采取调解这种方式解决纠纷，具有省时省钱、快速有效的特点，在我国被广泛地使用。

在仲裁或诉讼程序中也有调解，但与这里所说的调解有所不同。

第三节 经济纠纷仲裁

一、概述

（一）仲裁的概念

仲裁，俗称"公断"，是指纠纷当事人按照他们之间自愿达成的仲裁协议，将争议交由仲裁机构做出具有约束力的裁决。仲裁作为解决当事人之间各种纠纷的方法已具有悠久的历史。远在古罗马时代，人们就已采用仲裁方式解决当事人之间的借贷纠纷和商事纠纷。我国古代买卖契约或借贷文书中的"中人"，在缔约双方发生纠纷后，受双方之托，居中调和，提出解决办法，亦直接含有民间仲裁的性质。随着人类社会的演进和商品经济的发展，仲裁已成为国际上通行的解决商事纠纷、海事纠纷、劳动争议纠纷以及国家争端的重要方式。

我国 1994 年 8 月 31 日颁布，于 1995 年 9 月 1 日起施行的《中华人民共和国仲裁法》（以下简称仲裁法），确立了我国现行的仲裁制度。2009 年、2017 年对仲裁法进行修正。根据仲裁法的规定，我国仲裁法适用的范围是"平等主体的公民、法人和其他组织之间发生的合同纠纷和其他财产权益纠纷，可以仲裁"，婚姻、收养、监护、抚养、继承等涉及人身属性的纠纷和依法应当由行政机关处理的行政争议不能通过仲裁解决；劳动争议和农业集体经济组织内部的农业承包合同纠纷的仲裁，另行规定。这就是说，我国仲裁法的适用范围是经济仲裁。

（二）仲裁的特征

1. 仲裁具有强制性

无论是协商还是调解，其过程和结果皆以各方当事人一致同意为基础。在协商或调解过程中，当事人中的任何一方不愿继续协商或调解的，协商或调解过程只好终止；即使协商和调解取得了各方一致同意的纠纷解决方案，但若事后任何一方反悔了，其他当事人仍不能根据该解决方案直接请求法院强制执行。换句话说，通过协商或调解达成的纠纷解决方案即便在事实上和法律上皆属公正，任何国家的法律也未赋予它们可强制执行的效力。

与协商或调解不同的是，仲裁程序一经开始，当事人中的任何一方皆无权单方面终止仲裁程序，即便有一方当事人不参加或拒绝参加仲裁程序，仲裁庭（或独任仲裁员）仍有权做出缺席审理和裁决。除少数仲裁程序或裁决存在违反法律强制性规定或严重不当等情形外，可由法院强制执行。

2. 仲裁具有自愿性

只有在当事人于纠纷发生之前或之后达成了仲裁协议，有关仲裁机构才有权对该纠纷进行受理和裁决；否则，任何当事人都无权强迫当事人接受以仲裁方式解决纠纷，任何仲裁机构也无权管辖该纠纷。此外，仲裁的自愿性还体现在仲裁机构不实行级别管辖和地域管辖，仲裁员会的选择上由当事人协议选定，即当事人可按自己的意愿选择仲裁机构和仲裁委员会。这一特征也是仲裁与诉讼最大的区别之一。

3. 仲裁具有迅速快捷性

仲裁实行"一裁终局制"，即仲裁机构一旦就仲裁事项做出裁决后，当事人就同一纠纷再申请仲裁或者向人民法院起诉的，仲裁机构与法院都将不予受理；诉讼实行的是"两审终审"。因此，通过仲裁解决经济纠纷相对于通过诉讼解决纠纷，程序被缩短，所以能迅速快捷地解决纠纷。

4. 仲裁具有不公开审理性

仲裁应当开庭进行。当事人协议不开庭的，仲裁庭可以根据仲裁申请书、答辩书以及其他材料作出裁决。仲裁不公开进行。当事人协议公开的，可以公开进行，但涉及国家秘密的除外。这不同于诉讼的公开开庭审理制。仲裁机构仲裁案件时，除当事人、法定代理人可以委托委律师和其他代理人外，其他人都不能出席仲裁庭，包括新闻记者。这是因为，经济纠纷案件往往涉及当事人的商业秘密。如果当事人协商同意公开开庭审理的，也可公开审理。这也是仲裁与诉讼的区别之一。

二、仲裁协议

（一）仲裁协议的作用

这里所说的仲裁协议是指有效的仲裁协议。至于无效的仲裁协议，如前所述，它对任何人都不会产生约束力，因而也就谈不上有什么作用。仲裁协议的作用主要表现在以下几个方面。

1. 对各方当事人具有约束力

仲裁协议只要有效，各方当事人就得受其约束。除事后发生了法定失效的情由外，任何当事人不得就仲裁协议中约定的争议事项向法院起诉；否则，另一方当事人可根据仲裁协议要求法院终止诉讼。若有关法院不顾有效的仲裁协议而强行判决，当事人可以持有效仲裁协议作为拒绝执行判决的抗辩理由。

2. 选择解决纠纷的方式

纠纷当事人就纠纷解决方式达成了仲裁协议，即表明了双方当事人选定了以仲裁的方式解决他们之间的纠纷。当事人不能就他们之间的纠纷再向法院起诉，通过诉讼解决他们之间的纠纷，而只能提请仲裁机构进行裁决，即排除了以诉讼方式解决他们之间的纠纷。

3. 排除了法院的管辖

当事人一旦就纠纷的解决方式达成了仲裁协议，根据仲裁法确定的"或审或裁"原则，也就排除了法院对当事人纠纷案件的管辖，即法院再也不能根据民事诉讼法确定的地域管辖权行使管辖。除非当事人之间达成的仲裁协议是无效的。

4. 仲裁机构受理案件的依据

仲裁机构对当事人纠纷案件的管辖权来自当事人双方的授权，授权书就是当事人之间达成的仲裁协议，即仲裁协议是仲裁机构受理纠纷案件的依据。这里说的"依据"有两个方面的含义：①只有仲裁协议指定的仲裁机构才有权受理仲裁纠纷；②仲裁机构只能对仲裁协议中规定的纠纷事项进行仲裁。

5. 法院执行仲裁裁决的主要依据之一

当事人在请求法院承认和执行仲裁裁决时，必须提交有效的仲裁协议。仲裁协议的这一作用也为《纽约公约》所确认。

（二）仲裁协议的形式与内容

1. 仲裁协议的形式

仲裁协议的形式有两种：一种是当事人在订立合同时，在合同中订立的仲裁条款。这是仲裁协议最为常见的协议形式。另一种是当事人发生纠纷后达成的请求仲裁机构解决纠纷的协议。仲裁协议的后一种形式要少见一些，因为争议发生后，当事人很难再达成解决争议的协议。

2. 仲裁协议的内容

（1）请求仲裁的意思表示。仲裁条款或协议要有提请仲裁机构仲裁纠纷的意思表示，且请求仲裁的意思表示应是明确的，不能含糊其词、模棱两可。例如，有的当事人约定："本合同发生纠纷，任何一方可以向仲裁机构提起仲裁请求，也可以向法院提起诉讼。"这是典型的模棱两可、含糊不清的表述，违反了仲裁法所确定的"或裁或审"原则，是无效的约定。

（2）约定仲裁的事项。仲裁事项是指仲裁机构能进行仲裁的事由范围。当事人可以笼统地约定，如"关于本协议所产生的一切纠纷均可向仲裁机构提起仲裁"；也可以是具体约定，如"本协议双方当事人如遇下列争议，应提起仲裁申请：1，2，3……"后一种约定，仲裁条款没有列入的事项被排除在仲裁范围之外。

（3）指定仲裁机构。在仲裁协议中，如不明确指定仲裁机构，仲裁协议实际上不能产生由仲裁机构解决纠纷的效力。仲裁机构的选择既可选择申请人所在地的仲裁机构，也可选择被申请人所在地的仲裁机构，还可选择第三地的仲裁机构。通常选择声誉和权威较高的仲裁机构作为合同纠纷的仲裁人。选择不可模糊，如"遇争议双方可选择中国贸促会仲裁机构或香港仲裁机构作为合同争议的仲裁人"，这种约定属于模糊不清，无法律效力。

(三) 无效的仲裁协议

无效的仲裁协议不能产生本节所述的仲裁协议的作用。属于以下几种情况的仲裁协议是无效的仲裁协议：

第一，仲裁协议约定的仲裁事项超出法律规定的仲裁范围。例如，关于婚姻、继承、抚养、监护等问题的仲裁协议，是无效的仲裁协议。

第二，由无民事行为能力或限制民事行为能力的人订立的仲裁协议。

第三，一方在另一方胁迫下与对方订立的仲裁协议。

如果出现上述三种情况，任何一方当事人可在仲裁庭首次开庭仲裁前提出异议，并提供有关证据。当事人也可以请求法院对仲裁协议的效力做出裁定。如果一方当事人请求仲裁委员会确认仲裁协议是否有效，而另一方当事人向法院提出异议，要求法院对仲裁协议的效力做出裁定时，仲裁机构应停止活动，由人民法院对此做出裁定，并以该裁定为准。这体现了国家司法审判权高于仲裁权的原则。

三、仲裁程序

(一) 仲裁的申请和受理

当事人申请仲裁，应当向仲裁机构递交仲裁协议、仲裁申请书及副本。仲裁申请书应当写明下列事项：

第一，当事人的姓名、性别、年龄、职业、工作单位和住所，法人或者其他组织的名称、住所和法定代表人或者主要负责人的姓名、职务。

第二，仲裁请求和所根据的事实、理由。

第三，证据和证据来源、证人姓名和住所。

仲裁委员会自收到仲裁申请之日起5日内，认为符合受理条件的，应当受理，并通知当事人；认为不符合受理条件的，书面通知当事人不予受理，并说明理由。仲裁委员会受理仲裁申请后，在仲裁规则规定的期限内将仲裁规则和仲裁员名册送达申请人，并将仲裁申请书副本和仲裁规则、仲裁员名册送达被申请人。被申请人收到仲裁申请书副本后，在仲裁规则规定的期限内向仲裁委员会提交答辩书。仲裁委员会收到答辩书后，在仲裁规则规定的期限内将答辩书副本送达申请人。

(二) 仲裁庭的组成

仲裁庭可以由3名仲裁员或者1名仲裁员组成；由3名仲裁员组成的，设首席仲裁员。

当仲裁庭由3名仲裁员组成时，由当事人双方在仲裁员名册中各自选定1名仲裁员，当事人也可以委托仲裁委员会主任指定1名仲裁员，第3名仲裁员由当事人共同选定或共同委托仲裁委员会主任指定。第3名仲裁员即是首席仲裁员。当事人约定由1名仲裁员成立仲裁庭的，仲裁员应当由当事人共同选定或者共同委托仲裁委员会主任指定。

仲裁员有下列情形之一的，当事人有权提出回避申请：

第一，仲裁员是本案当事人或者当事人、代理人的近亲属的；

第二，仲裁员与本案有利害关系的；

第三，仲裁员与本案当事人、代理人有其他关系，可能影响公正仲裁的；

第四，仲裁员私自会见当事人、代理人，或者接受当事人、代理人的请客送礼的。

当事人提出回避申请，应当说明理由，并在首次开庭仲裁前提出。回避事由在首次开庭后知道的，可以在最后一次开庭终结前提出。

（三）开庭和裁决

1. 仲裁开庭

仲裁机构应当在仲裁规则规定的期限内将开庭日期通知双方当事人。当事人有正当理由的，可以在仲裁规则规定的期限内请求延期开庭。是否延期，由仲裁庭决定。

申请人经书面通知，无正当理由不到庭或者未经仲裁庭许可中途退庭的，可以视为撤回仲裁申请。被申请人经书面通知，无正当理由不到庭或者未经仲裁庭许可中途退庭的，可以缺席裁决。

仲裁开庭审理是在首席仲裁员的主持下进行的。审理的程序是首先对双方当事人及代理人的身份进行确认。确认结束后，先由申请人陈述仲裁请求、事实、依据和理由，后由被请求人针对申请人的请求作答复与辩解。这一过程结束后，双方提供证据和对对方提供的证据进行质证。质证结束后，双方进行辩论。辩论时先由申请人发言，后由被申请人发言。双方的发言都有时间限制。辩论进行多轮。辩论终结时，首席仲裁员或者独任仲裁员应当征询当事人的最后意见。

仲裁庭应当将开庭情况进行笔录。笔录由仲裁员、记录人员、当事人和其他仲裁参与人签名或者盖章。

当事人申请仲裁后，可以自行和解。达成和解协议的，可以请求仲裁庭根据和解协议做出裁决书，也可以撤回仲裁申请。当事人达成和解协议，撤回仲裁申请后反悔的，可以根据仲裁协议申请仲裁。

仲裁庭在做出裁决前，可以先行调解。当事人自愿调解的，仲裁庭应当支持调解。调解不成的，应当及时做出裁决。调解达成协议的，仲裁庭应当制作调解书或者根据协议的结果制作裁决书。调解书与裁决书具有同等法律效力。调解书经双方当事人签收后，即发生法律效力。在调解书签收前当事人反悔的，仲裁庭应当及时做出裁决。

2. 仲裁裁决

裁决应当按照多数仲裁员的意见做出，少数仲裁员的不同意见可以记入笔录。仲裁庭不能形成多数意见时，裁决应当按照首席仲裁员的意见做出。裁决书应当写明仲裁请求、争议事实、裁决理由、裁决结果、仲裁费用的负担和裁决日期。当事人协议不愿写明争议事实和裁决理由的，可以不写。裁决书由仲裁员签名，加盖仲裁委员会印章。对裁决持不同意见的仲裁员，可以签名，也可以不签名。

四、仲裁裁决的撤销与执行

（一）仲裁裁决的撤销

仲裁裁决具有法律效力，裁决对双方当事人而言，是终局决定，当事人必须执行；否则，法院可依另一方当事人的申请强制执行仲裁裁决。如果当事人认为仲裁裁决确实不符合法律规定，可在收到裁决之日起6个月内向仲裁机构所在地中级人民法院提出撤销裁决的申请，法院经审理后对依法应该撤销的仲裁裁决可以撤销。当事人可就以下事实和理由向法院提出撤销仲裁裁决：

第一，当事人之间没有仲裁协议。如当事人无仲裁协议，包括仲裁协议无效，仲裁机构受理仲裁申请并做出裁决的，裁决是属于应该撤销的仲裁裁决。

第二，裁决的事项超出仲裁协议的范围或者不属于仲裁机构有权仲裁的范围。超越仲裁协议约定的可仲裁事项的范围，违反当事人的意愿，仲裁机构没有获得当事人的仲裁授权，仲裁无效，其裁决属可撤销的裁决。仲裁机构受理了本不属于它受理的争议事项，属违法无效。

第三，仲裁庭的组成或仲裁程序违反法定程序。例如，当事人合理的回避请求没有得到准许，导致裁决不公。

第四，仲裁裁决依据的证据是伪造的。当事人发现证据是伪造的，可请求法院撤销裁决。

第五，一方当事人隐瞒证据。

第六，仲裁员在仲裁案件中有受贿、索贿、徇私舞弊、枉法裁决等行为。

第七，仲裁结果虽不存在以上列举的情况，但其实际履行却会给社会公共利益带来损害的，法院有权裁定撤销其仲裁裁决。

法院所作的撤销裁决的裁定或驳回当事人申请撤销裁决的裁定，对当事人发生终局裁定的法律效力。

（二）仲裁裁决的执行

仲裁裁决具有法律强制力，一方不履行自己在裁决中应承担的义务，另一方可申请法院强制执行。申请执行的期限是：当事人如果一方或双方是公民的，申请执行期限为1年；当事人双方是法人的，其申请执行期限为半年，均从裁决中规定的义务最后履行期限日起计算。法院将通过划拨、扣留、提取、搜查、查封、扣押、变卖、强制交付被执行人的存款、收入、财产、指定财物和票证等手段进行强制执行。

第四节　经济纠纷诉讼

经济纠纷诉讼是指当事人依法请求人民法院运用审判权处理经济纠纷，解决当事人之间权利义务争议的一种方式。人民法院依照法律规定独立行使审判权，不受行政机关、社会团体和个人的干涉。当事人通过诉讼请求人民法院处理经济纠纷，是解决经济纠纷的最终办法。

一、诉讼管辖

管辖是指法院系统内各级法院之间以及同级法院之间受理第一审案件的分工与权限。诉讼管辖可分为级别管辖、地域管辖、移送管辖和指定管辖。

（一）级别管辖

级别管辖是指根据经济纠纷案件争议标的金额的多少和影响大小，由不同级别的法院作为第一审案件的受理法院。根据民事诉讼法的规定，基层人民法院，即县级人民法院管辖一般的第一审经济纠纷案件；中级人民法院管辖的第一审案件，包括重大涉外案件，在辖区有重大影响的案件和最高人民法院确定由中级人民法院管辖的案件；高级人民法院管辖在本辖区有重大影响的第一审经济纠纷案件；最高人民法院管辖的第一审案件包括，在全国有重大影响的案件，认为应当由本院审理的案件。各级法院受理一审经济纠纷案件金额的多少，全国没有统一规定，均根据各省经济发展水平确定。

（二）地域管辖

地域管辖是指由哪个地方的法院受理经济纠纷的第一审案件。根据民事诉讼法的规定，地域管辖又可分为一般地域管辖、特别地域管辖、专属管辖和协议管辖几种。

1. 一般地域管辖

一般地域管辖也叫普通地域管辖，是指根据当事人住所地确定管辖权的法院。地域管辖的基本原则是原告就被告，即由被告所在地的法院管辖，原告到被告所在地的法院起诉。实行该原则的目的是为防止原告滥用诉权。

2. 特别地域管辖

特别地域管辖是指根据诉讼标的或诉讼标的物所在地及被告住所地来确定管辖权，具体规定如下：

（1）因一般经济合同纠纷提起的诉讼，由被告住所地或者合同履行地人民法院管辖。

（2）因保险合同纠纷提起的诉讼，由被告住所地或者保险标的物所在地人民法院管辖。

（3）因铁路、公路、水上、航空运输和联合运输合同纠纷提起的诉讼，由运输始发地、目的地或者被告住所地人民法院管辖。

（4）因侵权行为提起的诉讼，由侵权行为地或者被告住所地人民法院管辖。

（5）因铁路、公路、水上和航空事故请求损害赔偿提起的诉讼，由事故发生地或者车辆、船舶最先到达地，航空器最先降落地或者被告住所地人民法院管辖。

（6）因船舶碰撞或者其他海事损害事故请求损害赔偿提起的诉讼，由碰撞发生地、碰撞船舶最先到达地、加害船舶被扣留地或者被告住所地人民法院管辖。

（7）因海难救助费用提起的诉讼，由救助地或者被救助船舶最先到达地人民法院管辖。

（8）因共同海损提起的诉讼，由船舶最先到达地、共同海损理算地或者航程终止地的人民法院管辖。

3. 专属管辖

专属管辖是指根据案件的特定性质，法律规定某类案件必须由特定地区的人民法院管辖。例如，因不动产纠纷提起的诉讼，由不动产所在地人民法院管辖；因港口作业发生纠纷提起的诉讼，由港口所在地人民法院管辖。

4. 协议管辖

协议管辖是指当事人通过协商确定经济纠纷案件的第一审受理法院。协议管辖尊重了当事人的意愿，减少了当事人对管辖的争议，克服了地方保护主义，增强了当事人对管辖法院的信赖，对配合法院解决纠纷案件有非常积极的作用。协议管辖主要适用于因合同纠纷提起的诉讼，即双方当事人可在合同中或事后达成的书面协议中选择被告住所地、合同履行地、合同签订地、原告住所地、标的物所在地中的任一法院管辖。当事人协议选择的管辖法院必须是与争议相关的法院。当事人行使协议选择地域管辖法院时，不能违反级别管辖或专属管辖的规定。

（三）移送管辖和指定管辖

人民法院受理经济纠纷案件后发现不属自己管辖范围时，应当移交有管辖权的人民法院。有管辖权的人民法院由于特殊原因，不能行使管辖权的，由上级人民法院指定管辖。

人民法院就管辖权发生争议时，由争议双方协商解决；协商解决不了的，报请有管辖权法院共同的上级人民法院指定管辖。

二、诉讼时效（见第五章时效制度）

三、诉讼中当事人的权利

（一）申请回避的权利

当事人发现审判人员、书记员、翻译人员、鉴定人、勘验人有下列情形之一的，有权以口头或者书面方式申请他们回避：

第一，是本案当事人或者当事人、诉讼代理人的近亲属；

第二，与本案有利害关系；

第三，与本案当事人有其他关系，可能影响对案件公正审理的。

当事人提出回避申请，应当说明理由，在案件开始审理时提出；回避事由在案件审理开始后知道的，也可以在法庭辩论终结前提出。被申请回避的人员在人民法院做出是否回避的决定前，应当暂停参与本案的工作，但案件需要采取紧急措施的除外。人民法院对当事人提出的回避申请，应当在申请提出的3日内，以口头或者书面形式做出决定。申请人对决定不服的，可以在接到决定时申请复议一次。复议期间，被申请回避的人员，不停止参与本案的工作。人民法院对复议申请，应当在 3 日内做出决定，并通知复议申请人。

（二）请求财产保全的权利

财产保全是指当事人因另一方的行为或者其他原因（如抽逃、转移、隐藏财产），使判决不能执行或难以执行时，申请法院以查封、扣押、冻结等措施使被申请的财产保持现有的状态，以便使判决能够得以执行。当事人没有提出申请的，法院认为有必要的也可以自行采取财产保全措施，以保证判决得以执行，保护债权人的合法权益。

法院采取财产保全措施前，可以责令申请人提供担保，申请人不提供担保的，法院将驳回申请。要求申请人提供担保的目的是，如果申请人有错误并败诉，使被申请人因财产保全遭受损失时，可用担保财产赔偿被申请人的损失。这是法院对自己的一种保护措施。法院接受申请后，对情况紧急的，必须在 48 小时内做出裁定。裁定采取财产保全措施的，应立即开始执行。申请人在法院采取保全措施后 30 天内必须起诉，如果 30 天内不起诉，30 天过后，财产保全自动失效，法院将解除财产保全。

财产保全仅限于诉讼请求的范围，与债务额相当，不能与债务额相比过分悬殊，影响被申请人的正常生产经营活动。例如，债务金额为 10 万元，扣押价值 20 万元的财产则是不恰当的财产保全。财产保全措施有查封、扣押、冻结或法律规定的其他方法。法院冻结财产后，应立即通知被冻结人。被申请人提供担保的，法院应当解除财产保全。此外，当事人申请财产保全的应向财产所在地法院申请。

（三）其他诉讼权利

当事人在诉讼中享有委托代理人、收集提供证据、进行辩论、请求调解，以及查阅复制与本案有关的档案材料和法律文书的权利。原告有放弃或变更诉讼请求的权利，被告有承认或反驳诉讼请求或提起反诉等诉讼权利。双方当事人还可自行和解。

四、经济诉讼程序

经济诉讼程序，是指人民法院、诉讼当事人及诉讼参与人为经济纠纷案件的审查终结而分段、连续，并依序进行的一系列审理环节。经济诉讼程序一般是指我国实行的"四级二审"审级制度，即"两审终审"原则规定的所有法定程序，即一审程序和二审程序。从广义上讲，还包括审判程序之外的审判监督程序和执行程序。

（一）一审程序

一审程序，亦称普通程序，是指人民法院受理并审理第一审经济纠纷案件通常适用的程序。一审程序具有环节齐备、内容完整、体现诉讼原则充分的特点，是整个诉讼程序的前提和基础。一审程序始于起诉，后有受理、审理、判决等基本环节。

1. 起诉

起诉是指经济纠纷案件当事人，因其合法权益受到侵犯或因争议不决，以自己的名义请求人民法院依法审判给予司法保护的诉讼行为。起诉须具备四个要件：

（1）原告须是与本案有直接利害关系的人（包括公民和法人）；
（2）须有明确的被告；
（3）须有具体的诉讼请求、事实和依据；
（4）须属人民法院受案范围和管辖范围。

2. 受理

受理是指人民法院通过审查原告起诉，认为符合起诉条件而决定立案审理的诉讼行为。立案是受理的标志，亦是进入司法审判程序的标志。人民法院是否受理，应在收到原告起诉后7日内做出决定。

3. 审前准备

审前准备是指法院受理案件后至庭审前，为保证案件开庭审理顺利进行，依法进行的必要准备工作。其主要内容包括：

（1）通知被告应诉，即法院应在立案之日起5日内将起诉状副本送达被告，被告应在收到起诉状副本之日起15日内提交答辩状。

（2）组成合议庭。

（3）审阅诉讼材料、必要的调查取证。

（4）决定是否采取诉讼保全。

（5）确定案件是否公开审理。该项准备工作，按照诉讼法规定，以公开审理为原则，以不公开审理为例外。不公开审理，有法定不公开审理和当事人申请不公开审理两种。前者主要适用涉及国家秘密的经济案件，后者主要适用涉及当事人商事秘密的案件。

4. 开庭审理

根据民事诉讼法规定及司法实践，开庭审理应该经过五个阶段：

（1）宣布开庭。诉讼参与人员入庭就座后，由审判长宣布开庭，并核对当事人身份，宣布案由、法庭组成人员名单、书记员名单，告知当事人诉讼权利和诉讼义务，询问当事人是否提出回避申请。

（2）法庭调查。它指在审判长的主持下，对案情事实及有关证据进行查证核实，以查清案情，认定事实。法庭调查的顺序是：首先，当事人陈述；其次，证人作证；第三，出示书证、物证；最后，宣读鉴定结论与勘验笔录。

（3）法庭辩论。在审判长的主持下，当事人对法庭调查的事实和证据提出各自的看法，展开辩论，相互反驳，以分清是非。辩论顺序是，先原告及其诉讼代理人发言，后被告及其诉讼代理人发言，然后控辩双方互相辩驳。

（4）法庭调解。法庭辩论结束后，法院根据案情需要和可能进行调解，以促使双方协商解决，但这不是法定的必经程序。

（5）评议宣判。该阶段是庭审的最后阶段，即法庭在通过上述调查、辩论等阶段，查清事实，在明确适用法律的基础上，由合议庭退庭秘密评议，作出判决之后向当事人宣判。人民法院的宣判，无论是否公开审理，一律公开进行，宣判方式，可当庭宣判，也可定期宣判。判决书应当写明：案情、案由，判决适用法律依据，判决结论及诉讼费用负担，上诉期间及上诉法院等基本内容。人民法院适用一审程序审理案件,应在立案之日起 6 个月内结案,特殊情况需延期的,须经院长批准。

(二) 二审程序

二审程序,亦称上诉程序,即经济诉讼当事人不服一审法院做出的未生效的判决或裁定,提请上一级法院重新审理的诉讼程序。二审程序,是我国审级制度规定的法定程序。通过二审程序的适用,既可维护一审法院的正确结论,也可及时纠正其错误,切实维护当事人的合法权益。

二审程序,始于当事人的上诉,终于二审法院的重新审理、判决。

上诉,可由原告提起,也可由被告提起。提起上诉的人,称上诉人,对方当事人则称被上诉人。上诉,必须具备四个要件:

第一,须有明确的上诉人和被上诉人。

第二,须有具体的上诉事由。

第三,须在法定的上诉期内提出。不服判决的上诉期为 15 天,不服裁定的上诉期为 10 天;若当事人在境内无住所,其不服判决或裁定的上诉期均为 30 天。

第四,须符合法定的可以上诉的范围。属特别程序审理案件的判决或裁定不能上诉。

二审法院对上诉案件的重新审理,是针对上诉事由进行"事实审"和"法律审",即审理原审事实认定是否清楚,适用法律是否正确。审理结果,有三种情况:

第一,驳回的判决,即驳回上诉,维持原判。意指原判决认定事实清楚,适用法律正确,做全盘肯定。

第二,变更的判决,即依法改判。意指原判决认定事实清楚或基本清楚,但适用法律错误,做部分肯定或否定。

第三,发回的裁定,即撤销原判,发回重审。意指原判决认定事实不清楚,证据不足,适用法律错误,做全盘否定。

二审法院对上诉案件,仍可进行调解。当事人也可自行和解,经和解而申请撤诉,法院应予准许。

二审法院的判决、裁定是生效的终审结论,当事人不得再行上诉。二审法院判决的上诉案,应在二审立案之日起 3 个月内结案。对裁定的上诉案,应在二审立案之日起 30 日内做出终审裁定。

(三) 审判监督程序

审判监督程序,亦称再审程序,是指人民法院发现已经生效的判决、裁定、调解书确有错误,依法决定再行审理所适用的一种内部监督或特殊补救程序。审判监督程序,对于切实维护当事人合法权益,维护法律尊严,促进和提高审判质量有着重要的意义。

审判监督程序,可因以下几种情况引起:

第一,人民法院自行发现错误,经本院院长提交审判委员会讨论决定引起再审。

第二,上级法院发现错误,指令下级法院再审。

第三，人民检察院（对经济犯罪刑诉案）抗诉引起再审。

第四，当事人不服生效判决或裁定的申诉引起再审，但当事人的申诉须在上述结论生效后2年内提起。申诉不能影响原判决的效力，也不能直接使原判决的执行停止。法院通过审查当事人的申诉，发现原判决确有错误的，可依法重新再审；如认为原判正确，可作申诉无效，予以驳回处理。

人民法院按照审判监督程序再审的案件，原属一审的，依一审程序进行再审，所作的判决、裁定，当事人可以上诉；原属二审的，经再审所作的判决，即属终审，当事人不得上诉。

（四）执行程序

执行，是指人民法院对已经生效的判决书、裁定书、调解书所确定的义务，当事人拒绝履行，经另一方当事人申请，或法院主动决定，并依照法定程序，运用国家权力强制当事人履行所负义务的行为。

执行程序，不是所有经济诉讼案件的必经程序。换言之，如果当事人均自觉地履行了给付义务，或权利人超过了法定申请执行期限，就不会发生执行。申请执行的法定期限，双方或一方当事人是公民的为1年，双方是法人或其他组织的为6个月。其时间计算，以法律文书规定当事人履行期限的最后一日起算。

人民法院实行审执分离，即基层法院和中级人民法院设置专司执行的执行庭，执行工作由执行员依法进行。根据民事诉讼法规定，生效的判决、裁定、调解书，无论是一审法院做出的，还是二审法院做出的，均由一审法院执行庭执行。

思考题

1. 双方协商解决经济纠纷有什么优点？
2. 仲裁与诉讼有什么不同？
3. 如何完善仲裁条款和仲裁协议，以确保协议有效？
4. 司法机关如何对仲裁实施监督？
5. 协议管辖怎样才能有效？
6. 时效中止与时效中断的概念及其区别。
7. 诉讼当事人有哪些权利？
8. 在什么情况下可以启动再审程序？
9. 什么是合同纠纷？
10. 什么是行政管理纠纷？

参考书目

郭明瑞，等. 民商法原理 [M]. 北京：中国人民大学出版社，1999
梁慧星. 民法总论 [M]. 北京：法律出版社，1996
王保树. 商事法论集 [M]. 第1卷. 北京：法律出版社，1997
王利明，等. 民法新论 [M]. 北京：中国政法大学出版社，1998
陈素玉，等. 中国经济法 [M]. 成都：西南财经大学出版社，1997
申卫星，等. 物权法 [M]. 长春：吉林大学出版社，1999
郭明瑞，等. 民商法原理（二）[M]. 北京：中国人民大学出版社，1999
刘春田. 知识产权法 [M]. 北京：中国人民大学出版社，2000
程永顺，罗李华. 专利侵权判断 [M]. 北京：专利文献出版社，1998
郑成思. 知识产权论 [M]. 北京：法律出版社，1998
张广兴. 债法总论 [M]. 北京：法律出版社，1997
王家福. 民法债权 [M]. 北京：法律出版社，1991
刘心稳. 票据法 [M]. 北京：中国政法大学出版社，2002
王利明，郭明瑞，方流芳，等. 民法新论 [M]. 北京：中国政法大学出版社，1991
王利明，崔建远. 合同法新论 [M]. 北京：中国政法大学出版社，1998
崔建远. 合同法 [M]. 北京：法律出版社，1998
孔祥俊. 合同法教程 [M]. 北京：中国人民公安大学出版社，1999
王保树，崔勤之. 中国公司法原理 [M]. 北京：社会科学文献出版社，1998
石少侠. 公司法教程 [M]. 北京：中国政法大学出版社，1997
顾培东. 破产法教程 [M]. 北京：法律出版社，1995
徐学鹿. 证券法 [M]. 北京：人民法院出版社，1999
施天涛. 证券法释论 [M]. 北京：工商出版社，1999
周友苏. 证券法通论 [M]. 成都：四川人民出版社，1999
张舫. 证券上的权利 [M]. 北京：中国社会科学出版社，1999
张忠军. 上市公司法律制度 [M]. 北京：法律出版社，2000
谢怀. 票据法概论 [M]. 北京：法律出版社，1990
戴奎生，邵建东，陈立虎. 竞争法研究 [M]. 北京：中国大百科全书出版社，1993
种明钊. 竞争法 [M]. 北京：法律出版社，1997

严振生. 税法[M]. 北京：中国政法大学出版社，1996

胡中流. 国家税收[M]. 北京：中国财政经济出版社，1996

张心淼. 中国税收概论[M]. 北京：警官教育出版社，1997

张群星. 现代税务管理[M]. 北京：中国税务出版社，2001

王保树. 经济法原理[M]. 北京：社会科学文献出版社，1999

王惠. 税法新论[M]. 北京：工商出版社，2002

徐孟洲. 税法[M]. 北京：中国人民大学出版社，1999

谭兵. 中国仲裁制度研究[M]. 北京：法律出版社，1995

黄进. 仲裁法学[M]. 北京：中国政法大学出版社，1998

常英. 仲裁法学[M]. 北京：中国政法大学出版社，2001

胡锡庆. 诉讼法学专论[M]. 北京：中国法制出版社，2000

田平安. 民事诉讼法学[M]. 北京：中国政法大学出版社，1999

王泽鉴. 民法概述[M]. 北京：中国政法大学出版社，2003

国家工商行政管理总局培训中心. 新公司法教程[M]. 北京：中国工商出版社，2005

赵旭东. 新公司法条文释解[M]. 北京：人民法院出版社，2005

赵旭东. 新公司法条案例解读[M]. 北京：人民法院出版社，2005

俞光远. 新编个人所得税法实用指南[M]. 北京：中国民主法制出版社，2005

高晋康. 经济法[M]. 成都：西南财经大学出版社，2004

姚敏放. 新合伙企业法精解与应用[M]. 北京：中国法制出版社，2007

宋永新. 美国非公司型企业法[M]. 北京：社会科学文献出版社，2000

梁慧星. 民法总论[M]. 北京：法律出版社，1996

王利明. 人格权法研究[M]. 北京：中国人民大学出版社，2005

卞耀武. 中华人民共和国个人独资企业法释义[M]. 北京：法律出版社，1999

郑成思. 知识产权论[M]. 3版. 北京：法律出版社，2007

吴汉东. 知识产权法[M]. 6版. 北京：中国政法大学出版社，2012

中国法制出版社. 知识产权法律·法规·规章·司法解释·裁判要旨[M]. 2版. 北京：中国法制出版社，2013

高巍. 大学生知识产权实用教程[M]. 北京：知识产权出版社，2011

何敏. 知识产权基本理论[M]. 北京：法律出版社，2011

王兵. 知识产权基础教程[M]. 2版. 北京：清华大学出版社，2010

高富平. 中小企业知识产权管理指南[M]. 北京：法律出版社，2011

周苏友. 证券法新论[M]. 北京：法律出版社，2020

吕富强. 信息披露的法律透视[M]. 北京：人民法院出版社，2000